KB080281

Winner
Sells All

일러두기
- 본문의 주석은 모두 '옮긴이 주'이며, 참고자료 인용 등 '저자 주'는 미주로 표시했습니다.
- 한국에 출간된 책은 출간 도서명으로 표기하고, 원서 제목으로 넣은 경우 '옮긴이 주'에 한국어 판 정보를 추가했습니다.

Winner

위너 셀즈 올

제이슨 델 레이 지음
전리오 옮김

Sells

소매업계의 강자가 되기 위한
아마존과 월마트의 기업 간 전투

All

 퍼블리온
Publion

●

나를 키워주시며 호기심과 동정심, 준비성을 강조하셨던
부모님 패트리샤(Patricia)와 버나드(Bernard)를 위해

그리고 나를 구원해주며
내가 더욱 나은 사람이 될 수 있도록 영감을 준
나의 아내 타이렌(Tyrene)을 위해

●

"회사의 진정한 지배자는 고객이다.
그는 회장을 비롯해 회사의 모든 사람을 해고할 수 있다.
그저 자신의 돈을 다른 곳에 소비하는 것만으로 말이다."

– 샘 월튼(Sam Walton), 월마트(Walmart) 창업자

《위너 셀즈 올》에 대한 찬사

두 거대기업의 충돌을 다루는 흥미진진한 이야기다. 이것은 개략적인 조망이 아니다. 저자는 두 회사를 모두 잘 알고 있기 때문에 온라인에서 고객을 만나려는 그들의 시도를 자세히 파고드는 것에서도 주저하지 않는다. 제이슨 델 레이의 주력 분야는 소매업이지만, 이 책의 진정한 주제는 거대한 조직 안에서 변화를 추구하는 것의 어려움이다. 이 책은 그런 조직을 운영하려는 사람이라면 누구나 매료시킬 것이다.
– 〈월스트리트 저널(Wall Street Journal)〉

패배하는 것에 익숙하지 않은 소매업계의 무자비한 두 거대기업의 피비린내 나는 경쟁에 대한 새로운 이야기다.
– 브래드 스톤(Brad Stone), 《아마존 언바운드(Amazon Unbound)》, 《아마존 세상의 모든 것을 팝니다(The Everything Store)》 저자

월마트와 아마존은 미국을 비롯한 세계에 미치는 영향이 중복되는 부분이 있음에도 거의 대부분 별도로 논의된다. 《위너 셀즈 올》은 놀라울 정도로 폭넓고 깊숙한 취재원 네트워크의 눈을 통해서 지난 20년 동안 비즈니스 분야에서 가장 거대한 이야기를 탐구하고 있다.
– 크리스토퍼 밈스(Christopher Mims), 〈월스트리트 저널〉 기술 칼럼니스트, 《오늘에 도착하기(Arriving Today)》 저자

제이슨 델 레이의 숨겨진 통찰력은 깨달음을 주며, 저자는 기업들의 성공이 노동자들에게 어떤 대가를 치르게 하는지도 거침없이 파헤친다. 그는 노동자들의 임금을 낮게 유지하면서 임원들은 성대하게 보상해주는 것을 비판한다. 이런 철저한 폭로가 제대로 전달되고 있다.
– 〈퍼블리셔스 위클리(Publishers Weekly)〉

한때는 초라했던 제프 베이조스라는 이름의 기업가는 우리가 어떤 것을 사고 그것을 우리에게 파는 방법에 대한 통제권을 장악했는데, 그 방식은 우려스러우면서도 인상적이었다. 제이슨 델 레이는 그 모든 과정이 어떻게 진행되었는지 제대로 설명해주

며, 그와 함께 아마존의 놀라운 성장과 그걸 따라잡기 위한 한때 지배자였던 월마트의 노력도 다룬다. 그런데 코끼리가 싸우면 정작 고통받는 건 짓밟히는 풀이라는 이야기가 있다. 무슨 뜻일까? 우리가 바로 그 풀이다.
– 케어러 스위셔(Kara Swisher), 〈뉴욕(New York)〉 매거진 전 편집자, 팟캐스트 피벗(Pivot), 온 위드 케어러 스위셔(On with Kara Swisher) 진행자

이 책은 우리 시대의 가장 잔인하면서도 중대한 기업들 간의 전쟁을 제1열에서 보여준다. 그리고 백스테이지 출입증을 갖고 그 기업들이 우리에게 보여주고 싶지 않은 추악한 면도 들춰낸다. 상업의 미래에 관심이 있는 사람이라면 누구나 반드시 읽어야 하는 책이다.
– 마크 버겐(Mark Bergen), 《좋아요, 댓글, 구독하기(Like, Comment, Subscribe)》 저자

소매업계의 무하마드 알리에 대한 매력적이면서도 흥미진진한 설명이다.
– 스콧 갤러웨이(Scott Galloway), NYU 스턴 경영대학원 마케팅 교수, 베스트셀러 《표류하는 세계(Adrift)》 저자

《위너 셀즈 올》은 경쟁에서 승리하고 우리의 쇼핑 카트를 채우기 위해 끊임없이 스스로를 재창조하는 두 거대기업의 충돌에 대한 중요한 역사서다. 아마존과 월마트가 각자의 지배력을 구축하고 방어하는 가운데, 저자인 제이슨 델 레이는 독자들에게 그러한 의사결정 과정에서의 복잡성과 절충안에 관한 이야기를 들려준다. 그러면서 고객의 충성도를 확보하기 위한 그들의 노력과, 그 두 거대기업이 우리 경제의 상당 부분을 장악할 때 잃게 되는 것에 대해서도 자세히 밝혀낸다.
– 사라 프라이어(Sarah Frier), 《노 필터(No Filter)》 저자

좀처럼 수그러들 기미가 보이지 않는 두 거대기업의 싸움에 대한 눈이 번쩍 뜨이는 이야기다.
– 〈커커스 리뷰(Kirkus Reviews)〉

끊임없이 새로운 변화를 추구하는 아마존과 월마트의 현재와 미래

최재홍(가천대학교 창업대학 교수)

이 책을 읽고 한마디로 하고 싶은 말은 '재미있다'였다. 책 내용에서 무언가를 배우고, 익히며, 여운의 감동으로 깊은 생각에 잠기기보다는, 실제 상황임에도 잔잔한 한편의 역사영화를 보는 듯했다. 승승장구하는 아마존보다는 그 반대편에 있는 당시 가장 강력한 무소불위 경쟁자 월마트의 비중이 좀 더 많은 책이다. 사실 월마트에 대해서는 그다지 관심이 없었다. 우리가 통상 표현하는 과거의 파이프라인 기업이기도 하지만, 시대적으로 성장하는 빅테크 기업 간의 경쟁만을 보기도 바빴기 때문이다.

 개인적으로 아마존에 관심이 많아서 현재까지 나오는 아마존 관련 도서는 대부분 읽어보았다. 그러나 아마존의 관점이 아니라 그의 경쟁사 관점에서 본 이야기는 처음 접했다. 아마존이 여러 사업 분야에서 거칠게 진행하던 상황에 월마트의 대응과 고민이 같이 그려져 바둑판 위 흑과 백의 전쟁을 한눈에 내려다보는 느낌, 또한 마치 TV 드라마 재방송을 보면서도 부상하는 주인공이 아니라 다른 입장에서 보는 느낌이었다. 같은 상황을 다르게 보니 가슴이 뛰었고 더욱 신선하기도 했고, 당시 거대기업들의 고민과 방황, 대처에서 시대적인 변화에 적응하지 못하고 우왕좌왕하는 모습이 보일 때는 아련하기도 했다.

'자기 파괴'가 곧 '자기 혁신'

———————

이 책을 쓴 제이슨 델 레이는 평범한 기자다. 그저 몸으로 부딪쳐서 알아내고, 인터뷰하고, 분석해서 이 책을 완성한다. 그가 특별한 기자라면 더욱 힘 있는 관련 인사들에게서 얻어낸 이야기로 조금 더 쉽게 이 책을 서술했을 텐데, 오히려 지금까지 내가 본 특별하고 뛰어난 사람들이 기술한 내용과는 달리 조금 더 일반적이고 현실적이며, 밖에서 보면 비범했던 비즈니스 결정이 실제는 누구나 가질 수 있는 깊은 고민임을 여과 없이 서술했기에 더욱 와닿는다.

월마트가 초기 막대한 매출과 성장에서 인터넷의 위협과 가능성에 무지했고 조금씩 다가오던 아마존의 위협을 간과하는 과정은 비단 월마트뿐 아니라 반즈앤노블이나 메이시 백화점, 보더스나 당시의 모든 거대기업이 마찬가지였을 것이다. 저자는 '월마트는 온라인 상거래를 소소한 부수적 프로젝트' 정도로 취급했다고 표현하는데, 지금 생각하면 터무니없지만 그때는 너무도 잘 나가던 기업들이 새로운 혁신을 대하는 예외 없는 자세를 볼 수 있었다. 그래서 잘 나갈 때가 가장 위험하다는 교훈을 다시 한번 알게 해준다. 다행히 월마트 지도부가 "누군가를 정신 차리게 만드는 유일한 방법은 아마존 같은 새로운 경쟁자가 갑자기 나타나는 겁니다"라고 이야기했듯이, 빠르게 깨닫고 행동한 기업은 여전히 살아남고 성장하는 것이 우연이 아니라는 사실도 알려준다.

예나 지금이나 개인이든 기업이든 누구에게나 적용되는 큰 원칙으로 '자기 파괴'가 있다. 아마존 같은 잠재적인 위협이 나타날 때 월마트가 자신들의 자원을 가지고 더욱 강력하고 빠르게 대처할 수 있음에도, 온라인 월마트는 오프라인 월마트의 매출을 침식할 존재로만 생각했다. 당연히 상식적이고 누구나 그렇게 생각할 수 있다. 아마존도 전자책을 처음 세상에 내놓을 때 종이책이 잘 팔리면 전자책이 안 팔릴 것이고, 전자책이 잘 팔리면 종이책이 안 팔릴 것이라고 걱정하며 엄청나게 고민했다. 그래서 코닥이나 노키아는 그 걱정에서 탈피하지 못하고 눈앞에 보이는 이익 때문에 자기 파괴를 하지 못해 망했다. 아마존이나 애플은 다행히 그러지 않아서 흥했다.

그렇다면 월마트가 고통스러운 자기 파괴를 했느냐는 이 책을 읽어보면 조금 다른 이야기이긴 하다. 오랜 시간 고민했고, 남들이 하니까 나도 해야 하는 제스처도 취해보았고, 그러다가 '이게 아닌가 보네. 이러다 잘못하면 망하겠네'라고 생각해 올인하기도 하면서 조금씩 나아지는 과정을 겪었다. 제이슨 델 레이 기자의 서술을 보면 그러했다. 당시에 혁신을 주도한다는 신생 테크 기업들의 유행, 기존 비즈니스나 사회적 관성을 무시하고 하루아침에 만들어지는 '배고픈 자의 자기 혁신'이 아니라 다양한 시행착오를 거친 후에 나오는 '배부른 자의 자기 혁신'이었다. 그래도 다행히 월마트는 잘 견딘 편이었고 지금까지 살아남았으며, 여전히 성장하고 있다. 어떠한 형태이든 자기 혁신한다고 해서 모두 성공하지는 않지만 그래도 월마트는 몰락한 보더스나 시어스, 쇠퇴한 반즈앤노블처럼 되지는 않아서 다행이다.

불가피한 경쟁과 충돌

이 책 10장 중에 '혁신가인가, 아니면 운영자인가?'라는 제목의 글이 있다. 모든 기업이 겪는 신구 세력의 갈등, 돈을 버는 쪽과 돈을 쓰는 쪽의 견해차, 그리고 사내에서의 정치 구도에 따른 갈등 등을 다룬 내용이다. 이는 모든 기업이 성장 과정에서 겪는 당연한 수순이며 현상이다. 이것을 우리는 '성장통'이라고 한다. 월마트는 아마존이나 기타 온라인 기업들의 도전을 이겨내고 독보적으로 성장하면서, 자신들의 오프라인 사업을 지키고 새로운 조류도 따라가야 하기에 다양한 사업과 이를 수행하는 사람들이 엉켜 있어 더욱 복잡했다. 통상 같은 업계에서 인수합병을 한 기업 간에도 서로 다른 기업문화로 홍역을 앓는 것이 보통인데, 월마트는 새로운 사업을 수행하는 와중에 인수합병되어 흡수된 사람들, 그리고 필요에 따라 영입된 사람들이 공통점이라고는 전혀 찾아볼 수 없기에 더더욱 그러했다.

여전히 돈을 벌고 있는 오프라인 매장의 책임자들은 온라인 부문을 은근히 무시한다. 그러한 현상은 온라인 쇼핑 사이트 제트닷컴 인수를 기점으로 더욱 두드러지게 나타난다. 최고경영진들은 온라인 부문의 리더들에게 무리한 수준의 목표를 요구하고, 목표 달성 여부는 보상과 보너스에 영향을 미쳤고, 수익성 있는 비즈니스를 수행할 수 없다는 생각을 들게 한다. 하물며 월마트 맨인 맥밀런 CEO 조차 온라인 부문 책임자인 로어에 대해 "그는 단지 혁신가일 뿐, 수익성 있는 사업으로 만들 수 있는 역량 있는 운영자는 아니다"라는 생각을 내비쳤다고 하며, 인신공격까지 서슴지 않았다.

이런 상황은 오프라인 매장과 온라인 부문의 모든 사람과 조직이 갈등의 덩어리였고 이에 대한 적절한 조치가 이루어지지 않고서는 한 걸음도 앞으로 나아갈 수 없는 듯 보였다. 그러나 구식과 신식, 수익과 성장, 막대한 보상과 괜찮은 보상 등 모든 것이 상호 문화 차이에 따른 문제임을 인식하고 각 조직의 리더들이 맥밀런 CEO에게 '하나의 조직'을 계속해서 요구했다는 면에서는 월마트가 여전히 가능성이 큰 기업임은 틀림없다.

그런 와중에도 수익과는 별개로 온라인 부문의 성장률은 올라갔다. 물론 아마존과의 차이는 6~7배가 나기는 하지만 아마존에 이어 2위의 쇼핑 사이트로 올라섰다. 다만 온오프라인 조직이 빨리 통합되었다면 성장률이나 시장 점유에서 더 크게 확대되지 않았을까 하는 아쉬움이 남는데, 이에 대하여 맥밀런 CEO는 일정 기간 독립적이며 별도로 유지하는 데 확신이 있었기에 그의 경험에 찬 신념이 옳았을까도 의심해보았다.

어찌 보면 월마트가 겪은 문제는 신구 갈등보다 더욱 큰 문제가 있는 듯했다. 이는 어느 기업이 시간의 역사를 가지고 자신만의 문화가 있다고 하지만, 대부분 기업이 크게 성공하고 나름의 역사를 가지면 자연히 발생하는 바로 '관료주의'다. 월마트의 관료주의는 새로운 유전자를 받아들이는 스타트업의 인수합병 실패, 온라인 시장 진입의 지연, 광대한 오프라인 매장의 더딘 활용, 핵심 부서의 독립성 부여 실패, 수동적이며 경직된 조직 등 다양한 형태로 나타났는데, 이에 반해 아마존은 '피자 2판 팀'에 폭넓은 독립성을 부여하고 관료주의의 방해를 받지 않도록 노력했다. 예를 들면 초기에 월마트 온라인을 담당하던 브라이언 헤스가 "저는 우리가 혁신적으로 되어 가는 것처럼 느꼈습니다. 우리가 새로운 방식의 소매업에 대해 월마트가 배울 수 있도록 돕는 것처럼 느꼈습니다. 그런데 갑자기 그들은 우리가 그것을 시작하지도 않았다고 말했습니다. 그것도 4년이나 지나서 말입니다"라고 당황하며 이야기한 것을 보면 월마트가 얼마나 느리고 보수적이며 결정이 늦었는지 알 수 있다. 이러한 현상은 현재 기업들의 성장 방식과는 전혀 딴판이지만 당시의 대기업에는 당연한 현상이었다.

이러한 실상은 월마트에만 나타나는 현상은 아니었다. 원래 피자 2판의 원칙으로 작고 빠른 조직을 추구하던 아마존마저 성장하고 규모가 커지면서 같은 현상이 나타났다. 아마존의 온라인 약국을 통해 복잡한 실험과 혁신을 진두지휘했고 의료기술을 접목하기 위해 노력했던 티제이 파커(아마존이 인수한 필팩 온라인 약국 CEO)가 아마존을 떠나면서 느낀 감정이다. 다만 이러한 실험들은 코로나 팬데믹이라는 외부 요인으로 필요성은 급증했지만 준비가 되지 않은 아마존과 월마트에는 아쉬운 비즈니스 기회였는데, 관료주의가 팽배하지만 않았다면 얻을 수 있는 좋은 기회를 날린 것이 아쉽다.

온라인 약국 부문에서 월마트는 아마존과 계속 부딪쳤다. 월마트 내에도 약국이 있었고, 아마존 온라인 상점에도 약국은 있었다. 이는 한 예로 약국이지만 두 공룡 기업은 다양한 다른 서비스에서 상호 경쟁했다. 주문처리 센터(fulfillment center)에서, 배송에서, 또한 맴버십(월마트 플러스와 아마존 프라임) 등 모든 면에서 경쟁했다. 또한 아마존은 월마트의 주류 영역인 오프라인 부문을 확장하고 월마트는 아마존이 강자인 온라인 부문으로 확장하는 단계를 지나 최근에는 자신만의 특기를 살리려는 움직임이 강력하게 나타난다. 수익성이 떨어지는 매장을 정리하는 아마존과 다시 오프라인 매장을 더욱 확장하는 월마트를 보면 알 수 있다. 어찌 보면 자신들의 강점을 이제야 알아채고 자기 DNA를 더욱 확장하고 강화하려는 것이다. 최근에는 아마존 프라임 고객의 배송비 부과로 화가 난 아마존 고객을 끌어들이기 위한 월마트에 마케팅 기회를 제공했고, 같은 영역에서 충돌하지는 않지만 결국 소매에서 시장 점유를 확장하려는 목적이라는 면에서 어느 영역이든 경쟁과 충돌은 불가피한 상황이다.

11장 '소매업의 의사들'에서 4조 달러 시장인 온라인 처방약을 판매하는 젊은 기업 필팩 인수전을 보면, 두 기업이 사사건건 매일매일, 어떤 곳에서든 이렇게 부딪쳤을 것은 틀림없다. 매번 부딪칠 때마다 승자와 패자가 생기니, 한 곳에는 최악의 뉴스가 되고 다른 한 곳에는 확실한 미래를 보장받는 기회였을 것이다. 예전에는 다이퍼스닷컴을 두고 혈전을 벌였고, 제트닷컴도 마찬가지였으며, 아마존이 오프라인의 홀푸드 마켓을 인수할 당시 월마트는 온라인 쇼핑몰을 인수하는 등 심하게 표현하면 서로 물고 물리는 이전투구도 있었을 것이다.

　물론 이러한 상호 경쟁은 미국의 여러 스타트업에 희망을 주기도 했다. 많은 작은 기업이 엑시트할 기회를 두 기업이 경쟁적으로 제공해주었기 때문이다. 덕분에 아마존은 2022년까지 100여 개 기업을 인수합병했고, 월마트 또한 꾸준히 인수합병을 진행 중이다. 다만, 아마존이 공들여 인수한 다이퍼스닷컴이나 월마트의 승부수였던 제트닷컴이 성과를 내지 못해 자리를 잡지 못하고 운영 중단까지 이른 것은 큰 아쉬움으로 남는다.

　이렇게 보이든 보이지 않든 두 기업의 경쟁은 월마트에는 온라인의 기회를 아마존에는 오프라인의 효율을 가져다주어, 경쟁의 원래 뜻대로 '함께 노력한다'라는 의미에서 보면 두 기업에 더 큰 성장과 확장의 계기, 소비자에게는 더욱 값싸고 질 좋은 서비스를 제공할 수 있게 되었음은 분명하다. 예를 들어 두 기업의 배송 경쟁으로 소비자에게 빠른 시간에 정확한 배송으로 자리 잡게 된 사례가 8장 아마존화 중 '미들 마일(middle mile)' 편을 보면 실감 나게 나온다.

　미국의 유통업계 1위는 어떠한 위협이 가해졌든 간에 '월마트'다. 물론 미래는 아마존에 있다고 한다. 그들은 유통뿐 아니라 우주산업까지 개척하는 기업이기 때문이다. 그러나 한 가지 분명한 조류가 있는데 과거의 농업이나 제조, 유통 및 상거래, 금융이나 교육, 에너지 등 파이프라인 산업에 기술을 입혔을 때 더욱 강력한 산업으로 변모한다는 사실이다. 기술만을 강조하던 시대, 빅테크 기업에서 과거에 자원과 고객, 인프라와 막대한 자산을 가지고 있는 기업의 저력이 익숙해진 기술을 적용함으로써 더욱 확고한 위치를 점하고 있다는 것이다. 그런 면에서 이러한 유통기업들의 미래가 꼭 아마존에만 있다고 단정하기는 어렵다. 월마트 또한 한때는 치고 올라오며 생존을 위협하던 아마존의 존재가 예전 같지는 않을 것이다. 오히려 그러한 경쟁사에게서 배우고 익혀서 여러 온라인 기업을 인수하고, TV 제조업체를 인수하며 제조업에도 진출하고 그 TV에 실어 넣을 온라인 미디어 광고 사업에도 투자하고, 5,000여 개 점포를 활용하고, 당일 배송 서비스를 실행하며, 월마트 플러스를 만들어 아마존 프라임 못지않게 '상시 최저가(Everyday Low Price)' 슬로건으로 고객을 사로잡고 있다. 그래서 이 책이 재미있다고 표현한 이유다.

얼마 전까지만 해도 일방적인 게임이었던 아마존과 월마트의 경쟁이 예측불허다. 변화가 무쌍하다. 각각의 서로 다른 무기를 어떻게 사용할지 궁금하다. 자신의 자원을 극대화하고 상대의 영역을 넘나들면서, 성공도 했지만 쓰디쓴 실패도 다반사인 공룡 간의 싸움에 오히려 소비자는 싸고 질 좋은 제품을 받으며, 관련된 작은 기업들은 협력이나 엑시트할 기회를 잡을 수 있다는 면에서 관람객 입장이 되어 계속 지켜보고 싶은 호기심으로 가득 차 있다.

온라인과 오프라인 구별 없이 확실한 분야의 확장을 도모하다

———

아마존은 천재라고 불리는 '제프 베이조스'가 만든 기업이다. 결국 그 기업의 성공의 키는 CEO였다. '시도하고, 실패하고, 반복하라' 라고 말로만 떠들지 않고 직접 실천한 결과가 오늘날의 아마존이다. 그와 마찬가지로 월마트 또한 월마트 성장의 주춧돌인 마이크 듀크

(월마트 4대 CEO)에 이어 어렵지만 모든 시대 상황과 경쟁에 슬기롭게 처신하고 있는 5대 CEO인 더그 맥밀런이 있다.

이제 아마존은 2대 CEO인 앤디 제시가 아마존을 책임지고 현재 성장뿐 아니라 최근 미국의 반독점 소송에 대응해야 하고, 월마트는 여전히 저임금과 노동 문제, 지역 상권 문제를 풀어야 한다. 아마존은 2대 CEO가 취임하면서 아마존의 리더십 원칙이 16개로 늘어나 공동체 사회의 역할과 기여, 다양성과 포용성에 대한 부분이 추가되며 아마존 기업 철학의 변화가 감지된다. 또한 아마존 북스와 아마존 고, 아마존 프레시, 아마존 4스타 등 오프라인 거점들의 축소나 폐쇄가 진행되거나 사업 철수가 검토되는 상황이 전개됨으로써 월마트의 맥밀런은 머리가 복잡해졌다. 아마존의 후퇴인지 아니면 자신들이 확장하려는 온라인에서 더 큰 충돌이 생길지 불안하기 때문이다.

다만 이를 지켜본 맥밀런 CEO는 "온라인도 어렵지만, 매장은 더욱 어렵다"라는 이야기로 자신들의 분야가 쉽지 않을 것이라는 메시지를 주었는데, 어찌 보면 이제는 온라인보다 오프라인을 가진 자신들의 영역이 더욱 강점이 있음을 암시하는 듯 보였다. 분명한 것은 그럼에도 온라인 고객의 배송에 대한 깊은 고민, 그러한 맥락에서 드론 배송에 대한 집요한 실험 등은 모두 경쟁사인 아마존의 관심사에서 배운 방법이다. 그렇기에 최근 방향 전환을 하는 듯 보이는 아마존과는 달리 여전히 월마트는 강한 오프라인 위에 계속 온라인을 쌓아 올려 월마트의 성장을 견인하고 싶은 욕심에는 변함이 없어 보인다. 결국 월마트의 확장 방향은 온라인이기 때문이다.

이렇게 아마존과 월마트는 무엇인가 끊임없이 새로운 변화를 추구하고 있다. 아마존과 월마트 경영진들의 움직임을 보면 알 수 있을 듯하다. 아쉽게도 추측일 뿐이어서 명확하게 이야기하기는 어렵지만 앞에서 언급했듯이 자신들이 잘할 수 있는 영역을 강화하고 온라인과 오프라인의 구별 없이 이제는 불확실성을 떠나 확실한 분야의 확장을 예상해본다. 이러한 결과를 낳기 위한 조언은 13장 '월마트 2040'에서 참고할 수 있다.

　세계 최고의 소매점인 두 기업의 현재와 미래를 보고 싶다면 《위너 셀즈 올》을 읽어보기를 권한다.

엔데믹 시대에 유통업계
최종 승자는 누가 될 것인가?

류영호(《아마존닷컴 경제학(Amazonomics)》 저자, 교보문고 IP사업기획팀 팀장)

미국을 넘어 세계 유통산업에서 무한 경쟁을 펼치고 있는 아마존(Amazon)과 월마트(Walmart)의 흥미로운 이야기가 가득한 책이다. 온라인(아마존)과 오프라인(월마트)을 양분하며 각자 채널의 절대 강자로 영역을 지키던 두 거대기업은 2016년부터 본격적으로 경계를 넘어간다. 당시 아마존은 오프라인 소매업에 큰 투자를 시작했고, 월마트는 공격적으로 전자상거래 세계에 진출한 것이다. 많은 시행착오를 겪으면서도 채널의 융복합에 따른 옴니채널(omnichannel) 기업이 되기 위한 힘겨루기는 지속되고 있다. 양사의 상품 카테고리 확대, 치열한 가격 할인, 물류와 배송 네트워크 및 IT 인프라 경쟁은 세계 유통산업의 방향을 좌우할 만큼 파급력이 상당하다.

이 책은 기업의 미래를 창조하고 자신들의 유산을 지키기 위해 전설적인 창업자(아마존의 제프 베이조스와 월마트의 샘 월튼)와 용감한 경영진(현재 아마존 CEO 앤디 재시와 월마트 CEO 더그 맥밀런 등)을 중심으로 경쟁 기업 간에, 때로는 기업 내부에서 벌어진 파괴적 혁신과 거대 자본의 흐름에 대해서 읽기 쉽게 정리했다. 그동안 아마존과 월마트는 유통산업 전반에 미치는 높은 시장 지위를 가졌음에도 각자 알려지고 분석되는 편이었다. 저자는 〈포천(Fortune)〉의 기술 분야 담당이자 베테랑 비즈니스 저널리스트 제이슨 델 레이(Jason Del Rey)로 책을 쓰기 위해 아마존과 월마트의 전현직 고위직 인사들과 독점 인터뷰했고, 레코드(Recode)에서 기술의 발전이 온라인과 오프라인 소매업을 어떻게 변화시키는지 10년 넘게 보도하는 등 아마존과 월마트의 사업 현황과 인과 관계를 분석하는 최고의 전문가다.

저자는 아마존과 월마트의 소매업 경쟁 이야기에 한정하지 않고, 거대기업 조직에서 변화와 혁신을 추진하는 것이 얼마나 어려운 일인지 여러 사례와 함께 강조한다. 초기 아마존의 등장과 성장을 귀찮은 존재로 보았고 온라인과 오프라인 채널 간 카니발라이제이션(cannibalization, 자기시장잠식)에 따른 성과 보상의 피해를 우려한 월마트의 경영진, 온라인의 성공 모델을 오프라인에서도 반복할 수 있다고 했지만 오프라인 특유의 공간 구성과 매니지먼트 부족 등으로 실패한 아마존 경영진의 지난 모습에서 기업 운영의 어려움을 확인할 수 있다. 그래서 이 책은 거의 모든 기업 조직의 리더에게 더 큰 공감을 일으킬 수 있는 매력과 장점이 있다.

이 책은 아마존과 월마트의 사례를 통해 비즈니스 결정의 복잡성과 이해 상충의 관계를 소개하면서 고객 충성도 강화를 위한 전략적 사례를 소개한다. 이와 함께 거대기업의 시장지배력이 높아질수록

잃어버릴 수 있는 부정적 효과도 동시에 언급한다. 유통산업에서 시장 독과점 등의 방식으로 비즈니스 권력이 강해지면, 상대적으로 구매 및 판매 옵션이 더 적은 소비자와 소규모 상인에게는 선택의 자유도는 제한되기 마련이다. 아마존과 월마트의 엄청난 성공은 소수의 경영진에게 아낌없는 보상을 해줬다. 하지만 다수의 직원에게는 비용 절감을 위한 고통 분담을 요구하거나 노조 활동 방해 등의 문제점을 지적하면서 균형 있는 관점을 보여준다. 저자의 주장대로 하나의 승자가 모든 것을 판매하는 세상은 모두가 패배하는 세상이다. 이를 극복하기 위해서는 유통산업 생태계 내의 상생이 더욱 필요하며 공정한 경쟁과 약자에 대한 보호가 병행되어야 한다.

끝으로 이 책은 잘 알려진 세계적인 기업 이야기를 통해 재미와 교훈은 물론이고 사람들의 쇼핑 습관에 대해 다시 생각하게 만들어준다. 그만큼 아마존과 월마트라는 매력적인 기업 이야기에 관심이 있는 사람이라면 반드시 읽어볼 만한 가치가 있다. 두 거대기업은 계속해서 의료 케어와 콘텐츠 등 새로운 영역으로 비즈니스 제국을 확장하고 있다. 이러한 전략적 행보는 수십 년 동안 우리가 쇼핑하고 생활하고 일하는 방식을 어떻게 변화시킬지 기대와 우려를 동시에 보여준다.

책의 마지막 페이지를 넘기면서 질문을 던져보았다. "엔데믹 시대에 아마존과 월마트 중 소매업의 최종 승자는 누가 될 것인가? 아니면, 제3의 신생 강자가 나타날까?" 오늘도 국경을 넘어 소비자의 지갑을 차지하기 위한 유통 기업들의 경쟁은 끝이 없다. 이 책에서 기업과 독자 개인의 전망과 해답을 찾아보시길 권한다.

제프 베이조스(Jeff Bezos)를 처음 만났을 때, 나는 그에게 지금 무엇을 입고 있는지 물었다.

2016년 봄, 나는 캘리포니아의 절벽에 있는 어느 리조트에서 나의 고용주가 주최한 연례 기술 행사에 참석했다. 그리고 당시 아마존의 CEO인 그와 같은 테이블에 앉기를 바라고 있었다. 그러던 와중에 그가 단상에 모습을 드러냈다. 당시 나는 3년 동안이나 아마존을 취재하고 있었지만 아직까지도 베이조스를 제대로 만나지 못한 상태였다. 다만 그보다 2년 전에 다른 콘퍼런스에서 출입문을 급히 빠져나가는 그를 향해 인사를 건넨 것이 전부였다. 당시로서는 실망스럽긴 했지만, 그다지 놀랍지는 않았다. 베이조스의 부와 명성이 급상승하면서, 그의 PR팀이 그의 회사를 잘 아는 저널리스트들에게서 그를 보호하고 있었기 때문이다. 내가 당시에 그들을 전적으로 비난했다고 말하려는 것이 아니다. 그때 아마존의 스토리는 미국의 위대한 발명품에 대한 순수하고 기분 좋은 동화에서 좀 더 복잡한 갈래의 서사로 분화되고 있었다. 그리고 베이조스나 그의 조언자들은 까다로운 대화를 삼가는 것이 현명한 조치라고 판단했을 것이다.

그래서 아마존의 PR 부서에서 베이조스를 만나기 어렵다는 이야기를 들었을 때, 나는 무대 뒤편에서 베이조스를 기다리면서 나만의 만남을 직접 만들기로 결심했다. 나의 계획은 그를 급습하는 것이 아니었다. 나는 그저 이후에 좀 더 제대로 된 대화로 이어지는 화두를 던지려고 했을 뿐이다. 행사 당일이 점차 다가오자 나는 어떤 말로 대화를 시작할지 전략을 세웠다. 나는 그것이 시간과의 싸움이라는 것을 알고 있었다. 왜냐하면 내가 그에게 접근하자마자 그의 경호팀이나 PR 담당자들이 순식간에 나의 계획을 그르칠 것이 분명했으니까 말이다.

바로 그때 어떤 영감이 떠올랐다. 당시 〈포천(Fortune)〉 매거진은 2016년 '세계 최고의 리더(World's Greatest Leader)' 50명 가운데 베이조스를 1위에 올려놓았다. 거기에 수록된 프로필에는 아마존이 추진하는 새로운 계획 가운데 그가 가장 관심 있는 것 하나가 언급되어 있었다. 그것은 바로 회사가 자체 브랜드 의류 사업에 진출한다는 계획이었다. 그러니까 그것은 아마존이 자체적으로 공급하고, 브랜딩하고, 판매하는 의류 라인을 말하는 것이었다. 그 뉴스에 대해서는 굳이 해당 업계의 베테랑이 아니더라도 패션에 대해서는 문외한인 나조차 관심이 있을 정도였기 때문에 나는 그걸 써먹기로 했다.

그런 점을 염두에 두고, 만약에 내가 다음과 같은 식으로 말을 꺼낸다면 내가 그의 사업에 세심한 관심을 기울이고 있다는 사실을 베이조스에게 보여주는 동시에 어쩌면 그를 웃게 할지도 모른다고 생각했다. "이봐요, 제프. 저는 레코드(Recode)의 제이슨 델 레이입니다. 당신이 아마존의 자체 브랜드 비즈니스에 많은 시간을 보낸다는 기사를 최근에 읽었습니다. 그럼 당신은 오늘 혹시 아마존의 브랜드를 착용하고 있나요?"

행사 당일. 베이조스는 무대 뒤편에 마련된 모니터를 통해 자신보다 앞서 무대 인터뷰를 하는 사람을 지켜보며 서 있었다. 그는 어두운 블레이저 정장과 어두운 데님 진, 밝은색 와이셔츠를 입고 있었으며, 거기에 갈색 가죽 드레스 슈즈를 신고 있었다. 나는 그에게 걸어가 악수하며 내 소개를 했다. 그런 다음 머릿속에 계획해둔 인사말을 건넸다. 세계 최고의 부자 가운데 한 명인 그는 나의 질문을 잠시 음미한 다음 자기 나름의 두 가지 질문으로 맞받아쳤다.

"방금 제가 어떤 걸 착용하고 있는지 물었나요?" 그는 무표정하게 말했다. "그런데 제가 혹시 레드카펫을 밟기라도 했나요?" 나는 그의 입에서 미소가 퍼지거나 그의 트레이드마크인 커다란 웃음소리가 터지기를 기다렸다. 그러나 둘 다 일어나지 않았다. 오히려 그의 PR 담당자들 가운데 한 명이 저 멀리서 그가 언짢아하는 모습을 감지하고는 재빨리 다가와 끼어들었다.

"제프 베이조스가 무엇을 착용하고 있는지 물으셨죠?" 그렇게 날카롭게 외치며 다가온 사람은 대변인이었고, 베이조스는 뒤로 물러났다. 나는 그렇게 기회가 영원히 날아간 줄 알았다. 나는 질문의 맥락을 설명하려 노력했지만, 별로 통하지 않는 듯했다. 그런데 매우 놀랍게도 잠시 후에 베이조스가 돌아왔다. 직접 무알코올 음료를 가져와 마신 뒤였다.

"당신은 무엇을 착용하고 있나요?" 그가 되물었다. 나는 얼떨떨한 상태로 나의 현재 착장은 트렁크 클럽(Trunk Club)이라는 서비스의 스타일리스트가 골라준 것이라고 설명했다. 참고로 트렁크 클럽은 2014년에 노드스트롬(Nordstrom)에 3억 5,000만 달러의 가격으로 매각된 독립 스타트업이다. 그런데 다만 그 서비스가 내 여동생이 나에게 선물해준 것이라는 사실은 언급하지 않았다. 여동생이 내게 그걸 선물해준 이유는 어느 정도는 내가 결정 장애가 있다는 사실을 알고 있었기 때문이며, 또 어느 정도는 나 자신의 새로운 콘퍼런스를 주최하기 전에 미리 패션계에 발을 들여놓아야 했기 때문이다. 나는 베이조스에게 추가로 설명했다. 그 서비스를 이용하여 자신의 옷을 고르려면 모르는 사람의 조언을 신뢰해야 하는데, 그건 확실히 어떤 면에서는 패션 감각은 있을 테지만 자기 자신의 스타일과는 정확히 맞지는 않을 수도 있다고 말이다.

베이조스는 고개를 끄덕이며 "아하"라고 말했다. 나는 도서 판매를 재창조하고 그다음에는 디지털 상거래로 소매업 환경 전체를 폭파한 이 사람이 다소 구식인 그런 접근방식을 어떻게 생각하는지 궁금했다. 그 모든 걸 사람에게 맡긴다고? 베이조스 같은 혁신가에게 이상적인 서비스란 기술을 활용하여 인간을 능가하는 것이 아닐까? 베이조스는 자신이 선호하는 것은 사실 그 두 가지를 결합하는 것이라고 설명했다. 그러니까 컴퓨터가 알고리즘으로 생성된 의류 옵션을 제공하고, 그다음에는 인간 스타일리스트가 그것을 검토하여 가장 좋은 최종 선택을 내리는 것이다. 참고로 당시에 스티치 픽스 (Stitch Fix)라는 또 다른 스타트업이 이미 그런 종류의 서비스를 제공하고 있었다. 그런데 아니나 다를까, 2019년에 아마존이 그에 대한 자체적인 경쟁 서비스를 공개하면서 베이조스의 그런 아이디어가 비로소 모습을 드러낸다.

이후 베이조스는 양해를 구한 뒤 무대로 올랐지만, 그의 말은 계속 귓전에 남았다. 스타일리스트 아마존이라고? 그것은 베이조스가 처음에 제시했을 때만 하더라도 기이해 보이던 것이 몇 년 후에는 적어도 일부 사람이 매력적이라고 생각하는 서비스가 된 수많은 사례 가운데 하나에 불과했다. 그런 엉뚱한 아이디어들이 모두 현실로 구체화되지는 않는다. 그럼에도 상당수가 현실화되었는데, 그것도 기존의 업계를 뒤흔드는 방식으로 이루어졌다.

그는 우선 도서 판매에서 그렇게 했다. 그런 다음에는 아마존 웹 서비스(AWS)로 클라우드 컴퓨팅 분야를, 프라임 비디오(Prime Video)로 비디오 스트리밍 산업을, 알렉사(Alexa)로 음성 비서 분야를, 아마존 프레시(Amazon Fresh)로 식료품 배송 산업에서 그렇게 했다. 그리고 이제 그는 패션 산업에서도 그렇게 하려 시도하고 있었다. 비판이나 실패에 대한 위험은 아랑곳하지 않고 말이다. 터무니없는 발상을 요리한 다음에 기술과 혹독한 경영으로 그것을 후딱 먹어치우는 그의 성향은 그의 회사를 세계적인 강자로 변모시키는 데 도움을 주었다. 그가 진입하려는 다른 산업의 패셔니스타나 기존의 지배자들이 비웃는 경우에도 마찬가지였다. 적어도 처음에는 그랬다. 그리고 월마트의 수장도 그들 가운데 하나였다.

그럼에도 우리가 나눈 짧은 대화는 내가 베이조스와 그의 회사가 진화하는 방식에 대하여 알게 된 몇 가지 사실을 다시금 확인해주었다. 일단은 그 회사가 나와의 첫 만남을 회피하려던 것과, 거기에 더해 내가 사전 승인 없이 베이조스와 이야기 나눈다는 걸 깨달은 PR 담당자들이 당혹하며 보여준 우려였다. 그 덕분에 아마존이 까다로운 대화는 원치 않는다는 사실이 확인되었다. 적어도 회사의 비즈니스나 노동 관행에 대해 좋은 점과 나쁜 점을 잘 알고 있는 외부인에게는 말이다. 그것은 소매업과 PR 업계 베테랑들이 오랫동안 나에게 들려주었듯이 업계의 또 다른 거물인 월마트가 한때 취했던 것과 유사한 접근방식이었다.

물론 아마존이 등장하기 전에 월마트는 소매업과 미국식 자본주의의 대형 악당이었다. 그들은 공급업체를 쥐어짜다가 결국엔 더욱 값싼 외국 노동력을 찾아 사업장을 옮긴다는 평판을 듣고 있었다. 그들은 노동자에게는 헐값을 지급하고, 세제 혜택을 받기 위해 지역사회를 유린하면서 영세 상점을 소멸시키고 있었다. 초저가 상품을 찾는 수천만 명의 미국인에게 월마트는 구세주였지만, 반면에 다른 이들은 그곳을 공공의 적 1호로 바라봤다. 그들은 자사를 향한 엄청난 비판을 수십 년 동안 무시하거나 묵살했다.

월마트의 창업자인 샘 월튼(Sam Walton)은 1992년의 회고록에서 이렇게 말했다. "저는 소도시의 상인들을 너무 나무라고 싶지는 않지만, 진실은 이런 수많은 사람이 손님들을 진심으로 신경 써서 대하지 않는다는 겁니다."

그러다 2000년대 중반이 되자 회사의 세 번째 CEO인 리 스콧(Lee

Scott)은 다른 경로를 택했다. 그는 회사를 비판하는 사람들을 찾아 그들의 이야기에 귀를 기울였다. 그들이 외부 단체든 기자든 관계없었고, 심지어 그들의 비판 가운데 일부에는 동의하기도 했다.

"지난 몇 년 동안, 저는 우리가 그간 받아온 그 모든 부정적인 평판을 이야기하느라 수많은 시간을 보냈습니다. 그 대화의 주제는 우리가 언론을 싫어한다는 내용이 아니라, 우리가 대체 어떻게 하기에 월마트에 대한 이러한 유형의 부정적인 논의들이 지속되는지 사람들에게 묻는 방식이었습니다. 우리가 그 어떤 해를 입힐 의도가 없기 때문에 우리에게 어느 정도 (변명의) 여지가 있다는 생각에 그저 기댈 수만은 없었습니다. 우리는 인종차별이나 성차별, 또는 이러한 문제들이 진행되는 걸 발견했을 때 우리가 어떻게 대응하느냐에 따라 판단받을 것입니다. 그래서 저는 모든 사람에게 이렇게 말합니다. 우리는 (사회의 기대에) 부합하지 않는 행동에 대하여 우리가 더욱 격정적으로, 그리고 관용을 베풀지 않고 더욱 가혹한 방식으로 대응해야 한다고 말입니다." 스콧이 2005년에 한 말이다.[1]

이기적이든 아니든 월마트 내부에서는 회사가 급속히 성장하던 초기의 수십 년 동안 외부인에게는 거의 보이지 않았던 일말의 양심이 싹트는 것으로 보였다. 그런데 몇 년 뒤에 아마존의 영역에도 이와 유사한 비판이 쇄도했지만, 이 기술 대기업은 월마트의 접근법에서 배운 점이 없는 듯 보였다. 아마존은 좋든 나쁘든 많은 면에서 월마트 2.0이 되었다. 아마존의 어마어마한 상품 목록과 저렴한 가격이 적어도 과거 월마트처럼 경쟁에서 치명적이었다고 말할 수 있다. 게다가 아마존은 혁신과 경쟁적 파괴가 혼합된 그들의 칵테일에 제3

의 재료를 첨가했다. 그것은 바로 빠른 배송과 결합된 원클릭(1-Click) 쇼핑이었다. 그러나 이 회사의 유명한 '고객 집착(customer obsession)'에는 그와 동일한 수준의 직원 집착(employee obsession)이 동반되지 않았다. 곧 그것은 노동자에게 요구하는 가혹한 작업 속도와 빈약한 임금을 의미했다. 결과적으로 그러한 속성이 아마존을 노동조합과 노동 활동가, 그리고 관련된 의원들의 자연스런 타깃으로 만들었다.

"사실로 밝혀진 어떠한 비판에 대해서도 그저 전면적으로 묵살할 뿐입니다. 그들에게 '여기서 지금 내가 듣고 있으며 보도되는 것이 있는데, 그에 대한 입장은 무엇인가?'라고 물을 기회도 사실 별로 없습니다. 그러면 그들의 반응은 거의 언제나 이렇습니다. '그건 말도 안 되는 것이며, 이것은 음모이며, 누군가 우리를 망치려는 것입니다.'" 아마존의 고향인 시애틀을 지역구로 두고 있는 미국의 프라밀라 자야팔(Pramila Jayapal) 하원의원이 그들에 대한 비판을 대하는 아마존의 일반적인 반응을 언급하며 내게 한 말이다.

• •

그런데 베이조스가 구식 소매업과 관련하여 자신이 생각하는 더 나은 해결책을 이야기한 것 역시 베이조스와 그의 회사가 오래된 사업 방식을 완전히 무시하는 것은 아니라는 점을 상기시켰다. 그는 그러한 관행들을 받아들여 그것을 아마도 90도 또는 180도 바꾸고, 만약에 회사가 생각하기에 그 결과가 더욱 저렴하거나, 더욱 스마트하거나, 아니면 더욱 낫다면 거기에 기술을 불어넣고 싶어 했다. 베이조스와 그의 회사는 전통적인 소매업을 멸시하지 않았다. 그들은 그것이 사람들을 위해 훨씬 더 편리해질 수 있다고 생각했다. 그 대상은 바로 그들이 가장 중요해야만 한다고 믿은 고객이다.

나는 다시 한번 샘 월튼이 떠올랐다. 그리고 그가 아칸소(Arkansas)주 벤턴빌(Bentonville)의 본사에서부터 미국 전역의 소도시에 걸쳐 구축한 소매업의 골리앗을 떠올렸다. 월튼과 그의 회사는 1980년대와 1990년대에 기존의 소매 산업을 무너트리고 완전히 새로운 무언가를 발명함으로써 그것을 전복시킨 것이 아니다. 오히려 그들은 그것을 재창조했다. 월튼의 회고록은 그가 기꺼이 차용한 경쟁자들의 발명과 전략에 대한 헌사로 가득하다. 벤 프랭클린(Ben Franklin) 매장의 전면에 배치한 금전등록기 또는 특가 상품이나, 깁슨스(Gibson's) 같은 초기 할인점의 '이미지' 아이템 등이 대표적이다. 경쟁사를 조사하는 건 월마트가 "우리에게 부족한 경험과 세련미를 만회하기 위해 열심히 노력한" 한 가지 방식이었다고 월튼은 썼다. 참고로 아마존의 유명한 '리더십 원칙'을 살펴보면, 제프 베이조스의 회사 역시 오프라인 소매업의 거물들에서 많은 아이디어를 차용했음을 알 수 있다. 아마존 최초의 14가지 기업 신조 가운데 적어도 '행동 편향(Bias for Action)'과 '검소함(Frugality)'이라는 두 가지는 월튼의 월마트 문화에서 영감을 받은 것이다.

그러나 월마트가 한때는 경쟁을 높이 평가했음에도, 1990년대와 2000년대에 성행한 현대식 대형 쇼핑센터의 범람은 사각지대를 열어놓았다. 정밀하면서도 무자비하게 대형 쇼핑센터를 확장하는 중앙 집중화된 하향식 운영 구조는 경쟁에 대한 인식을 약화하는 듯 보였다. 적어도 새로운 디지털 세계에서는 말이다. 당시에는 그것을 신경 쓸 겨를이 없었다. 월마트의 리더들은 자사의 대형 쇼핑센터와 연계된 막대한 매출과 수익에 몰두해 있었고, 인터넷의 위협과 가능성에 대해서는 대부분 무지했다.

어떤 면에서 보면 샘 월튼은 월마트가 질주하는 것과 같은 미래를 두려워했다. 그는 '모든 것이 위에서 결정되어 매장으로 하달되는 중앙 주도식 체인점'으로 변형되는 것의 위험에 대해 쓰기도 했다.

월튼은 이렇게 썼다. "그런 시스템에서는 창의성을 위한 여지는 전혀 없고, 불굴의 상인을 위한 공간도 없으며 (중략) 기업인이나 사업가도 필요 없을 것이다. 아, 나는 그런 곳에서 일하고 싶지 않으며, 월마트가 그렇게 되어가는 것을 매일매일 걱정한다."

2014년에 이 회사에서 평생을 몸담아온 47세의 더그 맥밀런(Doug McMillon)이 월마트의 5대 CEO가 되었을 때, 월튼의 두려움은 대부분 현실화되었다. 그래서 맥밀런은 아마존의 공격으로부터 기존의 소매업을 지켜내기 위해 새로운 세대의 기업인과 사업가에게 막대한 베팅을 하게 된다.

• •

2022년 3월 4일 아침, 나는 아칸소의 북서쪽 구석에 있는 밋밋하고 낮은 벽돌 건물 밖에 놓인 파란 플라스틱 피크닉 테이블 앞에 앉아 있었다. 그곳은 월마트 본사였다. 월마트는 그때까지 미국 소매업 역사에서 가장 커다란 혼란을 일으킨 회사였다. 북서쪽으로

2,000마일(약 3,200킬로미터) 떨어진 곳의 어떤 신출내기*가 여기저기에서 조금씩 고객들의 소비를 떼어가기 전까지는 그랬다. 그리고 책임감을 가진 경쟁사라면 그것을 더이상 무시할 수 없을 때까지는 그랬다.

이날 나는 월마트 역사에서 핵심적인 부분들을 손에 쥐고는 이들 가운데 미래에 어떤 것을 가져갈지 선택해야 하는 임무를 맡은 남자를 만나러 갔다. 더그 맥밀런은 이러한 직무를 맡아 현금과 주식으로 매년 2,000만 달러(약 280억 원)가 넘는 후한 대가를 받고 있었다. 그러나 그의 일은 쉽지 않았다. 제프 베이조스와 그가 이끄는 회사들이 1990년대와 2000년대 초에 소매업 분야를 자신들의 뜻대로 만들어가는 동안, 월마트는 온라인 상거래를 소소한 부수적 프로젝트 정도로 취급했다. 그들은 실리콘밸리에 별도로 본사를 세우기도 했지만, 월마트의 지도부는 그런 것이 존재한다는 사실조차 가끔 잊어버리기 십상이었다.

자기 자신의 DNA를 부정하기는 어렵다. 그리고 월마트의 DNA는 오프라인 매장의 판매와 거기에서 거두는 막대한 수익을 중심으로 구축되어 있었다. 그러나 아마존은 이 두 가지를 오랫동안 거부했다. 월마트가 월스트리트에 주기적으로 수익을 예상하도록 훈련시킨 반면, 베이조스는 그 반대 메시지를 설파했다. 그는 월스트리트에 우리는 수익이 아니라 성장에 투자한다고 말했다. 그러나 언젠가 우리가 시장 점유율을 충분히 확보하면, 우리는 그에 걸맞은 막

---

* 아마존.

대한 현금을 보유하게 되리라고 약속했다. 그것은 아마존의 기나긴 게임이었고, 월스트리트의 투자자들은 그 회사에 매우 긴 목줄을 매어주었다. 아마존은 또한 그들의 오프라인 매장 라이벌들에 비해 설립 초기부터 15년 동안 세제 혜택을 누릴 수 있었는데, 이 역시 아마존에 도움이 되었다. 아마존이 민첩하고 재빠르게 움직이는 거인이었던 반면, 월마트의 수익 중심 모델과 더욱 많은 걸 요구하는 투자자들의 기대는 전통적인 소매업의 거물에게 제한적인 유동성만을 부여했다.

그러나 맥밀런은 월마트를 디지털에 몽매한 상태에서 깨어나게 하고 아마존이 제기하는 실존적인 위협을 인정하기로 했다. 그 과정에서 그는 월마트에서 평생 몸담은 수많은 직원을 새로운 미래로 끌고 가야만 했는데, 그곳은 불편한 곳이 될 수도 있었다. 내가 방문했을 때는 이러한 변화 시도의 상징들이 월마트의 울타리를 넘어서 벤턴빌 전역에 확연히 나타나고 있었다.

맥밀런과 만나기 전날, 나는 월마트의 고위 관계자 한 명과 함께 블레이크스트리트(BlakeSt.)의 테라스에서 점심을 먹었다. 이곳은 1887년에 지은 농가를 샘 월튼의 손자 한 명이 개조한 회원 전용 클럽이다. 뒷마당에서는 회원 한 명이 온도가 조절되는 실외 수영장에서 물장구를 치고 있었다. 누군가는 그곳을 두고 벤턴빌 버전의 소호 하우스(Soho House)*라고 불렀다.

---

* 예술 및 미디어 분야의 크리에이터를 대상으로 운영하는 회원제 클럽으로, 1995년에 런던의 소호(Soho)에서 처음 문을 열었다.

블레이크스트리트에서는, 아니 벤턴빌 시내 어느 곳에서든 건설 크레인을 흔히 볼 수 있었는데, 그걸 보면서 나는 논란이 많은 시애틀 건설 붐의 축소판이라는 생각이 들었다. 시애틀에 오랫동안 살아온 사람은 그러한 건설 붐이 아마존과 그 회사의 성장 때문이라고 비판해왔다. 한번은 (승차 공유 서비스인) 리프트(Lyft)의 차량을 타고 시내를 가로지르는 동안 시선을 들어 창밖을 내다보았는데, 운전기사가 한 다음 말이 그런 분위기를 가장 잘 표현해주었다. "건물도 많아지고, 집도 많아지고, 모든 게 많아지고 있어요."

'모든 게 많아지는' 건설 붐의 주요한 요소 가운데 하나는 바로 서서히 모습을 갖춰가는 월마트의 새로운 캠퍼스였다. 그곳의 전체 면적은 약 350에이커(약 43만 평)에 달했으며, 새로운 유형의 전문가들을 매혹시키기 위한 수많은 종류의 편의시설을 갖추고 있었다. 맥밀런과 월마트가 그 사람들에게 바라는 것은 계속해서 회사를 현대화하고 아마존의 공격으로부터 자신들을 지켜내는 것이었다. 그 사람들에게 제공되는 새로운 혜택 가운데에는 직원들을 깜짝 놀라게 하는 것도 있어서 CEO가 다시 한번 말해줘야 하는 내용도 있었다.

"주차 시설, 제공하는 식사, 피트니스 시설이 개선될 것이고, 자연광을 보게 될 겁니다. 네, 그렇습니다, 자연광입니다." 2017년에 화려한 새 캠퍼스를 소개하면서 맥밀런이 쓴 글이다. 반면에 월마트 '본점'이 처음 문을 연 시기는 1971년이며, 한때 월마트는 골재를 그대로 드러내는 건축미로 널리 알려져 있었다. 그리고 맥밀런이 쓴 앞의 글에서 유추할 수 있듯이, 그곳에는 창문이 별로 없었다. 그런데 월마트의 새로운 본사는 회사가 오랫동안 자랑스러워했으며 장기 근속 직원들이 경탄해오던 특성들이 과연 어떻게 반영되었을까?

"어느 정도까지 해야 검소하지 않다고 말할 수 있을까요? 어떻게 해야 공급업체들이 들어와서 살펴보고는 '이봐, 너희들 장난하는 거 아냐?'라고 말하지 않을까요? 어느 정도까지 해야 우리의 초점을 고객으로부터 떼어낼 수 있을까요?" 월마트에서 의료 부문을 오랫동안 담당했던 전직 임원 마커스 오스본(Marcus Osborn)이 새로운 본사 계획에 대해 한 말이다.

그는 계속해서 설명을 이어갔다. "오래된 본점에 앉아 있으면 거기에는 난잡한 상자들밖에 없습니다. 어디를 둘러봐도 상품만 보이는데, 그건 그러니까 그냥 물건에 둘러싸여 있는 것이었습니다. 그리고 그런 공간은 우리에게 끊임없이 고객에 대해 생각하도록 강제했습니다. 저는 그 점이 바로 우리의 도전과제가 될 거라고 생각합니다. 그리고 이런 문제는 다른 많은 회사에서도 볼 수 있지만, 저는 월마트 같은 곳에는 가장 어려운 문제가 될 거라고 생각합니다. 왜냐하면 월마트의 역사와 유산이 있기 때문입니다."

그러나 월마트에는 어떠한 유형의 변화가 필요했고, 그것은 이미 오랫동안 지체되어 있었다. 반면에 아마존은 확실히 그걸 이뤄냈다. 처음에 아마존은 책부터 전자제품에 이르기까지 일반적인 상품에서 월마트를 공격했다. 그런 다음에는 월마트의 핵심 비즈니스인 식료 및 잡화 분야를 노렸다. 처음에는 디지털 세계에서, 그리고 이후에는 현실 세계에서까지 월마트를 공격했다. 그러한 과정에서 아마존은 월마트의 가장 귀중한 고객을 아마존 프라임으로 망명시키기 위한 수년간의 공세를 수행했다. 모든 노력이 성공적이지는 않았지만,

그 기세는 누그러들지 않았다. 슈퍼센터가 출범한 이후 처음으로 월마트가 뒷걸음질 쳤다. '상시 최저가(Everyday Low Price)'를 외치며 그 모든 경쟁을 물리치는 건장한 파괴자가 마침내 약자가 되었다.

월마트의 지도부는 오랫동안 이런 사실을 인정조차 하지 않았다. 이는 부분적으로 샘 월튼의 회사와 제프 베이조스의 회사가 주로 별개의 영역에서 사업을 했기 때문이다. 전자는 거대한 오프라인 소매업체였고, 후자는 온라인의 거물이었다. 그런데 2016년이 되자 월마트는 공격적으로 전자상거래 세계로 진출했고, 반면에 아마존은 얼마 지나지 않아 오프라인 소매업에 막대한 베팅을 하게 된다. 그로 인해 촉발된 경쟁은 시장 지배력을 차지하기 위한 무제한의 권력 투쟁이었다. 아마존의 야망은 더욱 커져만 갔고, 월마트 출신의 CEO는 향후를 위한 비즈니스 재창조를 시도했다.

그런데 바로 그때, 소매업은 코로나19 팬데믹으로 가속화된 전례 없는 변화를 경험했다. 소비자는 온라인으로 옮겨가서 더 많이 소비했고, 오프라인 소매업체에 더욱 많은 편리함을 기대했다. 반면에 구멍가게와 한때 유명했던 체인점은 모두 망하거나 어쩔 수 없이 업계의 대기업과 비즈니스를 해야만 했다. 아마존과 월마트가 그에 따른 보상을 거둬들였다. 미국의 온라인에서 2달러가 소비될 때마다 이 두 기업이 그중의 거의 1달러를 벌었다. 그러나 두 거대기업이 소매업 분야의 권력을 공고히 하면서, 골치 아픈 결과도 나타나기 시작했다. 소비자와 영세 상인의 구매 및 판매 선택권은 점점 줄어들었고, 수백만 노동자는 고된 작업과 때로는 위험한 업무를 하는 데 비하여 적은 임금을 받았다.

지난 10년 동안 나는 아마존과 월마트, 그리고 글로벌 소매업의 이런 괴물들과 경쟁하려 노력해온 여러 신생기업의 싸움을 취재해왔다. 나는 그런 결과물을 레코드(Recode)에 수백 건의 기사로 작성했다. 그리고 〈거인들의 땅(Land of the Giants)〉이라는 인기 다큐멘터리 팟캐스트도 진행했다. 또한 업계의 거물들을 위해 코드 커머스(Code Commerce)라는 연례행사도 직접 주최해왔다.

그러한 작업을 통해서 나는 이러한 두 골리앗이 서로 엎치락뒤치락하면서 각자의 사업을 벌이는 방식과 그 이유에 대해서 통찰력을 가진 수천 명의 사람과 이야기를 나누었다. 그중에는 물류창고의 바닥에서 힘겹게 분투하며 시간당 15달러를 받는 근무 1주차의 직원부터, 생계를 위해 두 기업의 플랫폼에 의존하는 소도시의 상인, 그리고 지구촌 수억 명의 사람에게 영향을 미치는 의사결정을 내리는 임원도 있었다. 그렇게 쌓은 신뢰 덕분에 나는 아마존과 월마트 모두에서 두 기업의 최고 의사결정권자 상당수와 인터뷰해도 된다는 동의를 얻을 수 있었다.

그 시기는 2021년부터 2022년 사이였다. 그러나 이것은 그렇게 접해서 될 일이 아니다. 역사는 수많은 입장을 고려하여 작성되며, 어떤 스토리에 대한 그들의 입장은 단지 하나의 관점만을 제공할 뿐이다. 그래서 나는 전현직 임원과 직원, 그리고 업계 관계자와도 이야기를 나누었다. 이들은 모두 150명이 넘었는데, 덕분에 지금부터 수백 페이지에 걸쳐 펼쳐질 사건에 대하여 더욱 완전한 관점을 제공할 수 있었다.

그러한 결과가 바로 이 시대의 결정적인 비즈니스 격돌에 대한 이야기다. 그것은 수천억 달러의 판돈과 수백만 개의 일자리를 걸고 우리의 충성심과 지갑을 얻기 위한 전쟁이다. 그것은 업계의 두 거물이 전 세계 수억 명의 사람에게 우리가 상상할 수 있는 어떤 제품이든 공급할 수 있는 친숙한 공급자가 되기 위해 벌이는 결투에 대한 이야기다. 그것은 어떤 대가를 치르더라도 서로 이기기 위해 노력하는 전설로 회자될 수십억 달러의 내기에 대한 이야기다.

하지만 이것은 또한 전설적인 경영인과 야심찬 기업가가 미래를 발명하기 위해 싸우면서 벌어지는 자존심과 복수에 대한 이야기이기도 하다. 그러한 싸움은 경쟁 기업 사이에 일어나기도 하지만, 때로는 같은 회사의 울타리 내에서 벌어지기도 한다. 두 기업이 모두 자신의 제국을 가능성 있는 새로운 산업 영역으로 계속해서 확장하는 가운데, 나의 바람이 있다면 우리가 쇼핑하고 생활하고 일하는 방식을 아마존과 월마트가 어떻게 변화시켜왔는지 이해하기 위한 열쇠로 이 책이 앞으로 수십 년 동안 좋든 나쁘든 기여하는 것이다.

Chapter 01

만약에

Winner
Sells All

1998년 어느 늦은 여름날, 로버트 데이비스(Robert Davis)는 월마트의 임원실 복도를 지나 CEO인 데이비드 글래스(David Glass)의 사무실로 걸어갔다. 그리고 단 한 번의 베팅으로 비즈니스 역사의 흐름을 바꾸고자 시도했다.

데이비스는 미시시피 태생으로 언젠가 은퇴하면 숲속의 통나무 오두막에 사는 꿈을 가진 자칭 내성적인 사람이다. 그는 또한 전공으로 따지면 마케터였고, 스스로 선택하여 기술자가 되었으며, 직업적으로는 소프트웨어 엔지니어였다. 당시에 그는 월드 와이드 웹(World Wide Web)이라는 새롭게 떠오르는 채널을 통해 월마트의 판로를 개척하기 위한 기회를 모색하던 비밀 연구팀을 몇 년 동안 관리해왔다. 지금으로서는 기억하기 어려울 수도 있으나, 1998년 당시에 아마존은 이제 겨우 도서 이외의 상품에 손대기 시작하는 단계에 불과했다. 반면에 월마트는 우리가 상상할 수 있는 거의 모든 상품 카테고리에 접근할 수 있었고, 자원과 가격, 물류 측면에서 자그마한 라이벌쯤은 날려버릴 수 있는 막강한 영향력을 갖고 있었다.

제프 베이조스는 이런 움직임을 인지하고 있었던 듯하다. 왜냐하면 아마존의 창업자이자 CEO인 그가 1년 전부터 벤턴빌에 있는 월마트의 거물들을 밀렵하기 시작했기 때문이다. 그 첫 대상은 월마트의 IT 리더인 릭 달젤(Rick Dalzell)인데, 그는 월마트의 혁신적 데이터 웨어하우징(data warehousing)* 프로젝트를 감독했으며 베이조스가 아마존의 초대 최고정보책임자(CIO)로 영입한 인물이다. 달젤은 웨스트포인트(West Point)**를 졸업한 건장한 사내이며, 플라이낚시(fly fishing)와 군대에서 하는 미식축구만큼이나 어려운 문제를 해결하기를 좋아하는 퇴역 군인이다. 달젤은 월마트가 전자상거래를 충분히 진지하게 고려한다고 생각하지 않았다. 그리고 자신과 마찬가지로 베이조스 역시 인터넷에서 모든 고객에게 개인화된 매장을 만들어 줄 수 있다는 비전을 가진 것에 매료되었다.

아마존에 합류하고 나서 1년 뒤, 달젤은 월마트의 직장 동료였던 데이비스에게 전화를 걸어 아마존의 일자리를 제안했다. 데이비스는 달젤에게 자신은 인터넷의 뜨거운 총아로 떠오르던 그 기업에 따라가지 않을 것이라고 알렸다. 그는 이미 월마트에서만 10여 년째 일해왔으며, 앞으로 남은 커리어에서도 이 소매업의 괴물을 위해 일

---

* 데이터를 체계적으로 수집하고 효율적으로 이용하도록 관리하는 기술.

** 미국 육군사관학교.

하는 삶을 그리고 있었다.

"저는 이미 월마트에 푹 빠져 있었고, 그곳에 매우 헌신하고 있었습니다." 2021년 말에 데이비스가 나에게 한 말이다. 그리고 그는 그것이 해당 주제로 처음이자 유일하게 한 인터뷰라고 말했다.

당시에 데이비스와 그의 아내는 아칸소의 시골에 있는 3에이커(약 3,700평) 면적의 대지에 새로 지은 주택을 구입한 상태였다. 그는 (자신의 삶이) '완벽했다'고 말했다. 그는 또한 아마존의 제안이 현금 수령액으로 따지면 25퍼센트의 임금 삭감에 해당한다는 사실을 알고 있었다. 왜냐하면 기술 스타트업인 아마존은 주로 인재들에게 주식으로 보상을 해주었기 때문이다. 그럼에도 시애틀 소재의 그 온라인 서점이 제안한 내용 가운데 한 가지가 그의 흥미를 끌었다. 그는 만약에 월마트의 지도부라면 과연 그런 제안을 할 수 있을까 의구심이 들었다. 그것은 바로 소매업의 미래는 인터넷에서 펼쳐질 것이라는 확고한 믿음이었다.

데이비스는 월마트가 전자상거래에 대한 적극성이 부족하다고 생각해서 좌절했다. 물론 경영진이 그를 비롯한 소규모 팀원들에게 1995년 연말 시즌 동안 샘스클럽(Sam's Club)이라는 자회사를 통해 온라인에서 선물 바구니를 판매하는 실험을 할 수 있는 자유를 부여하긴 했다. 그리고 1년 뒤에는 월마트의 첫 번째 온라인 매장을 열 수 있는 재량권도 부여받았다. 그러나 데이비스는 현재 나타나는 기회를 제대로 활용하려면 자신을 비롯한 팀원들이 회사의 막강한 판촉 및 물류 부문에서 더욱 많은 지원을 받아야 한다는 걸 직감했다. 그는 또한 월마트의 CEO가 회사 전체에 인터넷 판매가 단순한 테스트

차원이 아니라고 선언하기를 원했다.

그는 매일 미국 전역을 가로지르는 월마트의 모든 트럭에 월마트 닷컴(Walmart.com) 스티커를 붙여달라고 요청했는데, 그때 그는 그러한 요청이 상부의 지지를 받고 있었으며, '안 된다'는 건 용납할 수 없는 대답이라는 사실을 회사의 물류 부문이 알아야 한다고 생각했다. 그리고 물류창고 부문에 매장으로 향하는 팔레트(pallet)* 배송과 함께 온라인 주문에 대한 배송도 우선적으로 고려해달라고 요청하면, 자신의 요청에 CEO도 동의한다는 사실을 물류창고 부문이 알아야 한다고 생각했다. 그리고 IT 부문에 월마트닷컴의 고객과 소통하기 위한 이메일 솔루션을 만들어달라고 요청했을 때, IT 부문이 몇 년은 걸릴 거라고 말하지 않아야 한다고 생각했다.

"제가 데이비드 글래스 CEO에게 원한 것은 군대를 소집해서 '우린 이걸 해결해야 해'라고 말하는 것이었습니다." 데이비스의 회상이다.

글래스 CEO의 맞은편에 앉은 데이비스는 월마트에서 감히 상상할 수도 없는 일을 벌였다. 그는 그 아이디어에 '자신의 직위'를 걸었다. 그러니까 글래스가 그를 적극적으로 지지했는데도 만약에 그 계획이 실패한다면, 데이비스는 자신이 짐을 싸서 영원히 회사를 떠나겠다고 말하는 것이었다.

"글래스는 '아뇨, 그 내기는 받지 않겠습니다'라고 말했습니다." 데이비스의 말이다.

---

* 화물을 실어 나르는 받침대.

글래스는 2020년에 84세의 나이로 세상을 떠났는데, 그가 이런 제안을 거절했다는 사실은 다소 아이러니했다. 샘 월튼의 뒤를 이어 CEO에 오른 글래스는 월마트가 새로운 기술을 받아들여야 한다고 창업자를 설득하던 최고위급 임원들 가운데 한 명이었다. 월튼이 최고경영자 자리를 글래스에게 넘겨주기 전년도에 월마트는 수많은 매장과 물류창고, 그리고 본사를 연결하는 미국에서 가장 거대한 위성통신 시스템을 구축했다. 그전에 글래스는 물류창고 내에서 컨베이어 벨트와 바코드 스캐너를 통해 작업을 자동화하는 분야에 막대한 투자를 한 브레인이었다. 그리고 공급업체에 그들의 상품에 대한 매장 단위의 일일 판매 데이터를 제공하며 한때 업계 최고의 시스템으로 평가받았던 월마트의 리테일 링크(Retail Link)가 만들어진 것도 글래스가 CEO로 재직하던 시절에 있었던 일이다.

"우리가 이 회사를 전국적으로 뻗어나가게 할 수 있었던 주된 이유 가운데 하나는 데이비드 글래스 같은 사람이 나에게 가했던 그 모든 압력 때문이었다. (중략) 기술에 아주 막대하게 투자해야 한다고 말이다. 우리 동료들은 성장을 관리하고 우리의 비용 구조를 억제하는 데 컴퓨터가 필수적이라는 사실을 절대적으로 확신했다. 지금은 물론 그들이 너무도 옳은 것으로 증명되었기 때문에 그들이 천재처럼 보일 정도다." 월튼이 1992년의 회고록에 쓴 내용이다.

그러나 1990년대 말까지만 하더라도, 그처럼 막대한 기술 투자는 대부분 오프라인 매장에서 막대한 양의 상품을 헐값으로 판매하는 월마트의 핵심 비즈니스를 개선하는 데 초점이 맞추어져 있었다. 반면에 온라인 스토어는 완전히 다른 무언가로 느껴졌고, 잠재력이 제한적인 것으로 여겨졌다. 글래스가 일부의 혁신에는 관여했을 수도 있지만, 그 역시 이메일에 자신이 직접 접속해서 확인하기보다는 그의 비서가 이메일을 출력해주는 유형의 임원이었다. 퍼스널 컴퓨터는 그와 어울리지 않는 것이었다.

월마트가 전자상거래 분야에 대한 노력을 두 배로 늘려야 한다는 데이비스의 제안을 거절했을 때, 글래스 CEO는 월마트의 온라인 판매량이 샘스클럽의 대형 매장 한 곳의 기록보다도 적을 것으로 예상했다고 한다. 지금으로서는 다소 이해되지 않을 수도 있지만, 당시에는 판매량 데이터가 그러한 추정을 뒷받침해주었다. 1997년에 아마존이 불과 1억 4,800만 달러의 매출을 공시했을 때, 월마트는 사상 처음으로 연간 매출 1,000억 달러 돌파를 자축했다. 월마트의 매장들은 쉬지 않고 전력으로 가동되었다. 그런 상황에서 그 누가 글래스를 비판할 수 있겠는가?

데이비스는 결심했다. 그는 이제 회사를 떠날 시점이라고 판단했다. 데이비스는 내게 이렇게 말했다. "그것이 얼마나 큰 실수였는지, 그리고 만약 내가 주장하는 대로 월마트가 추진했더라면 그것이 소매업계에 얼마나 커다란 영향력이 있었을지에 대해서 저는 아무 말도 하지 않고 무덤까지 가져갈 생각입니다."

아마존의 부름

벤턴빌에서 늙어가는 걸 꿈꿔왔던 로버트 데이비스는 곧 사직서를 제출하고, 한때는 영원히 근무할 거라고 생각했던 꿈의 직장에서 짐을 쌌다. 그리고 픽업트럭을 타고 아칸소의 북서부에서 미국 북서부의 태평양 연안*까지 2,000마일(약 3,200킬로미터)에 이르는 장거리 여정을 시작했다. 그러던 중 몬태나의 어디였을까, 아니면 다코타였을까, 자동차 라디오에서 뉴스 속보가 터져나왔다. 라디오 방송에 따르면 월마트가 아마존을 고소했는데, 그 혐의는 월마트에 근무하던 직원들을 빼내가서 자사의 영업 기밀을 훔쳐냈다는 내용이었다.

데이비스는 아연실색했다. 그는 바로 다음 출구에서 고속도로를 빠져나갔다. 그리고 공중전화를 찾아 월마트에서 오래 알고 지낸 친

---

*   아마존 본사가 있는 시애틀.

구인 릭 달젤에게 전화를 걸었다. 알다시피 그는 이미 아마존으로 이직해서 근무하고 있었다.

"내가 운전을 계속해야 할까, 아니면 돌아가야 할까?" 데이비스가 물었다.

"와도 돼. 그런데 입사 오리엔테이션 대신에 먼저 변호사를 만나는 게 좋을 거야." 데이비스는 달젤이 자신에게 이렇게 말했다고 회상했다.

사실 달젤이 1년 전에 아마존으로 먼저 떠났을 때, 월마트의 상사들은 그의 행보가 대담하지만 약간 미친 짓이라고 생각했다. 이런 인터넷 틈새 사업이, 그것도 사람들에게서 돈을 빨아먹는 그런 비즈니스가 향후에 오프라인 소매업의 제왕에 필적할 만한 가능성이 없다고 여긴 것이다.

아무튼 그들은 개의치 않는 것으로 보였다. 업계의 콘퍼런스에서 (아마존으로 이직한) 달젤이 아마존의 새로운 인재 채용 목표를 발표한 뒤에도, 리 스콧(Lee Scott)은 그 행사의 사진을 찾아서 친근한 메시지와 함께 달젤에게 이메일을 보냈다. 참고로 스콧은 대학교 학비를 벌면서 가족들과 함께 작은 트레일러에서 살다가 나중에는 결국 데이비드 글래스의 뒤를 이어 월마트의 3대 CEO에 오르는 월마트의 최고경영진 가운데 한 명이다.

"그건 마치 '자네 괜찮아 보이는군'이라고 말하는 것 같았습니다. 긍정적인 의미였죠. 비꼰다거나 하는 분위기는 아니었습니다. 그건 아주 좋은 의미였습니다." 20년 넘게 흐른 뒤에 달젤이 내게 해준 말이다.

그러나 베이조스가 벤턴빌에서 달젤을 밀렵한 지 1년 반도 채 지나지 않은 1998년 말이 되자, 그 좋았던 분위기는 사라져버렸다. 아마존은 월마트 최고의 기술 인재 가운데 한 명인 달젤을 빼내오는 데에서 그치지 않았다. 베이조스는 아마존의 물류창고 규모를 대대적으로 확장하기 위하여 월마트의 에너지 넘치는 물류 담당 임원인 지미 라이트(Jimmy Wright)도 낚아챘다. 또한 아마존이 절반 가까이 지분을 보유하고 있었으며 닷컴(dot-com) 업계의 총아인 드럭스토어닷컴(Drugstore.com) 역시 월마트의 인재들을 쫓아다니기 시작했다.

바로 그 시점에 월마트의 초기 전자상거래 테스트 설계자인 데이비스가 있었다. 그는 당시에 자신을 채용한 월마트의 의도가 처음에 그래 보였던 것보다 훨씬 더 계산적이었을 수도 있다고 생각했다. 사실 그는 월마트의 첫 번째 온라인 판매 사이트를 만든 일개 소프트웨어 엔지니어에 불과했다. 그리고 그가 1998년에 벤턴빌의 문을 나설 때, 그에게는 월마트에서 얻은 핵심적인 노하우들이 있었다.

확실히 그는 아마존으로 이직한 것에 만족했고, 자신을 그곳에 데려와준 달젤에게 고마워했다. 아마존에서 13년을 보내는 동안 그는 자신과 마찬가지로 전자상거래의 미래에 열정을 가진 사람들에게 둘러싸여 있었다. 그곳에서의 일자리는 또한 그에게 재정적인 안정을 주었고, 덕분에 그는 55세의 나이로 퇴직할 때 11에이커(약 1만 3,500평) 면적의 땅에 통나무 오두막을 지을 수 있었다. 그런데 어떤 것들은 도무지 앞뒤가 맞지 않았다. 그중에서도 가장 중요한 것은 달젤이 데이비스를 채용해 그의 전문 분야도 아닌 아마존의 핵심 기술 영역을 관리하도록 맡겼다는 것이다.

데이비스는 이렇게 말했다. "릭 달젤은 제가 아마존으로 이직하기를 원한 게 아니라 어쩌면 제가 월마트에서 나오기를 바랐을 가능성도 충분히 있습니다. 모르겠습니다. 저는 그에 관해 릭에게 물어본 적이 없고, 그가 제게 사실을 말해줄 거라고 생각하지 않습니다. 그렇지만 그 점이 언제나 궁금했습니다. 만약에 아마존이 월마트의 온라인 사업을 방해하고 싶었다면, 제가 바로 그 핵심이었습니다. 그리고 당시에 월마트에서 저를 대신할 수 있는 사람은 아무도 없었습니다."

데이비스가 월마트를 떠나면서 그들의 온라인 개척이 늦춰진 게 분명해 보이지만, 달젤은 훗날 그것이 (아마존의) 목표는 절대 아니었다고 내게 말했다. 데이비스는 아주 똑똑하고 대담했으며, 어려운 문제를 해결하고자 하는 열망을 갖고 있었다. 그리고 전자상거래 분야에서 일하기 전에도 데이비스는 이미 구식 현금 등록기를 전산화한 방식으로 대체한 계산대인 월마트의 포스(POS)* 시스템을 현대화하는 데 중요한 역할을 했다.

달젤은 이렇게 말했다. "제 생각에 로버트 데이비스는 포스 분야에서 세계 최고였습니다. 아마존이 고객에게 서비스를 제공하는 방법에서 장기적으로 가장 중요한 요소가 결제라는 걸 저는 알고 있었습니다. 그리고 그 문제를 해결하는 데 그보다 더 뛰어난 사람을 떠올릴 수 없었습니다."

---

* 판매 시점(point of sale) 정보 관리 시스템으로, 우리가 흔히 마트나 가게 계산대 등에서 볼 수 있는 기계 장치.

달젤은 결제 분야에 대한 데이비스의 전문성과 조언이 아마존의 혁신적인 원클릭(1-Click) 결제 시스템을 정교하게 만드는 데 특히나 중요한 역할을 했다고 말한다. 그 시스템 덕분에 아마존의 고객은 카드 정보를 매번 다시 입력하지 않고도 주문할 수 있게 되었다.

이와 관련하여 달젤은 이렇게 말했다. "저 대신에 그에게 이 말을 전해줘도 됩니다. 그는 그야말로 스타였고, 우리는 스타를 찾고 있었다고 말입니다."

데이비스의 진짜 매력이 무엇이었든 간에, 그가 아마존에 합류한 시기는 월마트가 아마존과 달젤, 그리고 드럭스토어닷컴을 상대로 소송을 제기한 시점과 일치한다. 이 소송은 이후 족히 여섯 달 동안은 아마존에 합류한 월마트 출신들을 괴롭혔고, 1999년 4월이 되어서야 아무런 합의금 교환 없이 상호간 합의에 이르렀다.[2] 당시 (아마존 측의) 대표단인 달젤은 지금도 그 소송을 개인적인 것으로 받아들이지 않는다고 말한다.

"저는 두 회사를 모두 존중하고 대단하게 여길 뿐입니다." 그의 말이다.

그는 그러한 법적 조치가 '도구'였으며, 아마존 역시 몇 년 동안 그런 방식을 활용했다고 말한다. 그런데 당시에 그와 그의 아내는 그런 상황에서 개인적인 감정을 떼어놓기가 쉽지 않았다. 특히 사측 변호사들이 개시(開示) 작업의 일환으로 그의 자택에서 기념물들을 가져갈 때는 더욱 그랬다. 참고로 개시란 소송 당사자들 사이에 증거를 수집하고 공개하는 변론 준비절차를 말한다. 그중에서도 그를 가장 힘들게 한 기념품은 샘 월튼 어워드(Sam M. Walton Award) 우수상이었다.

"그건 조금 개인적인 모욕으로 느껴졌습니다. 하지만 그렇게 그들은 많은 시간과 돈을 낭비했습니다." 그는 이렇게 말했다.

아마존에서 달젤은 베이조스의 기술 고문으로 일하게 되었다. 그러면서 아마존을 더욱 효율적으로 만들고 아마존의 웹사이트를 더욱 탄력적으로 만드는 동시에 가능한 한 모든 곳에서 비용을 절감할 수 있게 해주는 기술적으로 수많은 중요한 프로젝트를 총괄했다. 예를 들어 아마존은 2000년에 정신을 차릴 새도 없이 돈이 줄줄 새고 있었고, 닷컴 회사들을 위한 자본 시장은 말라붙어 있었다. 회사는 존립 위기로 보이는 상황에 직면했는데, 이런 상황은 어느 신용분석가의 정기적인 조사 보고서에서 전자상거래 업계의 총아인 아마존의 현금이 고갈될 것으로 보인다고 예측하면서 더욱 악화되었다.[3]

이 시기에 아마존의 최고위급 임원들이 모인 어느 중요한 회의에서, 아마존의 최고재무책임자(CFO)인 워런 젠슨(Warren Jenson)은 아마존의 재정 상태가 어떤지, 그리고 어떻게든 연간 수익을 달성하기 위해 회사가 해야 하는 일이 무엇인지 화이트보드에 계산식으로 간략하게 설명했다. 참고로 젠슨은 언젠가 아마존의 연례 핼러윈 파티에서 '과잉 재고(excess inventory)' 코스튬 의상을 착용한 적이 있다. 아무튼 그 수치는 형편없었는데, 젠슨의 회상에 따르면 당시에 달젤은 회의실에서 그 수익 목표가 비현실적이라고 말했다고 한다.

그래서 당시에 젠슨은 이렇게 대답했다. "우리가 이걸 해낼 수 없다면, 일찌감치 그만두고 주주들의 돈을 아껴주는 편이 낫습니다."

2주 뒤, 젠슨은 달젤이 시애틀의 오래된 퍼시픽 메디컬 센터(Pacific

Medical Center) 타워에 있는 아마존의 사무실 복도를 급하게 뛰어왔다고 말했다.

"알아냈어요!" 달젤이 외쳤다.

아마존이 기술 분야에서 가장 크게 지출하는 항목 가운데 하나는 데이터 서버였는데, 당시에 아마존은 이 서버를 썬 마이크로시스템즈(Sun Microsystems)에서 공급받고 있었다. 썬은 업계 최고 기업이지만, 그들의 장비는 비쌌다. 달젤은 그것을 뜯어내기로 결정했다. 그 시스템을 휴렛패커드(Hewlett-Packard)의 하드웨어와 리눅스(Linux) 오픈소스 소프트웨어로 교체하기로 한 것이다. 그것은 위험하면서도 대담한 결정이었다. 그러나 성과가 있었다. "새로운 하드웨어에 1달러를 지출할 때마다, 그는 라이선스 비용으로 10달러를 절약했다." 당시 〈비즈니스 2.0(Business 2.0)〉 매거진의 보도 내용이다. 이 결정은 아마존의 자본 지출을 대폭 줄이는 데 도움이 되었고, 그러면서 아마존의 R&D 투자는 계속 늘어났음에도 그것이 회사의 매출에서 차지하는 백분율 수치는 줄어들었다.[4] 이런 조치가 없었다면, 아마존은 어쩌면 창립 10주년을 맞이하기 전에 끝장났을지도 모른다.

"릭 달젤은 그 시기의 숨은 영웅이었습니다." 젠슨의 회상이다.

월마트의 베테랑이었던 그가 월마트의 잠재적 킬러를 궁지에서 구해냈지만, 달젤은 젠슨의 그런 치하를 애써 무시하며 그 성과를 모두의 공로로 돌렸다.

"스타트업 환경에서는 거의 모든 사람이 숨은 영웅입니다."

그러나 달젤의 영향력은 서버 솔루션 이외에도 엄청나게 발휘되었다. 그의 기술팀은 아마존에서 몇 년에 걸쳐 전자상거래 소프트웨어 도구를 구축했는데, 이는 현재 아마존의 웹 서비스 부문과 광고 비즈니스를 통해 아마존에서 약 1,000억 달러의 수익을 책임지는 기술 플랫폼으로 진화하게 된다.

"제가 가장 자랑스럽게 여기는 것은 (중략) 우리가 회사를 빨리 움직일 수 있게 했으며, 그리고 세상에서 가장 고객 중심적인 회사를 지향하며 작동하도록 만들었다는 겁니다." 달젤의 말이다.

아마존에서 빠르게 움직이는 분위기를 가리키는 핵심 중 하나는 바로 '피자 2판 팀(two-pizza team)'이다. 이 팀은 10명 이하의 직원으로 구성되는데, 이들은 다양한 기술과 다양한 역할을 갖고 있지만 모두가 단 하나의 프로젝트에만 배정되어 다른 팀의 별다른 간섭 없이 하나의 그룹으로서 자율적으로 일할 수 있다는 것이다. 달젤은 이런 분위기를 월마트에서 처음 경험했는데, 당시에 그곳에서 바비 마틴(Bobby Martin)이라는 IT 리더가 '전략팀(strategy team)'을 만들었다. 이 팀은 목표 설정과 성과 평가를 위하여 IT 부문의 직원과 사업부의 직원을 서로 연결해서 구성되었다. 그리고 아마존에 합류한 달젤이 월마트의 이런 아이디어를 베이조스에게 알려주었고, 베이조스가 이를 한층 더 발전시켰다. 베이조스는 피자 2판 팀에게 폭넓은 독립성을 부여했는데, 덕분에 이 팀들은 관료주의의 방해를 받지 않고 자유롭게 커뮤니케이션을 할 수 있었다.

그러나 데이비스와 마찬가지로 달젤에게도 벤턴빌을 떠나기는 쉽지 않았다. 그는 베이조스에게서 몇 달에 걸쳐 구애를 받은 뒤에 이직을 결심했다. 당시에 아내인 캐서린(Kathryn)이 그 자신에게 솔직하게 귀를 기울이고 회사에 대한 충성보다는 스스로의 직감을 믿으라고 설득함으로써 우여곡절 많았던 그의 결심이 종지부를 찍을 수 있었다.[5] 어쨌든 그가 베이조스의 부름을 받자마자 떠나려고 계획하지는 않았지만, 그의 이직은 데이비스를 비롯한 다른 이들의 이탈과 함께 월마트 지도부의 발등에 디지털이라는 불을 지핀 것으로 보였다.

"누군가를 정신 차리게 만드는 유일한 방법은 아마존 같은 새로운 경쟁자가 갑자기 나타나는 겁니다. 그러면 그제야 우리는 '이런 세상에, 이게 정말로 현실이구나'라고 깨닫게 됩니다." 달젤이 내게 들려준 말이다.

월마트 온라인

월마트의 사고방식은 그렇게 시대에 뒤처졌던 것으로 보인다. 그래서 창업자인 샘 월튼의 가문과 결혼한 월마트의 젊은 CEO 그레그 페너(Greg Penner)는 1990년대 말에 자신의 의견을 분명히 했다. 월마트가 전자상거래 사업 부문을 벤턴빌 본사와는 별도의 회사로 설립해야 한다는 것이었다.

페너는 본사의 배후에 있는 월마트 리더들은 이러한 새로운 디지털 현실에 대처하도록 최적으로 대비된 사람이 아니라고 생각했다. 롭(Rob)이라고 부르는 월마트의 S. 롭슨 월튼(S. Robson Walton)* 회장의 사위인 페너는 월마트가 이 새로운 계획에 대하여 실리콘밸리의 벤처캐피털 펀드 한 곳과 제휴하라고 제안했다. 그의 선택은 액셀 파트

---

* 창업자인 샘 월튼의 장남.

너스(Accel Partners)였다. 페너는 그런 식으로 월마트에 외부인의 관점을 가져왔는데, 그러면서 그는 개인적인 인맥과 전문적인 방식을 모두 동원했다. 그는 캘리포니아 출신으로 성 치료사(sex therapist) 부부의 아들이다. 그는 미국 양쪽 해안의 일류 대학에서 미래에 그의 아내가 되는 캐리 월튼(Carrie Walton)과 함께 공부했다. 처음에는 워싱턴 D. C.의 조지타운대학교에서 두 사람이 만났고, 후에는 캘리포니아 북부에 있는 스탠퍼드대학교 경영대학원을 다녔다. 월마트에 입사하기 전, 페너는 골드만삭스(Goldman Sachs)에서 재무분석가로 재직했고, 벤처캐피털 회사 한 곳에서도 파트너로 근무했다.

전자상거래 사업에 대한 페너의 의지는 경영 컨설팅 기업인 매킨지앤컴퍼니(McKinsey & Company)의 지지를 받았다. 매킨지앤컴퍼니는 월마트닷컴(Walmart.com)에 어떤 기회가 있는지 분석했는데, 그것은 매출액이 최대 5억 달러에 이를 정도로 막대했다. 2000년 3월, 월마트닷컴 합작회사는 갭(Gap)이 소유한 바나나 리퍼블릭(Banana Republic)의 CEO이며 갭의 인터넷 부문도 운영하고 있던 진 잭슨(Jeanne Jackson)을 영입했다. 잭슨은 이 자회사를 이끌고 당시에 휘청거리던 사이트를 연말 쇼핑 시즌이 시작되기 전인 10월에 다시 론칭한다는 계획을 갖고 있었다. 그해 4분기 월마트닷컴의 예상 매출액은 원래 1억 5,000만 달러였지만, 막상 가을이 다가오자 잭슨은 그 예상 수치를 7,500만 달러로 대폭 낮췄다. 결국 월마트닷컴은 불과 2,800만 달러의 매출액을 기록하며 그 시즌을 마감했다.

"인터넷 트래픽에 대한 예상은 맞았지만, 고객 전환에 대한 예측은 틀렸습니다." 타깃(Target)의 전직 임원으로 월마트닷컴의 초대 최고상품책임자(CMO)였던 존 플레밍(John Fleming)의 말이다.

예전에 월마트닷컴은 자사의 웹사이트에 100명이 방문할 때마다 그중에 대략 5명이 구매를 할 거라고 예상했다. 그러나 실제로 그 비율은 100명당 1명에 가까웠다. 커다란 규모에서 보면 그처럼 작은 차이도 점차 누적되어 결국엔 거대한 문제가 된다.

그로부터 몇 년 뒤, 월마트의 공식 웹사이트는 2000년이 월마트 온라인(Walmart Online)을 론칭하는 해가 될 것이라고 예고했다. 왜냐하면 그 해가 그들이 의미심장하면서도 더욱 전략적인 방식으로 전자상거래에 투자하기 시작한 시점이기 때문이다. 반면에 로버트 데이비스와 몇몇 동료가 1996년에 론칭하며 디지털이라는 지도에 처음으로 월마트를 올려놓은 최초의 쇼핑 사이트에 대한 언급은 월마트 박물관(Walmart Museum)의 웹사이트 깊숙이 묻히게 되었다. 1990년대 중반에 월마트의 첫 쇼핑 사이트에서 인터넷 마케팅을 이끌었던 브라이언 헤스(Brian Hess)는 그 당시를 놀림거리이자 '가슴에 꽂힌 칼'이라고 여겼다.

브라이언 헤스는 내게 이렇게 말했다. "(당시에) 저는 우리가 혁신적으로 되어가는 것처럼 느꼈습니다. 우리가 새로운 방식의 소매업에 대해 월마트가 배울 수 있도록 돕는 것처럼 느꼈습니다. 그런데 갑자기 그들은 우리가 그것을 시작하지도 않았다고 말했습니다. 그것도 4년이나 지나서 말입니다." 그는 당황한 표정을 지어 보였다. "그래서 저는 '그렇다면 대체 그때 우리는 정확히 뭘 하고 있었던 거야?'라는 생각이 들었습니다."

그렇게 출범한 새로운 월마트 온라인 합작회사는 2000년의 연말 시즌에 살아남긴 했지만, 그 결과는 심상치 않았다. 월마트닷컴은 1억 달러가 넘는 상품을 매입했지만, 그중 대부분은 손실을 떠안고 정리해야만 했다. 다행히도 전자상거래 부문의 임원들은 월마트의 오프라인 매장에 그 재고를 판매할 수 있었다. 만약에 이것이 독립적인 전자상거래 스타트업이었다면, 그러한 계산착오는 사망선고가 될 수도 있었다.

아무튼 줄줄이 해고가 잇따랐다. 월마트닷컴이 다시 론칭한 지 1년도 채 지나지 않은 2001년 중반, 월마트는 합작회사에 있던 액셀 파트너스의 소유권 지분을 사들이고, 그 자회사 부문을 모기업에 흡수하기로 결정했다. 예전에 바나나 리퍼블릭과 갭의 임원이었던 잭슨은 최고위직에서 2년도 버티지 못하고 결국엔 구조조정 과정에서 회사를 떠났다.[6]

월마트의 임원들은 그 웹사이트가 오프라인 월마트 매장의 손님과는 다른 고객을 끌어모을 거라고 예상했다. 그러나 잭슨의 뒤를 이어 월마트닷컴의 CEO에 취임한 존 플레밍이 내게 들려준 말에 따르면 "전혀 그렇지 않았다"고 한다. 그 웹사이트에서 구매하는 사람 중 대다수는 오프라인 월마트 매장에서 구매하는 사람과 동일한 고객이었다.

"분명하게 드러났습니다. (중략) 거기에는 모두의 협업이 필요한데, 별도의 회사였던 우리는 벤턴빌에서 절대로 지원을 받지 못할 거라고 말입니다." 플레밍의 말이다.

몇 년 뒤, 그레그 페너는 어느 콘퍼런스에서 청중에게 그때의 경험에서 자신이 배운 것에 대하여 이렇게 말했다. 참고로 페너는 장인인 롭슨 월튼의 뒤를 이어 2015년에 월마트 회장직에 오른다.

"우리는 회사의 핵심적인 자산을 제대로 활용하지 않아서 그 일이 제대로 되지 않았다는 점을 깨달았습니다."

당시 월마트 CEO인 리 스콧은 그 사이트에서 고객의 가정으로 계속해서 배송 서비스를 제공할 것이며, 또한 고객이 가장 가까운 월마트의 슈퍼센터(Supercenter)에서 구입할 수 있는 상품을 알려주는 데에도 중점을 둘 것이라고 공개적으로 밝혔다. 그러나 내부적으로 월마트는 혁신가의 딜레마(innovator's dilemma)*에 직면해 있었다. 다시 말해, 온라인 판매 부문이 월마트 슈퍼센터 매장에서의 매출을 침식할 수도 있었던 것이다. 그 결과 스콧은 그 딜레마를 해결하기로 결심한 것으로 보인다. 오프라인보다 온라인에 더욱 집중하기보다는, 오프라인 매장 매출 증가라는 명분으로 온라인 웹사이트에는 더욱 어려운 일을 맡기기로 한 것이다.

예전에 스콧은 이렇게 말했다. "18개월 전, 저는 고객이 인터넷에서 구매하고 그것을 고객의 가정으로 직접 배송하는 것이 최우선의 기회요소라고 말했습니다."[7] 그러나 이제 스콧은 인터넷이 오프라인 매장의 매출을 늘리기 위해 활용되어야 한다는 뜻을 내비치고 있었다.

그러나 이후 4년 동안 월마트닷컴은 50퍼센트 이상의 빠른 속도로 성장해서 2005년에는 매출액이 10억 달러를 넘어섰다.[8] 그럼에도

---

*   한때는 혁신적인 기술로 시장을 선도하던 기업이 더이상 혁신을 이루지 못하고 지체되는 현상.

벤턴빌에 있는 월마트 본사의 임원들에게 훨씬 더 중요한 것은 인터넷 부문이 손익분기점에 더욱 가까이 다가가는 것이었다. 그러는 동안에도 아마존은 계속해서 현금을 불태우며 성장을 위한 연료를 공급했다.

매출액 성장보다 수익성을 더욱 우선시하는 월마트의 리더들에 대하여 월마트닷컴의 CEO였던 존 플레밍은 이렇게 말했다. "(월마트닷컴의 빠른 성장세에) 모두가 전율했지만, 그것은 실수였습니다. 왜냐하면 바로 그 시기에 아마존이 40억 달러를 투자했다면, 우리는 겨우 수억 달러를 투자했기 때문입니다."

한편 아마존의 매출액은 월마트닷컴의 약 8배였다. 플레밍은 결국 월마트 전체를 책임지는 최고상품책임자로 승진해서 벤턴빌의 본사로 근무지를 옮겼다. 그곳에서 디지털 판매는 여전히 대부분 후순위였다.

그런데 처음 10억 달러 매출에 이르는 과정에서, 월마트는 나름의 디지털 실험을 수행했다. 그것은 바로 오프라인에서 거대한 영향력을 가진 소매업체로서의 장점을 활용하는 것이었다. 그중 하나는 사진 인화 사업인데, 고객이 온라인으로 사진 인화를 주문하면 1시간 이내에 현지 매장에서 인화된 사진을 찾을 수 있게 하는 서비스였다. 그러자 매일 수천 명의 온라인 고객이 월마트의 이 새로운 서비스를 이용했다.

"아마도 소비자의 관점에서 볼 때 (디지털 분야에서) 우리가 가장 크게 영향을 미친 것은 고객이 온라인으로 사진을 업로드하고 인화를 선택한 다음 매장에서 그걸 찾는 일이었을 겁니다." 플레밍의 말이다.

월마트는 또한 슈퍼센터에 키오스크(kiosk)를 설치하여 기존 고객에게 웹사이트가 가까이 다가가는 실험도 했는데, 그들은 이 키오스크에서 월마트닷컴에 있는 더욱 광범위한 상품을 광고했다. 그러나 이 실험은 아무 소용이 없었다.

이 시기에 월마트닷컴의 임원 한 명은 월스트리트의 애널리스트들과 함께 아마존의 어닝스 콜(earnings call)* 내용을 경청하여 기세등등한 그 경쟁사에 대해 스스로 학습해야 한다고 디지털 부문의 동료 리더들을 독려했다. 그렇게 월마트의 임원들이 들은 어닝스 콜은 아마존이 물류 부문과 웹사이트 개선을 위해 얼마나 많은 돈을 쓰는지에 대한 내용인데, 그것이 월마트의 임원들을 깜짝 놀라게 했다.

"우리의 반응은 '우와, 그들은 한 분기에 25억 달러를 투자할 거래'라는 분위기였습니다. 그런데 우리의 어닝스 콜은 올해 2,000만 달러의 손해 같은 내용으로 가득했습니다." 월마트 전직 임원의 말이다.

그 문제의 일부에는 당시 내부의 경쟁적인 이해관계가 자리하고 있었다. 월마트닷컴의 리더들은 조직의 한쪽에서는 "투자해, 투자해, 투자해"라는 말을 들었고, 다른 쪽에서는 "너희는 왜 돈을 잃고 있는 거야?"라는 이야기를 들었다.

"그 당시에는 월마트닷컴을 성장시키려고 노력하는 게 승산이 없는 게임처럼 느껴졌습니다." 앞서 소개한 전직 임원이 내게 해준 말

---

* 상장기업의 경영진과 투자자, 애널리스트 등이 해당 기업의 지난 실적과 향후 계획을 논의하는 원격회의.

이다. 성장과 수익성 사이의 밀고 당기기, 그리고 전자상거래 리더들과 오프라인 매장 리더들 사이의 밀고 당기기는 앞으로도 몇 년 동안 계속해서 고개를 들게 된다.

당시에 월마트는 또한 넷플릭스(Netflix)라는 야심 가득한 신생 기업을 따라서 온라인 DVD 대여 사업에도 뛰어들었다. 벤턴빌의 거인은 이런 자체 서비스에 30만 명 이상의 가입자를 끌어모았다. 그런데 뭔가 일어날 듯한 조짐이 보이는 이런 상황에서도, 월마트의 경영진은 족히 수천만 달러에 이를 것으로 보이는 예산안에 난색을 표했다. 참고로 그 규모는 월마트닷컴 전체 연간 예산의 최소한 두 배였다. 그리고 그 비용은 DVD 구독 서비스를 위한 디지털 플랫폼을 비롯하여 물류창고와 주문처리 시스템을 구축하기 위해 필요한 금액이었다. 경영진이 난색을 보였기 때문에 전자상거래 부문 임원들은 새로운 가입자를 모으기 위해 준비한 마케팅 예산을 삭감했다. 그리고 그들은 결국 기존 가입자들까지 서비스를 탈퇴하는 걸 지켜봐야만 했다. 또 다른 전직 임원은 당시에 월마트가 그 사업에서 '품위 있게' 빠져나오는 방법이 필요했다고 내게 말했다. 결국 월마트는 자체적인 DVD 대여 서비스를 시작한 지 불과 2년 만에 자신들의 가입자 기반을 사실상 넷플릭스에 팔아넘기는 소규모 계약을 체결했다.

이러한 초기의 몇 년 동안, 오프라인 부문과 온라인 팀의 문화적인 차이가 드러나기 시작했다. 2000년에 출범한 월마트의 전자상거래 사업부는 대략 10년 동안 캘리포니아 브리즈번의 샌프란시스코만에 있는 건물에 사무실을 두었는데, 그곳은 미래적인 분위기와 극적인 프레임 덕분에 루크 스카이워커(Luke Skywalker)* 빌딩이라고 불렸다. 그리고 이런 별명은 근처에 있는 다스 베이더(Darth Vader)**라고 불리는 온통 검은색의 위풍당당한 건물과도 더욱 대비를 이루었다. 한편 이 건물의 공조 및 냉난방 시스템은 제대로 작동하는 경우가 거의 없었고, 그 구조는 거대한 폭풍이 불면 곧바로 무너지기라고 할 것처럼 보였지만, 그래도 이 사무실은 바닥부터 천장까지 이어진 통유리를 통해 기막힌 바다 풍경을 볼 수 있었다. 누군가에게 이것은 특혜였다. 멋진 풍경을 좋아하지 않는 사람이 있을까? 그러나 창문도 거의 없이 골재를 드러내는 건축미로 잘 알려진 벤턴빌의 월마트 본사는 그렇지 않았다. 햇빛은 집중해서 일하는 걸 방해할 뿐이었다.

그래서 벤턴빌의 오프라인 부문 직원들이 가끔 실리콘밸리에 있는 그곳을 방문할 때마다, 그리고 그 유리창들을 볼 때마다, 그들은 어딘가 불편해하는 듯했다.

이와 관련하여 월마트닷컴의 어느 임원은 이렇게 말했다. "그들은 마치 포르노 가게로 들어가는 것 같았습니다. 그들은 마치 범죄라도 저지르는 것 같았습니다."

이 사례는 비교적 가벼운 에피소드처럼 들리긴 하지만, 이후에 더욱 강력한 갈등이 다가온다는 초기의 신호였다.

---

* 〈스타워즈〉 시리즈의 주인공.
** 〈스타워즈〉 시리즈의 악당.

가격 전쟁

월마트가 2000년대 초에 디지털 소매업 분야에 대한 탐사를 시작할 때, 아마존은 나름의 성장통을 겪고 있었다. 그리고 제프 베이조스 회사의 임원들은 영감을 얻기 위해 월마트를 주목했다.

썬 마이크로시스템즈 출신으로 1999년에 아마존에 합류했으며 이후 이 회사에 재직하는 19년 동안 아마존 프라임(Amazon Prime)을 이끌게 되는 그레그 그릴리(Greg Greeley)는 아마존이 월마트의 이야기에서 통찰력을 얻을 수 있다는 걸 알았다.

"저는 모두에게 샘 월튼의 책《메이드 인 아메리카(Made in America)》*를 읽으라고 독려했습니다. 그 책을 펼치자마자 리더십과

---

* 한국어판은 《샘 월튼 : 불황 없는 소비를 창조하라》(2008), 《월마트, 두려움 없는 도전》(2022 개정판).

오너십에 대한 내용들이 바로 튀어나옵니다." 자칭 소매업 역사의 애호가인 그릴리가 내게 말했다.

역시 1999년에 합류했으며 이후 아마존의 글로벌 컨슈머 비즈니스 부문 CEO에 오르게 되는 제프 윌크(Jeff Wilke)는 아마존의 경영진이 결국 받아들이게 되는 월마트의 굳건한 신조의 진가를 알아보았다. 그것은 바로 '상시 최저가(Everyday Low Price)'였다. 월마트는 매출액에 비해 광고나 할인 행사에 지출하는 금액의 비중이 비교적 적었다. 대신에 그들은 여느 소매업체들이 광고에 쏟아붓는 돈을 아껴서 그걸 평상시의 가격을 낮게 유지하는 데 사용했다. 월마트의 CEO를 지냈던 리 스콧은 나중에 제프 베이조스에게 이렇게 말했다. "우리의 마케팅 전략은 바로 우리의 가격 전략입니다."[9]

"월마트는 저렴한 가격으로 명성이 나 있습니다. 그리고 그것은 아마존이 오랫동안 헌신해온 한 부분이기도 합니다. 가격을 낮추려면 효율적이어야 합니다. 그리고 상당히 효율적이며 그런 방식으로 영감을 주는 많은 소매업체가 있습니다." 윌크가 아마존에서 은퇴하기 며칠 전인 2021년 초에 내게 한 말이다.

그러나 아마존의 초창기 가격 책정은 어떤 사람이 보기에는 고객에게 불리한 왜곡된 형태를 띠고 있었다. 2000년에 매의 눈을 가진 일부 소비자는 동일한 DVD 제품이 고객들에게 서로 다른 가격으로 부과된다는 사실을 눈치챘다. 그것은 그들이 사용하는 웹브라우저나 인터넷 서비스 같은 요소를 기반으로 책정되는 듯했다. 고객들이 온라인 포럼에서 이런 경험을 서로 공유하고 언론 매체가 이를 뉴스로 보도하자[10], 아마존은 그러한 가격 차이가 고객의 인구 특성과 연관되었다는 점을 부인했다. 하지만 그 테스트는 동기가 무엇이었든 간에 고객의 신뢰를 잃을 위험이 있었다. 게다가 그건 해서는 안 될 일이었다.

"우리가 한 건 임의적인 가격 테스트였지만, 그럼에도 그건 잘못이었습니다. 왜냐하면 그것은 고객의 삶을 편하게 해주기보다는 고객에게 불확실성을 조장하기 때문입니다." 그 사건 이후 발표된 보도자료에서 제프 베이조스가 한 말이다.

이듬해 코스트코(Costco) 공동창업자인 짐 시네갈(Jim Sinegal)과의 중요한 만남 이후, 베이조스는 내부 임원회의에서 가격에 대한 자신의 견해를 분명히 했다.[11] 베이조스는 이렇게 말했다. "월마트나 코스트코처럼 해야 합니다. 아마존은 상시 최저가여야 합니다." 이후 같은 해, 베이조스는 어닝스 콜에서 이러한 변화를 세상에 알렸다.[12]

베이조스는 이렇게 말했다. "세상에는 두 종류의 소매업체가 있습니다. 어떻게 하면 가격을 더 매길지 알아내려고 애쓰는 부류가 있고, 어떻게 하면 가격을 덜 매길지 알아내려고 노력하는 회사가 있습니다. 우리는 후자가 될 것입니다."

이러한 견해는, 그리고 그것이 야기한 가격 비교 정책에는 차질이 없지 않았다. 2000년대 초에 아마존은 오프라인 라이벌들의 주말 광고 전단을 수집해 그들의 제품 프로모션 방식을 조사한 다음, 그 가격에 맞출지 아니면 그보다 더 나은 가격을 제시할지 결정했다. 그러나 그들에게는 뭔가가 결여되어 있었다. 월마트나 베스트 바이(Best Buy) 같은 경쟁사는 그런 프로모션을 진행하기 위해 상품 제조업체에서 자금을 지원받았고, 그러한 할인 행사를 단 하루로 제한했다. 그러나 아마존은 그렇게 할인된 금액을 스스로 감수했으며, 때로는 그러한 할인 행사를 며칠 동안 연장하는 경우도 있었다.

"우리는 그 일로 무일푼이 되었습니다." 아마존의 임원이었던 데이비드 글릭(David Glick)이 내게 해준 말이다.

그런데 2004년 또는 2005년쯤에 변화가 있었다.

이와 관련하여 그레그 그릴리는 이렇게 말했다. "우리는 '어떻게 하면 가격을 최적화할 수 있을까'라는 생각을 그만두었습니다. 대신에 우리는 '어떻게 하면 아마존에서 쇼핑하는 게 벌칙처럼 느껴지지 않게 할 수 있을까?'라는 생각으로 옮겨갔습니다. 그러니까 편리함을 얻는 대신에 어쩔 수 없이 높은 가격을 지불해야 한다는 느낌을 없애고 싶었죠."

아마존은 새로운 부문을 신설하고 그 안에 가격 책정 전문팀을 구성했다. 그리고 그 팀은 '경쟁력 모니터링 도구(competitive monitoring tool)'라는 것을 만들었다. 그 핵심에는 인터넷 전체를 활개치고 돌아다니면서 월마트를 포함한 경쟁업체의 사이트에 제시된 상품 가격을 마구 수집하여 그것을 다시 아마존의 전산장치로 가져다주는 자동화된 컴퓨터 시스템이 있었다. 이러한 정보를 통해 아마존의 가격 책정 시스템은 언제 월마트의 가격과 맞춰야 하는지, 그리고 언제 더욱 공격적으로 더 나은 가격을 제시할지 판단할 수 있었다.

이와 관련하여 글릭은 내게 이렇게 말했다. "제프 베이조스는 가격 책정과 관련하여 예리해지고 싶었습니다. 그리고 월마트는 우리가 그들보다 더 나은 가격을 제시하는 걸 오랫동안 그대로 내버려두었습니다. 우리는 그들의 가격에 맞추거나 더 나은 가격을 제시했지만, 그들이 우리에게 맞추는 일은 없었습니다."

또 다른 전직 임원의 말에 따르면, 월마트의 웹사이트는 그냥 "문이 활짝 열려 있었다"고 한다. 아마존 내부에서 베이조스는 그걸 '선물'이라고 불렀다.

이와 관련하여 글릭은 이렇게 말했다. "그들은 가격으로 이기는 방식의 발명가였습니다. 가격으로 지역의 모든 소매업체를 죽여버렸죠. 그래서 우리가 가격으로 그들을 제압하도록 내버려두었을 때 우리는 너무도 놀랐습니다."

당시 월마트닷컴의 임원은 이렇게 말했다. 당시에 월마트의 온라인 그룹은 아마존의 가격에 공격적으로 대응하기 위해 노력했지만, 월마트의 오프라인 부문 리더들은 온라인 사업부에서 더 낮은 가격을 제시하면 온갖 비난을 퍼부었다는 것이다. 사실 월마트의 오프라인 부문 리더들은 디지털 사업부를 그리 신경 쓰지 않았다. 물론 수익성이 더욱 뛰어난 월마트의 오프라인 매장 내에서 발생할 수도 있는, 아니 발생해야만 하는 매출을 제살 깎아먹기 하는 것이 아니라는 전제하에서만 말이다.

실제로 〈월스트리트 저널(Wall Street Journal)〉의 2002년 기사를 보면 월마트와 그들의 신생 라이벌의 가격 전략이 유사하다는 것에 대하여 매우 놀라워했다.[13]

"월마트 스토어 주식회사 같은 할인 소매업체는 사업 운영상의 비효율성을 쥐어 짜내고, 개별 제품에 대한 이윤 마진을 희생하는 대신에 대량으로 판매하는 방식을 통해 지속적으로 가격을 낮추고 있다. 이와 동일한 전략을 채택함으로써 아마존은 업계 관계자들이 오랫동안 인터넷을 통해 소매업체가 할 수 있으리라고 말해온 것을 마침내 이뤄낸 것으로 보인다. 소비자를 위해 공격적으로 가격을 낮추는 것 말이다."

2005년, 아마존은 가격 경쟁에서 상대를 압도하기 위하여 또 하나의 조치를 취했다. 수레쉬 쿠마르(Suresh Kumar) 부사장이 이끄는 아마존의 소매 시스템 부문은 아마존의 웹사이트에서 판매하는 모든 품목의 기여 수익(contribution profit)을 자동으로 계산할 수 있는 컴퓨터 도구를 만들었다. 참고로 쿠마르는 훗날 경쟁사인 월마트의 최고 기술책임자(CTO)가 된다. 아무튼, 다른 경쟁사들이 어떤 상품 하나의 총수익(gross profit)을 살펴봤다면, 아마존은 더욱 깊이 파고들었다. 예를 들어 10달러짜리 장난감의 총수익이 40퍼센트라고 하면, 소매상이 그걸 도매가격으로 구입하여 판매하는 경우에 그 소매상은 이론적으로 4달러를 번다는 걸 의미한다. 그런데 만약에 그 장난감을 일반적인 상자보다 더 비싼 어떤 독특한 상자에 포장해야 한다거나, 또는 그걸 선반에서 골라내어 배송하는 비용이 5달러라면, 40퍼센트의 수익은 아무런 의미가 없는 것이다.

"우리가 그걸 만들었을 때, 그건 혁명적인 시스템이었습니다." 글릭의 말이다.

시간이 지날수록 월마트는 온라인 가격 경쟁에 더욱 심혈을 기울였고, 때로는 아마존과 치열한 각축을 벌이기도 했다. 예를 들어 2005년에 아마존은 《해리 포터》 시리즈의 여섯 번째 책인 《해리 포터와 혼혈왕자(Harry Potter and the Half-Blood Prince)》의 출시를 준비하고 있었다. 출시일이 토요일인데도 아마존은 150만 명 이상의 구매자에게 발매 당일 배송을 약속해둔 상태였다.

그런데 아마존이 이 주문을 발송한 직후, 월마트닷컴은 자신들의 사이트에서 이 책의 가격을 떨어트렸다. 그래서 당시 도서를 포함하여 아마존의 실물 매체 카테고리를 책임지는 부사장인 그레그 그릴리는 다음 두 가지 가운데서 하나를 선택해야만 했다. 150만 명에 달하는 사전주문 고객에게 1달러 이상을 환불하거나, 아니면 이미 40퍼센트 할인해서 제공한 기존의 소매가격을 고수하는 것이었다. 그때는 늦은 밤이었고, 그릴리는 베이조스나 아마존의 최고재무책임자와 함께 그 문제를 따져볼 만한 시간적 여유가 없다고 생각했다. 그는 환불을 진행하기로 결정했다. 이후에 베이조스 역시 그의 결정에 동의한다고 말했다.

그것은 고객을 위해 올바른 결정이었지만, 그릴리는 거기에 또 다른 중요한 요소가 작용하는 것 같다고 생각했다.

"그건 전부 월마트 때문이라고 느껴졌습니다." 당시의 논의 과정을 잘 아는 아마존의 또 다른 직원이 내게 해준 말이다.

월마트의 가격에 맞추기 위한 각고의 노력은 또 다른 문제도 양산했다. 가령 아마존의 가격 책정 시스템이 어떤 품목의 가격을 경쟁사의 수준과 맞추기 위해 반복적으로 낮추다 보니 내부자들이 '죽음의 나선(death spiral)'이라고 부르는 현상이 야기된 것이다. 그래서 아마존은 전문 대응팀을 만들었다. 자사의 가격 책정 시스템이 때로는 뒤로 물러나게 만들어야 하는 것이다. 그리고 특정한 품목에 대해서는 더이상 월마트의 최저가에 맞추지 않는 대신에, 시중의 경쟁사들보다 두 번째 낮은 가격을 책정하기로 했다. 이 과제는 네시 프로젝트(Project Nessie)라고 불렀다. 아마존의 조던 디글(Jordan Deagle) 대변인에 따르면, 기존의 가격 책정 시스템은 그들에게 더욱 수익성 좋은 결과를 내놓지 않는다고 판명되었고, 결국 그 프로그램은 폐기되었다.

그런데 아마존의 가격 모니터링 시스템이 가격 책정에서 온라인에서는 월마트와 대등하게 맞서는 데 도움을 주었지만, 사실 월마트의 오프라인 매장 가격을 추적하고 그것을 상대로 경쟁한다는 것은 생각보다 훨씬 더 어려웠다. 기억해야 할 것은, 월마트는 대대로 자사의 웹사이트보다 오프라인 매장에서 상품을 더 저렴한 가격으로 판매한 것만이 아니라, 매장의 위치를 포함한 여러 요소를 고려하여 지역별로 오프라인 매장의 가격을 다르게 책정하기도 했다는 사실이다. 그리고 아마존은 단지 인터넷에서만 가장 좋은 가격을 보여주고 싶어 한 것이 아니다. 제프 베이조스는 쇼핑객에게 (온라인이든 오프라인이든) 모든 곳을 통틀어 가장 좋은 가격을 보여주고 싶어 한 것이다.

2000년대 초, 아마존은 건강 및 개인관리 용품의 판매를 시작하려 준비했고, 아마존의 임원들은 자신들이 책정한 단가가 월마트나 타깃 같은 대형 경쟁사와 비슷하거나 더 나은 가격이기를 원했다. 그로 인해 단기간 재정적인 손실이 발생하더라도 상관없었다.

"다른 누군가가 우리보다 더 싸게 팔도록 놔둘 수 없었습니다." 해당 팀의 제품 관리 책임자였던 메러디스 한(Meredith Han)의 말이다.

대형 소매업체의 매장 내 가격을 추적하기 위해 아마존은 임시 직원을 고용했다. 그 직원의 업무는 다른 업체의 매장을 돌아다니며 경쟁 제품의 가격을 적어 오는 일이었다. 그 직원이 들고 다니던 클립보드 때문인지는 몰라도, 그 사람은 얼마 지나지 않아 월마트 매장에서 쫓겨났다. 그다음 방법은 눈에 덜 띄었는데, 아마존 직원이 경쟁업체의 매장에서 핵심 상품을 구입하는 것이었다. 그들이 그렇게 한 이유는 오로지 가격 정보를 얻어내기 위해서였다. 당시에 메러디스 한은 20대 여성이었고, 그녀에게는 아직 아이도 없었다. 그럼에도 그녀의 카트에는 다양한 브랜드와 다양한 포장 사이즈의 기저귀가 가득 차 있었다. 그러고 나면 그녀는 본사로 돌아와 그렇게 수집한 물품을 임시 직원의 업무 공간에 쏟아냈다. 그다음에는 그 직원이 해당 품목의 단가를 아마존의 컴퓨터 시스템에 입력했다.

"그 일은 매우 원시적이었지만, 그래도 뚝딱뚝딱 해나가는 데는 효율적이었습니다." 메러디스 한의 말이다.

몇 년이 지나 2010년 연말 시즌을 앞두고 아마존은 더 나은 해결책이라고 여기는 걸 공개했다. 그것은 바로 '가격 확인(Price Check)'이라는 아이폰 앱이었다. 쇼핑객이 오프라인 매장에서 그 앱을 실행하여 어떤 상품의 바코드를 스캔하면 그것과 동일한 상품이 아마존에서는 얼마에 판매되는지 곧바로 확인할 수 있었다. 그러면 아마존은 자연스럽게 경쟁업체의 오프라인 매장 가격을 수집할 수 있었다. 그와 동시에 이 앱은 쇼핑객에게 온라인 소비를 독려할 수 있는 매우 실질적인 수단이기도 했다.

2011년 12월, 아마존은 이 전략을 한층 더 발전시켰다. 가격 확인 앱을 이용하는 쇼핑객에게 3가지 다른 물품에 대하여 5퍼센트 할인, 또는 최대 5달러 할인 혜택을 제공한 것이다.[14] 아마존 내부의 임원들은 이 앱을 월마트나 베스트 바이 같은 대형 매장의 내부에서 판매되는 상품의 가격 정보를 수집하는 수단이라고 여겼다. 그러나 그것이 연말 프로모션의 일환이라는 점 때문에 소규모 업체와 정치인은 이 앱을 훨씬 더 달갑지 않게 여겼다. 그 앱에서 아마존이 서점을 의도적으로 제외했다는 점은 그리 중요하지 않았다. 어차피 독립 서점 업계에서는 이미 아마존이 궤멸적인 힘을 가졌다는 사실이 입증된 상태였다.

"소비자를 소규모 매장에 들르게 한 다음에 빈손으로 나오게 만드는 아마존의 프로모션은 우리 지역에서 노동자를 고용하는 역할을 하는 중심가의 사업자에 대한 공격이다. 소규모 사업체는 아마존 같은 거대한 소매업체와 매일 힘겹게 싸우는데, 소비자에게 동네 가게를 염탐하라며 인센티브를 주는 일은 도를 넘는 것이다." 미국 연방 상원의 소규모 비즈니스 및 기업가 정신에 관한 위원회(US Senate Committee on Small Business and Entrepreneurship)의 위원장인 공화당의 올림피아 스노(Olympia Snowe) 상원의원이 당시 성명에서 한 말이다.[15]

아마존 본사의 내부에서 베이조스는 불같이 화를 냈다.

"제가 이런 일이 일어날 거라고 말했잖아요!" 그 자리에서 이 장면을 목격한 어느 전직 임원에 따르면, 베이조스는 직원들을 심하게 질책했다고 한다.

아마존의 리더십 원칙 가운데 하나는 이렇게 표현한다. "리더는 (중략) 다르게 생각하고 고객에게 봉사하는 방법을 찾기 위해 구석구석을 둘러본다." 그러나 이 사례에서 제프 베이조스는 아마존의 리더들이 구석구석을 둘러보지 않았으며, 아마존의 의도가 어떻게 인

식되는지, 혹시나 왜곡되어 받아들여지는지 살펴보지 않았다고 생각했다.

이와 관련하여 당시에 아마존의 커뮤니케이션 담당 수석인 크레이그 버먼(Craig Berman)은 내게 이렇게 말했다. "제프 베이조스는 그것이 서투른 작전이라고 생각했습니다. 왜냐하면 우리가 직접 나서서 이것이 기본적으로 대형 매장을 겨냥한 것이라고 말하지 않았기 때문입니다. 그는 소규모 업체가 거기에 휘말리는 걸 좋아하지 않았습니다. 그건 우리의 목표가 전혀 아니었습니다. 그리고 그는 만약 소비자들이 우리가 월마트나 타킷, 코스트코 등을 노린다는 사실을 알았더라면 아무도 문제 삼지 않았을 거라고 여겼습니다. 그건 대기업이 다른 대기업을 노리던 거였습니다. 하지만 소규모 업체까지 그 대상으로 만들지 말아야 했습니다. 왜냐하면 결국 크게 혼쭐이 날 테니까 말입니다. 그리고 그건 베이조스의 생각이 맞았습니다."

세금 혜택

그러한 막후에서는 '중심가의 공정함을 위한 연합(Alliance for Main Street Fairness)'이라는 단체가 아마존의 프로모션이 소규모 사업자에 대한 공격이라는 이야기를 퍼트리는 데 일조했다.[16] 그런데 이 단체의 배후에는 월마트를 비롯한 대형 소매업체가 있었다. 그리고 그들은 서로 공조하여 아마존이 온라인 쇼핑객에게 판매세(sales tax)를 부과하도록 명령해야 한다고 각 주의 정부에 압력을 가하기 시작했다.[17] 당시 미국 내 대부분의 주에서는 현지에 오프라인 영업점을 보유하지 않은 경우에는 해당 주의 고객에게 판매세를 부과하지 않아도 되기 때문에, 아마존은 오프라인 경쟁업체보다 가격 면에서 불공정한 우위를 누리고 있었다. 그래서 오프라인 업체는 아마존이 제품의 소매가에 더해서 세금도 받아야 한다고 주장했다.

"현재의 규정으로는 오프라인 소매업체가 온라인 소매업체와 동등하게 경쟁할 수 없습니다. 따라서 그건 시정되어야 합니다." 월마트의 글로벌 전자상거래 담당 부사장인 라울 바스케스(Raul Vazquez)가 당시에 한 말이다.

그런데 월마트가 중심가의 소규모 업체를 지지하는 단체에 자금을 지원한다는 발상은 아무리 생각해도 우스운 일이었다. 구멍가게 상인들에게 오랫동안 공공의 적 1호인 월마트는 새로운 지역에 진출할 때 독립적으로 운영하는 매장을 단숨에 척살한다는 평판을 얻으면서 성공적으로 발전해왔다.

그럼에도 아마존이 누리는 세금 혜택은 그들의 초기 성공에 아주 중요했으며, 아마존은 그것을 유지하기 위해 큰 노력을 기울였다. 아마존의 임원들은 색상으로 구분된 지도를 제작하여 신입 직원이 출장을 가도 되는 안전한 주가 어디인지, 그리고 '해당 지역에서 어떤 회사의 직원이 활동하면 그 회사에서 강제로 세금을 징수할 수 있는 엄격한 법률'이 있거나 또는 그 지역의 세무서가 공격적이기 때문에 출장을 가기 전에 사측에 사전 승인을 받아야 하는 곳이 어디인지 알려주었다.[18]

세금 혜택이라는 요소는 아마존이 창업 후 초창기 약 15년 동안 자사의 물류창고를 어디에 둘지 결정하는 데 중요한 역할을 했다. 만약 아마존이 어떤 주에 물류창고를 두게 되면, 그곳에서 그들은 고객에게서 판매세를 거둬야 할 수도 있었기 때문이다. 그래서 아마존의 관계자들은 인구가 비교적 적고 아마존의 고객이 많지 않은 주들에서 물류창고를 위한 부동산을 물색했다. 예를 들어 아마존 최초의 물류창고 다섯 곳 가운데 하나는 미국 중서부 캔자스주의 작은 마을인 커피빌(Coffeyville)에 있었다.

당시에 미국은 거대한 경기 침체에서 회복하려 고군분투했고, 새로운 세금 수입원을 찾아내기 위해 노력했다. 그러면서 여러 주가 세금 이슈로 아마존을 공격했다. 2012년, 아마존은 텍사스, 펜실베이니아, 캘리포니아 같은 커다란 주에서 향후에 판매세를 거둔다는 데 동의함으로써 세금 분쟁에 합의했다. 그러나 그 사실을 월마트 같은 경쟁사들이 알고 있었든 그렇지 않든, 그러한 합의가 아마존의 성장세를 늦추지는 못했다. 좀 더 커다란 관점에서 보면, 그것은 오히려 아마존이 더욱 도약하는 데 도움이 되었다.

아마존에서 10년 동안 세무를 담당한 어느 최고위직 관계자가 갖고 있던 노트북 컴퓨터에는 세금 문제로 정체되어 있던 굵직한 프로젝트나 혁신안과 관련된 내용이 모두 담겨 있었다. 베이조스가 가끔 그걸 보여달라고 요청했고, 그는 거기에서 뭔가 얻어낼 것은 없는지 깊이 파고들었다. 2010년대 초에 이르자, 그 목록은 80개가 넘었다.

"제가 보기에 그러한 세금 관련 제약을 정말로 걷어낼 수 있다면 거기에서 분출될 수 있는 아이디어가 무궁무진하다는 건 확실했습니다." 그 목록에 대해 잘 아는 누군가가 내게 들려준 말이다.

중요한 주들에서 판매세를 징수한다는 데 동의한 아마존은 이후 몇 년 동안 미국 전역에서 거대한 물류창고 건설에 착수했다. 2016년에만 아마존은 26곳의 신규 물류창고를 열었는데, 이는 평균적으로 격주마다 하나씩 문을 연 셈이며, 회사의 초창기에는 감히 상상할 수도 없는 기세였다. 참고로 몇 년 뒤에는 이런 확장 속도조차 보수적으로 보이게 된다. 이러한 확장 덕분에 개별 주문에 대한 배송 비용을 줄이는 데 도움이 되었을 뿐만 아니라, 회사의 가장 소중한 고객인 아마존 프라임 회원에게 배송 속도를 높일 수도 있었다. 이런 과정을 거치면서 월마트의 매장이 아마존보다 우위로 여기던 즉시성(immediacy)*의 장점이 점점 더 줄어들었다.

이와 관련하여 아마존의 커뮤니케이션 담당 수석인 크레이그 버먼은 이렇게 말했다. "아마존이 너무 빨리 확장하는 것에 대해, 지나치게 많은 일을 하는 것에 대해, 그리고 판매세를 내지 않는 것에 대해 모든 사람이 비난하는 목소리를 내고 있었습니다. 다만 그들은 그것이 장벽이라는 것을 알지 못했습니다. 그것은 아마존을 막아내던 요소입니다. 아마존이 물류창고를 확장하기 시작하자마자 당시에 오프라인 소매업체가 갖고 있던 가장 커다란 우위가 완전히 사라져버렸습니다."

사실 월마트는 아마존이 본격적으로 물류창고 확장을 시작하기 전에도 이미 그런 기세에 맞서 싸울 방법이 있었다. 그렇지만 월마트는 그들의 온라인 역사에서 언제나 충분히 잘 해내지 못한 무언가를 해야만 했다. 그것은 바로 오프라인 부문의 리더들과 전자상거래 부문의 리더들이 함께 협업하는 것이었다. 로버트 데이비스가 1990년대 중반에 월마트의 첫 번째 웹사이트를 구축하며 전자상거래 분야에 처음 진출한 시기부터, 월마트는 (온라인에서 주문한) 상품을 오프

---

* 어떤 것을 빠르게 획득할 수 있는 성질. 예를 들어 당장 급하게 필요한 물건이 있을 경우에 조금 번거롭더라도 오프라인 매장에 직접 찾아가서 구입하는 게 온라인 주문을 기다리는 것보다 훨씬 더 빠를 수 있다.

라인 매장에서 배송했다. 월마트의 1997년 연례 보고서에는 미주리 주 해리슨빌(Harrisonville)에 있는 96호 매장에서 '우리의 인터넷 사이트인 월마트 온라인'의 주문을 배송하던 오프라인 매장 매니저에 관해 언급한 내용이 있다. 그 보고서에 첨부된 사진에는 그 매니저가 작은 창고에서 컴퓨터 앞에 서 있는 모습을 볼 수 있는데, 그곳의 선반에는 박스에 든 상품과 플라스틱 보관함이 가득 쌓여 있었다. 그리고 그 사진에는 '앤 버쳇(Ann Burchett), 사이버 공간의 쇼핑 담당 직원'이라는 설명이 있었다.

그러나 2000년대 초에 월마트는 온라인 주문을 처리하는 데 자체적인 오프라인 매장을 제대로 활용하지 못하고 있었다. 2005년경에 이르러 아마존의 지도부는 자신들이 제품 가격과 상품 목록 면에서 월마트에 견줄 만하거나 어쩌면 능가했을 수도 있다고 여겼지만, 그럼에도 편리함의 측면에서는 여전히 월마트에 뒤처진다고 생각했다. 왜냐하면 월마트는 광대한 규모의 매장 네트워크를 보유하고 있었으며, 그런 오프라인의 전초기지가 온라인 주문을 빠르게 처리할 수 있는 수령 장소나 배송 출발지로 활용될 수도 있었기 때문이다. 그러나 차차 시간이 지나면서 아마존의 임원들은 월마트가 가진 그런 핵심적인 우위에 상대방이 제대로 집중하지 못하는 것을 믿을 수 없다는 듯 지켜보았다.

"그들은 그냥 그걸 활용하기만 해도 충분했습니다." 오랫동안 아마존의 임원을 지낸 빌 카(Bill Carr)의 말이다.

그러나 정작 월마트의 내부에서는 이런 우위를 활용한다는 게 그리 쉽지 않아 보였다. 아마존을 포함하여 다른 소매업체가 제공하는 무료 배송에 맞서기 위해 2002년경에 월마트의 지도부는 '사이트에서 매장으로(Site to Store)'라는 서비스를 테스트했다. 그리고 2004년부터 2007년 사이에 3,000개가 넘는 월마트 지점에서 이 서비스를 개시했다. 이 서비스에서는 월마트닷컴의 고객이 온라인으로 주문하면 그걸 인근 매장으로 배송하고, 그러면 고객이 그걸 나중에 무료로 수령할 수 있었다.

이와 관련하여 월마트닷컴의 최고경영자였던 라울 바스케스는 2009년에 이렇게 말했다. "예전에는 온라인과 오프라인 비즈니스가 서로 다른 것으로 보일 때가 있었습니다. 그러나 이제 우리는 우리가 가진 수천 개의 매장 덕분에 우리가 실질적으로 물리적인 우위를 점한다는 사실을 깨닫고 있습니다. 우리는 이제 그걸 활용해서 온라인의 1등이 될 것입니다."[19]

'사이트에서 매장으로' 서비스를 개시한 바로 그 임원들은 '온라인 구입, 매장 수령(Buy Online, Pickup in Store, BOPIS)'이라는 서비스도 실험했다. 그리고 이런 방식은 이후 몇 년 뒤에 결국 업계 전반에 걸쳐 주류가 되며, 코로나19 팬데믹 시기가 되면 진정으로 빛나는 순간을 맞이하게 된다. 월마트의 BOPIS 프로그램은 온라인으로 주문한 고객이 아마존을 비롯한 다른 전자상거래 경쟁업체가 온라인 쇼핑객의 집으로 배송하는 것보다 더욱 빠르게 해당 제품을 수령할 수 있게 해주려는 것이었다.

그런데 그 주문 상품은 깔끔하게 정리된 물류창고가 아니라 월마트의 오프라인 매장 선반에서 꺼내와야만 했다. 그리고 해당 물품을 온라인으로 주문한 고객이 매장으로 수령하러 갔을 때 그 제품의 재고가 그 매장에 남아 있어야 했는데, 그에 맞춰 각 매장의 재고 상태를 실시간으로 추적하기가 만만치 않았다. 게다가 이미 성공적으로 분주하게 운영되고 있던 슈퍼센터들은 그 프로그램을 효율적으로 지원하기 위한 추가 인력을 채용하는 데 돈을 쓰고 싶어 하지 않았다. 이는 그 실험을 지원할 수 있는 월마트의 매장들은 그다지 바쁘지 않은 매장이라는 걸 의미했다. 그러니까 다시 말해, 그러한 매장이 있는 지역은 오프라인이든 온라인이든 고객의 수요가 아주 많지 않은 지역이라는 걸 의미했다.

"우리는 비효율적으로 운영되는 매장에만 그러한 요청을 할 수 있었습니다. 어쩌면 애초에 짓지 말았어야 하는 곳에 말입니다." 월마트의 전직 임원이 내게 들려준 말이다.

월마트는 2013년이 되어서야 BOPIS 서비스를 의미심장한 방식으로 알리기 시작했다. 그러나 그때조차 오프라인 부문과 전자상거래 부문이 그 서비스에 헌신하는 정도의 차이가 열악한 구매 경험을 통해 고스란히 드러났다. 고객이 수령해야 하는 장소는 대형 슈퍼센터의 뒤쪽에 있는 경우가 많았는데, 표지판이든 아니면 매장 직원의 도움을 받든 간에, 그곳을 찾아가기가 쉽지 않았다. 주문한 제품이 분실되는 경우도 잦았다. 이미 온라인으로 주문한 물품을 받기 위해 매장을 방문하더라도 30분이나 기다려야 하는 경우도 있었다. 이는 전혀 편리하지 않은 경험이었다.

이와 관련하여 월마트 전자상거래 부문의 전직 관리자는 내게 이렇게 말했다. "초기의 갈등은 오프라인 부문이 온라인 매출 실적의 일부를 나눠 갖기를 원했기 때문입니다. 우리는 결국 그 매출 실적의 절반을 나눠 갖기로 했지만, 그래도 여전히 그들의 마음은 다른 곳에 있었습니다."

그러던 중에 월마트의 4대 CEO인 마이크 듀크(Mike Duke)가 2011년에 전자상거래 부문을 위해 신임 최고기술책임자(CTO)를 영입하면서 말하길, 그는 '전자상거래 분야에서 승리하기 위해' 발을 담갔으며, (그 부문에 대한) '투자를 두 배, 아니 어쩌면 세 배 늘릴 것'이라고 했다. 그럼에도 일부 관계자가 보기에 그건 이미 너무 늦은 감이 없지 않았다.

이와 관련하여 월마트닷컴의 경영진이었던 사람은 내게 이렇게 말했다. "우리는 필요한 자원을 요구한다거나 아니면 아마존을 실존적인 위협으로 여긴다거나 하는 데 그다지 적극적이지 않았습니다. 그 결과 우리는 시장 점유율을 많이 잃었습니다."

설상가상으로 전자상거래 분야에서 승리하기 위해 뛰어든 다른 신생 업체들도 있었다. 2000년대 말에 아마존과 월마트 모두를 위협하는 새로운 세력이 등장했다. 그중에서도 뉴저지에 기반을 둔 퀴드시(Quidsi)라는 전자상거래 스타트업이 대표적이었다. 그들이 운영하는 다이퍼스닷컴(Diapers.com)이라는 사이트에서는 저렴한 기저귀(diaper)를 고객의 집까지 빠르게 배송해주었는데, 주 이용자층은 도시에 거주하는 젊은 엄마였다.

당시 아마존의 어느 관리자에 따르면, 아마존의 소비자 패키지 상품 부문 내부에서는 이 경쟁업체의 성장을 '괄목할 만한 것'으로 받아들였다고 한다. 2009년 초에 아마존의 임원들은 자신들이 판매하는 모든 제품의 가격이 다이퍼스닷컴의 가격에 맞춰지는지 확인하라고 지시했다.

"그들은 아마도 우리와 치열한 접전을 치르고 있는지도 모릅니다." 당시 아마존의 임원인 더그 헤링턴(Doug Herrington)이 동료들에게 보낸 이메일에서 쓴 내용이다.[20]

어느 날은 공급업체 한 곳이 아마존의 관리자에게 퀴드시가 더욱 광범위한 소비재 상품을 제공하는 소프닷컴(Soap.com)이라는 또 다른 사이트를 론칭할 계획이라는 사실을 귀띔해주었는데, 그러자 경계심이 더욱 고조되었다.

당시 그러한 제보를 받은 관리자는 내게 이렇게 말했다. "우리는 그들을 물리칠 계획이었고, 그것도 안 된다면 아예 인수할 생각이었습니다. 그들이 승리하는 일은 없었을 겁니다."

그런데 그다음에 벌어진 전투가 향후 10년 동안 아마존과 월마트의 경쟁 관계에 상당한 영향을 미치게 되리라는 사실은 당시에 거의 아무도 알지 못했다. 그리고 그렇게 다가올 전투에서 위험을 마다하지 않는 야심 찬 퀴드시의 창업자들 가운데 한 명이 중요한 역할을 하게 된다.

Chapter
02

제트 연료

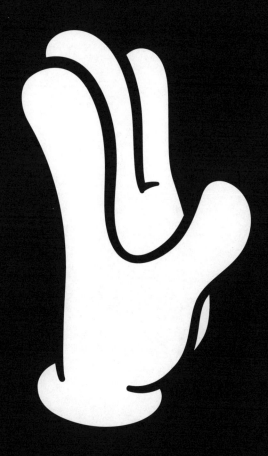

Winner
Sells All

쿼드시(Quidsi)의 공동창업자인 마크 로어(Marc Lore)와 비니트 바라라(Vinit Bharara)는 자신들이 들은 말을 믿을 수 없었다. 그때는 2010년 가을이었다. 그리고 다이퍼스닷컴(Diapers.com)을 운영하던 이 두 사업가는 불같이 화를 내는 아마존닷컴(Amazon.com) 소속 임원들의 맞은편에 앉아 있었다. 그곳은 뉴욕시의 미트패킹 지구(Meatpacking District)에 있는 트렌디한 레스토랑의 은밀한 구석이었다. 로어를 얼핏 보면 사람들은 그가 멀리서나마 오랫동안 존경해온 비즈니스 리더인 제프 베이조스의 먼 친척이거나 동부 해안 버전의 베이조스라고 혼동할 수도 있었다.* 우선 두 남자 모두 남성형 탈모를 겪고 있었는데, 그래서 두 사람 다 아예 삭발을 한 상태였다. 그리고 당시에 둘

---

*   아마존의 본사는 미국 서부 해안의 시애틀에 있다.

다 한결같이 와이셔츠를 입는 걸 좋아했는데, 로어가 주로 단추를 풀고 있는 반면에 베이조스는 단정히 잠그는 편이었다. 그리고 그들은 투박한 청바지와 캐주얼 드레스 슈즈를 좋아했다. 로어의 허스키한 목소리와 뉴욕 억양은 그를 좀 더 날카로워 보이게 만들었다. 그러나 사실 그는 불편한 상황을 꺼리는 부드러운 사람이었다. 그리고 그는 정해진 시간에 맞춰 근무하는 일반적인 직장도 선호하지 않았다.

로어의 공동창업자이자 어릴 적 친구인 바라라는 레스토랑의 화장실에 갔다가 음료 카운터에 들러서 프로세코(prosecco)* 한 잔을 집어 들고 이제 막 테이블로 돌아온 참이었다. 프로세코는 그가 디저트 대신에 종종 마시는 음료다. 바라라는 마침내 용기를 내어 아직까지 상대측에게 말하지 않은 어떤 소식을 들려주기로 했다. 그것은 바로 월마트의 최고경영진 한 명이 그날 저녁 이른 시간에 두 사람에게 전화를 걸어 그들이 만든 스타트업을 약 6억 5,000만 달러에 인수하겠다고 제안했다는 내용이었다. 그런데 문제가 있었다. 그 테이블에 앉아 있는 아마존의 임원들 역시 다이퍼스닷컴을 비롯하여 모기업인 쿼드시 인수 절차를 마무리하기 위해 그곳에 와 있었다는 것이다. 그런데 그들이 생각하는 인수 금액은 현재 월마트가 제시한 금액보다 1억 달러 정도 적었다.

열에 아홉은 그랬을 것이다. 막대한 대가를 눈앞에 둔 기업가에게 이것은 전혀 어렵지 않은 결정이었다. 당연히 월마트의 돈을 받아야 했다. 그러나 아마존의 임원들은 그 결정을 쉽게 내리도록 내버려두

---

*   이탈리아에서 생산되는 스파클링 와인.

지 않았다. 아마존 대표단은, 어쩌면 저녁에 마신 어른들의 음료로 적당히 오른 취기 때문인지는 몰라도, 만약 그들이 월마트의 제안을 받아들인다면 아마존은 다이퍼스닷컴을 뭉개버리기 위해 가격을 훨씬 더 후려칠 것이라며 쿼드시의 공동창업자들을 도발했다. 아마존은 그 직전의 몇 달 동안 기저귀 가격을 이미 30퍼센트나 내린 상태였다. 그리고 이제 그 테이블 앞에 앉은 임원들은 일개 스타트업은 도저히 감당할 수 없는 수준까지 가격을 낮추겠다며 공언한 것이다. 참고로 다이퍼스닷컴은 기저귀 판매로 겨우 한 자릿수의 수익률을 기록했는데, 그것도 할인을 하지 않아야만 가능한 실적이었다.

다음 날 아침, 아마존의 임원들과 쿼드시의 공동창업자들은 뉴저지 저지 시티(Jersey City)에 있는 쿼드시 본사에서 다시 만나 거래 체결을 앞두고 실사 작업을 계속했다. 그런데 전날 저녁에 일어난 일이 영향을 준 모양이었다. 로어는 매우 야심 찬 사업가지만, 말은 부드럽게 하고 갈등은 피하는 사람이었다. 그에게 전날 저녁 자리에서 받은 위협은 마치 기업 버전의 마피아 공작처럼 느껴졌다. '우리에게 협력하지 않으면 우리의 분노에 직면할 것이다.' 쿼드시의 창업자들은 그러한 위협에 말문이 막힌 상태였지만, 그렇다고 해서 그들이 심하게 놀란 것은 아니었다. 로어는 아마존과 베이조스의 사업 방식을 오랫동안 공부해왔는데, 그는 아마존의 연례 보고서를 샅샅이 탐독했고, 그의 회사 내부에서는 아마존의 CEO인 베이조스를 '센세이(sensei)*'라고 부를 정도였다. 전자상거래 거대기업에 대한

---

*   일본어로 선생님(先生) 또는 스승을 의미.

보고서와 언론의 광적인 취재 내용이 베이조스에 대해 알아야 할 모든 것을 로어에게 알려주었다. 그중에서도 핵심은 바로 베이조스가 소매업을 완전히 장악하기 위한 가장 빠른 경로에 두 눈을 부릅뜨고 있다는 사실이었다. 그리고 로어와 바라라는 그 길을 가로막고 있었다.

2000년대 후반에 다이퍼스닷컴은 뉴욕이나 샌프란시스코 같은 대도시의 시장에서 크게 성공을 거두고 있었다. 그들은 바쁘게 일하는 부모들에게 익일 배송 서비스를 제공했는데, 이 새로운 유형의 부모들은 디지털에 능숙하면서도 편리함을 갈망하는 이들이었다. 로어와 바라라는 아마존의 프라임 서비스가 제공하는 것처럼 최소한 이틀 내에 완료하는 빠른 배송 서비스가 사람들에게 인근 매장에 찾아가는 것보다 온라인 주문이 더욱 편리하다는 사실을 깨닫게 해주는 핵심이라는 걸 알고 있었다.

일부 도시에서는 다이퍼스닷컴의 배송 속도가 아마존보다 만 하루나 더 빠른 경우도 있었다. 그들의 목표는 기저귀 판매로는 손익 분기점만 맞추고 자동차 시트나 유아용 샴푸처럼 수익성이 더욱 좋은 제품을 부모들에게 더 많이 판매하는 것이었다. 그러나 몇 년간 급속하게 성장하던 다이퍼스닷컴은 문제에 부딪혔다. 신생 기저귀 판매 사이트의 인기 상승에 위협을 느낀 아마존의 임원들이 치명적인 공격을 가했기 때문이다. 아마존은 자신들의 사이트에서 모든 기저귀 제품의 가격을 30퍼센트나 인하했다. 아마존은 경쟁업체를 쓰러트리기 위한 목적이라면 기저귀에서 손해 보는 것쯤은 얼마든지 할 수 있었다. 그들의 움직임은 가차 없었다. 그들의 움직임은 마치 제프 베이조스 그 자체를 보는 듯했다.

아마존의 임원들은 다이퍼스닷컴이 마케팅과 빠른 배송, 뛰어난 고객 서비스 등의 성대한 활동에 많은 돈을 지출하면서 빠르게 현금을 소진한다는 사실을 알고 있었다. 그리고 아마존의 가격 인하는 로어와 바라라의 사업을 진심으로 매우 힘들게 만들려는 의도였다. 그리고 실제로 그렇게 되었다. 그리하여 두 사람은 이제 선택의 기로에 서게 되었다. 그중 한 가지는 다소 위험성이 있더라도 시간을 좀 더 끌면서 벤처캐피털 투자자들에게서 더욱 많은 자금을 확보하려 노력하는 것이었다. 물론 그건 당시의 상황에서는 힘든 일이었다. 아니면 회사의 성장세가 완전히 멈추기 전에 더 큰 기업에 자신들의 회사를 매각하는 것이었다. 몇 년 뒤에 로어가 술회하기를, 그는 아마존의 30퍼센트 가격 인하가 정상적인 공정한 경쟁으로 느껴지지 않았다고 한다. "그건 매우 불공정하게 느껴졌습니다." 그가 내게 한 말이다.

그러나 2010년 말 당시에 로어와 바라라에게는 선택의 여지가 별로 없었다. 그들은 처음으로 매각을 진지하게 고려할 수밖에 없었다. 그들은 먼저 월마트와 대화를 했는데, 당시 월마트는 전자상거래 부문에 새로운 리더를 앉히면서 디지털 공간에서 커다란 파문을 일으키겠다는 새로운 결의를 다지고 있었다. 그 스타트업의 인수에 호의적이던 월마트의 임원들은 다이퍼스닷컴이 월마트의 고객과는 다르게 낮은 가격만을 보고 몰려들지 않는 소비자와 진정한 관계를 형성했다는 사실을 매우 마음에 들어했다. 로어와 바라라가 월마트에 중요한 품목인 기저귀를 비롯한 유아용품 분야에서 그런 일을 해냈다는 사실 또한 커다란 가점 요소였다. 그리고 이 스타트업이 가진 전자상거래 분야의 노하우 역시 아마존에 한참 뒤떨어진 기술력을 가진 월마트에는 도움이 될 게 분명했다.

월마트는 처음에 쿼드시를 인수하는 조건으로 낮은 가격을 제시했는데, 로어와 바라라는 여기에 실망하여 아마존을 끌어들이기로 결심했다. 두 사람은 시애틀로 날아가 베이조스와 잠재적인 인수에 대해 논의했다. 그 만남이 있고 나서 몇 주 뒤, 월마트가 방심하고 있는 것으로 보이는 가운데, 베이조스는 자신의 최고 협상가 중 한 명에게 쿼드시의 인수를 허가했다. 아마존은 결국 쿼드시를 인수하는 대가로 5억 4,000만 달러의 금액을 제시했다.[21] 그리고 쿼드시의 창업자들에게는 의향서(LOI)에 서명하기 위한 시간으로 겨우 며칠의 여유가 주어졌다. 그 의향서는 기업 실사를 진행하고 거래를 완료하기 위하여 30일의 독점적인 협상 기간을 개시한다는 내용이었다.

당시 논의의 세부사항을 잘 아는 사람에 따르면, 쿼드시의 창업자들은 월마트에 자신들이 이름을 밝힐 수 없는 또 다른 대형 소매업체에 매각될 가능성이 있다는 사실을 알렸는데, 그 전화를 받은 월마트의 임원이 정말로 충격을 받은 듯 보였다고 한다. 그리고 아마존과 쿼드시의 독점 협상 기간이 개시된 직후, 월마트의 전자상거래부문 최고경영자가 쿼드시의 창업자들에게 전화를 걸어 6억 5,000만 달러의 인수 금액을 제시했다. 그때가 바로 뉴욕시에서 운명을 가를 저녁 식사 자리가 있던 바로 그날이었다. 저녁 식사 테이블에서 아마존의 위협을 받았지만, 쿼드시의 창업자들은 월마트에서 제시한 6억 5,000만 달러의 금액에 대한 확실한 보증이 필요했다. 그래서 월마트는 인수 조건을 서면으로 정리해서 보냈는데, 월마트는 거기에 단서 조항을 하나 넣어놓았다. 그것은 바로 협상이 완료되기 전에 퀴드시의 비즈니스에 중대악화사유(Material Adverse Change, MAC)* 가 발생할 경우, 월마트가 이 논의에서 나갈 수 있다는 내용이었다. 기본적으로 이 조항은 만약에 정부가 이 인수를 승인하기 전에 퀴드시의 비즈니스에 심각한 문제가 생긴다면 월마트가 이 협상에서 빠져나올 수 있는 선택권을 주는 것이다. 이것은 M&A 협약에서 표준화된 조항이지만, 퀴드시 창업자들에게는 일말의 의심을 남겨 그들이 아마존에 유리한 결정으로 기우는 데 일조하게 된다. 게다가 로어와 바라라는 바다와 가까운 곳에서 일하는 젊은 직원들에게 이제 곧 그들이 아칸소라는 깊숙한 내륙에 본사가 있는 소매업체를 위해 일하게 될 거라고 말하기가 썩 내키지 않았다.

거기에 더해, 아마존과 베이조스의 대표단이 전면적인 가격 전쟁도 불사하겠다는 으름장을 놓았을 때, 퀴드시 창업자들은 그것이 허풍인지 아닌지 굳이 확인하려 하지 않았다. 그들은 결국 아마존의 제안을 수락한다. 그리고 이는 베이조스에게 커다란 승리를 안기면서 동시에 월마트 경영진의 가슴을 짓밟는 결정이었다. 퀴드시가 아마존에 매각되자 공동창업자들은 각자 수천만 달러를 벌었으며, 다이퍼스닷컴을 (아마존과) 별개의 독립적인 사업체로 유지하면서도 그들이 계속해서 운영할 수 있었다. 그러나 훗날 로어는 그것이 결국

---

* 인수합병 과정에서 상황에 어떤 변화가 발생하여 해당 기업의 가치를 현저하게 감소시키는 것.

베이조스의 수상한 전술이 성공을 거두어 쿼드시가 매각되었다는 사실을 깨닫고는 우울해했다고 말했다. 그럼에도 로어와 바라라는 자신들이 오랫동안 뒤쫓아왔으며 여러 측면에서 여전히 존경하는 회사에서 배울 수 있는 기회를 최대한 활용하기로 결심했다. 그러나 그들은 결코 아마존에 제대로 적응하지 못했다. 아마존이 쿼드시를 인수한 뒤에 그곳을 별도의 독립적인 계열사로 온전하게 유지하기로 결정했을 때만 하더라도 베이조스를 비롯한 아마존의 임원들은 선한 의도를 갖고 있는 것으로 보였다. 그러나 이는 다이퍼스닷컴이 동일한 모기업 체제하에서 아마존과 머리를 맞대고 계속해서 경쟁해야 함을 의미했다. 그리고 아마존과 다이퍼스닷컴 둘 중에 어느 쪽도 고객에게 적절하며 차별화된 가치제안을 하는 것에 대하여 진정으로 동의하지 않았다는 것이다.

로어는 또한 거액의 마케팅 예산을 요청했지만, 자신의 요청을 아마존의 지도부가 거절하자 발끈했다. 그는 디지털에 능숙한 더욱 젊은 부모들에게 다가가기 위해 그런 적극적인 마케팅이 필요하며, 그래야만 쿼드시의 여러 쇼핑 웹사이트가 가진 잠재력을 최대한 발휘할 수 있다고 생각했다. 그는 또한 일터 문화에 대한 두 회사의 거대한 차이를 받아들이기 위해 고군분투해야만 했다. 베이조스는 아마존의 리더들에게 잔인할 정도의 성실함을 종교처럼 설파했다. 그것이 개인의 감정에 어떠한 영향을 미치든 상관없었다. 반면에 로어도 승리하기를 원하는 건 마찬가지였지만, 그는 또한 사랑받는 걸 좋아했으며 다른 사람이 감사함을 느끼게 만드는 걸 좋아했다. 그러나 그런 건 절대 아마존의 방식이 될 수 없었다. 그래서 그들이 아마존에 인수된 지 3년도 되지 않은 2013년에 결국 로어와 바라라는 아마존을 떠났다. 그리고 그들의 자식과도 같은 다이퍼스닷컴은 그곳에 남았다.

그로부터 몇 달 뒤, 나의 취재원들이 뭔가를 수군대기 시작했다. 로어가 전자상거래 업계에서 뭔가를 준비하고 있다는 것이었다. 취재원 한 명은 그것이 '커다란 한 방'이라고 설명했다. 나는 더 자세한 정보를 얻기 위해 로어에게 전화했는데, 그는 정중한 태도로 (그 내용에 대해) 대화하는 걸 원하지 않는다고 확실히 밝혔다. 그렇지만 만약 마음이 바뀌면 내게 알려주겠다고 약속했다.

만약 코스트코와 아마존이
아이를 갖는다면

로어의 새로운 스타트업은 제트닷컴(Jet.com)으로 밝혀졌다. 그곳은 전자상거래 회사인데, 일반 대중에게 서비스를 출시하기도 전에 벤처캐피털에서 2억 달러 이상의 자금을 조성했다. 제트의 비즈니스 모델은 온라인 쇼핑객이 연간 50달러의 회비를 내면 제트닷컴 사이트에서 전자제품, 장난감, 패션 등 다양한 제품 카테고리에 걸쳐 최적의 가격을 제공하는 것이었다.

"우리는 만약 코스트코와 아마존이 아이를 갖는다면 그건 바로 제트가 될 거라고 늘 말했습니다." 제트닷컴의 최고고객책임자(CCO)였던 리자 랜즈먼(Liza Landsman)의 말이다. 그녀는 제트닷컴에 재직할 때 마케팅과 분석, 그리고 고객 경험을 총괄했다.

그런데 제트닷컴의 할인 구조는 백엔드(backend)*에 간단히 구현할수 있을 만큼 단순하지 않았고, 그렇다고 고객이 이해하기도 쉽지 않았다. 고객에게 할인해주는 비용의 일부는 원래 제트닷컴에서 상품을 판매하는 소매업체와 브랜드 측이 제공하기로 되어 있었다. 그들이 제트닷컴 사이트에 제품을 등록하려면 수수료를 지불해야 했고, 제트 측은 이런 수수료의 대부분을 할인된 금액의 형태로 고객에게 되돌려줄 예정이었다.

제트는 또한 고객이 훨씬 더 낮은 가격을 제시받을 수 있는 파격적인 기법으로 쇼핑객을 끌어모으려 시도했다. 그것은 바로 쇼핑객이 한 번 주문할 때 여러 품목을 구매하면 추가로 할인받을 수 있게 하는 것인데, 제트는 이 기능을 '스마트 카트(Smart Cart)'라고 불렀다. 또한 만약 그렇게 구매한 상품들이 모두 동일한 물류창고에서 배송될 경우에도 고객은 좀 더 돈을 아낄 수 있었다. 제트의 임원들은 이러한 움직임을 '시스템에서 비용을 제거하는 것'이라고 설명했다. 그들이 보기에는 이것이 다른 온라인 소매업체를 작동하게 만드는 물류 및 배송 절차에 뻔히 숨어 있는 비용이라고 생각했다. 그들은 만약 이렇게 아낀 비용의 일부를 고객에게 전달할 수 있다면, 고객에게 한 번에 더 많은 품목을 주문하도록 훈련시킬 수 있으며 그에 따른 배송 비용 역시 절감될 것이라고 믿었다.

이와 관련하여 로어는 언젠가 이렇게 말했다. "우리가 물건을 배송하는 방식이 우리만큼 똑똑하지는 않았습니다. 우리는 기저에 있는 진짜 경제학을 그냥 그대로 드러내는 겁니다. 그리고 우리가 할인을 통해 그런 사실을 소비자에게 투명하게 공개할 때, 우리는 사

---

*   사용자에게 노출되지 않고 서비스 제공자 측의 배후에 구축되는 시스템.

실상 더욱 효율적인 온라인 쇼핑을 창조하는 것입니다."²²

비용 절감은 거기에서 끝나지 않았다. 쇼핑객은 또한 신용카드 대신 직불카드를 사용하는 데 동의하거나 또는 반품할 수 있는 권리를 포기한다면 적게나마 추가 할인을 받을 수 있었다.

제트 측이 고객에게 전달하는 브랜드 수수료와 '스마트 카트 할인'으로 얻는 절감액을 통해 그들은 일반적인 쇼핑객이 주문 1건당 10~15퍼센트를 절약할 수 있다고 추산했는데, 이는 연간 150달러에 해당하는 금액이었다.²³ 이러한 새로운 유형의 비즈니스 모델을 수립하고, 또 그런 구조를 이해하는 고객을 끌어모은다는 것은 매우 험난하면서도 값비싼 전투였다. 2015년에 서비스를 개시한 후 몇 달 동안 제트는 2,000만 달러에서 2,500만 달러에 달하는 비용을 지출했다. 그들은 구글의 검색 엔진 최적화(Search Engine Optimizaion, SEO)*에 자금을 퍼붓고, 뉴욕과 샌프란시스코의 버스 정류장과 지하철역을 광고로 도배하고, 심지어 전국에 송출되는 값비싼 텔레비전 광고를 집행했다. 몇 년 뒤에 로어는 제트가 한때 마케팅에만 한 달에 대략 4,000만 달러를 지출했다고 인정했다.

"우리는 규모를 키워야 한다는 걸, 그것도 빠르게 키워야 한다는 걸 알고 있었습니다." 그의 말이다.

제트는 고객을 유인하는 데 힘을 보태기 위해 제트 인사이더(Jet Insider)라는 추천 프로그램을 시작했는데, 이를 통해 그들은 가장 많

---

* 검색 엔진의 알고리즘에 맞춰 관련 키워드를 검색했을 때 웹사이트가 상위에 노출되도록 만드는 작업.

은 지인을 끌어와서 사이트의 베타(beta)* 서비스에 가입시킨 온라인 쇼핑객에게 10만 주의 스톡옵션을 주겠다고 약속했다. 이 프로그램은 효과가 있었다. 그런데 서비스를 개시한 제트닷컴은 순식간에 먹통이 되었다. 그 이유는 부분적으로 그들이 뒤에서 조용히 재고를 조달하는 방식 때문이었다. 그렇다, 제트는 재고의 일부를 자신들의 물류창고에서 직접 처리해왔는데, 주로 시리얼, 기저귀, 샴푸 같은 소위 소비재 상품이 그에 해당했다. 그리고 서비스를 개시할 당시에만 하더라도 사이트에 제품을 등록하여 자신들이 직접 제트의 고객에게 배송해주는 업체도 소수에 불과했다.

그런데 서비스를 개시할 당시에 그들이 판매하던 제품의 약 70퍼센트는 (제트닷컴이 아니라) 다른 쇼핑 사이트에 올라와 있는 것이었다. 이런 변칙을 그들은 '제트 컨시어지(Jet Concierge)'라고 완곡하게 표현했는데, 사실 제트닷컴은 자신들과 어떠한 관계도 없는 상품을 자신들의 사이트에 버젓이 올려두고 그걸 고객에게 판매한 다음, 다른 업체에 그 제품을 주문해서 해당 업체가 그 상품을 제트닷컴의 고객에게 직접 배송하게 했다. 제트의 임원들은 그걸 두고 자신들이 더욱 많은 판매 파트너를 유인하기 전까지 겪는 '콜드 스타트 문제(cold start problem)**'를 해결하기 위해 사용하던 방법 중 하나에 불과하다고 생각했다. 그러나 이것은 단기적으로 재정적인 측면에서 전혀 의

---

* 어떤 서비스를 본격적으로 출시하기 직전의 테스트 버전.
** 서비스 출시 직후에 그걸 사용하는 사람의 수가 적어서 운영 모델이 제대로 작동하지 않는 문제.

미가 없었다. 그리고 이를 위해서는 추가 인력이 필요했다. 그래서 제트는 경쟁 사이트를 통한 이런 주문을 처리하기 위하여 필리핀에 있는 500명 규모의 하청업체에서 도움을 받고 있었다. 그럼에도 서비스 개시 직후 고객의 수요가 예상한 수준을 훨씬 뛰어넘자 사이트가 금세 먹통이 된 것이다.

"완전히 혼란 그 자체였습니다." 전직 임원이었던 사람이 내게 들려준 말이다.

제트가 고객을 실망하게 만들고 싶지 않다면 해결책이 필요했다. 그들은 선별 체제로 돌입했는데, 회사 전역의 각 부서에서 직원을 차출하여 경쟁사의 사이트에서 주문한 물량을 올바르게 처리하도록 교육했다. 전직 임원이 내게 들려주기를, 제트의 초창기 매출액 100만 달러 가운데 약 70만 달러가 이런 프로그램을 통해 나온 것이라고 한다. 그리고 그 70만 달러 가운데 대략 25만 달러가 단 한 곳의 경쟁사에서 주문한 것인데, 그곳은 바로 월마트였다.

출시 이후 처음 몇 달 동안에는 모두가 거기에 달려들었다. 회사의 거의 모든 인원이 일상 업무를 제쳐두고 주문 처리를 도와달라는 요청을 받았다. 회사는 또한 그 일을 위해 뉴저지 호보켄(Hoboken)에 있는 본사에서 동부 해안에 있는 첫 번째 물류창고까지 직원들을 실어 날랐다. 그곳은 뉴저지 남부에 있는 스위즈버러(Swedesboro)라는 마을인데, 그 물류창고에는 몰려드는 수요를 감당할 만한 공간이나 노동자가 부족한 상태였다.

뉴저지의 그 시설을 운영하기 위해 서비스 개시 전에 채용된 조 굴로(Joe Gullo)는 당시의 상황을 이렇게 기억했다. "우리는 더 많이 배송해야 했지만 그럴 수 없었습니다. 우리는 낮에는 물품을 바깥에 보관했습니다. 사람들은 하루에 18시간 동안 일했습니다. 그곳은 말 그대로 악몽 같은 물류창고였습니다."

그리고 그는 이렇게 덧붙였다. "그래도 저는 가슴이 떨렸습니다. 왜냐하면 그때까지만 하더라도 회사의 그런 조치들이 과연 통할지 불명확했기 때문입니다. 그렇지만 솔직히 말해서 우리는 1달러짜리 물건을 사람들에게 80센트에 팔고 있었습니다."

바로 그 2015년 여름에 로어는 자신이 가장 잘할 수 있는 일을 하면서 아주 많은 시간을 보냈다. 그건 바로 투자자들에게 자신의 장기적인 비전을 제시하는 일이었다. 그의 발언은 주로 이런 식으로 진행됐다. '미국의 전자상거래 매출은 전체 소매업 매출의 약 10퍼센트에 불과한데, 그 비율은 앞으로 계속해서 오르기만 할 것이다. 이 분야에서는 아마존이 명확한 선두지만, 확실한 2인자는 아직 없다. 월마트도 타깃도 코스트코도 아니다. 오히려 이들은 모두 인터넷에 거대한 비즈니스를 구축한다는 아이디어를 오랫동안 무시해왔다. 제트가 바로 그 2인자가 될 수 있다. 그리고 우리는 그 과정에서 수백억 달러에 달하는, 어쩌면 그 이상의 가치를 가진 비즈니스를 구축할 것이다. 제트는 그걸 어떻게 해낼 것인가? 이 세상의 모든 제품을 아마존 프라임에서 구매하고 하루나 이틀 뒤에 그걸 받아보는 것보다는 돈을 절약하고 싶은 쇼핑객의 마음을 끌어서 그렇게 할 것이다.'

고객에게 할인해줄 수 있는 여유를 만들어내기 위한 제트의 전략과 전술은 독창적이었다. 그 아이디어는 고객이 대량으로 주문을 하더라도 어느 한 곳의 물류창고에서 그 주문을 처리할 수 있을 만큼 충분한 재고를 확보하게 될 것이라는 가정에 기반을 두고 있었고, 이런 방식으로 포장과 배송 비용을 절감할 수 있다는 것이었다. 다만 모든 스타트업에 필요한 것은 충분한 고객을 유인할 수 있는 충분한 광고비라고 로어는 반복적으로 강조했다. 고객을 충분히 확보하면 그것으로 더욱 많은 브랜드와 소매업체를 끌어들일 수 있으며, 그들을 통해 결국 이러한 비즈니스 모델의 배후에 있는 제트의 재고 수요와 할인 전략이 모두 충족된다고 그는 힘주어 말했다.

그는 종종 그것이 '간단한 수학'이라고 말했다. 아마존과 제프 베이조스는 비즈니스 분야에서 플라이휠(flywheel)*이라는 개념으로 유명했는데, 로어는 제트도 자체적인 플라이휠을 만들 수 있다고 믿었다. 그리고 아마존의 플라이휠은 빠른 배송 속도가 그 특징이라면, 제트의 플라이휠은 인터넷에서 가장 저렴한 가격이 특징이었다.

제트는 그해 7월에 처음 서비스를 개시한 이후에 인상적인 판매 실적을 기록했는데, 덕분에 로어는 사모펀드 투자자들에게서 관심을 받았다. 그들은 이 창업자와 비슷한 생각을 했다. 그건 바로 그들도 제트가 빠르게 더욱 커지기를 바란다는 것이었다.

로어는 제트가 완전한 잠재력을 발휘하기 위해서는 수십억 달러까지는 아니더라도 수억 달러 정도의 자금을 조성해야 한다는 걸 알고 있었다. 그래서 그는 지금의 이 기회를 활용하고 싶었다. 그러나

---

*   처음에 가동하려면 힘이 많이 들지만, 계속 돌리다 보면 관성에 따라 저절로 돌아가는 시스템을 일컫는 말.

그것은 이 스타트업에 필요한 매출 증가 속도에 엄청난 변화가 필요함을 의미했다. 제트의 임원들은 이 회사가 서비스 개시 후 18개월이 지나면 연간 총 매출 10억 달러를 달성할 것이라고 예상했다. 그러나 투자자들에게서 받는 관심과 고객들 사이에 형성된 초기의 동력 때문에 로어는 그 시기를 10개월로 앞당겼다. 만약 정말로 그렇게 된다면 아마존의 베이조스도 무척 자랑스러워했을 것이다.

거의 같은 시기에, 제트의 투자자들과 임원진은 불과 몇 달 전만 하더라도 어리석어 보였던 한 가지 결정을 두고 고민했다. 그건 바로 제트의 고객에게 부과하던 50달러의 연회비를 없애는 방안이었다. 연회비는 원래 제트의 주요한 수익원인 동시에 넉넉하면서도 꾸준한 매출 흐름을 만들기 위해 만들어진 것이었다.

그런데 이 논의에 불을 지핀 몇 가지 요소가 있었다. 당시에 제트는 고객에게 두 가지 종류의 할인 혜택을 제공할 계획이었는데, 이를 잘 활용하여 여러 물품을 동시에 주문하면 모두 합해 10~15퍼센트에 달하는 할인 혜택을 받을 수 있었다. 그중에서 첫 번째 혜택은 대부분의 개별 제품에 약 7퍼센트의 사전 할인을 제공하는 것인데, 이는 본질적으로 멤버십 회비에 대한 보상이자 새로운 쇼핑객을 끌어모으기 위한 일종의 미끼였다. 그런데 제트가 스스로를 차별화하고자 한 핵심은 저가 상품을 4~5퍼센트를 깎아주는 '스마트 카트' 할인이었다. 이 혜택은 고객이 장바구니에 제품을 더 추가할 때 얻을 수 있는데, 덕분에 제트의 판매 파트너들은 그 주문을 더욱 효율적으로 처리할 수 있게 된다.

그런데 제트닷컴 사이트의 초기 테스트에서 제트의 임원들은 자신들이 개별 품목을 즉시 할인해주지 않고 고객에게 4~5퍼센트의 스마트 카트 할인을 제공할 경우에도, 그 고객은 10~15퍼센트의 두 가지 할인 혜택을 갖고 있는 고객과 비슷한 비율로 구매를 완료한다는 사실을 발견했다. 그러니까 고객은 연회비에 대한 대가로 처음에 제공받은 7퍼센트의 할인 혜택이 굳이 필요하지 않은 것이다.

그리고 이러한 논의의 배경에는 다른 요소도 있었다. 제트가 자신들이 만든 새로운 마켓을 통해 판매하도록 모집한 소매업체와 브랜드의 상당수가 아마존이 아닌 다른 곳에서 판매하는 것에 흥미를 느꼈지만, 제트가 할인 사이트라는 개념을 좋아하지는 않았다. 그리고 아마도 더욱 중요한 것으로는 제트가 그 업체들이 원하는 소매가 이하의 가격을 책정하는 것을 좋아하지 않았다는 점이다.

마케팅과 고객 경험 부문 책임자였던 리자 랜즈먼은 그러한 회원제 변화에 의구심을 갖고 있었다. 거의 백만 명의 사람이 제트가 서비스를 개시하기 전에 이미 대기자 목록에 가입했는데, 그 회원들을 이제 시범적 무료 서비스로 전환하려 했다. 고객들은 제트의 가치 제안에 그렇게 일찍 중요한 변화가 일어난 것에 대해 어떻게 반응할까? 그리고 그런 초기 고객들에게 서비스 비용이 처음 부과되기도 전에 회사가 멤버십 제도를 완전히 뒤바꿀 수 있을까? 게다가 수십만 명의 고객에게 환불해주는 건 서비스 운영 측면은 물론이고 외부에서 보기에도 혼란스러울 수 있었다.

로어는 연회비 폐지에 대한 찬반 논쟁을 몇 달 동안이나 들어야 했는데, 처음에는 그 모델이 효과가 있을 거라는 자신의 직감을 고수했다. 그런데 CEO인 그가 제트의 이사회에 참석한 투자자들과 그에 관해 더 논의하면서, 그러한 가입자 모델이 회사의 매출 성장과 잠재가치 평가에 한계로 작용할 것이라는 우려가 제기되었다. 이러한 재정적 후원자들은 이 스타트업에 수십억 달러까지는 아니더라도 이미 수억 달러를 쏟아부은 상태였기 때문에, 그들은 이 회사가 엄청난 대박을 터트려야 했다. 소비자에게 새로운 쇼핑 방식을 훈련시키는 건 상당히 힘든 일이었다. 그러한 상황에서 사전 가입비까지 더해지면 (기존의 최강자들과 겨뤄야 하는) 그러잖아도 힘든 싸움이 더욱 벅차게만 보였다.

이와 관련하여 제트닷컴의 임원이었던 사람은 이렇게 말했다. "다른 누군가에게서 고객을 빼내오려면 엄청난 양의 마케팅 비용을 쏟아부어야 합니다. 거기에 멤버십 모델까지 갖고 싶다면, 상황은 더욱 악화됩니다."

로어는 그해 여름 자신에게 구애를 보내던 사모펀드 투자자들을 받아들이기 위해 무엇을 해야 하는지 알고 있었다. 그리고 멤버십 가입비가 없다면 10억 달러 매출액이라는 목표를 더욱 빠르게 달성할 수 있으리라고 생각했다. 로어는 양쪽의 의견을 모두 경청한 뒤에 결정을 내렸다. 그렇게 멤버십 가입비는 세상의 빛을 보기도 전에 희생되고 말았다.

그럼에도 그 결정은 로어와 제트를 불안정한 위치로 내몰았다. 멤버십 비용이 없다면 이 회사의 주요 수입원 중 하나가 사라지는 것이었다. 그리고 이제 회사는 거대한 규모로 덩치를 키워야 했다. 이미 대형 온라인 소매업체가 주문 1건당 겨우 미미한 수익만을 남기면서 저렴한 가격으로 소비재 상품을 팔고 있었기 때문이다. 그러나 그건 말처럼 쉬운 일이 아니었다. 무엇보다도 제트는 이미 아마존닷컴이나 월마트닷컴, 타깃닷컴 같은 곳에서 만족스럽게 쇼핑하는 사람들에게 제트닷컴으로 와달라고 설득해야만 했다. 만약 사람들이 실제로 그렇게 한다면, 이제는 제트의 독특한 할인 구조가 이해하기도 매우 쉽고 충분히 매력적이어서 고객들이 계속해서 다시 방문할 수 있는 곳이 되기를 희망했다. 그러는 와중에도 제트 내부의 일부 관계자는 혹시 아마존이 이 신생 스타트업에 특별한 관심을 갖고 있는지 궁금해했다.

난기류

2015년 7월에 제트닷컴의 정식 서비스 개시를 1주일도 남겨두지 않았을 무렵, 제프 베이조스의 회사는 첫 번째 프라임 데이(Prime Day)를 개최했다. 이는 수천만 명의 아마존 프라임 회원에게 24시간 동안 할인을 해주는 성대한 행사였다. 아마존은 이 행사를 창립 20주년 기념 이벤트라고 설명했지만, 제트의 일부 임원은 그 시점이 본격 출시가 임박한 자신들의 서비스와 연관성이 있지 않을까 하는 의문을 품었다. (아마존의 전직 임원들은 그러한 혐의를 부인했는데, 이 부분에 대해서 나는 일단 그들의 말을 믿기로 했다.) 그리고 제트닷컴이 서비스를 개시한 직후에 제트의 직원들은 아마존의 가격 책정 추이가 제트의 가격을 따라 오르락내리락한다는 사실을 유심히 지켜보았다. 아마존의 기술이 주요한 경쟁사의 가격에 맞춰 작동한다는 것이 당시에 그리 이상한 일은 아니었지만, 그들이 이제 막 등장한 스타트업의 가격을 따라가고 있다는 말인가? 그건 다른 문제였다. 그것은 개인적인 이유로 느껴졌다.

이와 관련하여 랜즈먼은 이렇게 말했다. "그건 우리의 총 상품 판매량(Gross Merchandise Volume, GMV)이 10억 달러일 때는 말이 되지만, 그들은 우리의 GMV가 겨우 2달러였을 때부터 그 일에 즉시 착수했습니다. 그것이 전적으로 프로그램에 따른 것으로 느껴지지 않았습니다. 왜냐하면 시장에서 그 존재가 미미해 그리 걱정하지 않아도 되는 누군가의 가격에 맞출 이유가 없었기 때문입니다."

그러나 아마존 내부의 임원들은 로어가 제트를 위해 자금을 모은다는 사실을 주목하고 있었다. 그것도 심지어 제트닷컴의 사이트가 아직 베타 버전일 때부터 말이다.

"마크 로어는 쿼드시와 제트 두 곳에서 모두 자신이 하는 일에 주목받는 데 매우 뛰어났습니다. 마크는 우리와 오랜 시간을 함께했기 때문에 우리가 가격을 매우 심각하게 받아들인다는 사실을 잘 알고 있었습니다. 한편으로는 어쩌면 그가 우리를 시험한 것일 수도 있습니다. 그가 우리에게 얼마나 큰 피해를 입힐 수 있는지, 그리고 그렇게 해서 얼마나 더 큰 관심을 받을 수 있는지 말입니다." 아마존에 19년 동안 재직한 베테랑이자 제트가 서비스를 개시할 당시에 아마존 프라임 프로그램을 총괄한 그레그 그릴리의 말이다.

실제로 제트가 일반을 대상으로 서비스를 개시하기 전에 베타 테스트를 하던 몇 달 동안, 제트닷컴의 제품 상세 페이지에서는 그들이 인터넷에서 최저가라는 것을 입증하기 위하여 동일한 물품의 아마존 가격을 함께 보여주었다.

그릴리가 계속해서 설명했다. "그런 일을 한다는 건 고객에게 직접 비교해보라고 불러들이는 겁니다. 그러니 아마존으로서는 당연히 그러한 행위를 매우 진지하게 받아들일 수밖에 없었습니다."

한편 제트는 또 다른 외부 세력의 압박을 이겨내기 위해 노력했는데, 이번 상대는 경쟁사가 아니었다. 그곳은 바로 〈월스트리트 저널(Wall Street Journal)〉이었다. 2015년에 이 신문사는 제트닷컴의 여러 다양한 비즈니스 관행에 의문을 제기하는 기사를 보도했는데, 그중에는 고객이 제트닷컴에 있는 메뉴를 클릭하여 다른 소매 사이트에서 물품을 구입하면 제트가 고객에게 상품 포인트로 보상해주는 것도 있었다. 그리고 로어의 야심과 그가 선언한 목표, 그리고 아마존과 얽힌 역사 등이 흥미로운 기사 소재이기는 했지만, 로어의 강력한 스토리텔링 기술에는 한 가지 약점이 있었다.

이와 관련하여 제트닷컴의 임원이었던 사람은 이렇게 말했다. "마크 로어가 이야기를 할 때 어떤 스타일인지 아실 겁니다. 그는 커다란 흐름과 전체적인 그림을 가장 중요하게 생각합니다. 물론 사람이다 보니, 세세한 부분에서는 약간 오차가 있을 수도 있습니다. 그래도 그는 그런 건 별로 신경 쓰지 않았습니다."

이런 기질이 로어의 지지자는 물론이고 그를 비판하는 사람에게까지 신뢰감을 줄 수는 있다. 그를 가장 좋아하는 팬들에게 로어는 공상가이자 끝없는 동기부여를 통해 자신의 직원들을 완전히 끝까지 활용하는 사람이다. 왜냐하면 그는 모두가 함께 만들 수 있는 아주 멋진 미래에 대한 그림을 그릴 뿐만 아니라, 그 모든 게 가능할 것처럼 보이게 해주는 강력한 수학적 사고방식을 갖고 있기 때문이다.

"뜬구름 잡는 소리를 하는 수많은 창업자와는 다르게, 그는 숫자에 정통했습니다." 어느 벤처 투자가가 내게 들려준 말이다.

그리고 로어는 사람들이 그의 말을 믿고 싶게 만든다.

이에 관해 랜즈먼은 이렇게 말했다. "우리 할머니는 이디시(Yiddish) 말로 이렇게 말하셨는데, 대충 번역하면 이런 뜻입니다. '하늘에 있는 구름*에 대해 말할 줄 아는 사람'이라고 말이죠. 그리고 저는 항상 그게 바로 마크 로어에 대한 설명이라고 생각했습니다."

그러나 벤처캐피털 업계의 많은 사람은 로어에 대해 회의적이었다. 투자자들이 공개적으로 인정하지는 않겠지만, 그 이유 중 하나는 바로 그의 출신 배경이 실리콘밸리의 전설적인 인물들과 어울리지 않았기 때문이다. 로어는 (실리콘밸리가 있는) 샌프란시스코에서 스타트업을 창업한 적이 없고, 코딩하는 방법도 몰랐으며, 스탠퍼드대학교나 매사추세츠공과대학교(MIT)에 다니지도 않았고, 그렇다고 대학을 중퇴하지도 않았다. 로어는 가족 중에서는 처음으로 펜실베이니아에 있는 버크넬대학교(Bucknell University)를 졸업했는데, 그 뒤 사회생활 초기의 몇 년 동안 월스트리트에서 리스크 관리에 관한 일을 했고 나중에는 부자가 되기 위해 스스로를 혹사시키기까지 했다.

이와 관련하여 몇 년 뒤에 그는 이렇게 말했다. "저의 가족은 오직 돈을 위해 일하는 사람들로 가득했습니다. 저는 그 외에 다른 건 몰랐습니다."

그의 꿈은 스물여섯 살에 백만 달러를 벌고 서른여섯에는 천만 달

---

*　뜬구름 잡는 이야기가 아니라 이치에 맞는 말이라는 의미.

러를 벌고 마흔여섯에는 1억 달러를 버는 것이었다. 그에게는 세상을 바꾸고자 하는 실리콘밸리의 웅대한 비전이 없었다. 그는 그저 그 세상을 돈으로 살 수 있을 만큼의 충분한 자산을 원했다. 그는 그렇게 설정한 첫 번째 목표를 달성했지만, 1년 뒤에 과로로 쓰러졌다. 그러자 이런 것 말고 더 나은 방법이 있을 거라고 생각했다. 그는 마침내 자신의 사업가적인 직감에 귀를 기울였고, 그 이후로 다시는 뒤를 돌아보지 않았다.

로어가 태어났을 때 그의 부모는 각각 스물한 살과 스무 살이었다. 부모는 로어와 그의 여동생 두 명을 처음에는 뉴욕의 스태튼 아일랜드(Staten Island)에서 키웠는데, 이곳은 이탈리아계 미국인이 많이 거주하는 지역이고, 뉴욕의 자치구들 가운데에서도 그다지 선호되지 않는 구역이다. 그리고 로어가 중학교를 다닐 무렵부터 그의 가족은 뉴저지에 살았다. 다이퍼스닷컴 시절의 로어는 어깨가 넓고 건장했으며, 카키색이나 후드 티셔츠나 운동화보다는 해진 청바지에 구두를 착용하는 경우가 많았다. 그리고 그의 말투에도 스태튼 아일랜드와 뉴저지에서 자란 흔적이 묻어 있었다.

〈월스트리트 저널〉은 제트닷컴에 관한 기사들 가운데 하나에서 바로 이런 사실을 강조했는데, 제트의 일부 임원은 이걸 사생활 파헤치기라고 여겼다. 당시의 그 기사에서 해당 기자는 이렇게 썼다. "로어가 뉴욕의 스태튼 아일랜드 출신이라는 사실은 그가 '토일렛 페이퍼(toilet paper, 화장지)'를 발음할 때마다 드러난다. 그의 발음은 마치 '타울렛 페이퍼(TAW-let paper)'처럼 들렸다."

제트닷컴에 대한 〈월스트리트 저널〉의 보도는 사실 그보다 더 심각한 수준이었다. 첫 번째 취재 기사들 가운데 하나는 제트가 서비스를 개시할 무렵에 조용히 실행한 컨시어지(concierge) 서비스에 초점을 맞추었다. 이는 소비자가 제트닷컴에 머물러 있는 상태에서 다른 소매업체의 상품을 구매할 수 있게 해주는 기능인데, 심지어 해당 소매업체가 제트와 제휴를 맺지도 않았으며 그들의 제품이 제트닷컴에서 광고된다는 사실을 알지 못하는 경우에도 이런 일이 가능했다. 이 기사는 제트가 대중에게 공개되기 이틀 전에 발행되었으며, 전혀 지속가능하지 않은 그들의 비즈니스 모델은 이렇게 폭로되었다.

몇 주 뒤에 이 신문은 제트에 분개한 소매업체들에 대한 또 다른 기사를 발행했다. 그들은 제트 애니웨어(Jet Anywhere)라는 제휴 프로그램의 형식으로 제트가 자신들의 제품을 제트닷컴 사이트에 멋대로 올려두었다는 사실을 알고는 분노를 표출했다. 이 프로그램은 이런 소매업체와 브랜드가 실제로는 제트와 관계가 없는데도 제휴 관계처럼 보이게 했다. 그러나 실제로 제트는 모든 유형의 전자상거래 사이트와 협업하는 제3의 업체를 통해 파트너 제휴를 맺어놓은 상태였다.

미국의 대형 의류 브랜드에서 전자상거래 부문을 책임졌던 어느 임원은 이렇게 말했다. "그건 절대 해서는 안 되는 일이었습니다. 파트너가 되고 싶다면, 직접 찾아가야 합니다."

제트의 마케팅 책임자였던 랜즈먼은 〈월스트리트 저널〉의 기사가 미친 영향이 '대재앙'이었다고 규정했다. 한때는 제트에서 판매할 것 같았던 소매업자와 브랜드가 비상구를 통해 달아났다.

또 다른 전직 임원은 제트의 초기 컨시어지 서비스에 대하여 이렇게 말했다. "홈 디포(Home Depot)*는 그런 일이 진행된다는 걸 이미 알고 있었지만, 그 기사가 뜨자마자 '우리는 이곳에서 판매를 중단해야 해'라는 반응이었습니다. 그리고 그런 일이 계속해서 벌어졌습니다."

그 직전까지 홈 디포는 제트닷컴의 임원들에게 자신들이 그 사이트를 통해 판매하는 건 기정사실이라는 믿음을 주고 있었다. 그들을 잃는 건 커다란 타격이었다. 제트는 또한 베스트 바이가 제트닷컴을 통해 일부 품목을 판매하는 방안에 대하여 그들과 진지하게 대화를 해왔다. "그렇게 된다면 우리에게 대형 전자제품 공급업체가 생기는 거였습니다." 앞서 소개한 전직 임원의 말이다.

그러나 로어가 그 협약을 마무리 짓기 위해 당시 베스트 바이의 CEO를 만나고 왔지만, 그 이후 거대 전자제품 판매업체인 그들은 제트와 제휴하지 않기로 결정했다. 베드 배스 앤 비욘드(Bed Bath & Beyond) 역시 언론의 관심이 극에 달하자 난색을 표했다. 그리고 아웃도어 장비 판매업체인 레이(REI)도 있었다. 레이의 경영진이 어느 날 제트 애니웨어의 페이지에 자사의 로고가 포함되어 있다는 사실을 알아챘는데, 그러자 최고위층 한 명이 제트 측과 전화로 회담을 해야 한다고 주장했다. 그러나 그건 두 사람이 대화를 나누는 거였지, 회담이라고 부를 수 있는 건 아니었다.

앞서 소개한 제트의 전직 임원이 기억하기를, 당시에 전화를 건

---

* 인테리어 및 가전용품 등을 판매하는 업체.

레이의 임원이 '불쾌하다는 말투로' 이렇게 말했다고 한다. "나는 당신들을 모른다! 당신들의 전략은 전적으로 틀린 것이며, 나는 결코 당신들과 함께 일하기 위해 당신들 같은 수준으로 비열해지지 않을 것이다!"

레이는 수많은 아웃도어 브랜드에 이 신생 스타트업과 협업하지 말라는 경고 메시지를 전파했다. 의류 및 패션 브랜드에서도 법적인 경고가 이어졌다. 제트의 직원들은 그것을 최대한 기회로 활용하려 노력했다.

이와 관련하여 제트의 직원이었던 사람은 이렇게 말했다. "다른 브랜드의 법률 부서에서 서한을 받을 때마다 우리는 그들에게 연락하여 그들과 이야기를 나누고 싶다고 말했습니다. 그들과 대화해 우리가 일하는 방식에 대해 설명함으로써 그들의 입장을 바꾸려고 했습니다. 그런 대화가 영업으로 이어졌고, 우리는 그런 업체들 몇몇의 태도를 바꿀 수 있었습니다."

부당 행위를 중단하라는 내용으로 50번째 서한이 도착했을 때, 제트 측의 법률 고문은 거기에 답변하는 업무를 배정받은 직원에게 축하 맥주를 대접했다.

그러나 대형 브랜드와 소매업체를 제트의 마켓에 데려오기 위해 노력하는 와중에 생기는 어려움은 단지 부정적인 언론 보도에 대한 대응 차원을 넘어서 더욱 확대되었다. 제트의 임원들은 만약 자신들이 디지털 시대의 코스트코 같은 걸 구축하여 월마트와 타깃을 제치고 미국 전자상거래 분야의 2위에 오르고자 한다면, 치약이나 화장지, 탐폰처럼 사람들이 반복적으로 구매하는 소비재 상품에 가장 좋은 가격을 책정해야 한다는 걸 알고 있었다. 그들은 가격으로 경쟁 업체를 이길 수 있다면 이런 제품의 판매로 손해를 보더라도 상관없었다. 그것은 제프 베이조스조차 존경할 만한 태도였다. 그들은 또한 자체 물류창고에 그런 상품의 재고를 보관해야만 아마존 프라임과 경쟁할 수 있는 속도인 이틀 배송을 가능하게 만들 수 있다고 생각했다. 그러나 소비재 상품에서 기본적으로 할인된 가격을 책정한다는 건 회사가 실내 장식이나 스포츠 용품, 의류 같은 다른 항목의 상품에서 든든한 수익을 올려야 한다는 걸 의미했다.

일부 의류 브랜드는 아마존이 아닌 다른 온라인 마켓이라는 매력을 인정했지만, 제트의 웹사이트에서 자신들의 프리미엄 의류를 식료품이나 화장지와 나란히 진열해야 한다는 개념이 의류업계의 여러 임원에게는 전혀 매력적이지 않았다. 제트의 직원은 여러 업체에 제트닷컴에서는 아마존이나 다른 마켓보다 가격에 대한 통제권을 더욱 많이 갖고 있으며, 기술 대기업이 할 수 있는 것보다 제트닷컴은 입점한 브랜드를 더욱 잘 표현해줄 수 있는 시각적 판촉 역량을 갖고 있다고 설명했다. 그들은 또한 제트의 독특한 할인 구조에 대해서도 업체들을 이해시키려 노력했다. 그런데 돌이켜 보면, 프리미엄 의류 또는 패션 브랜드에 할인 정책을 통해 고급 브랜드의 이미지를 회석할 수 있다는 식으로 설명한 건 분명 실수였다.

그럼에도 그들은 일부 성공을 거두었다. 신발 브랜드인 콜 한(Cole Haan)을 입점시킨 건 깜짝 놀랄 만한 업적이었다. 물론 콜 한을 그 사이트에 데려와서 판매시키기 위해 백엔드(backend) 영역에서 제트의 직원들이 엄청난 양의 수작업을 해야 했지만 말이다. 온라인에서 명

품 패션을 할인해서 판매하는 이탈리아의 육스(Yoox)를 참여시킨 것
도 대단한 성과였다.

제트는 매력적인 의류 브랜드와 패션 브랜드를 충분히 데려오느
라 고군분투했는데, 전 직원은 그러한 상황에 부분적으로 제트의 핵
심 고객이 누구인지 생각해봐야 한다고 지적한다. 그리고 제트의 자
체 물류창고에 보관된 소비재를 이틀 안에 배송한다는 약속은 지켜
졌지만, 패션 브랜드나 의류 판매업체가 그들의 시설에서 배송하여
고객의 집에 도착하기까지 1주일 이상 걸릴 수 있다는 사실 또한 상
황을 개선하는 데 도움이 되지 않았다. 로어는 수많은 온라인 쇼핑
객이 할인에 대한 대가로 기꺼이 조금은 더 기다릴 용의가 있다는 주
장을 공개적으로 설파했지만, 의류를 구매하는 사람에게는 언제나
그렇지는 않은 것 같았다.

치타 프로젝트

2015년 가을, 제트의 첫 번째 연휴 시즌이 다가오는 가운데, 이 회사의 미래에는 이미 의문이 제기되고 있었다. 호보켄에 있는 제트의 본사는 허드슨강의 뉴저지 쪽 강둑에 세워진 고층 빌딩에 있는데, 뉴욕에서 현대적인 이곳 본사까지 출퇴근을 하던 임원들은 대중교통 정기권을 월간 단위가 아니라 주간 단위로 구입해야 할 것 같다며 서로 농담을 했다. 몇 주 뒤에는 일자리를 잃을 수도 있다고 내다봤기 때문이다.

초가을이 되어 제트는 판매를 늘리기 위해 광고에 훨씬 더 많은 돈을 쏟아부었고, 로어는 지난여름에 자신에게 구애하던 사모펀드 기업들과 다시 대화를 시작했다. 그런데 그는 뜻밖의 놀라움을 마주해야만 했다. 제트에 3,000만 달러를 투자한다는 데 구두로 동의한 기업이 이제 발을 빼고 있었다. 그 투자를 받지 못한다면 자금 조달 라운드 전체가 무너질 위험이 있었다. 로어는 자신이 가장 잘할 수 있는 것 한 가지를 해야만 했다. 그것도 빠르게 말이다. 그는 다른 투자자들에게 자신을 믿고 더 많은 돈을 맡기라고 설득해야 했다.

그해 가을, 로어는 그가 종종 말하는 '간단한 수학'으로 무장하고 길을 나섰다. 그리고 만약 제트가 이후 몇 년 동안 돈을 충분히 조성할 수만 있다면, 마케팅에 더욱 많은 돈을 투자하여 2020년에는 연간 총매출 200억 달러를 달성하고 흑자로 전환한다는 계획을 실현하겠다고 약속했다. 이 기간 동안 로어는 연일 밤을 새웠고, 미국 전역을 비행기로 횡단하며 피로와 맞서 싸워야 했다. 이 억만장자 사업가는 자신의 좌석에 한 가득 구토를 하기도 했다.[24] 또 어느 날 아침에는 제트의 임원들이 호보켄의 본사에 도착했더니, 수염이 덥수룩한 남자가 회의실 벤치에 널브러져 있기도 했다. 그것은 밤샘을 '이제 막' 마친 로어였다.

그러나 2015년 말, 한 달 정도면 은행 잔고가 바닥날 것으로 보이는 가운데 로어가 마침내 성공했다. 뮤추얼 펀드 대기업인 피델리티 (Fidelity)에서 수억 달러의 신규 투자를 확보한 것이다.

이와 관련하여 랜즈먼은 이렇게 말했다. "당신은 아마도 마크 로어가 자금을 조성할 때 그가 사람들 앞에서 발언하는 걸 볼 기회가 없었겠지만, 그건 마치 비틀스(The Beatles)가 돈을 모으는 것과 비슷했습니다. 저는 매우 침착하며 보수적인 벤처 투자자들이 마크가 발언을 시작하면 열광적인 여학생으로 변신하는 걸 목격했습니다."

그러나 이 투자도 제트의 주된 문제들을 해결할 수는 없었다. 그건 바로 회사가 손해 보고 있다는 점이었다. 그것도 엄청나게 말이다. 그리고 이 쇼핑 사이트에는 꾸준히 머물며 계속해서 구매하는 고객이 많지 않았다. 이런 사실을 잘 알고 있는 직원들은 침울할 따름이었다. 로어는 제트에서 직원들에게 동기를 유발하는 수평하고 투명한 문화를 만들고자 했다. 그리고 그것은 쿼드시가 아마존에 인수된 이후에 아마존의 CEO에게서 들은 '당근과 채찍'과는 정반대되는 방식이었다. 제트는 직원들의 근로 계약서에 경쟁금지 조항(noncompete clause)*을 넣지 않았고, 만약 회사가 고용주-고용인의 협약에서 사측의 의무를 이행하지 못할 경우에는 노동자들이 다른 경쟁사를 골라서 취업할 수 있는 자유를 주었다. 제트의 모든 직원은 동일한 직책에 대해서는 동일한 임금을 받았고, 역시나 모든 직원은 앱을 이용하여 회사의 일급 재무자료를 열람할 수 있었다.

이와 관련하여 제트의 직원이었던 마시 청(Marcie Cheung)은 이렇게 말했다. "그들은 당시에 그 어떤 회사도 하지 않던 걸 했는데, 그건 바로 완전히 투명한 연봉이었습니다. 저는 제트에 부책임자(AD)로 들어갔는데, 회사의 모든 AD가 모두 동일한 임금을 받는다는 걸 알게 됐습니다. 이런 개념이 저에겐 상당히 충격이었고, 저에게 엄청난 영향을 미쳤습니다."

이러한 투명성과 협동 정신이 있었지만 2016년 여름이 되자 본사가 뉴저지 몬트클레어(Montclair)에 있었던 초창기부터 제트와 함께해온 일부 직원은 점점 더 환멸을 느끼고 있었다. 정기적인 격려 연설

---

*   어떤 회사에 고용된 직원이 그 회사와 경쟁 관계에 있는 다른 회사에 취업하지 않겠다는 데 동의하는 조항.

을 하기 위해 로어가 성장하고 있던 회사의 전 직원을 소집했을 때, 신입 직원들은 마치 최면에 걸린 듯했다. 그러나 일부 장기 근속자는 한눈을 팔고 있었다.

초창기에 합류한 어느 직원은 그로부터 몇 년 뒤에 이렇게 말했다. "허망한 느낌이 있었습니다. 우리는 멈출 수 없었습니다. 그 이유는 만약 우리가 멈추면 모든 것이 무너져내리기 때문이었습니다. 우리는 될 대로 되라는 식이었는데, 그건 마치 언덕 아래로 전력질주를 하는데 어딘가에 걸려 넘어져서도 안 되는 상황이었습니다. 그러나 (여흥을 위한) 음악은 이미 멈춰 있었습니다. 간단히 말해서 그들의 이론은 증명되지 않았습니다."

그들의 이론은 본질적으로 제트가 자사의 쇼핑 사이트에 충분히 많은 브랜드 컬렉션과 소매업체를 끌어모아서 그 업체의 물류창고를 활용하여 미국 전역을 커버할 수 있으리라는 아이디어에서 출발했다. 그리고 이런 네트워크를 구축하면, 어떤 상품의 주문이 들어왔을 때 그 고객이 주문한 지역이나 물류창고의 위치 같은 요소를 기반으로 그 주문을 제트가 직접 처리할지 아니면 다른 판매자에게 배당할지를 백엔드(backend)가 판단할 수도 있었을 것이다. 그러나 실제로는 그런 역할을 담당하는 인력이 있는 브랜드나 소매업체는 거의 없었다. 그들의 목표는 제트가 미국 전역을 커버할 수 있는 충분한 재고를 확보하여, 고객이 다수의 물품을 주문했을 때 제트의 기술력이 그것을 단일한 물류창고에서 처리하거나 아니면 해당 고객에게 가깝거나 서로 인접한 몇 개의 시설에서 처리하도록 배송 루트를 만들어내는 것이었다. 그렇게 되면 배송 비용이 줄었을 것이며,

제트는 고객에게 할인 혜택을 제공할 수 있었을 것이다.

"저는 제가 실제로 그랬어야 하는 것보다 오랜 시간이 지난 후에야 그 약속을 믿게 되었다고 말하겠습니다. 왜냐하면 그러한 아이디어의 꾸밈없는 아름다움과 기존의 공급망을 재설계한다는 아이디어가 믿을 수 없을 정도로 흥미로웠기 때문입니다." 제트닷컴의 최고고객책임자(CCO)였던 랜즈먼의 말이다.

이 스타트업은 고객이 장바구니에 물품을 추가하면 실제로 할인 혜택을 제공했다. 그러나 그렇게 할인된 가격이 실제 공급망의 비용절감과는 연관이 거의 없는 경우가 부지기수였고, 심지어 해당 브랜드가 판매하기로 합의한 그 물품의 가격과도 관련이 없었다.

이와 관련하여 어느 전직 직원은 이렇게 말했다. "실질적으로 당시에 작동하던 방식은 우리에게 막대한 손실을 안길 뿐이었습니다. 우리에게는 소비자 가격이 작동하는 방식을 알려주는 명시적인 규칙이 있어야 했습니다. 그리고 백엔드에서는 우리가 할 수 있는 최선의 입찰가를 제공해야 했지만, 그건 소매업체가 제시하는 가격에 기반을 두고 있지 않았습니다. 판매업체가 저희 담당자를 찾아오는 경우가 많았는데, 그러면 그들은 이런 식으로 말했습니다. '저는 (어느 판매업체의) 전자상거래 담당 책임자입니다. 그런데 저희가 당신들의 사이트에 들어가서 직접 상품을 주문해봤는데, 당신들은 우리에게 정산해주는 금액보다 더 싼 가격으로 고객에게 제공하고 있더군요.' 뭐 그런 내용이었습니다."

그러나 로어는 여전히 제트를 독자적으로 작동하는 비즈니스로 만들 수 있다고 믿었다. 그것은 기업가의 왜곡된 망상이었을까, 아니면 확신이었을까? 그것이 무엇이든 로어는 사무실 안팎에서 보내는 시간의 상당 부분을 잠재적 파트너와 투자자를 설득하는 일에 계속해서 할애했다.

그는 또한 제트의 매출액을 빠르게 키울 방법을 모색했다. 2016년 3월에 제트는 헤이니들(Hayneedle)이라는 전자상거래 사이트를 인수했는데, 이곳은 옥외 가구와 실내 가구를 파는 곳으로 알려져 있었다. 이 사이트는 약 14년 동안 운영되었으며 연간 3억 달러 이상의 매출을 올렸지만, 당시에는 성장이 정체된 상태로 손실을 기록하고 있었다. 제트는 9,000만 달러에 이 회사를 인수했는데, 그러자 제트의 총 매출액이 하룻밤 사이에 즉시 두 배로 뛰었다. 게다가 비록 헤이니들의 전반적인 비즈니스는 수익성이 좋지는 않았지만, 그곳에서 판매하는 거의 모든 제품이 기여수익(contribution profit) 측면에서 긍정적이었다. 이 말은 어떤 제품을 판매했을 때 최종 판매 가격에서 도매 비용과 배송에 필요한 포장 등의 변동 비용을 제외하면 수익이 남는다는 의미였다. 반면에 제트에서는 임원들이 수많은 물품을 손해 보면서 판매하는 것에 압박감을 느꼈다.

2016년 봄, 제트의 오랜 투자자이자 이사회 구성원이 잠재적 구원자 한 명을 로어에게 소개해주었다. 그는 바로 월마트의 CEO인 더그 맥밀런(Doug McMillon)이었다. 맥밀런은 2014년에 최고경영자 자리에 취임했는데, 이때는 쿼드시를 인수하겠다는 월마트의 제안을 로어가 거절한 지 이미 몇 년이 지난 시점이었기 때문에 두 사람은 서로 알지 못했다. 그들은 월마트 본사의 퀘일 룸(Quail Room)이라는 회의실에서 만났다. 그곳은 월마트의 창업자인 샘 월튼이 메추라기

(quail) 사냥을 하는 사진들로 장식되어 있었다. 처음 논의는 가능한 투자 방안에 초점이 맞춰져 있었다. 로어의 입장은 단호했다. 만약 제트가 계속해서 신규 자금을 조성하고 그걸 대대적인 광고 캠페인에 투입할 수 있다면, 수많은 고객이 제트와 그 할인 혜택에 계속 머물 것이고, 결국엔 그런 '간단한 수학'이 저절로 산출될 것이라고 말이다.

그해 6월, 제트의 뉴저지 물류창고 운영진에게는 특별한 사람이 방문할 테니 시설을 안내하도록 준비하라는 지시가 내려졌다. 그러나 출입문으로 누가 걸어 들어올지는 아무런 힌트도 없었다. 예정된 방문 날짜가 되자 로어가 그 물류창고에 나타났는데, 그는 월마트의 임원들을 대동하고 있었다. 그곳의 운영진들이 방문단을 데리고 그 방대한 시설을 안내하면서 제트의 처리 과정과 효율성을 자랑스럽게 보여주었다. 그러던 중 월마트의 지도부 가운에 한 명이 무리에서 이탈했다. 그러자 제트의 직원들이 무전기로 의사소통을 하면서 물류창고 곳곳을 찾아다녔는데, 결국엔 전혀 예상치 못한 지점에서 그를 발견했다.

이 일에 대해 당시 물류창고의 책임자였던 조 굴로는 이렇게 말했다. "우리는 자위기구 같은 수많은 성인용품을 배송하고 있었는데, 그런 물품은 절도가 빈번했기 때문에 철창 안에 따로 보관했습니다. 그런데 월마트는 그런 종류의 물건은 팔지 않았습니다. 그런 상황에서 우리는 그가 그곳을 둘러보는 모습을 발견한 겁니다."

월마트와 제트의 이러한 차이점은 결국엔 드러나게 되는 더욱 극적인 문화적 차이의 전조가 된다. 그럼에도 로어와 맥밀런은 합의에 가까이 다가가 있었다. 그러나 월마트의 경영진은 제트와의 잠재적인 합의가 일반적인 벤처캐피털처럼 현금을 주고 지분을 사들이는 협약이 되는 걸 원치 않았다. 월마트는 만약 제트가 페덱스(FedEx)를 이용한다면 배송 요율을 낮춰주겠다고 제안했는데, 왜냐하면 오프라인 소매업의 거물이었던 월마트는 배송업체의 거물인 페덱스와 수많은 비즈니스를 함께 하고 있었기 때문이다. 이후에 월마트는 제트에 소비재 패키지 상품을 판매하는 대기업인 유니레버(Unilever)에서 재고를 구매하는 도매 비용을 낮출 수 있도록 도와주겠다는 제안도 했다. 이러한 유형의 권유가 여러 차례 있었다. 그러다 결국 맥밀런은 더욱 단순한 제안을 던졌다. 그건 바로 제트를 아예 인수하겠다는 것이었다.

월마트의 맥밀런은 자신의 회사가 과감하고 빠른 무언가를 해야한다는 점을 알고 있었다. (창업자인) 월튼 가문과 결혼한 전직 벤처투자가이자 초창기에 회사의 지도부에 전자상거래를 받아들여야 한다고 설득한 그레그 페너가 그랬듯이 말이다. 참고로 페너는 장인인 S. 롭슨 월튼의 뒤를 이어 2015년에 월마트의 회장 자리에 올랐다. 페너가 지지하지 않았다면 제트 인수전은 아마 제대로 진행되지 않았을 것이다. 아마존의 베이조스 같은 CEO는 만약 어떤 협상안을 이사회 구성원들이 마음에 들어하지 않는다 하더라도 창업자로서의 영향력이나 스스로가 가진 회장의 직위를 이용하여 그러한 합의를 관철시킬 수 있을 테지만, 월마트에서의 역학관계는 상당히 달랐다.

이와 관련하여 페너는 이렇게 말했다. "우리는 회장들이 현직 CEO와 긴밀하게 협업하는 훌륭한 전통이 있습니다. 아칸소에 있는 제 사무실은 맥밀런의 사무실 바로 옆에 있고, 그와 저는 매일 이야기를 나눕니다. 저는 아마도 대부분의 회장보다 더욱 적극적인 역할을 하는 경향이 있습니다."[25]

당시에 월마트가 직면하고 있던 힘겨운 싸움은 두 명의 리더 모두가 분명히 목격하고 있었다. 그리고 월마트의 기업발전 책임자인 로리 플리스(Lori Flees)에게도 마찬가지였다. 플리스가 월마트에 입사했을 때, 이 회사의 온라인 비즈니스가 미국 전체 전자상거래 매출에서 차지하는 비중은 3퍼센트도 되지 않았다. 그에 비해 아마존은 33퍼센트였다. 게다가 분기가 거듭될수록 매출 성장세가 점점 둔화하면서 사업의 궤적이 잘못된 방향을 가리키고 있었다. 반면에 소비자의 온라인 지출 동향은 그 반대의 방향을 향하고 있었다. 게다가 월마트는 온라인 매출과 오프라인 매장을 모두 더한 미국 내에서의 시장 점유율이 실제로 줄어들었는데, 플리스는 회사의 여러 리더가 이 사실을 인지하지 못한다는 사실을 알게 되었다. 왜냐하면 그들은 각자 자신의 창고에서 일하는 것에만 익숙했기 때문이다. 플리스는 하버드대학교를 다니며 MBA를 취득했고 재학 시절에는 학교의 아이스하키팀에서 활약했으며, 오랫동안 합리적인 전략 컨설턴트로 일해온 인물이었다. 그녀는 뭔가 극적인 조치가 필요하다고 생각했다. 월마트 내에서 제트를 인수한다는 계획은 처음에 치타 프로젝트(Project Cheetah)라는 암호명으로 불렸다.

월마트에서 인수와 합병 업무를 총괄했던 플리스는 내게 이렇게 말했다. "그러한 인수 방안의 전제는 그로 인해 우리가 더욱 빨라질 수 있다는 점이었습니다. 저의 대답은 언제나 이랬습니다. '이걸 하지 않는다면, 대체 우리가 어떻게 빨라질 수 있다는 겁니까?'라고 말이죠."

로어 입장에서 보면 우리는 맥밀런이 당시에 눈을 가늘게 뜨고 소비자가 돈을 아낄 수 있는 새로운 방법을 매일 찾고자 했던 창업주 샘 월튼의 현대식 버전을 살펴보고 있었을 거라고 상상할 수 있다. 맥밀런은 또한 전자상거래 분야에서 로어가 구축한 신뢰를 알고 있었다. 월마트에 로어가 함께한다면 후광 효과 덕분에 새로운 기술 인재들을 끌어들여서 월마트의 전자상거래 부문을 새로운 활기와 에너지로 가득 채울 수 있을 것이다. 그것은 또한 월스트리트의 투자자들에게 오프라인의 거대기업이 마침내 자신들의 디지털 미래를 진지하게 받아들이고 있음을 선언하는 역할도 하게 될 것이다.

또한 그때까지는 월마트의 당시 글로벌 전자상거래 책임자였던 닐 애쉬(Neil Ashe)가 과연 온라인 판매에서 점점 더 격차를 벌리던 아마존의 기세를 꺾을 수 있는 리더가 될 수 있을지가 불분명했다. 애쉬는 맥밀런이 월마트의 CEO가 되기 2년 전인 2012년에 채용됐는데, 이후 그는 전자상거래나 소매업이 아니라 디지털 미디어 분야에서 오랫동안 임원으로 재직해오다가 해당 직책을 맡게 되었다. 세계 최대의 소매업체에서 가장 중요한 미래의 판매 채널을 책임지는 사람이 그 진까지 대규모 전자상거래 비즈니스를 이끌어본 경험이 없었던 것이다.

반면에 로어는 지난 15년 동안 전자상거래 분야에서 숨 쉬며 살아왔다. 게다가 로어는 몇 년 전에 월마트가 쿼드시 인수전을 벌일 당시에 거의 월마트에 합류할 뻔한 경험도 있었다. 비록 그 전에 아마존이 그 협상을 가로챘지만 말이다. 로어는 또한 아마존을 속속들이 잘 알고 있었다. 로어에게 이번에 제트닷컴을 월마트에 매각하는 문제는 다이퍼스닷컴을 매각하던 시절보다 답을 찾기가 더욱 쉬운 편이었다. 제트가 소매업 분야의 또 다른 독립적인 거대기업이 될지도 모르는 작은 기회를 위해 앞으로 몇 년 동안 끝없이 펀드를 조성하기 위해 매진할 것인가? 아니면 월마트의 막대한 현금을 옆에 끼고 그들의 거대한 오프라인 매장 네트워크를 활용하여 온라인 배송을 강화할 것인가? 그리고 그 과정에서 그의 증손자의 증손자들까지 재정적으로 전혀 걱정할 필요 없을 만큼 충분한 돈을 벌 것인가?

로어는 몇 년 뒤에 이렇게 회상했다. "그건 마치 우리는 분명 전쟁을 벌이고 있었는데, 갑자기 동맹국의 비행기와 탱크가 나타나서 우리를 지원하는 느낌이었습니다."

로어는 관심이 있었지만, 그는 맥밀런이 이 협상에 대하여 월마트의 이사회를 설득해야 할 수도 있다는 점을 알고 있었다. 그 이유는 부분적으로 인수 가격이 상당히 비쌀 것이기 때문이었다. 로어는 세일즈맨 모드로 돌입했다. 그런데 약간 다른 전술을 취했다. 그는 월마트가 상장한 이후에 발간한 연례 보고서를 가능한 한 모두 철저히 파헤쳤다. 그리고 샘 월튼의 혁신적인 방식에 대해 학습한 내용을 파워포인트(PowerPoint) 발표 자료에 채워넣었다. 그리고 그 자료를 발표하면서 자신의 회사와 월마트가 무엇을 함께 성취할 수 있는지 자신의 비전을 직접 말로 설명했다.

이와 관련하여 로어는 이렇게 말했다. "저는 당시에 저 자신이 그 인수 과정에서 커다란 부분이라는 사실을 알고 있었습니다. (중략)

하지만 저는 또한 제트와 월마트가 하나로 합쳐서 아마존을 향해 정말로 강력히 도전할 수 있는지 저에게도 커다란 비전이 있다는 사실을 그들에게 알리고 싶었습니다."

그의 연설은 효과가 있었다. 그리고 월마트의 이사회가 그 거래를 지지했다.

이와 관련하여 10년 이상 월마트의 이사로 재직했던 광고 대행사 리오 버닛(Leo Burnett)의 전 CEO인 린다 울프(Linda Wolf)는 이렇게 말했다. "저는 그것이 훌륭한 아이디어라고 생각했습니다. 왜냐하면 우리가 어느 정도 휘청거리는 것처럼 느껴졌기 때문입니다. 그리고 우리는 강력한 리더십이 정말 필요했습니다."

몇 년 전에 있었던 쿼드시 인수 논의와는 다르게, 이번 월마트와의 협상은 빠르고 격렬했다. 어쩌면 어떤 매체의 폭로가 일을 진전시키는 데 도움이 되었을지도 모른다. 2016년 8월 3일 수요일 아침, 협상이 여전히 진행 중이던 시점에 〈월스트리트 저널〉이 월마트가 제트를 인수하기 위해 협의하고 있다고 보도했다.[26] 그날 랜즈먼을 비롯한 제트의 임원들은 제트의 모든 직원이 월마트의 회사 보상 프로그램에서 적절한 카테고리가 어디인지 분류하며 하루를 보낼 예정이었다. 그 업무를 할 장소는 랜즈먼이 소유한 맨해튼의 건물 꼭대기 층에 있는 아파트였으며, 따라서 그날 저녁 랜즈먼이 자신의 아파트 옥상에서 회사의 여름 인턴을 위해 준비한 작은 파티에는 제트의 경영진 가운데 늦을 만한 사람이 아무도 없었다. 임원들이 그 업무를 서둘러 끝내는 동안, 로어는 랜즈먼의 아파트에서 매우 사적인 공간이지만 아무도 없는 곳에 혼자 들어가서 문을 잠갔다. 참고로 그 방의 주인은 당시 열다섯 살인 랜즈먼의 딸이었다. 그곳에서 로어는 월마트의 CEO와 전화 통화를 하면서 인수 협상의 마지막 세부사항들을 확정지었다.

그렇게 협상이 빠르게 진행되었지만, 거기에는 복잡한 문제가 있었다. 월마트 측이 제시한 조건들 가운데 하나는 치약이나 포장된 과자처럼 가장 많이 소비되며 월마트닷컴에서도 똑같이 판매하는 제품을 제트가 월마트닷컴보다 낮은 가격에 판매하는 걸 중단한다는 내용이었다. 여기에서 가장 중요한 것은 그런 상품을 월마트의 오프라인 매장에서도 판매한다는 점이었다. 그래서 제트의 경영진은 가격과 마케팅 방안을 다르게 조정해가면서 제트닷컴의 이후 비즈니스 전망에 대하여 수많은 다른 조합을 만들어내야만 했다.

8월 7일 일요일 밤, 나는 월마트가 다음 날 아침에 제트닷컴을 30억 달러에 인수한다고 발표할 것이라는 소식을 처음으로 보도했다.[27] 그리고 로어는 월마트의 미국 내 전자상거래 비즈니스 부문의 CEO에 임명될 예정이었다. 다음 날 아침, 월마트가 그 사실을 공식화했다. 세계 최대의 소매업체가 전자상거래 역사상 최대의 인수전을 벌인 것이다. 그것도 이제 겨우 1년밖에 되지 않았고 현금을 빠르게 소진하고 있으며 불안정한 조직에 무려 33억 달러를 지불하면서 말이다.

그러나 상관없었다. 그해 9월에 계약이 체결되었을 때, 맥밀런은 자신이 원하던 남자를 이미 얻은 상태였다. 그리고 로어는 아마존에, 그리고 제프 베이조스에게 또 한 번 일격을 가할 수 있을 만큼 충분한 군자금을 막 확보하려던 참이었다.

Chapter 03

동향 소년

Winner
Sells All

더그 맥밀런이 쿼드시의 창업자인 마크 로어를 영입하면서 현실에 안주하고 있던 월마트를 불편한 상황으로 떠밀어내기 오래전에, 월마트의 CEO인 맥밀런은 자기 자신에게도 이와 똑같이 대하는 방법을 배워야만 했다. 1990년대에 판촉 부문의 젊은 리더였던 맥밀런은 자신의 상사이자 월마트 판촉 부분의 오랜 임원이었던 돈 해리스(Don Harris)를 만나, 자신이 이제 막 체결할 예정인 디즈니와의 계약 진행 상황을 해리스에게 들려주었다. 해리스는 평생을 월마트에 몸담아온 인물이었다. 해리스의 말을 빌리면, 그는 '월마트의 아들(Walmart brat)'이었다. 그의 아버지인 클로드 해리스(Claude Harris)는 월마트 최초의 구매 담당자였으며, 창업자인 샘 월튼과 함께 회사의 경영진으로 재직했다. 어린 해리스는 그런 아버지의 발자취를 따르게 되었고, 역시나 임원진으로 회사에 복무하게 된다.

맥밀런이 리더십 트레이닝 프로그램의 일환으로 월마트에 처음 합류했을 때로 돌아가보자. 당시에 선임 구매 담당자로 아직 젊었던 해리스는 맥밀런에게 월마트가 오프라인 매장에서 어떤 상품을 판매해야 하는지 교육하게 되었다. 그래서 그는 시즌별 캔디 항목부터 시작했다. 이때 맥밀런이 선발된 분야는 리더십 프로그램이었는데, 그의 성실함과 열의는 이곳에서부터 곧장 빛을 발하기 시작했다.

돈 해리스는 당시를 이렇게 회상했다. "그냥 모든 걸 그대로 받아들이는 사람이 있습니다. 그는 아주 침착했고, 매우 겸손했으며, 자신이 특출한 인재라 생각하지 않았고, 거들먹거리며 걷지도 않았습니다."

몇 년 뒤, 해리스는 맥밀런의 상사로 그와 함께 다시 일하게 되었다. 해리스는 월마트 전체의 일반 상품 비즈니스를 총괄하는 부사장이었고, 맥밀런은 장난감, 전자기기, 스포츠 용품을 총괄하며 해리스가 담당하는 분야에서 가장 커다란 상품 부문을 맡고 있었다. 그리고 바로 이날, 맥밀런은 자신이 이제 막 디즈니와 체결하려는 대형 계약에 대하여 해리스에게 브리핑을 하고 있었다. 계약 조항에 따르면 월마트는 디즈니에서 가장 인기 있는 영화 작품의 일부를 손에 넣게 되지만, 한 가지 문제가 있었다. 인기가 별로 없는 디즈니의 일부 작품도 월마트가 유통해야 한다는 것이었다.

당시에 맥밀런은 월마트의 대형 공급업체 사이에서 극악무도했던 그의 전임자보다 좀 더 수월하게 윈윈(win-win) 협상을 할 수 있다며 우호적인 평판을 얻고 있었다. "그는 다른 사람들이 행복하면 월마트에도 도움이 된다는 것을 깨달았습니다." 에이스(Ace) 붕대와 스카치(Scotch) 테이프의 모기업인 쓰리엠(3M)의 최고경영자였던 모에 노자리(Moe Nozari)가 내게 해준 말이다. 그래서 맥밀런에게는 디즈니와의 계약 내용이 당연히 좋은 것으로 보였다. 결국 양측이 원하는 것을 얻게 되기 때문이었다.

그러나 해리스가 어린 맥밀런을 오래전부터 좋아했으며 내부에서도 그를 옹호해왔음에도, 그는 맥밀런이 이제 막 합의하려는 내용에 대하여 더할 수 없이 단호하게 거절 의사를 밝혔다.

수십 년이 지난 뒤에 해리스는 당시에 맥밀런에게 이렇게 말했다고 회상했다. "나는 우리가 소비자가 원하는 유형의 상품을 구매하게 해주는 일을 한다고 생각했네. 그런데 자네는 정말로 그들이 창고에 있는 물건을 자네에게 갖다가 쏟아붓게 내버려둘 건가? 그들이 다른 백화점이든 어디든 그렇게 하는 건 상관없네. 하지만 우리가 언제부터 소비자가 원하지도 않는 물건을 구매했는가?"

2022년에 나는 월마트의 역대 CEO들이 모두 거쳐간 우드 패널로 마감된 사무실에서 맥밀런의 맞은편에 앉아 있었다. 그리고 내가 맥밀런에게 그의 이런 결점에 대해서, 그러니까 그의 착한 성품에 관한 말을 꺼내자 그가 싱글거리며 웃었다.

"저는 여전히 제가 좋은 사람이라고 생각하고 싶습니다. 물론, 당신이 더 좋은 사람이죠." 그가 소탈함을 드러내며 내게 말했다. 그는 웃고 있었지만, 해리스의 평가에는 여전히 동의하지 않는다는 미소였다. "그런데 그런 점 때문에 저는 처음부터 비판을 받았습니다."

그 이후 맥밀런은 여러 방면을 거치며 머나먼 길을 걸어왔다. 겨울치고는 따뜻한 섭씨 21도의 어느 화창한 늦은 아침에 벽돌로 지은 월마트의 땅딸막한 본사에서 그를 만났을 때, 이 CEO는 미국 노동 계층의 상징이 된 소매업체의 최고경영자라기보다는 전체적으로 뉴욕의 크리에이티브 에이전시 대표처럼 보이는 의상을 착용하고 있었다. 그는 주름 없이 빳빳한 흰색 와이셔츠와 짙은 남색 맞춤 바지를 입고 있었으며, 로스앤젤레스의 디자이너인 제임스 펄스(James Perse)가 만든 소매가 395달러의 검은색 스웨이드 운동화를 신고 있었다. 그는 왼쪽 손목에 애플워치를 착용했으며, 타고 다니는 차량은 테슬라라고 했다. 그런 맥밀런이 낡아 빠진 픽업트럭을 운전하고 트럭 운전사 모자를 쓰는 것으로 유명한 전임자와 동일한 직책을 맡고 있다는 것이 상당히 터무니없는 일처럼 여겨졌다.

그런데 이와 같은 모순이 바로 창업주 월튼의 가족과 월마트의 이사회가 전임자인 마이크 듀크의 대체자로 맥밀런을 낙점한 이유를 부분적으로 설명해준다. 이 신임 CEO는 아마존이 지속적으로 시장 점유율과 인재들과 소비자들의 사랑을 빨아들이는 상황에서, 필사적으로까지는 아니더라도 변화가 필요한 시기에 회사를 이끌어가야만 했다. 위기를 헤치고 나가려면 월마트는 상당히 다른 방향으로 선회해야 했다. 그리고 맥밀런은 월마트의 DNA와 원대한 야심이 철저하게 뒤섞여 의인화된 사람이었다.

이에 대해 돈 해리스는 이렇게 말했다. "마이크 듀크는 우리가 가야 하는 목표에 적합한 사람이 아니었고, 우리에겐 기술을 지향하는 40대의 CEO가 필요했습니다. 마이크가 부족했다는 게 아닙니다. 저는 지금도 그를 좋아합니다. 다만 당시는 그런 시기였습니다."

월마트는 회사를 둘러싼 여러 논란이 있었고 당시에는 휘청거렸지만, 그럼에도 여전히 막강한 미국 자본주의의 거대기업이었다. 만약에 월마트가 그런 회사를 대표하는 사람을 인위적으로 만들어 내고자 했다면, 맥밀런보다 훨씬 더 나쁜 사람을 얼마든지 내세울 수도 있었을 것이다. 188센티미터의 키에 희끗희끗한 짧은 머리의 그는 만약 젊은 시절에 연기를 했다면 〈프라이데이 나이트 라이츠 (Friday Night Lights)〉의 에릭 테일러(Eric Taylor) 코치 같은 모습이었을 것이다. 그가 말하는 걸 들으면, 그가 과연 아이들을 위해 "저녁 먹어"라고 말하는 데 필요한 것 이상의 성량을 끌어낼 수 있을 거라고 상상하기 어렵다. 그의 기질이라면 낯선 이에게도 앞니 사이에 시금치 조각이 끼어 있는 걸 서슴없이 알려주었을 테지만, 어떻게든 그들이 쥐구멍에 숨고 싶어 하지 않는 점잖은 방식으로 이야기를 건넸을 것이다. 게다가 벤턴빌에 오래 살아온 사람으로서 가진 그의 종교적 믿음은 금상첨화라고 할 수 있었다.

"커다란 믿음과 커다란 은혜를 느끼는 매우 기독교적인 젊은이였습니다." 맥밀런이 1980년대에 여름 인턴으로 근무했을 당시에 벤턴빌은행(Bank of Bentonville)을 운영한 버트 스테이시(Burt Stacy)가 나중에 월마트의 CEO가 된 맥밀런에 대해 설명한 내용의 일부다.

우주의 중심이 아칸소의 북서쪽에 있다고 믿는 사람들에게 맥밀런은 월마트의 대표적인 총아였으며, 그는 장기간 어두운 시기를 겪고 있던 자신의 평생직장을 부활시켜야 하는 임무를 맡은 사람이었다.

샘이라면 어떻게 할까?

2014년에 맥밀런이 47세의 나이에 월마트의 5대 CEO이자 샘 월튼 이후 월마트의 최연소 최고경영자로 취임했을 때, 월튼 가문은 그의 앞에 수많은 도전과제를 내밀었다. 그중에서도 수익성이 낮은 월마트 전자상거래의 미래에 대한 투자에서 수지 균형을 맞추면서, 동시에 다른 어느 소매업체보다도 많은 사람을 고용하고 있었으며 수익성이 우수한 오프라인 매장 비즈니스를 더욱 육성하는 것이 최우선 순위에 올라 있었다.

그러나 월마트와 맥밀런의 앞에는 그 외에도 훨씬 더 많은 장애물이 놓여 있었다. 어떻게 하면 감정을 잘 드러내지 않고 세세한 부분까지 신경 쓰며 어떻게 해서든 주어진 수치를 달성해야 하는 벤턴빌의 신념 체계와 기술 스타트업 분야의 충동적이고 거대한 야망을 가장 잘 결합할 수 있을까? 어떻게 하면 이미 크게 성공했으며 엄청난 긍지를 가진 조직을 움직여서 기존의 하향식, 중앙집중식, 상부결정 구조와 결별하고, 소규모 팀들에 월마트의 미래는 어떠해야 하는지 새로운 비전을 상상하고 행동할 수 있는 권한을 부여하는 방향으로 나아갈 수 있을까? 구세대 리더에 대한 보상과 신세대 리더에 대한 보상이 서로 다를 때, 어떻게 하면 두 진영의 리더들에게서 통합된 방향으로 합의를 이끌어낼 수 있을까? 어떻게 하면 초저가 체인점이나 할인 매장 같은 경쟁자에게서 매장 방문 쇼핑객을 되찾아 오는 동시에, 아주 오랫동안 정체되어 있던 거대한 매장 네트워크의 판매 동력을 활성화할 수 있을까? 그리고 지난 5년 동안 월마트의 주가 상승률이 S&P 500의 겨우 절반에 불과한 상황에서, 월스트리트 투자자들에게 자신들과 계속 동행해야 한다고 어떻게 설득할 수 있을까?

맥밀런이 마주한 문제들은 미국의 국경 밖으로까지 확대되어 있었다. 맥밀런은 멕시코, 인도, 브라질, 중국에 있는 월마트의 중개인들이 월마트의 외국 자회사를 대신해서 뇌물을 수수했다는 혐의에 대한 연방 당국의 조사를 이어 받았다. 참고로 월마트는 맥밀런이 최고경영자에 오르고 5년 뒤에 이에 대한 합의금으로 2억 8,200만 달러를 지불했다. 그러한 일부의 부정행위가 벌어졌을 때 맥밀런 CEO가 월마트의 국제 부문을 이끌고 있긴 했지만, 그가 개인적으로 잘못에 연루된 적은 없었다.[28] 그리고 제프 베이조스와 아마존이 수십억 달러를 투자한다고 발표할 정도로 촉망받던 인도 시장에서 월마트는 인도 정부의 규제 때문에 오프라인 매장을 오픈하려던 계획을 막 철회한 상태였다. 맥밀런은 월마트의 CEO 자리를 약속받으면서 일생일대의 엄청난 기회를 제공받은 것이었다. 그러나 거기에는 문제가 있었다. 사실은 수많은 문제였다.

이와 관련하여 맥밀런은 2015년에 스탠퍼드대학교 경영대학원 학생들 앞에서 이렇게 말했다. "스타트업과 관련된 것들은 멋지게 들리지만, 지금의 우리보다 더욱 어려운 도전을 하는 스타트업이 있다는 이야기는 못 들었습니다. 그러니까 만약 여러분이 어려운 걸 원한다면 이런 규모의 52년 된 비즈니스를 선택해서 그곳을 바꾸려고 노력하세요. 그건 어렵습니다. 그리고 그만큼의 가치가 있습니다. 그러니까 220만 명의 사람이 일자리를 유지하며 생활을 영위하는 상황을 만들라는 겁니다. 그건 엄청난 일입니다!"

물론 지금도 여전히 월마트 지분의 약 50퍼센트를 보유하고 있는 월튼 가문이 당시에 샘 월튼 제국의 관리인 자리를 맥밀런에게 맡긴 데는 여러 가지 이유가 있었다. 그 이유는 도저히 믿기 힘든 맥밀런의 후일담으로 시작하는데, 그 공간적 배경은 바로 벤턴빌이다.

맥밀런의 본명은 칼 더글러스 맥밀런(Carl Douglas McMillon)으로 1966년에 태어났는데, 열여섯 살 때 아칸소 존즈버러(Jonesboro)에서 향후에 CEO가 되는 벤턴빌로 이주했다. 그의 아버지가 경쟁금지 조항(NCA) 때문에 어쩔 수 없이 새로운 치과 진료소를 차려야 해서 가족 전체가 이사를 간 것이다.[29] 맥밀런은 존즈버러에서 동쪽으로 약 여섯 시간 떨어진 곳에 있는 벤턴빌에 대해 거의 아무것도 알지 못했고, 그의 부모는 이후 그곳에서 맥밀런과 그의 여동생을 길렀다. 참고로 그의 남동생은 가족이 벤턴빌로 이사한 뒤에 태어났다. 그런데 당시 여자친구에게 자신이 이사를 간다는 소식을 전하러 들렀을 때, 그 여자친구의 아버지가 이 소년에게 무슨 일이 일어날

지 예측했다.

맥밀런은 훗날 그 당시를 이렇게 회상했다.

"너는 결국 샘 월튼을 위해 일하게 될 거야."

"누구라고요?"

"너는 월마트에서 쇼핑을 하지?" 여자친구의 아버지가 물었다.

"네."

"그래, 너는 결국 그 회사에서 일하게 될 거야. 왜냐하면 그게 벤턴빌에 있는 전부니까 말이야."

그것이 이제 곧 헤어질 여자친구 아버지의 예측이었다.[30]

아니나 다를까, 맥밀런은 고등학교 3학년 전후의 여름에 현지의 월마트 물류센터에서 상자를 싣고 내리는 일을 했다. 당시의 시급은 6.5달러였는데, 그래도 이건 같은 시기에 마을의 맥도날드가 주는 시급보다는 더 나았다. 그 일은 처음부터 말 그대로 우여곡절이 많았다. 맥밀런은 근무 첫날에 상사의 자동차를 뒤에서 박았다. 훗날 그는 이에 대해 이렇게 말했다. 당시 십대인 맥밀런은 낡은 혼다 시빅 차량을 타고 상사의 뒤를 따라가고 있었다. 그러던 중 오디오의 볼륨을 줄이려고 손을 뻗다가 정지 신호에서 갑자기 가속 페달을 밟았다고 한다.[31]

수업이 없거나 또는 자신의 상사와 현실 범퍼카 놀이를 하지 않을 때면 맥밀런은 벤턴빌고교 농구팀에서 포인트 가드로 활약했다. 이는 역시나 농구를 사랑하는 그의 아버지 모리스 맥밀런(Morris McMillon)이 그에게 심어준 취미였다. 아버지 맥밀런은 40여 년 동안 매주 일요일 오후가 되면 즉흥적으로 이뤄지는 농구 시합에서 항상 뛰었다.[32] 2020년 추수감사절 전날에 사망하기 전까지는 말이다. 그가 뇌종양 진단을 받은 지 불과 7개월 뒤의 일이었다.[33]

"교모세포종(glioblastoma)은 이길 수 없기 때문에 그 결과가 무엇인지 알 수밖에 없습니다." 맥밀런은 눈시울을 붉히며 마치 7분처럼 느껴지는 7초 동안 마음을 가라앉힌 후에야 대답했다.

사망하기 직전 마지막 몇 달 동안, 아버지 맥밀런은 가족에게 봉사 측면에서 살아온 자신의 삶을 강조했다.

맥밀런은 이렇게 말했다. "어떤 치과의사들은 큰돈을 법니다. 그런데 우리 아버지는 큰돈을 벌지 못했습니다. 그리고 그분은 마치 '사람들에게 비용을 많이 매기면 안 될 것 같아'라는 식이었죠. 그렇게 그분은 봉사하는 삶을 사셨고, 우리 모두 아주 분명하게 알 수 있었습니다. 그분은 샘 월튼의 묘역에서 멀지 않은 이곳 묘지에 묻히셨습니다. 저는 그곳에 자주 들르는데, 그럴 때면 그 두 사람에 대해서, 그리고 봉사라는 측면에 대해서 생각합니다. '나는 오늘 사람들을 도와주고 있는가?'라는 생각을 하게 됩니다."

고등학교를 마친 뒤, 맥밀런은 벤턴빌의 새 집에서 남쪽으로 30분만 운전하면 도착하는 페이엣빌(Fayetteville)에 있는 아칸소대학교(University of Arkansas)에 다녔다. 그는 여름이 되면 벤턴빌은행에서 일했는데, 이곳에서 미래의 아내인 셸리(Shelley)를 만나게 된다. 그 당시의 어느 해 7월 4일*에 이 은행의 은행장이자 월마트의 2대 CEO인 데이비드 글래스의 절친한 친구인 버트 스테이시(Burt Stacy)는 맥

---

* 미국 독립기념일.

밀런에게 축제용 엉클 샘(Uncle Sam)* 복장을 입으라고 요청했다. 그래서 맥밀런은 알록달록한 실크 모자를 쓰고 통이 넓은 바지와 푸른 연미복을 입은 채로 은행의 바깥 입구에서 사람들을 맞이했다. 그는 그곳에서 무료로 팝콘을 나눠주었다.

몇 년 뒤에 맥밀런이 스테이시에게 당시의 일화를 들려주었다. "누군가 저에게 지금 뭐 하고 있느냐고 묻더군요. 그래서 저는 '지시받은 일을 하고 있습니다'라고 말했죠."

1989년에 회계학 학위를 받으며 졸업한 뒤, 맥밀런은 털사대학교(University of Tulsa)에서 MBA 과정을 밟았다. 이 2년제 과정의 1~2년 사이에 이야기가 펼쳐진다. 그는 월마트의 임원인 빌 필즈(Bill Fields)에게 전화를 걸어 월마트 측이 제안한 구매 담당 수습 프로그램을 수락했다. 필즈는 맥밀런이 공부하는 바로 그 털사에 있는 월마트 매장에서 보조 관리자로 즉시 근무할 수 있다고 말했다. 2학년 과정과 그 일자리를 어떻게 모두 잘 해낼 수 있을지 두려움이 있었지만, 맥밀런은 그 기회를 흘려보내지 않았고 그걸 제대로 해냈다.[34] 그것이 이후에 펼쳐지는 그 모든 이야기의 시작이었다.

근무 첫날, 맥밀런은 서류 더미에서 포스트잇 쪽지를 한 장 발견했다. 거기에는 월마트에서 판매하는 낚싯줄의 가격이 적혀 있었고 그 옆에는 '케이마트(Kmart)'라는 이름 옆에 더 낮은 가격이 적혀 있었다. 그의 말에 따르면 그 쪽지는 1988년에 CEO에서 은퇴한 샘 월튼이 적은 것이었다. 참고로 샘 월튼은 1992년에 혈액암인 다발성

---

* 별무늬 모자를 쓰고 푸른 연미복과 줄무늬 바지를 입은 전형적인 미국 남성 캐릭터.

골수종(multiple myeloma)으로 사망한다.

이후 10년 동안 그는 일련의 승진을 거치게 된다. 그러한 과정을 연결해준 끈이 무엇이었을까? 기대 이상의 성과일 수도 있고, 아니면 아부였다고 생각할 수도 있다. 그러나 맥밀런은 그 원인이 자발성이었다고 말한다.

그는 2016년에 듀크대학교(Duke University) 대학원생들에게 이렇게 말했다. "어떤 프로젝트가 있거나 또는 제 상사가 시외에 나가 있는 상황에서 누군가 어떤 회의에 참석해야 할 때면 저는 '제가 가겠습니다'라고 말했습니다."[35]

그는 이렇게 덧붙였다. "제가 언제나 그에 대한 해답을 갖고 그런 상황에 참석한 것은 아니었지만, 저는 편안했습니다. 왜냐하면 월마트에서는 우리에게 이런 식으로 말하라고 독려하거든요. '지금은 잘 모르겠지만, 그걸 알아내서 빨리 말씀드리겠습니다'라고 말이죠. 우리 회사 내부에서는 그것이 성공을 위한 법칙입니다. 그래서 사람들은 제가 한 단계 높은 책무를 잘 처리하는 걸 보았고, 그렇게 그들은 저를 쉽게 승진시킬 수 있었습니다."

맥밀런은 또한 호기심이 끊이질 않았고, 소매업을 정말 좋아했다. 오랫동안 월마트의 판촉 부문 임원이었던 돈 해리스는 그가 자신의 수련 과정에 대해 금세 이렇게 말했다고 한다. "상품을 구매해서 이윤을 남기고 판매한다는 개념은 뭔가 재밌는 거구나."

그리고 해리스는 이렇게 덧붙였다. "그런 유전자가 없다면 이 비즈니스를 즐기기가 정말 어렵습니다."

그의 나이가 불과 서른아홉에 불과하던 2005년에, 월마트는 그들이 코스트코에 대항하기 위해 샘 월튼의 이름을 따서 만든 샘스클럽 (Sam's Club)의 CEO에 맥밀런을 임명했다. 각자 나름의 야망을 갖고 있던 월마트의 내부 관계자들이 보기에 그러한 결정은 월튼 가문이 맥밀런에게 고위급 인재양성 프로그램을 가동하는 것처럼 보였다. 아니나 다를까, 4년 뒤인 2009년에 맥밀런은 회사의 최고위직에 올 랐다. 회사의 해외 비즈니스를 책임지는 월마트 인터내셔널의 CEO 에 임명된 것이다. 이곳에서 그는 중국과 인도라는 차세대의 거대한 소매시장에 잠재된 엄청난 기회를 포착하기도 하고, 스스로를 겸허 하게 돌아보는 경험도 하게 된다.

그러한 경험은, 그것이 설령 아칸소 본사의 지휘를 받은 것이라 하더라도, 회사에서 강력한 발언권을 가진 사람들이 그가 월마트의 미래를 위협하는 질풍노도를 헤쳐나갈 수 있다고 확신하는 핵심적 인 이유가 되었다.

이와 관련하여 월마트의 3대 최고경영자로 9년 동안 재직한 리 스 콧(Lee Scott)은 2015년에 〈포천(Fortune)〉 매거진과 한 인터뷰에서 이 렇게 말했다. "저는 이사회에서 그가 샘 월튼 이후 최고의 CEO가 될 것으로 생각한다고 말했습니다. 저는 그가 과거의 우리보다 훨씬 더 잘 준비되어 있다고 생각합니다. 그리고 세계를 바라보는 그의 안목, 그러한 세상 속에서 월마트가 처한 현실에 대한 이해, 그리고 매우 빠르게 변화하는 환경에서 아직 젊은 그의 나이 등 이 모든 것 이 그에게 더욱 큰 에너지로 작용해서 단순히 변화에 대처하려 급급 하기보다는 그러한 변화를 적극적으로 받아들일 수 있을 거라고 생 각합니다."[36]

그의 매력과 친근함은 월튼 가문이 그를 듀크의 후계자로 선택한 또 다른 요인이라고 한다. 샘스클럽의 CEO이자 내부 관계자들에 따르면 맥밀런의 뒤를 이를 잠재적 후계자 3명 가운데에서도 강력한 다크호스로 꼽히는 캐서린 맥레이(Kathryn McLay)는 내게 맥밀런이 '어마어마하게 매력적인 사람'이라고 말했다. 월마트가 CBWA라고 부르는 현장경영(Coaching By Walking Around)에 성적을 매기는 시스템이 있다면, 맥밀런은 단연코 A＋를 받을 것이다. 직급의 고하와 관계없이 그가 월마트 구성원의 얼굴과 이름, 그들의 사연을 기억하는 능력은 말 그대로 믿을 수 없을 정도다. 그가 높은 지위에 있을 때도 그는 사람들을 내려다보는 것이 아니라 그들과 이야기를 나누며 경청하는 사람으로 보였다.

인스타그램의 공동창업자이자 CEO인 케빈 시스트롬(Kevin Systrom)은 2014년부터 2018년까지 월마트의 이사회 멤버였는데, 그는 언젠가 맥밀런이 '열렬하게 친근하다'고 언급했다. 그리고 실리콘밸리 등지에서는 친화력의 깊이에서 월마트의 CEO인 맥밀런과 견줄 만한 리더를 만난 적이 없다고 덧붙였다. 더그 맥밀런은 제프 베이조스가 아니었다.

시스트롬은 이렇게 말했다. "그가 나에게 집중하고 있다는 것이 느껴질 만큼 열렬하게 친근합니다. 그와 이야기할 때면 그에게 다른 사람은 전혀 안중에도 없다는 것처럼 말입니다. 그는 다른 것을 신경 쓰지 않았습니다. 그는 다음에 예정된 회의에 대해서도 생각하지 않았습니다. 그는 100퍼센트 상대방에게 집중하고 있었습니다."[37]

그러한 집중력과 카리스마는 더욱 커다란 그룹까지 확대되었다.

월마트 출신의 베테랑들과 이야기를 나누다 보면, 맥밀런이 보유한 세계 정상급 언변에 대해서 말하는 사람을 많이 만나게 된다. 월마트의 법인 관리자로 일했던 한 사람은 그의 말하기 능력을 '버락 오바마의 초기 수준'에 비교하기도 했다.

제트와 월마트닷컴의 임원이었던 스콧 힐튼(Scott Hilton)은 자신을 비롯한 다른 리더들이 프롬프터(prompter)*의 도움을 받는다 하더라도 발표 내용의 60퍼센트만 제대로 전달할 수 있는 반면에, 맥밀런은 화면을 쳐다보지 않고도 발표 내용 전체를 암기해서 말할 수 있었다고 한다. 때로는 발표 전에 대본을 한 차례 슬쩍 들여다본 게 전부인 경우에도 마찬가지였다. 맥밀런은 자신의 발표 능력이 금요일 오후의 임원회의에서 회사의 촉망받는 리더로서 답안을 내놓아야 하는 곤란한 상황에 자주 처했기 때문에 얻어졌다고 한다.

2022년에 맥밀런은 내게 이렇게 말했다. "몇 년 전에 조금 훈련을 받긴 했지만, 그것 때문은 아니었습니다. 저는 그냥 타석에 섰을 뿐입니다."

"저는 언제나 '더그 맥밀런은 대통령이 되어야 한다'고 말했습니다." 렌트 더 런웨이(Rent the Runway)의 공동창업자인 제트 플라이스(Jenny Fleiss)의 말이다. 참고로 그녀는 훗날 (쿼드시의 창업자인) 마크 로어가 월마트에 영입하여 월마트가 소유한 제트블랙(Jetblack)이라는 스타트업의 인큐베이팅과 운영을 담당하게 된다.

3M의 최고경영자였던 모에 노자리는 2022년 초에 내게 솔직한 태

---

* 발언자에게 말해야 하는 문구를 화면에 띄워 보여주는 장치.

도로 이렇게 말했다. "저는 그가 지금 현재 대통령이면 좋겠습니다. 더그 맥밀런은 극도로 카리스마 넘치며 지적인 수준도 높은데, 그렇다고 해서 사람들을 거슬리게 하지 않습니다."

그러나 맥밀런은 공직에 출마할 의향이 있느냐는 나의 질문이 채 끝나기도 전에 고개를 가로저으며 이렇게 말했다. "관심 없습니다. (정치는) 그다지 재밌는 일처럼 보이지 않아요."

맥밀런의 뛰어난 역량은 월마트가 이 CEO의 능력을 충분히 활용하지 못했다며 수많은 내부 관계자가 아쉬워할 정도였다. 오히려 벤턴빌 본사 내부에서는 전자상거래 부문의 신입 직원들이 깜짝 놀랄 정도로 샘 월튼에 대한 이야기를 자주 듣는다. 그가 죽은 지 거의 20년이나 지났는데도 말이다.

전자상거래 부문의 전직 관리자는 내게 이렇게 말했다. "누군가 '샘이라면 어떻게 할까'라고 말하더군요. 그래서 저는 주위를 둘러봤는데, 그냥 농담으로 한 말이 아니었어요."

그런데 "샘이라면 어떻게 할까?"라는 사고방식은 월마트의 장기 근속자들이 수십 년 동안 매일 무언가를 쳐다본다는 사실을 고려하면 그리 놀라운 건 아니다. 그건 바로 월마트 본사 내외부의 벽면에 장식된 월튼의 사진과 어록이다. 월튼에 대한 찬양의 수준은 2000년대 초에 어느 닷컴 기업을 인수하면서 월마트에 합류한 러시아의 소프트웨어 엔지니어들에게는 더욱 충격이었다.

"그들은 어디에든 샘 월튼의 사진이 있는 걸 보고는 이렇게 생각했습니다. '이곳은 마치 러시아 같아. 지도자들의 커다란 사진이 있잖아'라고 말이죠." 당시 월마트에 근무한 직원이 내게 해준 말이다.

심지어 맥밀런조차 어느 기자와 한 인터뷰에서 그런 찬양 문화에 대하여 부드러운 농담을 던진 적이 있다. "때로는 그가 정말로 저런 말을 전부 직접 했는지 의문이 듭니다." 그가 인터뷰를 하며 월마트 물류창고 내부에 있는 창업자의 어록을 새겨놓은 표지판을 지나갈 때 한 말이다.[38]

그런데 몇 년 뒤에 필자와 한 좌담 인터뷰에서 맥밀런은 월튼이 한 모든 말이 미래지향적인 목적을 갖고 있다는 입장을 유지했는데, 그 목적이 아주 중요한 것이었다.

맥밀런은 내게 이렇게 말했다. "우리가 여전히 샘 월튼에 대해 이야기해야 하는 이유는 그의 특성 때문입니다. 그건 영웅에 대한 숭배나 과거에 천착하는 것이 아닙니다. 그건 서번트 리더십(servant leadership)*에 대한 것입니다. 일몰 규정(Sundown Rule) 같은 것을 보면 나오는 '동료들의 말을 경청하라', '절박함을 가져라' 같은 것입니다." 참고로 일몰 규정이란, 월마트의 직원이 고객 또는 공급업체에서 요청이나 불만 사항이 접수되면 그것이 접수된 당일까지 거기에 응답해야 한다는 지침이다.

맥밀런이 말을 이었다. "진정성 있고 인간적이며 고객에게 자신이 대우받고 싶은 방식으로 대하는 것, 그러한 가치들은 시대를 초월하며 여전히 유효합니다."

이쯤 되면 이 회사의 가장 열렬한 치어리더가 말하는 것에 대하여

---

*   구성원을 섬기는 자세로 존중하면서 그들의 성장을 돕고 조직의 발전을 도모하는 형태의 리더십.

의문을 품는 것이 당연하다. 맥밀런은 고등학교 여름방학에 아르바이트를 한 것을 제외하면, 샘 월튼 체제에서 일한 적이 없다. 맥밀런이 털사의 매장 보조 관리자로 일하며 월마트에서 처음 정규직으로 근무한 시기는 월튼이 데이비드 글래스에게 CEO직을 넘겨준 다음 해였다. 그렇기 때문에 그의 전임자들은 샘 월튼이 그려놓은 월마트의 미래에서 멀리 벗어나지 못했지만, 맥밀런은 그러한 정신적 족쇄로부터 자유로웠을 것이라고 생각할 수 있다.

그러나 월튼이 한때 사용했던 CEO 사무실에 맥밀런이 들어오고 나서 몇 년이 지난 후에도 월마트 본사 내부에는 "샘이라면 어떻게 할까?"라는 후렴구가 여전히 남아 있었다. 어떤 이들에게는 당황스러운 형태로 말이다.

이와 관련하여 월마트의 전직 임원은 분노에 가득 찬 목소리로 내게 이렇게 말했다. "더그 맥밀런은 현대를 살고 있는 카리스마 넘치는 사람입니다. 현대적인 기업이라면 샘 월튼이 한 말에서 반드시 전환해야 합니다. 샘 월튼이 상징적인 리더라는 점은 저도 인정합니다. 샘은 책도 썼어요. 그러나 샘은 이미 죽었습니다."

사회적 자본

2016년 여름, 미국 전역의 사람들은 더그 맥밀런을 아주 가까이에서 소개받았다. 비록 사람들이 그의 얼굴을 길거리의 동네 주민과 구분하지 못했을 테지만 말이다. 맥밀런 CEO가 등장하는 30초 분량의 상업 광고가 석 달 동안 TV와 소셜 미디어에 노출된 것이다. 월마트의 최고경영자로서는 처음 있는 일이었다.

그는 어느 슈퍼센터의 농산물 코너 앞에 서서 카메라를 정면으로 바라보며 이렇게 말했다. "저는 더그입니다. 여기는 월마트입니다. 저희는 여러분을 보살피는 사람들을 보살피는 일에 전념하고 있습니다."

맥밀런은 회사가 최근에 발표한 27억 달러의 투자가 월마트 매장의 인력을 양성하고, 처음에는 9달러였던 노동자의 최저 시급을 10달러로 높이는 데 초점을 맞추었다고 강조했다. 그러나 시급 9달러를 받으며 일하는 매장 노동자는 당시에 맥밀런이 한 시간에 버는 돈을 집으로 가져가려면 1,000시간 넘게 일해야만 했다.[39] 그런데 그 누구도 선반에 재고를 쌓는 노동자가 200만 명 이상의 직원과 수억 명의 고객에게 영향을 미치는 중대한 결정을 내리는 임원과 동등한 임금을 받아야 한다고 주장하지는 않았다. 다만 이러한 터무니없는 불균형은 맥밀런이 아무리 친절해 보이더라도 월마트가 말하는 '서번트 리더십'의 진정성에 확실히 의문을 품게 만들었다.

"더그 맥밀런이 버는 돈의 총액은 매장에서 일하는 노동자가 받는 액수에 비해 터무니없었습니다." 월마트 매장에서 22년 동안 근무한 노동자이며 '존중을 위한 연합(United for Respect)'이라는 노동조합의 지도자인 신시아 머리(Cynthia Murray)가 2022년에 내게 한 말이다.

다시 2016년으로 돌아가보자. 맥밀런이 출연한 첫 TV 광고에서는 그의 인스타그램 계정이 살짝 보였다. 직원들의 도움을 받아서 올린 그 게시물에는 맥밀런이 전국의 회사 매장을 정기적으로 방문할 때마다 만나는 일선 직원들이 등장했다.

그는 언젠가 학생 대상의 강연에서 이렇게 말했다. "저는 월마트에서 자랐고, 월마트의 산물이며, 월마트를 자랑스럽게 생각합니다. 그리고 저는 월마트에서 일하지 않는 여러분은 하지 못하는 방식으로 월마트를 잘 알고 있습니다."[40]

그가 CEO에 취임할 무렵, 월마트는 이미 거의 10년 동안 이미지 변신을 시도해왔다. 1990년대의 대부분과 2000년대의 초반까지 월마트는 소매업의 거대한 불량배로 여겨졌다. 그들은 월마트에서 판매하는 업체에 미국에 남아 있는 제조업 분야의 일자리를 중국으로 더 많이 이전하라고 강요하는 잔인한 협상을 하는 것으로 잘 알려져 있었다. 그 결과 얻은 헐값의 가격은 소비자에게는 아주 좋았지만, 공급업체와 거리의 상점은 그 가격을 도저히 따라갈 수 없었다. 비평가들은 또한 월마트의 낮은 임금, 노조에 반대하는 입장, 환경에 미치는 영향에 대해서도 비판의 화살을 겨누었다. 월마트는 매장 직원을 사실상 철야 근무 체제에 가둬두는 회사의 정책에 특히나 비판적인 폭풍의 한가운데 서게 되었다.[41]

그런데 전임 리 스콧 CEO 체제였던 2000년대 중반에 월마트 임원진은 자신들에게 비판적인 세력을 더이상 무시하거나 단호하게 묵살하지 않고, 대신에 사람들의 의견을 청취하러 광범위하게 돌아다니기로 의견을 모았다. 이는 상당히 통렬한 반성이었으며 현명한 접근법이었다. 그에 비해 아마존은 자신들의 노동 관행과 비즈니스 관행에 대하여 10년 이상 거센 비판을 받고 있어도 전혀 꿈쩍하지 않는다.

아무튼, 스콧은 2005년의 어느 연설에서 이렇게 말했다. "여러분은 우리가 들은 것에 대해 놀랄지도 모릅니다. 저희가 이야기를 청취한 많은 개인과 단체가 우리가 보는 것과는 다르게 사안을 보고 있었습니다. 사실 저희를 가장 큰 목소리로 비판하는 분들의 상당수는 우리가 비즈니스를 그만두는 걸 원하지 않습니다. 다만 그들은 단지 우리 회사만이 아니라 모든 기업이 비즈니스 관행을 바꿔야 한다고 느끼고 있습니다."[42]

그건 비록 자사의 이익을 위한 것이긴 했지만, 그래도 각성하는 계기가 되었다. 그리고 맥밀런의 말에 따르면 그것은 자연재해와 함께 시작되었다고 한다. 스콧이 연설하기 한 달 전, 허리케인 카트리나(Katrina)가 뉴올리언스를 강타하여 루이지애나주에서 1,800명 이상이 사망했고, 멕시코만 일대에서는 수백 명이 죽었으며, 100만 명이 넘는 이재민이 발생했다.[43] 재계의 리더들이 생존자들의 절박한 상황에 대한 뉴스 보도를 눈여겨보는 가운데, 며칠 후 월마트의 임원들과 전화로 한 원격회의에서 스콧은 자신의 경영진에게 새로운 접근법을 제안했다.

훗날 맥밀런은 당시에 스콧이 이렇게 말했다고 회상했다. "만약에 우리가 습관적으로 하던 대로 조금 도움되는 일만 하는 것이 아니라, 이 문제가 얼마나 심각한지 인식하고 우리가 가진 모든 것을 쏟아부으면 어떨까요?" 맥밀런은 당시의 그 원격회의를 월마트가 비로소 기업시민(corporate citizen)으로 거듭나는 변곡점으로 지적했다. "우리는 그렇게 하기로 결정했습니다. 그리고 우리가 지출하는 돈이 얼마인지 세는 걸 중단하고, 단지 물품만이 아니라 막대한 금액의 돈과 함께 우리 회사의 사람들도 보냈습니다."[44]

그 후 1년도 지나지 않아서 월마트는 회사의 이미지를 쇄신하는 데 힘을 보태기 위해 빌 클린턴 전 대통령의 고문이었던 레슬리 다크(Leslie Dach)를 영입했다. 그들은 단지 홍보 캠페인만이 아니라, 월마트의 규모에서 실질적인 영향을 미칠 수 있는 대담하고 새로운 비즈니스 관행으로 이미지를 새롭게 바꾸고자 했다. 회사는 사상 처음으로 대규모 재생에너지 관련 목표를 설정했고, 2011년에는 미국 내 월마트 매장이 앞으로 5년 동안 여성이 소유한 사업체에서 200억 달러에 달하는 제품을 공급받기로 약속했다.

이러한 사고방식과 행동의 변화에는 몇 년이 걸렸다. 최고 지도부는 자신들의 의도를 모르는 외부인들의 견해를 무시하려는 생각을 바꿔야만 했다. 그런 관점의 시초는 샘 월튼까지 거슬러 올라갈 수 있다. 그러나 월마트는 다크의 재직 기간을 거치면서 그가 처음 합류했을 때보다 대중적으로 훨씬 더 좋은 이미지로 거듭났다.

〈뉴욕타임스〉에 따르면 2007년에 월마트는 −100부터 +100포인트까지 매기는 리서치 기업 유고브(YouGov)의 브랜드인덱스 버즈(BrandIndex Buzz)에서 −5포인트를 기록했다.[45] 2013년에 다크가 회사를 떠난다고 월마트가 발표했을 때, 그 수치는 약 10포인트로 상승했다. 〈뉴욕타임스〉는 그것이 '할인 소매업 전체와 일치하는 수준'이라고 보도했다.

그러나 다크가 회사에 재직하던 당시에 성취하고자 했지만 이루지 못한 두 가지 중요한 분야가 있다. 그것은 바로 임금과 총기였다. 다크가 떠난 이후에 맥밀런은 그 분야에서 커다란 움직임을 보이기로 결정했지만 그러한 조치들은 진보적이기보다는 보수적이었으며, 일부 비평가와 많은 직원은 여전히 부족하다고 평가했다.

임금 문제에서, 맥밀런과 미국 매장 부문 CEO인 그레그 포란(Greg Foran)은 직원의 이탈을 방지하고 고객의 쇼핑 경험을 개선하려면 급여를 올려야 한다는 사실을 알고 있었다. 그러나 아마존이 2018년 가을에 시간당 최저 임금을 15달러로 발표하며 그 기준을 높일 당시에도 월마트는 여전히 최저 임금을 받는 노동자에게 시간당 겨우 11달러를 지급하고 있었다.

총기 문제에서, 월마트는 2015년 여름에 미국 내 매장에서 AR-15

같은 돌격소총(assault rifle)*을 없앴다. 당시 회사의 대변인은 이러한 조치가 국가적인 총기 관련 논쟁 때문이 아니라 소비자의 관심이 줄어들었기 때문에 취해진 것이라고 말했다. 그럼에도 총기 규제를 주장하는 활동가들은 이러한 조치를 기쁘게 받아들였다.

2018년에 월마트는 21세 미만의 고객에게 총기와 탄약 판매를 중단했다. 1년 뒤에 텍사스 엘파소(El Paso)에 있는 월마트 매장에서 총을 든 괴한이 20여 명을 사살한 직후, 맥밀런은 월마트가 해당 사건의 돌격소총에 사용된 유형의 탄약은 물론이고 모든 권총 탄약의 판매를 축소한다고 발표했다. 당시 월마트는 미국 내에서 최대의 탄약 판매상 가운데 하나였는데, 회사는 이러한 결정으로 이 분야에서 그들의 시장 점유율이 20퍼센트에서 6퍼센트까지 낮아질 것으로 예상한다고 말했다.[46]

이러한 조치는 총기 지지자에게서 거센 비판을 받았지만, 맥밀런은 그로 인한 이해득실을 파악하고 있었을 것이다. 월마트 매장은 총기 규제를 반대하는 시골 지역에 적합하다는 평판을 오랫동안 유지해왔지만, 맥밀런 CEO는 회사가 전자상거래 분야에 품고 있는 야망을 실현하려면 총기 규제에 대한 지지가 높은 민주당 성향의 지역에서 더욱 많은 고객을 유인해야 한다는 사실을 알고 있었다. 그리고 뉴욕시에서 인수한 제트(Jet)와 북부 캘리포니아에 오랫동안 자리를 잡고 있던 월마트의 전자상거래 전초기지 덕분에, 월마트의

---

* 중형 탄환을 사용하며 휴대성이 높은 자동소총으로, 한국군에서 사용하는 M16과 K2 소총이 이 분류에 포함된다.

직원도 점점 좌파 성향으로 변화하고 있었다. 만약 맥밀런이 자신들의 매장 한 곳에서 참사가 일어난 뒤에도 아무런 입장을 밝히지 않는다면, 언제 또 그럴 기회가 있겠는가? 게다가 맥밀런에게는 처리해야 할 회사 차원의 문제들도 이미 충분히 산적해 있었다.

아마존 딜레마

맥밀런 체제의 월마트가 마주한 회사로서의 수많은 딜레마 가운데서도 아마존을 언제 뒤쫓아 갈지, 아니면 언제 자체적인 길을 개척할지가 지속적인 논의 주제였다. 물론 그 첫 번째 단계는 아마존이 문제임을 인정하는 것이었다.

맥밀런이 월마트의 CEO가 되기 5년 전인 2009년 9월에, 〈뉴욕타임스〉는 '아마존이 인터넷의 월마트가 될 수 있을까?'라는 제목으로 아마존에 대한 특집 기사를 발행했다.[47] 기사의 내용과 그 제목은 월마트의 시선을 비켜 가지 않았다. 당시 월마트닷컴의 CEO인 라울 바스케스는 그 이후에 진행한 〈월스트리트 저널〉과의 인터뷰에서 이렇게 반격했다. "만약 '인터넷의 월마트'가 생긴다면, 그건 바로 월마트닷컴일 것입니다."

2014년에 맥밀런이 취임할 무렵, 아마존은 자신들이 인터넷의 월마트라는 사실을 분명히 했다. 사실 그 이상이었다. 맥밀런은 아마존의 성공을 부정하거나 무시하지 않았다. 오히려 애플 뉴턴(Apple Newton)*과 팜 파일럿(Palm Pilot)**의 얼리어답터(early adopter)일 만큼 자칭 '기기 광(gadget geek)'인[48] 맥밀런은 베이조스와 그의 회사가 구축한 것에 약간 감탄하는 태도를 보였다.

CEO로서 초임 시절의 어느 날, 맥밀런은 월마트의 트럭 운전기사인 리키 올리버(Ricky Oliver)가 운전하는 차량을 타고 미시시피의 월마트 물류창고에서 같은 주를 가로질러 3시간 반 걸리는 매장으로 향하는 여정에 합류했다.[49] 운전기사는 아마존과 비교하여 월마트닷컴이 부족한 부분에 대하여 솔직하게 말했고, 신임 CEO는 그러한 비판을 잘 받아들이는 편이었다. 대화 말미에 맥밀런은 올리버에게 조만간 그해 가을에 막 출간된 책 한 권을 보내주겠다고 말했다. 그 책은 바로 저널리스트 브래드 스톤(Brad Stone)이 쓴 《모든 것을 파는 가게(The Everything Store)》***인데, 이 책은 부분적으로 제프 베이조스에 관한 전기이기도 했고 또 부분적으로는 아마존의 성장에 관한 탐사 보도였다. 그리고 맥밀런은 CEO에 취임한 뒤 회사 임원들에게도 이미 이 책을 한 권씩 주었다. 맥밀런은 아마존의 충격파를 피하려 하지 않았다.

"확실히 아마존은 무엇이 가능한지 세상에 가르치고 있습니다."

---

* 애플(Apple)이 1990년대 초중반에 선보인 개인정보단말기(PDA).
** 팜(Palm)이 1990년대 후반에 출시한 개인정보단말기.
*** 한국어판은 《아마존 세상의 모든 것을 팝니다》.

맥밀런이 그해 어느 인터뷰에서 한 말이다.[50]

그럼에도 맥밀런은 그러한 현실과 월마트가 맞서 싸울 수 있다는 건강한 자신감 사이에서 균형을 맞추고 있었다. 예를 들면, 내가 이 책을 위해 취재하는 과정에서 알게 된 어느 회의가 있다. 맥밀런이 2014년에 CEO에 취임한 직후, 그는 실리콘밸리를 순례(pilgrimage)하던 도중에 구글(Google)의 공동창업자이자 CEO인 래리 페이지(Larry Page)를 비롯한 구글의 몇몇 임원을 찾아갔다. 두 기업은 문화와 비즈니스 모델에서 상당한 차이가 났지만, 구글과 월마트는 서로 긴밀하게 협업해야 하는 한 가지 커다란 이유가 있었다. 그것은 바로 두 기업 모두 아마존과 라이벌 관계라는 점이었다. 그런데 당시에 아마존이 월마트의 라이벌이라는 사실은 여러 가지 이유로 명확했지만, 많은 외부인이 보기에 아직까지 명백하게 구글을 위협하는 존재는 아니었다. 그런데 그해 유럽에서 구글의 회장인 에릭 슈미트(Eric Schmidt)는 이렇게 말했다. "많은 사람은 우리의 주요 경쟁자가 (마이크로소프트의) 빙(Bing)이나 야후(Yahoo)라고 생각합니다. 그러나 검색 분야에서 우리의 최대 경쟁자는 사실 아마존입니다."

두 사람의 논의에 대해 잘 아는 사람들에 따르면, 그렇게 만난 자리에서 래리 페이지는 자신의 비즈니스 세계관에 대하여 맥밀런에게 솔직하게 말했다. 월마트 같은 전통적인 기업은 현실적으로 아마존 같은 인터넷 거물과 맞서 싸울 만큼 충분히 성공적인 체제 전환을 할 가능성이 없다고 말이다. 특히나 스스로의 힘으로라면 더욱 그렇다고 말했다. 그들이 싸울 수 있는 기회라도 가지려면 구글 같은 실리콘밸리의 구원자가 필요했다. 필자가 이야기를 나눈 한 사람은 이

걸 두고 그저 '래리가 래리를 한 것(Larry being Larry)'이라고 말했다. 그에게는 월마트를 비하하거나 또는 맥밀런에게 모욕을 주려는 의도가 없었다는 것이다. 그리고 이는 그가 예전에 재계의 수많은 거물에게 한 것과 동일한 버전의 영업적 발언이라고 했다.

그러나 해당 논의에 관여한 또 다른 사람은 내게 페이지의 발언이 전미총기협회(NRA)가 총기 규제에 대해 제안한 것과 비슷한 차원으로 맥밀런에게 제안한 것이라고 말했다. 이 사람은 월마트가 클라우드 컴퓨팅(cloud computing) 분야에서 구글과 제휴하는 방안을 고려하다 중단한 것이 바로 이 시점이라고 말했다. 게다가 아마존이 양사의 미래에 제기하는 공통의 위협을 느끼면서도 두 회사는 이후 몇 년동안 어떠한 방식으로도 제대로 된 협업을 하지 않았다. 월마트가 제트를 인수하고 나서 한참이나 지날 때까지도 말이다.

이듬해, 월스트리트의 주식 애널리스트들과 통화하는 자리에서 맥밀런은 월마트가 아마존을 이길 수 있는 가능성에 대한 자신의 견해를 강조하는 발언을 했다.

맥밀런은 웅대한 어조로 이렇게 물었다. "일개 전자상거래 회사가 거대한 오프라인 매장 네트워크를 구축하고 대규모 고객 서비스 문화를 창조하는 것이 더 쉬울까요? 아니면 우리가 디지털 기반과 유통망 역량을 추가해서 기존의 매장을 활용하는 것이 더 쉬울까요? 저희는 우리에게 승산이 있다고 생각합니다."

그러나 내부에서 맥밀런은 가끔 다른 전략을 취했다. 몇 년 동안 수차례에 걸쳐 맥밀런 CEO는 아마존 비즈니스 모델의 탁월함에 대하여 회사의 지도부와 심지어 이사회에도 상세하게 설명했다. 그는 자신이 너무나도 사랑하는 56년 된 소매업의 거물에게 제기된 실존적인 위협에 대해 이야기했다. 그는 만약 월마트가 진취적으로 과감한 변화에 투자하지 않는다면, 그들은 조만간 결국 한때는 대단했지만 존재감이 소멸된 소매업체 중 하나가 될 거라고 주장했다. 그리고 맥밀런은 그런 회사의 목록을 자신의 휴대전화에 넣어 다니며 늘 상기했다. 당신은 스스로를 파괴적으로 혁신할 것인가, 아니면 파괴적 혁신이 당신을 덮쳤을 때 꼼짝 못하고 당할 것인가. 그는 자신의 앞에 있는 사람들에게 이렇게 말하고 싶었을 것이다. 만약 월마트가 빠르게 적응하지 못한다면, 아무리 소매업의 거물이라 하더라도 창립 100주년을 맞이하지는 못할 거라고 말이다.

그렇다면 이런 의문이 들 수 있다. 맥밀런의 발언 가운데 어느 정도가 솔직한 것이며, 아마존이 제기하는 위협에 의구심을 갖는 월마트 내부의 일부 사람에게 얼마나 강하게 그 메시지를 전달했을까? 맥밀런이 취임하던 당시와 이후의 몇 년 동안 이 최고경영자는 임원진을 비롯한 일반 직원에게서 아마존의 위험 수준에 대한 다양한 견해를 접해왔다. 그런 의견들은 크게 그러한 위협을 믿는 사람과 믿지 않는 사람이라는 두 부류로 나눌 수 있으며, 각 부류는 다시 여러 개의 분파로 나뉘었다.

아마존의 위협을 믿지 않는 사람 중에서 일부는 아마존의 소매업 운영이 지속적으로 수익성이 있을지 의문을 품으면서, 아마존의 금전적 손실은 결국엔 어떤 식으로든 심각한 방식으로 그들을 괴롭힐 거라고 믿었다. 같은 부류 내의 다른 사람은 아마존이 식료품 산업에서 중요한 역할을 하지 않는다는 사실 때문에 월마트가 살아남을 거라고 생각했다. 식료품 산업은 오프라인 소매업체가 강세인 분야이며, 월마트 전체 매출의 절반 이상을 차지하고 있었다.

그 반대편 진영의 일부 직원과 임원은 아마존의 위협을 인정했지만, 제대로 된 디지털 전략을 사용한다면, 그러니까 월마트의 강점과 우위에 부합하는 전략을 활용한다면 최선의 경우에는 아마존의 위험을 무력화할 수 있을 것이고, 또는 최악의 경우에는 최소화할 수 있다고 믿었다. 맥밀런도 이 진영에 속하는 것으로 보였다. 그런데 아마존의 위협에 집착하는 또 하나의 소규모 그룹이 있었는데, 그들이 우려하는 수준은 정작 베이조스 사단*에서 근무하다가 월마트에 새로 합류한 직원들을 당황스럽고 우려하게 만들 정도였다.

이와 관련하여 예전에 아마존에서 일한 경험이 있는 전직 월마트 물류 부문 임원은 내게 이렇게 말했다. "아마존에 대한 이야기를 듣지 않는 날이 하루도 없었습니다. 제프 베이조스는 경쟁자를 걱정하지 말고, 고객을 걱정하라고 말합니다. 만약 고객을 잘 보살피면, 다른 문제는 저절로 해결된다고 말이죠."

맥밀런 개인의 입장에서는 그 둘 사이에서 균형을 맞추려고 노력했다. 경영진과의 회의에서 직원들이 긴장을 늦추지 않고 현실에 안주하는 걸 방지하기 위한 방법 중 하나로, 그는 다른 회사의 실적과 뉴스 발표에 대해 중요한 표시를 해두었다. 그는 또한 자신의 직속 부하들에게 디지털 문해력(digital literacy)을 갖게 해주려고 노력했는데, 그래서 샘스클럽의 CEO인 캐서린 맥레이는 회사가 "일종의 피

---

*   아마존.

해의식 덕분에 빠르게 발전하고 있었다"고 말했다. 맥밀런은 '월마트의 존재감을 확실히 지키기 위하여 우리가 참여하는 이 거대한 전투의 중요성'을 강조하고 싶어 했다.

맥밀런은 비록 직책으로는 CEO지만, 그는 사실상 월마트 내부에서 소매업 혁명에 관한 이야기를 들려주는 이야기꾼이었다. 그는 다만 월마트의 임원들이 자신의 이야기를 흘려듣지 않고 각자의 부서에서 잘 이행하기만을 바랄 뿐이었다. 왜냐하면 아마존의 CEO인 제프 베이조스와는 다르게 맥밀런은 월마트라는 거대한 조직에서 이루어지는 수많은 일상적인 의사결정 과정에 거의 관여하지 않았기 때문이다.

그는 언젠가 이렇게 말한 적이 있다. "저는 월마트에서 모든 결정을 내리지 않습니다. 그리고 월마트에서 모든 결정을 내리고 싶지도 않습니다. 만약 제가 저의 직무를 잘한다면 제가 그렇게 많은 결정을 내리지 않아도 될 겁니다. 왜냐하면 각자의 팀이 알아서 잘 결정을 내릴 것이기 때문입니다."

맥밀런에게 직접 보고하는 지위가 높은 리더 중 다수는 사실 다른 곳에서 각자 커다란 회사를 경영한 적이 있는데, 그런 그들에게는 과감한 의사결정을 한다는 것이 오히려 자신들의 기반에 대한 위협으로 받아들여질 수도 있다. 맥밀런에게는 친숙할 수 있는 스포츠 용어를 사용해서 말하면, 그것은 '팀 전체를 잃는' 위험성이 있는 결정일 수도 있었다.

그러나 시간이 지나면서 서로 다른 우선순위와 서로 다른 목표와 서로 다른 보상책을 가진 월마트 지도부 사이의 심각한 분쟁은 아마존이 선도하는 새로운 분야에서 경쟁력을 갖추기 위한 회사의 노력을 위협하게 된다. 어쩌면 맥밀런의 지지자가 될 수도 있었던 일부 임원은 샘 월튼의 제단에 기도를 하면서 CEO인 맥밀런이 직접 의사결정을 내리고 개입하기를 바랐다. 그러나 그것이 대다수의 의사결정 권한을 임원들에게 맡김으로써 그들의 권한을 강화해주겠다는 맥밀런의 입장 때문인지, 아니면 일부가 내게 설명한 것처럼 충돌을 싫어하는 그의 선천적인 성향 때문인지는 몰라도, 어쨌든 그는 내부의 간극이 더욱 넓어지게 만들었다. 참고로 맥밀런은 내게 자신에게는 '합의를 형성하려고 노력하다 보니 의사결정이 느려지는 경향'이 있는데, 그런 성향을 극복하기 위해 노력해야만 했다고 시인했다. 아무튼 새로 합류한 많은 사람에게는 제트의 새로운 지도부 체제하에서 개선되어오던 변화의 속도가 느려지는 것처럼 보였다.

"더그 맥밀런은 선수가 아니라 코치입니다." 오랫동안 월마트에 재직했던 고위급 인사가 내게 한 말이다.

문제는 이러한 불간섭주의가 그 자체로 전략적인 결정이었느냐 하는 것이다. 그렇다 하더라도 그 의도는 오직 맥밀런이 머릿속에서만 그려놓았을 것이다. 아니면 월마트의 체계 안에서 너무 많은 시간을 보내다 보니 다음에 찾아올 악재를 파악하지 못한 리더의 징후였느냐 하는 것이다.

Chapter 04

인수

Winner
Sells All

2016년 8월 9일, 더그 맥밀런이 다분히 스타트업 분위기를 풍기는 뉴저지 호보켄(Hoboken)에 있는 제트(Jet) 본사에 나타났다. 그는 미국 최대 고용주의 최고경영자라기보다는 전자상거래 스타트업의 CEO처럼 보이는 모습을 하고 있었다. 맥밀런과 마크 로어 두 사람 모두 블레이저 재킷을 입었는데, 맥밀런은 거기에 청바지를 맞춰 입었고 로어는 정장 바지를 선택했다.

맥밀런이 뉴저지에 온 이유는 월마트의 제트 인수 계획을 발표하고 로어와 함께 CNBC 방송에 출연하여 두 사람이 처음으로 동반 인터뷰를 하기 위해서였다.[51] 이를 지켜보는 사람들은 두 사람이 스타일을 서로 맞바꾼 사실을 눈치채지 못했을 수도 있지만, 이는 두 사람이 서로 상대방의 배경과 전문성을 존중한다는 사실을 일부 내부자에게 알려주는 일종의 신호였다. 소매업의 구세대 거물과 전자상거래의 신세대 지휘자는 그렇게 하나가 되려 했다.

맥밀런 CEO와 그레그 페너 회장은 로어를 비롯한 제트의 임원진에게 월마트의 미국 내 전자상거래 왕국의 열쇠를 주겠다고 약속했다. 그리고 그해 가을 9월에 합의가 체결된 이후, 이 신흥 왕족은 조금도 지체하지 않고 세상을 뒤흔들기 시작했다.

"그들은 우리에게 백지 위임장을 주었습니다." 제트닷컴의 최고매출책임자(CRO)였으며 이후 월마트닷컴의 최고매출책임자도 맡게 되는 스콧 힐튼이 내게 한 말이다.

로어는 금세 뉴저지에 있는 티터버러 공항(Teterboro Airport)의 단골이 되었다. 이곳에서 그는 매주 월마트의 전용 제트기를 타고 벤턴빌의 본사로 가서 월마트의 다른 지도부들과 의논을 하고 전략을 세우고 합의를 구축하기 위해 노력했다.

한편 제트의 공동창업자인 네이트 파우스트(Nate Faust)는 뉴어크 공항(Newark Airport)의 단골이 되었다. 그의 직책으로는 월마트의 전용 제트기 정기 이용권이 제공되지 않았다. 다만 그의 목적지는 월마트의 기존 전자상거래 사업부가 있는 캘리포니아의 샌 브루노(San Bruno)였다. 그곳에서 그의 첫 번째 임무는 로어가 이끄는 팀이 불과 4개월 뒤에 공개할 새로운 서비스 개시를 위해 월마트의 전자상거래 부문과 물류창고가 갖춰야 하는 모든 것을 준비하는 일이었다. 그들이 준비하는 서비스는 바로 35달러 이상의 주문에 대한 무료 2일 배송이었다.

불과 몇 달 앞서 제트를 인수하기 전에 월마트는 고객이 연간 49달러를 내면 2일 배송을 해주는 프로그램을 미국 전역을 대상으로 개시한다고 발표했다. 그 외에 별다른 말은 없었다. 사실 그건 새로운 리더의 영입을 알리는 신호였다. 그 주인공은 제트였다. 그들의 임무는 신속한 성장이었다. 그리고 로어는 제트의 초기 시절처럼 회원 가입비가 방해로 작용하는 걸 원하지 않았다.

당시 발표한 성명에서 로어는 이런 새로운 혜택을 '판돈(table stake)'이라고 불렀다. 그러나 오프라인 소매업 분야에서 오래 몸담은 일부 사람은 로어가 금전적 손실을 감수하는 무모한 성장과 과도한 지출로 유명하다는 걸 알고 있었다. 그리고 이번의 '판돈'도 온라인 판매를 촉진하려는 화려한 돈 잔치의 시작에 불과하다고 느꼈다.

"모든 사람이 거북함을 느꼈습니다." 어느 전직 임원의 말이다.

그들이 맞았다. 로어 체제하에서 월마트는 매출액 성장에 에너지를 공급하기 위해 광고 지출을 엄청나게 늘렸고 다른 기업에 대한 정신없는 인수 작업도 시작했다. 같은 달, 월마트는 웹 1.0 시대의 쇼핑 사이트 운영사인 슈바이(ShoeBuy)를 인수하겠다고 발표했다. 그다음 달에 로어가 또 일을 저질렀는데, 월마트가 무스조(Moosejaw)를 인수하겠다고 발표한 것이다. 무스조는 10개의 오프라인 매장과 인터넷 초창기에 만든 온라인 쇼핑 사이트를 통해 다양한 종류의 아웃도어 용품과 의류를 판매하는 업체다.

이런 추세는 지속되어 2017년 3월에는 벤처의 지원을 받는 패션 브랜드 시대의 선두 주자 가운데 하나이며 오프라인 소매보다는 아예 처음부터 전자상거래에 주력한 모드클로스(ModCloth)를 인수했다. 모드클로스는 자체 브랜드는 물론이고 타사의 브랜드도 판매했으며, 예전의 빈티지에서 영감을 받은 여성 의류를 추종하는 일종의 컬트(cult) 문화를 만들어냈다. 그런데 2016년 말, 회사의 부채 상환 만기가 다가오는 가운데, 힘겨운 상황을 호전시키려 노력하던 모드 클로스의 CEO는 추가적인 벤처 자금을 모으는 데 부침을 겪고 있었다. 바로 그때 제트와 월마트가 어려움에 처한 그 회사에 눈독을 들이며 두 팔을 벌리고 있었던 것이다.

그러나 전자상거래 부문에서의 이러한 격변은 단순한 기업 인수 이상의 변화를 일으켰다. 같은 달, 로어는 월마트 내에 자체적인 스타트업 회사를 육성하여 분사시키기 위한 인큐베이션 조직을 만든다는 계획을 공개했다. 월마트에 오래 재직한 일부 임원은 그의 아이디어를 의아하게 생각했지만, 그건 로어가 반드시 해야 하는 일들 중에서도 가장 정점에 있었다. 그 조직은 '8호점(Store No. 8)'이라고 불렸는데, 이는 아칸소 모릴턴(Morrilton)에 있는 월마트의 여덟 번째 매장에 대한 오마주(homage)였다. 그리고 그곳은 샘 월튼이 새로운 아이디어를 시험하던 일종의 캔버스이기도 했다. 로어는 최초의 새로운 사내 스타트업을 육성하기 위하여 렌트 더 런웨이(Rent the Runway)의 공동창업자인 제니 플라이스(Jenny Fleiss)를 영입했다. 그 스타트업은 바로 제트블랙(Jetblack)이라는 문자 메시지 기반의 컨시어지(concierge) 서비스*인데, 제트블랙은 결국 뉴욕시의 부유한 엄마들을 대상으로 서비스를 개시하게 된다. 그러니까 제트블랙은 공식적으로 '뉴 월마트 온 더 블록(new Walmart on the block)'이었다.

전자상거래 분야에서 무언가를 발표하는 리듬은 꾸준해졌다. 오

---

* 고객의 다양한 요구에 응대하여 처리해주는 안내 서비스.

랫동안 재직해온 일부 동료는 로어가 대기업의 관료주의에 금세 지치지 않을까 하는 의문을 제기했다. 그러나 숨 가쁘게 빠른 발표 속도는 오히려 그에게 힘을 불어넣어주는 것처럼 보였다. 그는 월마트 최고의 치어리더였다. 내부적으로는 시내에서 열리는 행사에서도 그랬고, 외부적으로는 연달아 개최되는 업계의 콘퍼런스에서도 마찬가지였다.

로어가 이런 일을 활발히 하는 것에 대하여 금전적으로 상당한 인센티브가 있었다는 점도 나쁘지 않았다. 월마트는 그가 보유한 제트의 지분에 대하여 5년 동안 4억 7,700만 달러를 지불하기로 합의했다. 로어는 또한 월마트의 양도제한 조건부 주식(RSU) 350만 주 이상을 5년에 걸쳐 받을 예정이었는데, 그중 30퍼센트는 5년 차에 지급하기로 되어 있었다. 이렇게 보장받은 주식의 총 가치는 인수 당시에 2억 5,600만 달러 이상이었다.[52] 로어는 쿼드시(Quidsi)를 아마존에 매각하면서 이미 거액을 벌긴 했지만, 월마트에 제트를 매각함으로써 그의 재산은 완전히 새로운 영역의 최상층으로 치솟았다. 물론 월마트가 로어에게 막대한 보상액을 나눠주는 동안, 이 회사에서 일주일에 40시간 일하는 정규직 노동자의 평균 임금은 시간당 13.38달러, 연봉으로 환산하면 2만 7,830달러(약 3,700만 원)에 불과했다.

로어와 그의 팀원들은 또한 월마트가 보유한 기존의 매장 네트워크를 활용할 수 있는 방법을 모색했는데, 이는 (경쟁사인) 아마존의 임원들이 오랫동안 두려워하던 일이었다. 2017년 4월, 월마트닷컴은 약 1만 개의 품목에 대하여 고객이 그것을 주문할 때 자택으로 배송받지 않고 매장에서 직접 수령하는 경우에 5퍼센트 할인 혜택을 제공하기 시작했다. 이는 예전의 '사이트에서 매장으로(Site to Store)' 서비스를 새롭게 변형한 것이다.[53] 이런 주문은 월마트닷컴으로서는 수익성이 더 좋았는데, 물품을 고객의 자택으로 보내기 위해 페덱스(FedEx) 같은 배송업체에 굳이 비용을 지불하지 않아도 되었기 때문이다. 월마트의 트럭이 이미 물류창고에서 자사의 슈퍼센터로 상품을 운반했고, 이런 온라인 주문은 거기에 함께 실어서 보내기만 하면 되는 일이었다.

그러나 문제는 있었다. 우선은 할인이 적용되는 품목이 제한적이었다. 그 이유는 뉴질랜드 출신으로 자기주장이 뚜렷하고 촌철살인 능력을 가졌으며 월마트의 미국 매장 부문 CEO를 맡고 있던 그레그 포란(Greg Foran)이 매장에 들러서 직접 쇼핑하는 고객보다 온라인에서 동일한 상품을 구입하는 고객에게 더 저렴한 가격을 제공하도록 허용할 리가 없었기 때문이다. 그것은 앞으로 다가올 더욱 많은 갈등의 전조 가운데 하나였을 것이다.

그럼에도 할인 혜택은 가격 면에서 잠재적으로 아마존을 무찌르고, 또한 가격을 파악하기 위해 머리를 빠르게 굴리는 고객과 그런 흥정을 아주 잘하는 판매자를 되찾아 올 수 있는 수단으로 작용했다. 그리고 별로 놀랄 것도 없이 이런 새로운 할인 옵션은 로어 체제의 월마트 전자상거래 부문과 그의 숙적이었다가 고용주가 되었다가 다시 숙적이 된 아마존 사이에 벌어지는 거대한 전투의 서막을 본격적으로 예고하는 것이었다.

아마존 내부의 가격 비교설정 소프트웨어는 주기적으로 월마트닷컴의 상품 가격과 비교하여 가격을 설정했다. 그런데 월마트닷컴에서 배송 주문이 아니라 매장 픽업을 선택한 고객에게 제공하는 할인 가격과도 비교해야 하는가의 여부를 두고 아마존 내부에서 논쟁이 발생했다. 아마존의 상시 비교설정 가격 철학을 고수해야 하는가? 그러면 아마존은 그렇게 할인을 해주고도 고객의 집까지 배송하는 비용은 별도로 지불해야 하기 때문에 막대한 손실을 감수해야 했다. 아니면 이러한 드문 예외를 포함해 월마트가 픽업 주문 고객을 위해 제공하는 더 낮은 가격에는 맞추지 않는다는 새로운 가격 정책을 마련해야 하는가?

"우리는 자신의 신념이 시험에 들기 전까지는 그것을 얼마나 확고하게 믿는지 모릅니다." 현재 아마존의 글로벌 컨슈머 비즈니스 부문 CEO인 더그 헤링턴(Doug Herrington)이 몇 년 후에 내게 한 말이다. "그리고 이건 우리의 가격 정책에 대한 아주 좋은 시험이었습니다. 일부 제품의 가격은 실제로 곤두박질쳤습니다. 그래서 일부 고객은 당시에 패키지 상품의 역사에서 가장 놀라운 가격으로 제품을 얻을 수 있었습니다."

헤링턴을 비롯한 아마존의 임원들은 각자 자신의 팀원들에게 굳건히 버티도록 지시했다. 만약 월마트가 온라인 쇼핑객에게 모든 곳을 통틀어 최저 가격을 제공한다면, 설령 그것이 특별한 호객 프로그램의 일환이라 하더라도, 아마존은 자신들의 알고리즘이 그런 가격에 대해서도 추적하도록 훈련을 시키기로 했다. 월마트 내부에서 가격을 담당하는 팀원들은 이런 디지털 결투를 아주 흥미롭게 지켜봤다. 때로는 가격이 지나치게 낮아질 때면 아마존이 오락가락하는 것처럼 보였는데, 손실을 줄이기 위해 어떤 아이템을 의아하게도 프라임(Prime) 회원만 구매할 수 있게 하거나, 심지어 품절이라고 표시하는 경우도 있었다. 월마트의 직원은 아마존에서 어떤 상품이 품절되는 게 이상하다는 생각이 들면, 아마존이 품절이라고 표시한 것과 동일한 상품의 가격을 올리는 테스트를 진행하기도 했다. 아니나 다를까, 그러면 해당 상품이 아마존에 곧바로 다시 나타났다.

"어느 정도의 시점이 되자 이제 그들은 '품절' 표시를 마치 '알겠어요, 가격을 다시 올려요'라는 말을 대신하는 수단으로 사용하는 것처럼 보였습니다." 월마트의 전직 임원이 내게 한 말이다.

이 전투가 격렬해지자, 로어는 또 다른 움직임을 시도하려 했다. 그것은 벤턴빌에, 아니면 적어도 호보켄에 새로운 날이 시작되었음을 알리는 것이었다. 2017년 6월, 월마트는 보노보스(Bonobos)를 3억 1,000만 달러에 인수하기로 계약을 체결했다. 보노보스는 원래 온라인으로 시작한 남성용 고급 패션 소매업체인데, 그들이 가진 쇼룸(showroom) 네트워크를 활용하여 고객이 그곳에 직접 들러 착용해본 다음에 상품을 주문하여 자택으로 배송할 수 있게 도와주고 있었다. 보노보스는 앤디 던(Andy Dunn)이라는 카리스마적인 창업자가 운영하고 있었다. 그는 뉴욕시의 기술계에서는 유명한 인재이며, 디지털 네이티브(digital native) 소비자 브랜드 붐을 일으킨 창시자들 가운데 한 명이고, 디지털 네이티브 버티컬 브랜드(DNVB)*라는 용어를 만들기도 했다. 로어는 그런 던에게 인수 또는 인큐베이션을 통해 월

---

* 온라인으로 출발했으나 이후 오프라인까지 확장하여 생산부터 소비까지의 전 과정을 수직적으로 통합한 브랜드.

마트의 우산 아래에 그러한 브랜드의 포트폴리오를 구축하라는 임무를 맡기게 된다. 참고로 이 분야에서는 타깃(Target)이 소비자의 마음을 사로잡는 인기 브랜드를 만들어내면서 몇 년 동안 월마트를 앞지르고 있었다.

그러한 가운데 로어가 열렬히 후원하는 또 다른 혁신이 테스트를 하고 있었는데, 그것이 내부적으로 약간 신경을 곤두서게 만들었다. 그건 쇼핑객이 월마트의 오프라인 매장에서 일상적으로 구입하는 물품 가운데 자주 구매하는 상품을 좀 더 쉽게 재주문할 수 있게 만드는 기능이었다. 그러기 위해서는 월마트가 매장을 방문한 쇼핑객의 신용카드 또는 직불카드 번호를 활용해서 그들이 온라인으로 쇼핑을 하면 그 내용을 추적하고 파악하는 작업이 필요했다. 월마트의 재무 담당 리더들은 이런 추적 기법에 대한 이야기를 들었을 때 격노했으며, 이 프로젝트에서 일하는 전자상거래 부문의 일부 직원도 우려를 표했다.

"우리는 고객의 프라이버시를 크게 침해한다는 사실을 늘 염두에 두고 있습니다. 월마트 매장에 쇼핑하러 가는 사람은 우리가 그들의 데이터를 어떻게 취합하고 그것을 전자상거래 부문에 어떻게 투입하는지 알지 못합니다." 전직 직원이 내게 한 말이다.

그러나 로어에게는 이 프로젝트가 처음부터 최우선 과제였다. 그는 이 기능이 월마트가 가진 거대한 오프라인 소비자 기반을 온라인 쇼핑으로 더욱 많이 유인할 수 있는 시작점이라고 생각했다. 그래서 이 프로젝트에서 일하는 직원들도 로어와 같은 기대를 하고 있었다. 비록 고객의 신용카드 정보가 서로 다른 두 개의 쇼핑 채널을 통해서 공유되긴 했지만, 결국은 같은 회사 안에 머물러 있는 것이었다. 그렇다면 월마트의 지도부는 정말로 여전히 오프라인 매장 부문과 전자상거래 부문을 별개의 두 회사로 생각했을까? 그러든 말든 소비자는 대체 왜 그렇다고 보았을까? 이게 지금 어느 시대인가?

이 논쟁은 월마트의 최고재무책임자(CFO)인 브렛 빅스(Brett Biggs)에게까지 올라갔다. 그에게서 이야기를 들은 어떤 사람의 말에 따르면, 그는 이 추적 시스템이 비자카드 및 마스터카드와의 협약을 위반할 수도 있으며 월마트가 수십억 달러의 대가를 치를 수도 있다며 우려했다고 한다. 그러나 로어는 물러서지 않았고, 이 새로운 기능은 결국 2017년 7월에 공개적으로 선보였다.[54] 그러한 우려들이 어떻게 해결되었는지는 확실치 않았는데, 월마트 측도 구체적인 내용을 밝히기를 거부했다.

이와 관련하여 월마트의 에린 헐리버거(Erin Hulliberger) 대변인은 이렇게 말했다. "월마트는 어떠한 프로젝트나 프로그램에 대해서도 이해관계자들이 우려하는 사항을 확인하고 공유할 수 있도록 독려하고 있습니다. 월마트는 그러한 우려들이 제기되면 적절하게 조치하고 있습니다."

분명한 것은 이때가 월마트와 제트의 결혼에서 아직 허니문 단계였으며, 새로운 보스들은 '안 된다'는 말을 듣는 것에 아직 익숙하지 않았다는 점이다.

월마트 같은 기업에 이러한 실행과 변화의 속도는 놀라운 것이었다. 월마트의 경영 구조는 역사적으로 늘 중앙집중식 체제였으며, 그러한 체제의 흔한 증상은 느린 의사결정과 합의에 따른 결정이라는 것이었다. 그런데 이번에는 그런 모습이 보이지 않았다. 물론 그 배후에서는 가끔 어수선한 상황이 벌어지긴 했지만 말이다. 예를 들면, 무스조 인수가 체결된 후에 제트의 젊은 직원 한 명이 무스조의 직원에게 제트의 시스템을 교육하는 임무를 맡았다. 그런데 그 직원은 제대로 된 통보를 받지도 못한 상태였고, 결국은 예정일 전날 밤에 디트로이트의 허름한 호텔 방에서 허겁지겁 엉성한 프레젠테이션을 만들었다. 이것은 '빠르게 움직여서 모든 걸 파괴하라(move fast and break things)*'가 아니라, 때로는 '빠르게 움직여서 모든 걸 꾸며내라(move fast and fake things)'였다.

어찌 되었든, 벤턴빌의 수많은 일반 직원은 이러한 움직임에 고무된 것처럼 느껴졌다. 회사가 그 어느 때보다 언론에서 훨씬 더 많은 관심을 받는 것처럼 느꼈다. 그래서 변화에서는 많은 부분이 긍정적이었다.

---

* 페이스북(Facebook)의 모토 가운데 하나.

새로운 서사

로어 덕분에 디지털 느림보가 서서히 잠에서 깨어나고 있었다. 월마트가 아직까지는 아마존의 진정한 경쟁자로 여겨지지 않았을지도 모르지만, 그렇다고 기술 업계에서 더이상 웃음거리도 아니었다. 불과 1, 2년 전까지만 하더라도 월마트의 채용 담당자나 M&A 담당 임원을 무시하던 재능 있는 창업자와 엔지니어가 이제는 월마트의 제안을 진지하게 받아들이고 있었다.

몇 년 후에 로어는 내게 그러한 각각의 움직임 하나하나는 그다지 인상적으로 보이지는 않았을 수도 있다고 인정했다. "하지만 그러한 모든 결정의 총합을 놓고 보면, 그건 서사의 흐름을 바꾸었고 놀라운 인재를 데려오게 만들었습니다. 그리고 그게 바로 제가 하고 싶은 것입니다."

더그 맥밀런 역시 언론 매체와 주주들 사이에서 형성되는 서사에 면밀한 주의를 기울였다. 2017년 여름, 전자상거래 부문의 일부 직원은 맥밀런 CEO가 경쟁사인 아마존이 새롭게 개시할 예정인 배송 프로그램에 대한 정보를 입수했다는 이야기를 들었다. 아마존의 목표는 아마존 프라임 회원이 현관에서 상품이 도난당하는 걸 방지하기 위해 배송 물품을 집 안에 넣어두는 걸 선택할 수 있게 함으로써 배송 편의성에 대한 약속을 한 단계 더 높이는 것이었다. 이 서비스를 이용하려면 고객은 실물 열쇠 없이도 열 수 있는 스마트 잠금 장치를 갖고 있거나 구매해야 했다. 그리고 배송 상태와 배송원의 신분을 실시간으로 모니터링할 수 있는 아마존의 실내 보안 카메라도 구입해야 했다.

맥밀런은 이런 알짜 정보를 헛되이 흘려보내고 싶지 않았다. 월마트 전자상거래 부문의 직원으로 꾸려진 소규모 그룹은 맥밀런이 라이벌 회사에 한 방 먹이기를 원한다는 말을 들었다. 약 6주 만에 월마트는 비슷한 프로그램의 윤곽을 만들었다. 2017년 9월 22일, 월마트는 '미래에는 여러분의 냉장고로 곧장 배송이 가능한 이유?'라는 제목의 블로그 글을 올려서, 실리콘밸리에서 고객의 집 안으로 배송해주는 소규모 파일럿 테스트를 실시한다고 발표했다. 여기에는 배송 직원이 상하기 쉬운 제품의 포장을 풀어 고객의 냉장고에 넣어주는 서비스가 포함되었다.[55] 월마트보다는 아마존의 혁신을 다루는 것에 더욱 익숙해진 기술 분야의 블로그들이 이 소식을 앞다퉈 다뤘다. 이후 맥밀런은 임원들에게 이 파일럿 테스트를 확장하여 월마트의 스타트업 인큐베이터인 '8호점' 내에서 독자적인 비즈니스로 전환할 수 있도록 허가했다.

반면에 아마존이 '아마존 키(Amazon Key)'라는 프로그램을 발표했을 때는 이미 월마트가 파일럿 테스트를 한다고 발표한 지 한 달 이상 지난 시점이었다.

이와 관련하여 월마트 전자상거래 부문의 전직 관리자는 내게 이렇게 말했다. "제대로 한 방 먹인 순간이었습니다. 우리에게 엄청나게 좋은 보도들이 쏟아졌고, 우리는 집 안 배송에서 그들에게 한 방 먹였습니다. 그 당시의 이야기는 주로 아마존이 월마트를 따라간다는 것이었습니다. 우리가 앞서고 있었고, 더그 맥밀런은 확실한 것에서는 정말로 앞서가고 싶어 했습니다."

당연한 말이지만, 벤턴빌의 본사에 있는 사람이나 월스트리트에 있는 사람이나 그 누구도 월마트와 아마존을 혼동하지 않았다. 그러나 그러한 움직임은 파문을 일으키고 있었다.

이러한 새로운 서사를 만드는 데 맥밀런의 개입은 훨씬 더 이전부터 시작되었다. 예를 들면, 제트 인수가 확정된 바로 그날, 월마트는 그의 이름으로 블로그에 당시의 미디어 트렌드를 모방한 다음과 같은 제목의 게시글을 하나 올렸다. '월마트가 제트닷컴을 사들인 다섯 가지 이유.'[56]

맥밀런은 가장 첫 번째 이유를 다음과 같이 썼다. "제트닷컴은 스마트 장바구니를 만든 것부터 무료 반품 포기 옵션과 직불카드 사용에 이르기까지 고객이 쇼핑할 수 있는 독특하면서도 투명한 방법을 만들어, 그들이 쇼핑할 때 가장 낮은 가격을 선택할 수 있게 돕고 있다. 이런 특성 덕분에 제트닷컴은 현명한 쇼핑객들 사이에서 팬을 확보했으며, 우리가 더욱 많은 쇼핑객의 손에 절약할 수 있는 힘을 부여할 수 있도록 도와줄 것이다." 그리고 맥밀런은 이렇게 덧붙였다. "월마트닷컴을 기대해주세요."

제트는 실제로 고객이 기존의 주문에 상품을 더 추가하면 할인 혜택을 받는 독특한 쇼핑 방식을 만들었다. 이 스타트업은 이런 기능에 '스마트 카트(Smart Cart)'라는 이름을 붙였다. 어느 전직 임원이 내게 들려준 내부 데이터에 따르면, 고객이 제트의 온라인 쇼핑 카트에 물품을 많이 담을수록 또 다른 물품을 더 추가할 가능성이 높아졌다고 한다. 그건 전자상거래가 일반적으로 작동하는 방식이 아니었는데, 제트와 월마트에는 좋은 점이 되어야만 했다. 하나의 온라인 주문에 더욱 많은 물품을 담으면 비용은 줄어들고, 소매업체의 규모가 클수록 수익을 얻을 가능성이 더 높아진다. 왜냐하면 수익성이 낮은 품목도 수익성이 높은 품목과 함께 묶어서 판매할 수 있기 때문이다.

그러나 현실은 달랐다. 스마트 카트 기능이 제트의 고객에게 제공한 할인은 실제 물류비용을 낮추는 것과는 거의 관련이 없는 경우가 많았다. 그런데도 월마트의 임원이 그럴 수 있다고, 그것도 제트가 아직 별개의 스타트업일 당시에 공개적으로 자랑한 것이다. 그럼에도 스마트 카트의 기반을 이루는 기술은 대체로 효과가 있었고, 월마트의 방대한 오프라인 매장과 물류창고 네트워크는 그런 비용을 낮추는 데 도움이 될 수 있었고, 월마트닷컴에서 스마트 카트의 진가가 결실을 맺을 수도 있었을 것이다. 적어도 이론적으로는 말이다.

그런데 제트의 일부 임원은 인수 계약 조건에 따라 제트닷컴이 가장 인기 있는 수많은 상품을 월마트보다 낮은 가격으로 판매할 수 없다는 사실을 이미 알고 있었다. 바로 그 조항 때문에 심지어 제트닷컴에서조차 원래의 스마트 카트 모델을 유지하는 게 어려워질 수밖에 없었다. 그런 상황에서 계약을 성사시키기 위해 제트의 임원들은 결국 여러 방안이 혼합된 해결책을 만들어낸다. 그들은 일부 제품의 가격을 올리고, 일부 물품은 월마트에서 판매하는 것과 다른 사이즈의 유사한 제품으로 교체했으며, 심지어 제트닷컴에서 스마트 카트로 절약된 금액을 보여주는 방법을 수정하여 월마트에서도 판매되는 품목 옆에는 그 수치가 표시되지 않도록 조치했다.

그런데 만약 월마트의 웹사이트에서 상품 가격을 월마트의 오프라인 매장보다 더 저렴하게 책정할 수 없다면, 제트의 스마트 카트를 원래 그대로의 형태로 월마트닷컴에 이식하는 건 불가능해 보였다. 왜냐하면 제트가 별도의 회사이던 시절에는 일부 문제가 되는 제품의 가격을 올리는 조치를 취할 수 있었지만, 상시 최저가를 위해 헌신하는 월마트라는 브랜드 아래에서는 그런 임시방편이 통하지 않을 것이기 때문이다. 그래서 제트 인수 직후 월마트의 미국 CEO인 그레그 포란과 제트의 임원들은 월마트가 운영하는 여러 웹사이트와 월마트의 주 수익원인 슈퍼센터 체인 사이의 마찰을 줄일 수 있는 가격 정책 합의안을 마련하기 위해 복잡한 논의를 진행했다. 제트의 임원 한 명은 당돌하게도 이를 가리켜 베르사유 조약*이라고 불렀다.

그 결과를 간단히 말하면, 내부의 일부 관계자는 스마트 카트가

---

*　제1차 세계대전에서 패배한 독일이 연합국과 맺은 평화 협정.

오리지널 형태로는 월마트닷컴에서 어떠한 미래도 보장되지 않는다는 사실을 깨닫게 되었다. 그럼에도 인수 협약이 체결된 지 1년 후에도 월마트의 임원들은 이런 혁신적 기능이 33억 달러 규모의 인수 협상을 이끈 핵심 가운데 하나라고 여전히 공개적으로 이야기했다.

"여러분은 내년 중에 제트의 스마트 카트 기술이 월마트닷컴으로 마이그레이션(migration)*하는 걸 보게 될 것입니다." 마크 로어가 2017년 가을에 개최된 어느 콘퍼런스에서 투자 애널리스트들에게 한 말이다.[57] 2018년 초, 더그 맥밀런도 월스트리트 애널리스트들과의 통화에서 비슷한 예상을 거듭해서 밝혔다. "여러분은 스마트 카트의 기능이 월마트로 이전되는 걸 보게 될 것입니다."

당시에 그런 상황에서 분명히 나타난 것은, 그것이 외부인에게도 명확했는지는 모르겠으나, '스마트 카트'라는 문구의 의미가 내부적으로는 확장되었다는 점이었다. 다수의 전직 월마트 임원이 내게 들려주기를, 내부적으로 그들은 '스마트 카트'라는 용어를 고객이 월마트의 기존 시스템에서 비용을 걷어내는 데 도움이 되는 행동을 하도록 유도하고, 그러면서 고객에게 일부 혜택을 되돌려주는 다른 기능까지 포함하는 형태로 좀 더 느슨하게 사용했다고 한다. 예를 들면, 온라인 고객이 주문품을 자택으로 배송하는 대신에 가까운 월마트 매장에서 수령하는 경우에 할인 혜택을 제공하는 것도 스마트 카트의 기능이었다. 그리고 월마트가 2019년에 35달러 이상의 주문에 대해 익일 배송 서비스를 도입했을 때, 일부 임원 역시 그것을 스마

---

*   어떤 프로그램이나 데이터 등을 기존과는 다른 시스템으로 옮기는 것.

트 카트와 관련된 혜택이라고 생각했다. 그런데 월마트는 익일 배송의 경제성을 담보하기 위하여, 주문한 모든 물품이 동일한 물류창고에서 배송될 수 있는 경우에만 이 서비스를 제공했다. 그렇게 해야만 온라인 주문의 여러 물품이 다양한 시설에서 포장되고 배송될 때의 비용이 발생하지 않기 때문이다. 그렇지만 어쨌든 그것은 원래의 혁신적인 스마트 카트와는 관계가 없는 기능이었다.

"저는 그들이 스마트 카트를 제대로 구현하지 않아서 어마어마한 기회를 놓쳤다고 생각합니다." 제트에 근무하다가 인수 이후에 월마트에서 공급망 담당 리더를 맡은 조 굴로(Joe Gullo)의 말이다.

그러나 제트의 임원들이 월마트에서 처음으로 1년을 꽉 채워 근무한 2017년에만 하더라도 스마트 카트의 미래는 여전히 밝았다. 월마트 디지털 부문의 미래도 전반적으로 마찬가지였다. 2016년 9월에 월마트의 제트 인수가 완료된 날, 월마트의 주가는 1주당 약 73달러로 마감했다. 2017년 11월 중순이 되자, 주가는 잠시나마 무려 100달러 선에서 거래되었다. 월마트 오프라인 매장 부문의 일부 최고위급 임원들에게 그러한 주가 상승과 그에 따른 개인 자산의 증가는 로어의 팀이 실행하고 있는 값비싼 성장 계획에 대한 의구심을 일부 해소하는 데 도움이 되었다.

그해의 연말 시즌이 제트의 팀에게는 중요한 시기였다. 사실 그들은 2016년 9월에 인수 협상이 완료된 이후에 월마트에서 이미 한 차례 연말 시즌을 거쳤는데, 당시에는 블랙 프라이데이(Black Friday)* 주

---

* 　미국에서 추수감사절 다음 날의 금요일로, 연중 쇼핑 규모가 가장 큰 날이다.

말 기간에 월마트 전자상거래 물류창고의 자동화 관련 핵심 시스템이 고장 나는 바람에 힘겨운 시즌을 보냈다. 아무튼 수많은 전략과 계획은 그들이 합류할 당시에 이미 결정되어 있었다. 그래서 2017년 가을은 제트 출신 인사들이 월마트의 미국 전자상거래 부문을 완전히 장악한 상태에서 아마존을 비롯한 경쟁업체를 상대로 벌이는 제대로 된 첫 번째 연말 결전의 시작이었다. 그들에 대한 신뢰도 거기에 달려 있었다.

그런데 여러 전직 임원이 내게 들려주기를, 이 새로운 리더들에게 여러 가지 상충되는 요구가 제기되었다고 한다. 월마트 미국 매장 부문의 일부 임원은 전자상거래 부문이 슈퍼센터가 펼치는 쇼핑 시즌 특유의 파격적인 특가 분위기에 맞추기를 원했다.

"매장 부문의 고위 관리자들은 대부분 연말 시즌을 성대하게 치르고 모든 걸 불태우는 것에 중독되어 있었습니다." 당시 월마트닷컴의 최고매출책임자(CRO)였던 스콧 힐튼(Scott Hilton)이 이러한 연말 시즌의 할인 행사가 전자상거래 부문의 수익성에 끼친 부정적인 영향을 언급하며 한 말이다.

한편 월마트의 재무 담당 임원들은 로어에게 그가 맡은 부문에서의 손실을 줄이라는 압력을 가했는데, 사실 그 손실액이 애초에 계획한 것보다 더 높게 이어지고 있었다. 그래서 2017년의 3분기까지 전자상거래 부문의 성장률이 매 분기마다 50퍼센트 이상을 기록하며 쾌속으로 질주하고 있었는데도, 로어는 일부 직원을 깜짝 놀라게 하는 지시를 내렸다. 연말 시즌으로 질주하는 가속 페달에서 발을 떼라고 말한 것이다.

"그건 전혀 마크 로어답지 않은 행동이었어요." 어느 전직 직원이 내게 한 말이다.

월마트의 최고재무책임자(CFO)인 브렛 빅스(Brett Biggs)는 그해 10월에 열린 투자자의 날 행사에서 월스트리트 측에 성장세가 둔화할 예정이라는 메시지를 간접적으로 전달했는데, 이 자리에서 그는 월마트의 미국 내 전자상거래 부문의 1년 총매출이 115억 달러를 기록할 것 같다고 말했다. 간단하게 계산해보면, 이는 월마트 전자상거래 부문의 4분기 성장률이 20퍼센트대로 둔화할 예정임을 의미했다.

2018년 2월에 월마트는 연말 시즌이 포함된 4분기에 대한 결과를 발표했다. 그러자 투자자들은 월마트의 미국 내 전자상거래 성장률이 3분기의 50퍼센트에서 23퍼센트로 둔화된 것에 충격을 받았다. 참고로 그보다 앞선 2분기의 성장률은 60퍼센트였다. 주가가 10퍼센트 가까이 하락했다. 이는 2년 만에 최대의 하락폭이었다. 그러면서 회사 가치가 300억 달러 이상 날아갔다.[58] 반면에 아마존은 연말 분기 동안 다양한 비즈니스 라인에 걸쳐서 38퍼센트의 매출 성장을 기록했다. 이러한 급속한 성장은 더욱 거대한 전자상거래 판매 기반에서도 마찬가지였다.

"이러한 둔화의 대부분은 우리가 제트 인수를 완전히 마무리하고 연휴 시즌을 위한 장기적으로 더욱 건강한 기반을 다지는 과정에서 이미 예상된 것입니다." 월마트의 맥밀런이 해당 어닝스 콜(earnings call)에서 한 말이다.[59]

그런데 그처럼 예정된 둔화 외에도 다른 문제가 있었다. 맥밀런은 그런 문제를 간략하게 논의하면서, 월마트의 시설 내에 인기 있는 연말 상품은 물론이고 일상 용품을 보관할 수 있는 충분한 공간을 확보하지 못한 점과 관련한 '운영상의' 문제를 지적했다. 그런 문제로 고객이 연중 내내 주문하는 물품을 재고로 보관할 수 있는 회사의 역량에 피해를 끼쳤다는 것이다.

당시의 여러 뉴스 보도에 따르면, 블랙 프라이데이를 위해 준비한 일부 제품이 온라인에서는 추수감사절에 이미 매진되는 경우도 있었다고 한다.[60] 그리고 캘리포니아 치노(Chino)에 있는 서부 해안의 핵심 물류창고 한 곳에서는 자동화 시스템의 문제로 연말에 주문한 상품이 평소보다 더 느리게 발송되기도 했다. 월마트는 또한 온라인에서 쏟아내는 주문량이 어느 정도인지 제대로 알지 못했으며, 그래서 월마트닷컴이 과연 매일 얼마나 많은 패키지를 발송할지도 과소평가했다. 예를 들면, 전자상거래 부문을 접수한 제트 출신의 임원들에게는 펜실베이니아 베슬리헴(Bethlehem)에 있는 물류창고가 배정되었다. 그런데 만약 해당 임원들이 그 물류창고의 책임자에게 그곳에서 매일 처리할 수 있는 물량이 얼마나 되는지 물었을 때, 그들이 설령 하루에 20만 개라고 대답했을지라도 실제로 내보낼 수 있는 양은 그것의 절반 정도에 그쳤을 것이다. 발송 가능한 규모를 정확하게 예측할 수 없다는 것은 제트의 임원들에게 승계된 물류창고의 책임자에게 좋은 징조는 아니었을 것이다.

전자상거래 부문의 매출 둔화에 대한 좋지 않은 언론 보도는 회사의 인터넷 부문이 오프라인 매장에서 진행하는 초대형 세일 이벤트와 일부 보조를 맞추기를 원해오던 오랜 임원들의 심기를 건드렸다.

"언론의 부정적인 관심이 일부 매장 담당 임원을 미치게 만들었습니다." 월마트 전자상거래 부문의 전직 직원이 내게 한 말이다.

그런데 주가 폭락 역시 전자상거래 부문의 내부에서 또 다른 종류의 파문을 일으켰다.

그와 관련해 앞의 직원은 이렇게 말했다. "그 일은 조직 전체에 '이런 빌어먹을, 전자상거래가 주식 시장을 움직일 수 있잖아'라는 사실을 알려주는 거대한 경고음이었습니다."

월마트와 로어는 만약에 허니문 기간이었더라면 그런 사실조차 자신들에게 유리한 방향으로 활용하려고 계속해서 노력했을 것이다. 예를 들면, 전자상거래 분야에서 '승리하기 위한' 로어의 전략은 크게 세 부분으로 구성되어 있었다.

첫 번째는 '기본에 충실한다'로, 그것은 기존의 월마트닷컴을 개선하여 아마존에 대한 '충분히 좋은' 대안으로 거듭나기 위한 지루하고 고된 작업을 의미했다. 물론 아마존은 상품 종류, 배송 속도, 검색 엔진 기술, 고객 리뷰 등 거의 모든 부분에서 훨씬 앞서 있었다.

그래서 월마트의 전자상거래 부문은 점진적인 개선을 통해 이러한 격차를 지속적으로 조금씩 줄여나가야 한다고 판단했다. 이 부분에서 월마트닷컴의 진척도가 어느 정도인지 판단하기 위한 계량적 분석 방법에서 로어가 사용하던 문구는 '보유하기(Have it)', '찾아내기(Find it)', '보여주기(Display It)', '가격 매기기(Price It)'였다. 이것은 아마존과 싸우기 위한 월마트의 전략 가운데에서 수세적인 부분이었다.

반면에 로어의 삼각 전략 가운데 나머지 두 가지는 월마트의 공세적인 부분이었다. 이곳은 월마트가 승리할 수 있는 영역이었다. 계량적 분석의 항목에 따르면, 그것은 각각 '미래를 위한 혁신(Innovate for the future)'과 '독특한 자산의 활용(Leverage unique assets)'이었다.

이 두 가지 가운데 첫 번째는 로어와 그의 팀이 월마트에 합류한 첫해에 광고를 내보내서 수많은 화제를 모은 실험과 연관되어 있다. 그중 하나만 예로 들면, 월마트 매장의 직원이 퇴근해서 집으로 돌아가는 길에 고객에게 주문한 상품 패키지를 배송해주는 테스트가 있었다. 그리고 마지막 전략은 구글(Google)과 제휴하여 소비자가 구글의 스마트 스피커에 음성 명령만 내리면 월마트에서 주문이 되게 하는 것이었다. 스타트업 인큐베이터인 '8호점'이 이런 전략의 주력 실험실이었다. 그리고 월마트는 다가오는 미래에 가상현실(VR) 같은 기술이 소매산업에 어떤 영향을 미칠지 이곳에서 탐구한다는 사실을 대대적으로 홍보했다.

그러나 이러한 허니문 기간에 월마트 전자상거래 부문의 성장에 기여한 숨은 영웅은, 그리고 아마존의 임원들이 오랫동안 두려워해온 월마트가 가진 비장의 무기는, 사실 기존의 슈퍼센터 매장이었다. 로어를 포함해서 월마트의 모든 구성원은 미국에서 어마어마한 규모의 사람이 매일 월마트에 들른다는 사실을 알고 있었다. 그런 사실에 더해 미국 내 최대 식료품점이라는 월마트의 지위까지 가세하면, 아마존으로서는 경쟁하기 힘겨운 상대가 될 것이 분명했다. 제트를 인수해서 로어가 합류하기 이전에도 이미 월마트는 미국 내 약 400개의 슈퍼센터에서 온라인 식료품 주문을 픽업할 수 있는 서비스를 제공하고 있었다.

로어와 그의 팀원들이 월마트에서 약 1년을 보낼 때까지 이러한 식료품 픽업 서비스는 약 1,000개 지역까지 확대되었고, 관련 업무의 대부분은 (오프라인 매장 부문 CEO인) 그레그 포란의 관리감독을 받는 팀들이 수행하고 있었다. 그리고 이 서비스는 회사에서 제공하는 어떤 기능보다도 고객 만족도 측면에서 가장 높은 점수를 받았다.

월마트가 디지털 느림보라는 이야기가 바뀌고 있었다. 언론과 투자자들이 주목하고 있었다. 일반 사원들은 활기가 넘쳤다. 그리고 로어는 이러한 부활에 대하여 어느 정도 공로를 인정받았다. 그러나 그것이 과연 장기적으로 좋은 일이 될지 여부는 전혀 다른 문제였다.

Chapter 05

프라임의 공격

Winner
Sells All

더그 맥밀런이 월마트의 CEO가 되기 오래전에, 그리고 마크 로어가 쿼드시나 제트닷컴에 대한 약간의 아이디어조차 갖기 이전에, 제약회사의 임원이었던 제프 윌크(Jeff Wilke)라는 사람이 월마트의 슈퍼센터 이후로 소매업의 역사에서 아마도 가장 파괴적인 혁신을 위한 기반을 부지런히 다지고 있었다. 그것은 바로 아마존 프라임(Amazon Prime)이다.

제프 베이조스는 1999년에 지미 라이트(Jimmy Wright)의 대체자로 얼라이드시그널(AlliedSignal)의 의약정밀화학 부문에서 판매, 마케팅, 제조, R&D를 총괄하던 32세의 윌크를 영입했다. 라이트는 월마트 물류 부문에서 열심히 일하던 임원 출신으로, (아마존으로 이직한 뒤에) 아마존의 물류창고 네트워크를 신속히 확장하는 일을 성공시켰지만, 그 방식은 새로운 전자상거래에 적합한 것이라기보다는 좀 더 구식 소매업에 어울리는 것이었다. 브래드 스톤(Brad Stone)이 쓴《모든 것을 파는 가게》*에 따르면, 라이트가 당시에 구축한 아마존의 시설들은 "노동자가 원하는 물건을 찾으러 가야 하는 통로와 선반에는 불빛이 깜빡거렸고, 컨베이어 벨트가 거대한 기계장치 안팎으로 드나들었다"고 한다. 그러나 월크를 비롯한 다른 사람들은 라이트와 그의 전임자들이 구축한 장비와 처리 프로세스는 현재 아마존이 원하는 형태의 지속적이며 효율적으로 상품 주문을 처리하는 유형의 물류창고로는 적합하지 않다고 판단했다. 월크와 아마존은 운영 체제를 완전히 재정비해야 했다.

월크의 임무는 어마어마한 것이었다. 그는 몇 시간 안에 신속하게 제품을 발송할 수 있도록 아마존의 시스템과 처리 프로세스를 재창조해야만 했다. 이를 달성하기 위해, 그는 또 다른 월마트 출신의 베테랑으로 아마존의 최고정보책임자(CIO)를 맡고 있던 릭 달젤(Rick Dalzell)과 협업을 했다. 참고로 달젤은 1999년에 월마트와 아마존 사이에 벌어진 소송의 중심에 있던 전직 월마트 임원이다. 달젤과 그가 이끄는 기술팀 직원들은 월크의 작업을 도와 기존의 물류창고 프로세스를 컴퓨터 코드로 바꾸어놓았고, 이는 이후 수십 년 동안 아마존이 자랑하는 물류 기술의 핵심이 되었다.

이와 관련하여 월크는 2021초에 아마존에서 퇴임하기 직전에 내게 이렇게 말했다. "가장 도움이 된 것은 릭 달젤이 고도의 대기업에서 IT 부문 임원으로 일했었다는 점입니다. 그리고 저는 이 회사가

---

*   한국어판은 《아마존 세상의 모든 것을 팝니다》.

몸집을 키우려면 그런 프로세스가 필요하다는 걸 알고 있었고, 그것을 구현할 수 있는 파트너가 필요했습니다."

2001년, 아마존의 물류창고 네트워크 내에서 커다란 변화가 시작됐는데, 그건 바로 '주문처리 센터(fulfillment center)*'라는 것이다. 소프트웨어 코드가 다시 작성되었고, 주문처리 센터의 구성 배치가 변경되었다. 이 신규 프로세스에는 윌크가 믿고 따르는 이론으로, 낭비 또는 불필요한 과정을 최소화하면서 생산성의 최대화를 목표로 하는 기법인 린 생산(lean manufacturing)** 방식의 기술이 통합되어 있었다. 그렇게 만든 새로운 시스템은 패스트트랙(FastTrack)이라고 불렀다.

2002년이 되자 이 새로운 시스템이 효과가 있다는 징후가 나타났다. 이전에는 아마존의 고객이 주문을 하고 나서부터 주문처리 센터에서 배송이 떠나기까지 만 하루가 걸렸다. 그런데 이제는 24시간이던 소요시간이 최상의 경우에는 불과 3시간으로 줄어들었다. 1년 뒤, 아마존은 그렇게 빨라진 소요시간을 쇼핑객에게 홍보했다. 웹사이트에 들어가면 곧바로 이런 식의 메시지를 확인할 수 있었다. "내일 배송 받고 싶으세요? 앞으로 5시간 25분 안에 주문하시면 됩니다." 그런 약속은 엄청난 효과가 있었다. 더욱 많은 쇼핑객이 신속한 배송을 위해 돈을 내기 시작한 것이다.

옛날 방식에 익숙한 월마트의 임원들이라 하더라도 박수를 쳐야

---

*   고객이 주문한 상품을 찾아 포장하고 배송까지 모든 과정을 처리하는 시설.

**   토요타가 제조 부문의 효율성을 높이기 위해 개발한 방식.

할 수밖에 없는 상황에서, 월크는 이제 물류창고의 관리자들에게 매일 일과가 끝날 때마다 어떤 배송이 늦어진 이유를 이메일로 하나하나 설명하라고 요구했다. 물론 속도와 편리함에 대한 이런 조직적인 집착이 물류창고에서의 처리 속도를 높이는 데는 도움이 되었지만, 어떤 사람은 이런 방식이 그곳에서 일하는 아마존의 저임금 노동자에게는 잔인하다고 생각할 수도 있었다.

월크는 2018년에 내게 이렇게 말했다. "우리는 그 프로세스가 제대로 작동하도록 만들기 위해 1년 동안 일했으며, 그러고 나자 이걸 외부에 본격적으로 개시해도 되겠다는 자신감이 들었습니다."[61]

2004년 말에 제프 베이조스가 '퓨처라마(Futurama)'라는 코드 네임의 프라임(Prime) 서비스에 대한 아이디어를 승인했을 때, 월크는 그 회의실에 있을 필요조차 없었다. 거기에 필요한 하드웨어 물류 시스템의 거의 모든 것이 이미 갖춰져 있었기 때문이다. 그리고 해당 비밀 프로젝트에 투입된 아마존의 직원을 포함하여 당시에는 거의 아무도 몰랐지만, 프라임 서비스는 이후 전자상거래 분야에 대한 아마존의 지배력을 확고히 하게 된다.

아마존 프라임이 2005년에 서비스를 개시했을 때, 월마트는 이런 새로운 멤버십 프로그램을 위협으로 여겨야 할 이유가 거의 없었다. 무엇보다도 소매업의 거대기업인 월마트의 순이익(profit)이 아마존의 매출액(revenue)보다 더 많았다.* 만약 당신이 2005년이나 또는 2015년에 월마트의 임원이었다면, 아마존 프라임의 위협을 가볍게

---

* 순이익(profit) = 매출액(revenue) − 비용(cost).

무시할 수 있는 아주 단순한 또 다른 이유는 바로 비용(cost)이었다. 프라임은 서비스 가입자에게 2005년부터 2014년까지 연간 79달러의 비용을 부과했다. 그런데 이는 2014년 기준으로 가구소득이 5만 3,000달러인 월마트의 평균적인 고객에게는 상당히 부담스러운 금액이었다. 반면에 아마존 프라임의 미국 내 회원의 평균 가구소득은 거의 7만 달러에 달했다.[62] 월마트의 핵심 고객층이 단지 좀 더 많은 상품을 아마존에서 주문할 수 있다는 이유만으로 그렇게 많은 돈을 미리 낼 수 있을까?

월마트의 많은 리더는 그렇지 않다고 생각했다. 월마트는 지금까지 오랫동안 아주 잘 해온 일을 꾸준히 계속 해나가기로 했다. 공급업체를 마지막 한 푼까지 쥐어짜서 최저의 도매가를 얻어내고, 매장의 일반 직원에게는 법적으로 허용되지만 생활을 영위하기엔 빠듯한 임금을 지급하며, 그런 전략 등을 통해 절약한 비용을 상시 최저가 형태로 고객에게 제공하는 것이었다. 월마트의 신조는 고객이 월마트의 슈퍼센터로 걸어 들어올 때 그곳에서 괜찮은 가격으로 물건을 구입할 수 있을지 의심하지 않아도 된다는 것이었다. 이미 그러리라는 걸 알고 있기 때문이다. 그리고 혹시라도 월마트의 고객이 소매점의 멤버십 프로그램에 가입하고 싶다면, 그들은 월마트가 코스트코(Costco)에 대응하여 내놓은 샘스클럽(Sam's Club)에 가입할 수 있었다.

아마존은 2014년 초에 프라임 서비스의 비용을 연간 99달러로 올렸는데[63], 그렇기 때문에 월마트의 임원들은 그러한 위협을 훨씬 더 쉽게 무시할 수 있었을 것이다. 프라임의 이용료가 더 비싸질수록 일반적인 고객은 월마트에서 더욱 많은 지출을 할 것으로 여겨졌다. 아마존의 그런 제안을 과연 얼마나 많은 사람이 받아들이겠냐는 생각이었다.

그러나 아마존 내부의 최고위층은 자신들이 제공하는 서비스가 새롭게 책정한 요금 이상의 가치가 있다고 믿었다. 그들은 이미 몇 년 전에 프라임 패키지에 엔터테인먼트 혜택을 추가해놓았다. 당시에 베이조스는 비디오 담당 임원이 아마존의 신규 스트리밍 비디오 서비스를, 그때만 해도 대단한 콘텐츠가 없었는데도 프라임 회원에게 무료료 제공해야 한다는 아이디어를 내놓아서 깜짝 놀랐다. 베이조스는 넷플릭스(Netflix)의 수익성 전략을 베끼고 싶었다. 원래 DVD 대여 서비스를 하던 넷플릭스는 기존 가입자에게 무료로 제공하는 보너스 형태로 처음 스트리밍 서비스를 개시했다. 베이조스는 넷플릭스가 초기에 스트리밍하던 TV 프로그램과 영화가 블록버스터가 아니라 그저 그런 작품인데도 넷플릭스가 성공했다고 생각했다. 베이조스는 만약 그것이 훌륭하다면 경쟁자의 전략을 모방하는 것도 마다하지 않았다.

이와 관련하여 아마존의 임원이었던 빌 카(Bill Carr)는 2018년에 내게 이렇게 말했다. "제프 베이조스가 정확히 이렇게 말한 것으로 기억합니다. '아, 그런데, 프라임은 1년에 79달러입니다. 아, 그런데, 거기에는 무료 영화와 TV 프로그램도 포함되어 있습니다.'" 그런데 만약 영화와 TV 프로그램이 무료라면 소비자가 과연 그것의 품질에 대해 얼마나 불평을 하겠는가?[64]

이 전략은 먹혔다. 프라임 서비스의 엔터테인먼트 혜택은 단지 회원 증가를 가속화하는 데만 도움이 된 것이 아니다. 그것은 또한 상품 주문 횟수가 점점 줄어들어 회원제를 탈퇴할까 고민하던 기존 고객에게 프라임 서비스를 유지해야 할 또 하나의 이유를 제공한 것이다.

2014년에 아마존이 프라임 멤버십 요금의 인상을 발표했을 때, 아마존은 프라임 서비스를 처음 출시했을 때보다 회원이 내는 이용료 이상의 더욱 많은 가치를 제공해준다는 것을 알고 있었으며, 향후에도 추가적인 기능이 공개될 예정이었다. 아마존의 리더들은 전 세계에서 회원 1억 명을 돌파한다는 목표를 설정했는데, 상품 배송 서비스나 비디오 콘텐츠를 별개로 제공해서는 그런 목표에 도달하지 못할 것이라고 생각했다.

이와 관련하여 아마존 프라임의 부사장이었던 그레그 그릴리(Greg Greeley)는 2018년에 내게 이렇게 말했다. "저는 아마존의 비즈니스 리더들을 찾아가서 이렇게 말했습니다. '이봐요, 프라임은 우리의 프리미엄 고객에게 최고의 아마존을 제공할 수 있는 기회입니다. 그런 프라임 서비스에 포함해 당신의 비즈니스 부서만이 아니라 아마존 전체의 플라이휠(flywheel)*에 더욱 힘을 실어줄 수 있는 것이 무엇입니까?'라고 말이죠."[65]

그러던 2014년 6월에 아마존 프라임은 음악 스트리밍 서비스를 선보였다. 그리고 이와 함께 (음성 어시스턴트인) 알렉사(Alexa)와 새로운 음악 스트리밍 서비스를 이용할 수 있는 최초의 아마존 에코

---

* 처음에 가동하려면 힘이 많이 들지만, 계속 돌리다 보면 관성에 따라 저절로 돌아가는 시스템을 일컫는 말.

(Amazon Echo) 스피커를 출시했다. 에코 스피커를 출시할 때 프라임 회원에게는 당연히 반값에 제공되었다. 아마존은 또한 인기가 많은 상품을 추가 비용 없이 2시간 내에 배송해주는 프라임 나우(Prime Now) 서비스를 공개했는데, 이 서비스는 처음엔 뉴욕에서만 시행하다가 시간이 지나면서 다른 도시로도 확장되었다.

아마존의 임원들은 이러한 추가 기능에 대해서 신중하려 노력했다. 그들은 특정한 신용카드를 발급받거나 미국자동차협회(AAA)에 가입하면 따라오는 공허한 '혜택'을 추가하는 것의 위험성을 정확하게 인식하고 있었다. 그들은 이런 종류의 혜택이 전체적으로 제공되는 가치를 희석시킨다는 점을 이해하고 있었다. 그럼에도 그들은 아마존이 새롭게 제공하는 프라임의 혜택은 너무 좋아서 고객에게 그냥 지나치기에는 아까운 서비스라는 사실을 설득하는 데 도움이 되리라고 믿었다.

"우리는 프라임 서비스가 회원이 되지 않고는 도저히 못 버틸 만큼 좋은 가치가 되기를 원합니다." 베이조스가 2015년에 주주들에게 보내는 연례 서한에 쓴 내용이다.[66]

사용하고, 남용하고, 잃어버려라

그러나 대부분의 미국인에게 프라임의 선불 가입비 99달러는 만만치 않은 금액이었다. 아마존의 임원들은 이런 점을 이해하고 있었다. 그들은 연간 회비 대신에 월간 회비 방식의 선택권을 제공함으로써 더욱 많은 사람이 프라임 서비스를 이용할 수 있도록 하는 방안을 두고 오랫동안 논의했다. 그렇게 하면 고객이 지불해야 하는 초기 비용이 줄어들 뿐만 아니라, 고객이 소득 여건에 맞게 멤버십을 잘 꾸려나갈 수 있을 것이다. 아마존은 무료 시험 사용 기간에 등록했다가 결국엔 유료 가입을 거부한 고객을 대상으로 설문조사를 실시했는데, 그들이 유료 가입을 포기한 가장 큰 이유는 바로 초기에 내야 하는 연회비 때문이었다.

이와 관련하여 그릴리는 내게 이렇게 말했다. "그들에게 그건 배송 서비스를 구입하는 거 아니겠어요? 그들의 반응은 마치 '글쎄요,

제가 앞으로 얼마나 많은 물건을 구매할지 잘 모르겠어요.'라고 말하는 것 같았습니다."

월간 회비 방식에 반대하는 임원들의 주된 우려는 고객이 연말 쇼핑 시즌이 포함되는 한 달 동안만 가입해서 그러잖아도 바쁜 성수기에 회사의 물류 운영에 더욱 큰 부담을 주고는 신년이 되면 서비스를 해지하는 것이었다.

그런데 시간이 지나면서 이 프로그램에 더욱 많은 혜택이 추가되었고, 그러면서 그들은 프라임 서비스를 이용하는 것에 대한 경제적 부담을 줄여주는 것이 효과가 있다는 사실을 깨닫게 되었다. 2016년이 되자 아마존 프라임은 부유한 중상위층 미국인을 끌어들이는 데 크게 성공하고 있었다. 바로 그 점이 중요했다. 프라임 회원이 비회원 고객보다 아마존에서 더욱 빈번하게 쇼핑을 하고 더욱 많은 돈을 쓰고 있었다. 그 이유는 이 프로그램이 다른 수많은 무제한 멤버십 서비스처럼 소비자의 두뇌에 뭔가 흥미로운 작용을 했기 때문이다. 그런 무제한 서비스는 회원에게 자신이 지불하는 돈의 가치를 뽑아내기 위해 다른 소비처에서 지출하지 않고 멤버십이 적용되는 곳에서 그 서비스를 자주 사용하고 싶어 하는 욕구에 불을 붙인다.

프라임 서비스 초기에는 바로 이런 습성이 문제가 되었는데, 왜냐하면 프라임의 첫 번째 헤비 유저(heavy user)*들은 신속 배송을 위해 이미 빈번하게 추가 비용을 지불하는 사람이었기 때문이다. 이런 배송을 위해서 때로는 비행기로 운송해야 할 때도 있었는데, 그럴 경우

---

*   사용 빈도가 매우 높은 이용자.

아마존은 트럭으로 운송하는 것보다 약 10배의 추가 비용이 소요되었다. 프라임 서비스와 함께 그들은 훨씬 더 많이 쇼핑했고, 연간 회비로 그들의 주문과 연관된 비용을 충당하기에는 턱없이 부족했다.[67]

월마트처럼 수익에 집착하는 회사의 관점에서 보면, 이런 상황은 프라임 같은 프로그램에는 죽음의 전조로 여겨질 수도 있었다. 그러나 아마존의 베이조스는 단기적인 이익을 희생하더라도 장기적인 관점에 집중하겠다고 약속했다. 그래서 프라임 서비스는 계속됐다.

이와 관련하여 아마존의 임원이었던 줄리 토다로(Julie Todaro)는 2019년에 내게 이렇게 말했다. "제프 베이조스는 프라임 서비스에 전략적 이득이 있음을 알았고, 거기에서 고객에게 제공되는 가치가 있음을 알았습니다. 반면에 다른 회사라면 '그래, 고객이 우리가 원하는 대로 하고 있긴 하지만, 가격이 너무 비싸니까 없애버리자'고 말했을 것 같습니다."[68]

시간이 흐르고 프라임의 인기가 높아지자 배송 비용이 조금 낮아졌는데, 그 이유는 프라임이 열심히 고객의 수요를 늘린 덕분에 아마존으로서는 더욱 많은 고객에게 가까운 물류창고를 더 많이 구축할 수 있는 좋은 명분을 부여했고, 그래서 점점 더 많은 수화물을 값비싼 비행기가 아니라 트럭으로 보낼 수 있게 되었기 때문이다. 그러한 물류창고의 확장은 아마존이 2010년대 초에 미국 내 여러 주정부와 협상해 세금을 감면받으면서 더욱 가속화되었다. 이로 인해 아마존은 이전에는 기피하던 주에서도 물류시설을 구축하고자 하는 의향이 더욱 높아졌다.

그러나 아마존의 임원들이 2010년대 후반에 프라임 회원을 더욱 늘리기 위해서는 덜 부유한 미국인을 끌어들이기 위한 새로운 방법이 필요했다.

코웬앤컴퍼니(Cowen and Company)의 조사에 따르면, 당시에 미국에서 가구소득이 최소 15만 달러 이상인 가정 가운데 60퍼센트가 프라임 멤버십을 보유하고 있었다. 반면에 연소득이 4만 달러에서 5만 달러 사이에 해당하는 가구 중에서는 약 40퍼센트가 프라임 멤버십을 갖고 있었고, 연소득 2만 5,000달러 미만의 가구 중에서는 불과 30퍼센트만이 회원권을 보유하고 있었다.

그래서 2016년 3월에 아마존은 시험 삼아 스프린트(Sprint)의 무선통신 가입자를 대상으로 프라임의 월간 요금제를 제공하기 시작했다. 이후 같은 해에 아마존은 이 요금제를 미국 내 모든 고객에게 개방했다. 프라임 서비스의 월간 회원은 멤버십 비용을 월 단위로 결제하는 편의를 위해 할증 요금을 지불해야 했다. 아마존은 프라임의 월간 요금에 10.99달러를 부과했는데, 이는 1년으로 따지면 약 132달러가 된다. 이에 비해 프라임 회원권을 1년 단위로 한 번에 결제하는 고객에게는 연간 99달러의 요금이 부과되었다. 99달러를 일시불로 결제할 수 없거나, 또는 그러고 싶지 않은 사람에게도 마침내 프라임 멤버십을 보유할 수 있는 기회가 찾아온 것이다.

그런데 같은 해 월마트는 미국에서 150개 매장을 폐쇄한다고 발표했는데, 그러자 아마존이 월간 요금제를 출시한 시점이 오프라인 경쟁사인 월마트의 이런 조치와 뭔가 관련이 있는 것이 아닌가 하는 의문이 제기되었다.[69] 당시 아마존 프라임의 대표인 그레그 그릴리는 프라임에서 월간 요금제를 도입한 시점이 경쟁업체와는 아무런 관련이 없다고 주장했다. 그러나 프라임의 대표인 그는 "월마트가 그런 매장을 폐쇄하자마자, 세상에서 소외된 '소매업종의 사막(retail desert)'*이 확대되었다는 사실"을 알고 있었다고 인정했다.

당시에 아마존은 이러한 소매업종의 사막에 거주하는 쇼핑객에게 어필하는 방법을 알아내는 일에 매우 관심이 많았는데, 그들 가운데 상당수가 생계를 유지하기 위해 고군분투하고 있었다. 2017년 초가 되자, 아마존 프라임의 회원 수는 미국 내 연소득 5만 달러 미만의 가정에서 가장 빠르게 증가했다.[70] 같은 해, 프라임은 13년 역사를 통틀어 1년 동안 가장 많은 유료 회원을 끌어모았다. 프라임 멤버십의 월간 요금제가 아마존의 사업에 도움이 된 것이다.

프라임의 현 대표인 자밀 가니(Jamil Ghani)가 말하길, 아마존의 임원들은 프라임 회원을 더욱 늘릴 수 있는 세 가지 방법이 무엇인지 오래전부터 알고 있었다고 한다. 그중 하나는 국제적인 확장이었다. 또 다른 방안은 프라임 서비스에 더욱 많은 혜택을 추가하는 것이었다. 그런데 세 번째 결정적인 수단은, 그리고 아마도 월마트에 대한 최대의 위협이 될 수도 있는 그것은, 프라임에 대한 접근성을 더욱 높이는 것이었다. 그러니까 더욱 많은 사람이 저렴하게 이용할 수 있도록 만드는 것이었다.

2016년에 프라임 서비스에 월간 요금제를 도입한 이후, 아마존은 가처분 소득이 적은 고객을 유인할 수 있는 새로운 방법을 계속해서

---

* 도시에서 경영난 등을 이유로 소매업종이 사라져서 식료품과 일용품을 구하기 어려운 지역을 말하는 것으로, 주로 저소득층의 밀집 주거지역에 형성되는 경우가 많다.

공개했다. 2017년, 아마존은 고객이 푸드스탬프(food stamp)*를 이용해 온라인으로 식료품을 구입할 수 있게 하는 테스트를 개시했다. 그리고 이 프로그램은 이후 코로나19 팬데믹으로 초래된 인도적 피해와 경제적 재난에 대한 보상이 이뤄지는 시기에 맞춰 널리 확대된다.

참고로 이 프로그램이 2019년에 미국 전역으로 확대될 때, 아마존은 푸드스탬프를 사용하는 고객에게 아마존 프레시(Amazon Fresh) 식료품 배송 서비스를 무료로 이용할 수 있게 해주었다. 아마존 프레시는 같은 해에 프라임 서비스에 무료 혜택으로 추가된 기능이며, 원래는 프라임 회원만 이용할 수 있는 혜택이었다. 프라임 멤버십 없이도 푸드스탬프로 프레시 서비스를 이용할 수 있게 한다는 결정은 임원진 차원에서 열띤 논쟁을 일으켰다. '서비스 부족 인구층(Underserved Population, UP)'을 위한 프로그램을 책임지고 있던 아마존의 리더는 그것이 마땅히 해야 할 일이라는 단호한 입장을 유지했다. 그 임원은 전직 기업 변호사인 크리스티나 허먼(Kristina Herrmann)인데, 그녀의 편에는 강력한 우군이 있었다. 그 우군이란 다름 아니라 당시에 아마존의 북미 소매업 비즈니스 부문의 최고책임자인 더그 헤링턴으로, 크리스티나 허먼은 이전에 그의 '그림자', 그러니까 수석보좌관으로 일했었다.

2017년 6월 초, 아마존은 미국 정부의 지원 프로그램을 받는 고객에게 프라임 서비스의 요금을 45퍼센트 할인해주면서 한층 더 거센 공격을 개시했다. 해당 자격을 갖춘 고객은 프라임의 월 요금으

---

* 　미국 연방정부가 저소득층의 식료품 구입을 지원하는 제도.

로 10.99달러를 내는 대신에 5.99달러만 지불하면 됐다. 2018년 3월, 아마존은 메디케이드(Medicaid)* 수혜자에게도 그런 할인 혜택을 추가로 부여했다. 이제 노동 계층과 저소득층 미국인도 영화 티켓 가격보다 저렴한 비용으로 매달 프라임 서비스를 이용할 수 있게 되었다.** 그런데 만약 기존의 저소득층 프라임 회원이 이제 저가 요금제의 혜택을 받을 수 있다면, 그런 할인 프로그램이 자칫하면 정가의 멤버십 비즈니스를 훼손할 수 있다는 우려가 제기되었다. 그럼에도 할인에 대한 아이디어는 더욱 나아갔다. 더그 헤링턴은 종종 UP팀이 하는 일은 '천사의 편에 서는 것'이라고 상기시켰는데, 이 표현은 이후에 허먼이 이끄는 팀의 슬로건이 되었다.

이와 관련하여 아마존의 내부 관계자였던 어떤 사람은 내게 이렇게 말했다. "월마트에 대해서 어떤 논의가 있지 않았냐고요? 네, 아마 그랬을 겁니다. 하지만 그건 주요한 요인이 아니었습니다. 기본적으로 아마존은 그런 고객 집단을 위해 올바른 일을 하려고 노력하고 있었습니다."

프라임이 지핀 불길이 멀리 벤턴빌까지는 번지지 않을 거라고 생각하던 월마트의 임원들에게, 2016년에 프라임이 월간 요금제를 도입하고 그다음 해에는 정부 지원을 받는 사람에게 할인 혜택을 제공한 것은 확실히 화재경보가 울려야 하는 사건이었다. 그러나 그때조

---

* 65세 미만의 저소득층 및 장애인을 위한 미국의 의료 지원 제도.
** 스태티스타(Statista)의 자료에 따르면 미국의 영화 티켓 평균 가격은 2018년 기준 9.11달러였다.

차 월마트에 오래 근속한 일부 일원은 아마존을 특별히 주목해야 할 위협으로 보지 않았는데, 이는 상당 부분 월마트가 최대의 강점을 가지고 있던 분야에서 아마존은 약점을 갖고 있었기 때문이다. 그것은 바로 부패하기 쉬운 식료품이다.

비록 월마트가 식료품 판매업으로 창업하지는 않았지만, 1990년대와 2000년대에 슈퍼센터의 등장과 거대한 확장은 월마트를 미국 내 최대의 식료품 판매업체로 만들어주었다. 이에 비해 아마존은 10년 전인 2007년에 식료품 배송 서비스인 아마존 프레시를 처음 개시했지만 신선 식품 분야에서는 아직까지 대형 판매업체는 아니었다. 아마존이 2017년에 홀푸드(Whole Foods)를 인수했을 때도, 경쟁사인 월마트의 장기 근속자들은 어깨를 으쓱했을 뿐인데, 그들은 중산층을 위한 유기농 식료품점(홀푸드)과 저가의 대규모 소매업체(월마트) 사이에 겹치는 고객은 극소수에 불과하다고 생각했다.

하지만 전자상거래 분야에 전념해온 마크 로어는 월마트에 합류하기 이전에도 아마존의 프라임 서비스가 월마트를 포함해 소매업 분야의 거의 모두에게 가하는 위협을 이미 파악하고 있었다. 그는 월마트가 운영 중이던 멤버십 프로그램인 쉬핑패스(ShippingPass)가, 그것의 출시 의도가 경쟁력 있는 서비스가 되려는 것이든 아니든 관계없이, 아마존의 프라임을 대체할 수는 없다는 사실을 깨달았다. 월마트는 2015년 봄부터 쉬핑패스를 서비스하기 시작했는데, 처음에는 연간 50달러의 요금을 내면 3일 배송을 무제한으로 제공하는 멤버십 프로그램의 형태였다. 제트(Jet)를 인수하기 직전, 월마트에 재직 중이던 전자상거래 부문의 리더들은 그 가격을 49달러로 내렸고 배송 속도도 3일에서 2일로 개선했다.

그러나 이틀의 배송 속도가 적용되는 상품의 목록은 아마존 프라임이 제공하는 상품의 규모에 비하면 극히 소량에 불과했다. 이렇게 차이가 발생하는 주요한 이유는 아마존에서 상품을 판매하는 외부 판매자(third party merchant)*는 아마존에 비용을 지불하면 '아마존의 주문처리(FBA)'라는 프로그램을 통해 자신의 상품을 보관하고 배송할 수 있다는 사실에 있었다. FBA에 수수료를 지불한 판매자는 자신의 제품을 프라임 서비스로 배송할 수 있었고, 아마존 쇼핑 사이트에서 아주 중요한 프라임 배지를 받을 수 있었다. 이것이 프라임의 성장에서 상당히 중요한 요인이었다.

그러나 월마트는 월마트닷컴에서 판매하고자 하는 외부 판매자에게 아마존의 FBA 같은 경쟁력 있는 혜택을 제공하지 않았다. 아직까지는 그랬다. 이는 월마트의 전자상거래 부문이 직접 매입하여 자체적으로 보관하는 200만 개 정도의 품목에 대해서만 이틀 배송 서비스를 제공할 수 있다는 의미였다. 물론 월마트의 쉬핑패스가 아마존 프라임에 비해 요금이 절반이긴 했지만, 거기에는 엔터테인먼트나 음악 같은 배송 이외의 혜택이 없었고, 그 규모에서는 '모든 것을 파는' 아마존의 방대한 상품 카탈로그에 가까이 다가가지도 못했다.

그러니 별로 놀랄 것도 없이, 월마트에 합류한 로어의 첫 번째 커다란 조치는 2017년 초에 프라임의 아류 프로그램을 없애는 것이었

---

* 온라인 마켓이 소유하거나 지배하지 않고 해당 마켓에서 자유롭게 판매하는 제3의 업체.

다. 그러면서 그는 다소 불만스런 성명을 발표했다. "오늘날 전자상거래 업계에서 이틀 무료 배송은 내기에서 기본적으로 걸어야 하는 판돈이다."[71] 이제 고객이 최소한 35달러의 제품을 주문하기만 하면 굳이 멤버십이 없어도 월마트닷컴에서는 동일한 카테고리의 상품을 이틀 안에 무료로 배송받을 수 있게 된다. 당시 어느 취재원은 월마트의 쉬핑패스 프로그램이 애초에 "관리하기 쉬운 한정된 수의 쇼핑객을 대상으로 월마트의 물류 및 온라인 물류창고 네트워크를 테스트하고 강화하기 위한 것"이었다고 〈월스트리트 저널〉에 말했다.[72] 그럼에도 많은 사람에게는 그러한 설명이 실패한 멤버십 프로그램의 체면을 세우려는 시도처럼 들렸다.

이러한 움직임이 있었지만 아마존 프라임의 고객은 유제품이나 농산품, 육류처럼 상하기 쉬운 식료품 이외에 다른 상품을 굳이 월마트닷컴에서 구입해야 할 이유를 느끼지 못했다. 그렇지만 장난감부터 비디오 게임, 그리고 비누 및 시리얼 같은 포장 제품에 이르기까지 유통기한이 길고 인기가 좋은 수많은 제품에 이틀 배송을 실시한다면, 적어도 아직까지 아마존 프라임의 소용돌이에 휘말리지 않은 월마트의 고객을 빼앗기지 않고 유지할 수는 있을 것 같았다. 그러면서 월마트는 고객의 충성도를 고취하고 아마존의 간접적인 공격에 따른 불길을 잠재울 수 있는 멤버십 프로그램을 만들기 위한 실질적인 계획을 내놓게 된다.

월마트 프라임

로어가 완강히 반대한 것은 월마트닷컴의 멤버십 프로그램이 아니었다. 그가 완강히 반대한 것은 비용을 지출할 가치가 없는 멤버십 프로그램이었다. 그래서 2018년 봄, 제프 베이조스가 아마존 프라임 회원 수가 전 세계적으로 1억 명을 돌파했다고 발표했을 때, 로어의 전자상거래 전략팀은 월마트가 추구해야 할 새로운 멤버십 프로그램을 위한 아이디어를 담은 내부 회람 문건을 만들었다.

그 문건에는 이런 내용이 있었다. "만약 우리가 승리하려면 우리가 (소비자의) 주요한 디지털 명소가 되어야 하는데, 우리는 이미 그렇게 할 수 있는 수단을 갖고 있다. 그건 바로 매장의 모든 상품에 대한 당일 배송 서비스다. 그건 다른 업체는 따라 할 수 없는 가치제안(value proposition)이다." 그리고 그런 프로그램을 위한 고정 비용은 월마트가 매장을 방문하는 고객에게서 벌어들이는 수익으로 이미 충당하고 있다고 말했다.

이 신규 프로그램의 회원에게는 상하기 쉬운 식품 및 포장 식품과 일반 잡화를 포함하여 월마트 매장의 모든 상품을 무제한 당일 배송해주는 서비스에 연간 98달러의 '알뜰한' 요금을 책정할 예정이었다. 그해 봄, 아마존은 프라임 서비스의 연간 요금을 99달러에서 119달러로 인상했는데, 여기에는 홀푸드를 비롯하여 프라임 나우 서비스를 통해 제공되는 주요 식료품의 일부가 포함되긴 했지만, 좀 더 저렴한 식료품 서비스인 아마존 프레시의 제품이 전부 포함되지는 않았다. 아마존 프레시의 모든 상품을 온라인으로 구입하려면 추가로 매월 15달러의 요금을 지불해야만 했다. 이는 아마존 프라임과 아마존 프레시에 모두 가입한 고객은 둘을 합해서 연간 299달러를 지불해야 한다는 의미였다. 이런 사실과 비교할 때, 월마트의 임원들이 '알뜰한' 식료품 당일 배송 서비스에 초점을 맞춰 98달러의 연회비를 고려한 것은 옳은 방향이었다. 비록 아마존 프라임이 제공하는 엔터테인먼트 혜택 같은 서비스는 없었지만 말이다.

로어의 팀은 이런 멤버십 아이디어에 대해 훨씬 더 자신감을 갖게 되었는데, 그 이유는 월마트의 고객이 당시에 그와 아주 비슷한 서비스를 매우 좋아한다는 사실을 알았기 때문이다. 그건 바로 월마트가 OGP라고 줄여서 부르는 온라인 식료품 픽업(Online Grocery Pickup) 서비스였다. 이 서비스는 제트를 인수하기 이미 몇 년 전에 처음 개시되었는데, 고객이 월마트닷컴 또는 월마트 전용 식료품 애플리케이션으로 30달러 이상의 식료품을 주문한 뒤에 매장으로 찾아오면 월마트 직원이 해당 상품을 고객의 자동차까지 가져다주는 방식이었다. 그런데 식료품 픽업은 사실 당시에 실리콘밸리를 비롯한 기술 투자자들 사이에서 엄청난 관심을 받고 있던 식료품 배송 서비스에 비해 비즈니스 업계에서는 그다지 매력을 발휘하지 못하는 듯했다. 그러나 배송 차량보다 미니밴(minivan)의 수가 훨씬 더 많은 미국의 드넓은 영토에서 이러한 비즈니스 모델은 상당한 설득력이 있었다. 고객에게는 물론이고 월마트에도 말이다.

사실 이런 모델은 월마트가 소유한 영국 내 식료품 체인점인 애즈다(ASDA)에서 일하던 임원들이 대서양의 건너편인 영국에서 처음으로 시험했는데, 당시 애즈다는 이 서비스를 '클릭 앤 콜렉트(Click and Collect)'라고 불렀다. 하지만 그들이 이 서비스를 시험한 시점은 이미 식료품 배송 서비스에서 수많은 고객을 잃은 다음이었으며, 그 결과 애즈다는 영국의 온라인 식료품 시장에서 한동안 철수해 있던 상태였다. 그 결과 애즈다는 거대 라이벌인 테스코(Tesco)에 선점자의 우위(first-mover advantage)를 내주었고, 고객의 충성도도 상당히 많이 그곳으로 함께 넘어간 상태였다.

그래서 현재 월마트 인터내셔널의 CEO인 주디스 맥케나(Judith McKenna)를 포함한 당시 애즈다의 임원들이 몇 년 뒤에 월마트 미국 부문의 고위직으로 자리를 옮겼을 때, 그들은 배송이 아닌 픽업 서비스로 먼저 시작하겠다는 약속을 지켰다.

이 서비스는 소규모 테스트로 시작해서 미국 내의 월마트 매장으로 폭넓게 확대되었는데, 월마트가 제트를 인수하기 전에는 전임 글로벌 전자상거래 리더였던 닐 애쉬(Neil Ashe)가 여전히 이 부문을 책임지고 있었다. 그런데 로어를 비롯한 그의 임원진이 아예 처음부터 이 프로그램을 개척하지는 않았지만, 그들은 이 프로그램의 강점을 알아보았다. 실용성과 고객 만족도 측면에서 분명한 강점이 있었다. 그들이 작성한 내부 회람 문건에 따르면, 당시 식료품 픽업 서비스를 이용하던 200만 명의 고객 가운데 4분의 1에 해당하는 약 50만 명의 사람이 이 서비스를 한 달에 최소한 두 번 이용하고 있었다. 게다가 고객 만족도는 하늘 높은 줄 모를 정도였다. OGP는 월마트의 모든 서비스 가운데 타의 추종을 불허할 정도로 고객이 가장 사랑하는 서비스였다.

연회비 98달러의 이 새로운 배송 멤버십 서비스를 더욱 경제적으로 만들기 위해, 전자상거래 부문의 전략가인 그들은 월마트가 별도로 운영하던 두 개의 쇼핑 애플리케이션(상하기 쉬운 물품 주문용 앱과 일반 잡화용 앱)을 하나로 통합하여 고객이 우유팩 같은 수익성이 낮은 식료품과 함께 의류처럼 수익성이 더 좋은 물품을 주문할 수 있게 해야 한다고 촉구했다. 당시에 고객이 신선 식품을 픽업하거나 배송받기 위해 사용하던 월마트의 애플리케이션은 오렌지색이었다. 참고로 당시만 해도 이 두 가지 서비스는 모두 미국 내 오프라인 매장을 담당하는 부문에서 주로 운영했다. 반면에 로어의 전자상거래 부문이 운영하고 있었으며 장난감, TV, 의류 같은 일반 잡화를 취급하던 애플리케이션은 파란색이었다.

그런데 이 두 가지 애플리케이션을 하나로 통합한다는 아이디어는 로어와 그의 팀이 월마트의 전자상거래 부문을 접수하기 전부터 이미 몇 년 동안이나 곪아 있던 문제였다. 월마트 전자상거래 부문의 어느 전직 임원에 따르면, 제트의 리더들이 월마트에 입성한 직후에 월마트의 미국 매장 부문 리더인 그레그 포란(Greg Foran)이 두 가지 애플리케이션의 통합에 시험적으로 동의했는데, 이는 그의 부하직원들에게는 상당히 놀랄 만한 결정이었다고 한다. 하지만 애플리케이션을 통합하기 위한 기술적인 일정이 애초에 약속한 것보다 길어지자, 포란은 구두로 한 약속에서 뒤로 물러났다. 그리고 앞서 소개한 내부 회람 문건에서 로어는 애플리케이션을 통합한다는 아이디어를 재추진해야 한다고 주장했다.

로어는 팀원들에게 그 회람 문건에 경영진이 신규 멤버십을 위한 아이디어에 적극적으로 나설 수 있도록 자극할 만한 마지막 한 가지 묘수를 포함하라고 지시했다. 그건 바로 새로운 계량적 분석 지표인데, 사실 그건 당시에 급조한 것이었다. 그들은 그걸 '최상위 지갑 점유율(first place wallet share)'이라고 불렀는데, 이는 다른 곳보다 어느 특정한 소매업체에서 가장 많이 소비한 고객의 비율을 의미했다. 해당 문건에 따르면, 지난 5년 동안 월마트의 '최상위 지갑 점유율'은 25퍼센트에서 22퍼센트 미만으로 감소했다고 적혀 있었다. 반면에 같은 기간에 아마존의 수치는 약 4퍼센트에서 12퍼센트 이상으로 세 배 이상 증가했다고 한다.

해당 문건은 이렇게 말했다. "당일 배송을 적극 활용해 (중략) 승리합시다."

2018년 가을, 이러한 멤버십 아이디어는 충분한 설득력을 얻었고, 결국엔 월마트의 CEO인 더그 맥밀런이 이사회의 안건에 포함했다. 그러나 월마트가 2019년 1월 말에 회계연도를 마감했을 때도, 월마트는 여전히 아마존 프라임에 대한 대답을 내놓지 못하고 있었다.

맥밀런은 중요한 인물들과 다양한 인센티브와 잠재적으로 매우 중요할 수도 있는 수많은 초대형 투자 방안을 두고 힘겨운 고민을 하고 있었다. 그러는 동안에도 아마존 프라임의 거대한 철퇴는 계속해서 충격을 가하고 있었다.

Chapter 06

프라임 타임을
위한 준비는
되지 않았다

프라임은 성공을 거두었지만 아마존이 회원에게 제공하는 상품의 구성에는 한 가지 결정적인 약점이 있었다. 그것은 바로 식료품점에서 판매하는 유제품, 농산품, 육류처럼 상하기 쉬운 식품이었다. 그리고 이건 월마트의 전문 분야이기도 했다.

이러한 단점을 인식하고 있던 아마존은 거대한 경쟁사를 따라잡기 위해 상당히 오랫동안 공을 기울여왔다. 2005년으로 거슬러 올라가보면, 온라인 식료품점 웹밴(Webvan) 출신의 더그 헤링턴이 아마존의 임원진으로 합류했다. 이곳에서 그는 제프 베이조스에게 전국적인 식료품 배송 서비스에 대한 아이디어를 던졌다.

헤링턴은 이 프로그램을 개시하기 위해 6,000만 달러의 투자를 요청했지만, 베이조스는 그 규모를 700만 달러로 축소하여 시애틀에서 베타 테스트를 실시하는 데만 동의했다. 그 당시에 아마존 안팎에서는 그 누구도 온라인 식료품 서비스를 수익성 있게 만들어내는 방법을 좀처럼 알아내지 못하고 있었기 때문에, 아마존의 최고경영진은 다른 분야의 굵직한 투자를 우선시했다. 그러던 2012년에 헤링턴은 이 서비스가 시애틀의 외부에도 적용되지 않는 것에 대한 불만을 분명히 드러냈는데, 그는 다분히 아마존스러운 방식으로 문제를 제기했다. 그건 바로 강한 어조로 작성한 내부 회람용 문건이었다.

저널리스트인 브래드 스톤의 《아마존 언바운드(Amazon Unbound)》에 따르면, 헤링턴은 당시에 이렇게 썼다. "우리는 현재의 비즈니스 모델로는 4,000억 달러라는 야심 찬 목표를 달성할 수 없으며, 우리에게 필요한 변화를 이뤄내지 못할 것이라는 우려도 상당히 타당한 측면이 있다."

이 문건 덕분에 헤링턴은 아마존 프레시 서비스를 기존의 운영 지역인 시애틀에서 로스앤젤레스와 샌프란시스코 일부 지역까지 적게나마 지리적으로 확대해도 된다는 승인을 얻게 된다. 그러나 그런 지역에 거주하는 프라임 회원에게도 이 서비스는 여전히 연간 299달러의 요금이 책정되었는데, 이는 당시에 아마존이 프라임 회원에게 부과하던 연간 79달러에 비하면 턱없이 높은 액수였다. 간단히 말해 아마존의 압도적 대다수 고객은 아마존에서 신선 식품을 구매할 수 있는 선택권조차 갖지 못했다. 따라서 이러한 약점이 개선되지 않는다면 이것은 그들의 아킬레스건이 되어 세계 장악이라는 회사의 야망을 실현하는 데 한계로 작용하리라는 점은 의심할 여지가 없었다.

그런데 아마존이 신선 식료품에 대한 가격과 배송 방법을 계속해서 고민할 때, 식료 및 잡화 분야의 또 다른 카테고리가 아마존의 미래에 아마도 그만큼이나 중요하게 부각되고 있었다. 그리고 이 분야에는 좀 더 쉽게 침투할 수 있을 것처럼 보였다. 그건 바로 '소비재'라고 줄여서 부르는 패키지 소비재(Consumer Packaged Goods, CPG)라는 분야였다.

소매 업종에서도 범위가 폭넓은 이 카테고리는 우리가 사용하거나 소비한 다음 쓰레기통이나 재활용 수거함에 버리는 보존 식품, 가정용품, 개인 위생용품 등 사실상 모든 유형을 포괄한다. 쉽게 말해, 주기적으로 보충해야 하며 일반적으로 저장실이나 찬장, 싱크대 아래에 보관하는 물건을 말한다. 식품 카테고리에서는 탄산음료, 생수, 과자, 시리얼, 통조림 수프 등을 생각하면 된다. 그리고 개인 위생용품으로는 비누, 데오드란트(deodorant), 샴푸 등이 여기에 해당한다. 또는 가정용품 카테고리의 클로락스(Clorox) 스프레이나 종이 접시 등이 있다. 이런 상품은 대개는 매력적이지도 않거니와 어떠한 영감을 주지도 않는다. 그렇지만 미국인의 일상생활에서는 핵심적인 물건이다. 따라서 시장의 규모 또한 미국 내 연매출이 8,500억 달러에 이를 정도로 어마어마하다. 이것은 더그 헤링턴이 노릴 수 있는 가장 커다란 기회였다.

만약 아마존이 월마트를 능가하는 것은 고사하고 적어도 그들과 동일한 수준의 지위에 도달하기를 원한다면, 아마존은 소비자가 일반적인 식료품점이나 대형 매장에서 가장 자주 구매하는 것과 동일한 저가의 소비재를 더욱 많이 판매할 방법을 찾아내야만 했다. 이상적인 시나리오라면, 이런 물품은 아마존의 고객을 계속해서 다시 온라인 매장으로 찾아오게 만들 수 있었다. 그리고 사람들이 그렇게 하면 할수록 그들은 아마존이 상대하는 구식 경쟁업체의 매장이나 웹사이트에 들어가고픈 유혹을 덜 받게 될 것이다.

이와 관련하여 현재 아마존의 글로벌 전자상거래와 오프라인 매장 비즈니스 부문 전체를 책임지고 있는 더그 헤링턴 CEO는 2021년 말에 내게 이렇게 말했다. "책이나 TV를 파는 건 아주 좋고 대단히 도움이 됩니다. 하지만 제가 소비재 물품이나 화장지나 식품을 구매하는 횟수와 비교해서 과연 일주일에 책이나 TV를 몇 번이나 구입할까요?"

크랩(CRaP)이 왕이다

2010년대 초가 되자 아마존은 비록 수익성은 낮았지만 케이컵 (K-Cup)의 커피 캡슐이나 대용량 포장의 시리얼과 캔디, 그리고 특히 기저귀 같은 여러 CPG 제품의 주된 구입처가 되었다. 아마존은 새로운 부모들을 자사 웹사이트로 끌어들이기 위해 기저귀를 특가품으로 사용하는 것도 주저하지 않았는데, 일단 그렇게 한 다음 해당 고객에게서 평생 동안 더욱 많은 수익을 거두는 것이 목적이었다. 아마존이 마크 로어의 다이퍼스닷컴(Diapers.com)을 없애려 했으며, 그게 여의치 않으면 아예 인수하려 한 핵심적인 이유도 바로 그것이었다.

그럼에도 CPG 카테고리의 대다수를 차지하는 10달러 이하의 소비재 같은 저렴한 가격대의 현실은 아마존에 훨씬 더 녹록지 않았고, 그래서 아마존은 이 시장에서 실질적인 타격을 가하는 데 어려움을 겪고 있었다.

헤링턴은 이 부문의 난제를 너무나도 잘 알고 있었다. 그는 예전에 부즈 앨런 해밀턴(Booz Allen Hamilton)에서 10여 년 동안 근무하면서 이 회사의 파트너 자격으로 여러 CPG 업체와 컨설팅을 한 적이 있다. 그러다 1990년대 말 닷컴(dot-com) 붐이 한창이던 시기에 그는 온라인으로 주문한 식료품을 당일 배송하는 서비스를 하던 웹밴이라는 스타트업의 마케팅을 총괄했다. 참고로 이 회사는 수익성이 확보되지 않은 상태에서 급속한 확장을 추구하다가 2001년에 결국 파산하고 말았다. 웹밴 출신 인사들은 그 회사가 잘못된 원인을 각자 다르게 해석했다. 그러나 웹밴이 망한 이유가 무엇이든 간에, 헤링턴은 식료품 당일 배송이라는 그 아이디어가 가진 잠재력을 오랫동안 여전히 굳게 믿고 있었다. 다만 당시의 비즈니스 규모로는 그것을 제대로 풀어내지는 못했지만 말이다.

아마존에서 헤링턴은 베이조스를 비롯한 저돌적인 비즈니스 리더들과는 다르게, 직원에게 두려움을 주입하지 않고도 그들에게서 빠르게 존경을 받기 시작했다. 헤링턴의 밑에서 일했던 사람들이 내게 들려주기를, 한때 미국 상원의원이 되려는 열망을 품었던 헤링턴은 경쟁심이 강했지만, 그는 침착했으며 상냥했다고 한다. 그런 헤링턴이 2021년에 내게 말하길, 그가 2005년에 아마존에 합류했을 때만 하더라도 소비재 분야에는 "20명이 일하고 있었지만 (중략) 거의 존재하지 않는 카테고리였다"고 한다. "제가 입사했을 때 비록 저는 매우 작은 제국의 부사장이었지만, 당시 제 야망은 '이 분야의 고객 경험(customer experience)을 개선하도록 노력하자'라는 것이었습니다."

그 부서의 제품 관리 책임자였던 저스틴 리(Justin Leigh)의 말에 따르면, 헤링턴은 당시 자신의 소규모 직원들에게 '침착하며 조용한 자신감을 갖고' 행동하는 문화가 조직 내에 형성되기를 바란다고 말했다고 한다.

저스틴의 아내인 앤드리아 리(Andrea Leigh)는 헤링턴이 아마존의 다른 리더들과 비교하여 '태도가 더 부드럽고, 공정하며, 공감을 잘하는' 사람이라고 했다. 참고로 앤드리아는 식료품 및 소모품 부서를 포함하여 아마존에서 10년 동안 근무하면서 총괄 매니저 지위까지 올랐다.

그러한 자신감은 종종 시험대에 오르게 된다. 온라인에서 식료품을 판매한다는 것은, 그것이 상하기 쉬운 것이든 아니면 오래 보관할 수 있는 것이든 간에, 수많은 어려움이 있다. 우선 식료품 매장은 순이익률(Net Profit Margin, NPM)이 낮기로 악명이 높은데, 통상적으로 1퍼센트에서 2퍼센트 사이다.[73] 심지어 고객이 매장으로 직접 차를 몰고 가서 스스로 쇼핑할 때도 마찬가지다. 그런데 만약 어떤 소매업체가 동일한 물품을 온라인에서도 판매한다고 가정할 때 거대한 물류창고와 배송 트럭, 그리고 온라인 주문을 처리하는 직원까지 거기에 수반되는 비용이 추가되면, 그 비즈니스의 경제성은 완전히 급격하게 엉망이 되고 아예 뒤집혀버릴 수도 있다.

그런 이유로 2013년까지도 아마존 프레시라는 식료품 배송 서비스가 확실히 자리를 잡지 못한 것이다. 그러나 만약에 오프라인 매장에서 지불하는 가격과 비슷하다면 소비자가 적어도 오래 보존 가능한 식료품은 온라인으로 주문할 의향이 있다는 점은 분명했다.

그러한 장점들이 있었지만 아마존의 문제점은 프라임 서비스가 아마존의 고객에게 한 번에 하나의 상품을 주문하도록 훈련시켰다는 점이다. 아이를 위한 새로운 야구 글러브가 필요한가요? 검색하고, 클릭하고, 구매하세요. 건조한 겨울날을 위한 새로운 가습기 필터가 필요한가요? 검색하고, 클릭하고, 구매하세요. 이러한 단순함에는 경쟁업체가 경탄하는 확실한 아름다움이 있었다.

하지만 사실 그러한 단순함이 저가의 소비재 상품에 적용되면 회사의 이익에는 불리하게 작용했는데, 특히 무거워서 배송비가 많이 드는 상품은 더욱 그랬다. 만약 당신이 온라인 소매업체라면 당신은 고객이 저가 상품을 구매할 때는 한 번의 주문에 좀 더 많은 물품을 구매해서 그로 인해 발생하는 물류 및 배송 비용을 충당할 수 있기를 바랄 것이다. 하지만 당시에는 아마존이 성공하는 데 핵심적이었던 요소가 미래의 야망을 가로막는 중대한 장애물로 작용하고 있었다.

"우리의 주문 1건당 물품의 수는 매우 적었는데, 그건 식료품이나 소모품 분야에서 필요한 것과는 정반대 상황이었습니다." 아마존에서 식료품 공급망 및 재고계획 부서를 총괄했던 경력 18년의 베테랑인 제니퍼 팬(Jennifer Pann)의 말이다.

그때까지 아마존이 회사의 재무 상태에 피해를 주지 않으면서 데오드란트나 탄산음료 같은 소비재를 판매하는 방법으로 내놓은 해결책은 대체로 완벽하지 않았다. 때로는 이런 상품은 킨들(Kindle)이나 여러 권의 책 등 양이 더 많은 주문에 더해서 함께 담을 수 있는 소위 말하는 추가 품목으로만 구입할 수 있었다. 이런 방식으로 아마존은 주문 1건당 더욱 많은 매출을 올려 이익을 기대할 수 있었다. 또 어떤 경우에는 아마존이나 아마존 마켓플레이스(Amazon Marketplace)의 외부 판매자(third party merchant)가 다른 식료품점보다 훨씬 더 높은 가격을 매겨서 그로 인한 주문처리와 배송 비용을 사실상 그 안에 녹여넣기도 했다. 또 다른 경우에는 아마존이 판촉 활동으로 경제성을 확보하려고 했는데, 예를 들면 데오드란트를 1개씩 팔지 않고 6개 패키지 단위로 판매하는 것이다. 왜냐하면 패키지 1개의 가격이 높아지면 아무래도, 그저 추정이긴 하지만, 해당 주문을 아마존 물류창고에서 고객의 문 앞까지 배송하는 데 소요되는 비용을 조금이나마 아낄 수도 있기 때문이다.

팬트리*를 장악하라

"12팩 다이어트 콜라를 타깃(Target)이나 월마트와 동일한 가격으로 미국에 있는 누구에게나 배송하려면 우리가 어떻게 해야 할까요?" 더그 헤링턴이 이 새로운 서비스의 아이디어를 떠올리던 순간을 회상하며 말했다.

그는 왜 굳이 다이어트 콜라를 생각했을까? 그 이유는 바로 12팩 다이어트 콜라가 패키지 소비재(CPG)의 일반적인 어려움을 잘 보여주기 때문이다. 12팩 다이어트 콜라의 가격은 5달러 정도로 저렴하지만, 무게는 약 4.5킬로그램으로 상당히 무거운 편이다. 페덱스(FedEx)의 트럭으로 배송하는 과정이 상품 그 자체의 가격보다 비용이 더 들어갈 수 있다. 그래서 아마존 내부에서는 12팩 다이어트 콜

---

*   식료품 저장실.

라 같은 유형의 물품에 '크랩(CRaP)'이라는 이름을 붙였는데, 이는 '수익 실현 불가능(Can't Realize a Profit)'이라는 표현을 기억하기 쉽게 줄인 것이다.

그들의 희망은 언젠가는 아마존 프레시가 전국적인 서비스로 성장하여 고객이 빈번하게 많은 양을 주문할 때 그 속에 신선 식품과 함께 CPG 상품을 판매할 수 있는 능력을 갖춤으로써 이러한 지적을 무색하게 만드는 것이었다. 그렇지만 2013~2014년 당시의 현실은 그렇지 않았고, 헤링턴을 비롯한 팀원들은 조급함을 느꼈다.

그리하여 웹밴 출신의 임원과 아마존의 직원은 새로운 서비스를 위한 브레인스토밍을 시작하는데, 이것이 결국엔 프라임 회원만 이용할 수 있는 프라임 팬트리(Prime Pantry)라는 이름으로 태어나게 된다. 헤링턴은 프라임 팬트리 서비스에 대한 언론 보도용 FAQ* 문서의 초안을 작성했는데, 이는 아마존이 새로 출시하는 상품이나 서비스가 이상적인 시나리오에서 언론에 어떤 평가를 받을지, 그리고 그러한 신규 서비스와 관련하여 받을 수 있는 질문에 회사가 어떻게 대응해야 하는지 정리한 내부 문건이다. 거의 최종안에 가까운 헤링턴의 초안은 〈뉴욕타임스(New York Times)〉에 '아마존의 프라임 팬트리 신드롬(Amazon's Prime Pantry Phenomenon)'이라는 가상의 제목하에 다음과 같은 기사가 실린다는 내용으로 시작했다.

니콜 셔우드(Nicole Sherwood)는 아이폰(iPhone)을 테이블에 내려놓으

---

* 　자주 묻는 질문(frequently asked questions).

며 자랑스럽게 미소를 지었다. "저는 방금 3.99달러의 12팩 다이어트 콜라와 3.59달러의 치리오스(Cheerios) 허니 너트(Honey Nut) 시리얼을 주문했어요. 그 가격은 세이프웨이(Safeway)*보다 훨씬 저렴하고, 심지어 저희 동네 타깃이나 월마트보다도 저렴해요. 그리고 이 주문은 목요일이면 저희 집 현관 앞에 도착하기 때문에, 이번 주말에는 더이상 아이들의 축구 시합 사이에 잠깐 시간을 내서 창고형 매장에 애써 비집고 들어가지 않아도 돼요." 그녀는 고개를 저으며 말을 이었다. "그들이 이걸 어떻게 해내는지 모르겠지만, 아무튼 저는 여기에 푹 빠졌어요."

가짜 뉴스라서 그런지 약간 머쓱하긴 하지만, 그래도 이 문건에서는 프라임 팬트리가 내세우는 가장 커다란 매력이 가격이라는 점을 분명히 밝혔다. 좀 더 구체적으로 말하면, 프라임 팬트리의 가정용 상비품과 일상용품의 가격이 아칸소에 기반을 두고 있으며 특정한 가문이 소유한 거대 소매업체의 오프라인 매장 가격조차 능가할 수 있다고 주장한다.

헤링턴의 초안은 이렇게 이어진다. "이게 대체 무슨 일일까? 그건 바로 가격이다. 프라임 팬트리 스토어에서 판매하는 물품은 월마트는 물론이고 각 지역의 창고형 매장보다 그 가격이 대체로 동일하거나 더 저렴하다."

여기에서 말하는 물품이란 12팩 다이어트 콜라, 통조림, 봉지 과

---

* 미국의 슈퍼마켓 체인.

자, 세제, 치약, 화장지 같은 것이다. 한 번에 주문하는 양이 더 많다면 아마존으로서는 관련된 포장 및 배송 비용을 줄임으로써 CPG 분야에서 더욱 커다란 파문을 일으킬 가능성이 충분히 있었다. 그리고 무엇보다도 월마트가 강점을 가진 분야에서 더욱 치열하게 경쟁할 수 있었다.

그럼에도 그 이면의 상황은 난장판이었다. 아마존이 비용을 절감하기 위해서는, 팬트리 서비스가 가능한 한 모든 물품을 주문 고객에게서 가장 가까운 곳의 물류창고에서 배송할 수 있어야만 했다. 만약 이런 이야기가 익숙하게 들린다면, 그것은 바로 아마존이 5년 전에 인수한 또 다른 기업의 핵심적인 서비스였기 때문이다. 그리고 그 기업은 다름 아닌 다이퍼스닷컴을 소유했던 마크 로어의 퀴드시(Quidsi)다.

"우리가 퀴드시를 인수했을 때, 우리는 그들의 비용 구조가 우리의 주문처리 방식보다 훨씬 더 낫다는 것을 깨달았습니다." 아마존의 식료품 재고계획 분야 전문가로 오래 근무한 제니퍼 팬의 말이다.

그런데 물류창고와 관련해 그런 제약이 있는데도, 아마존의 리더들이 여전히 염려한 것은 그 서비스의 재무 구조였다. 몇 년 후에는 나아지긴 했지만, 당시만 하더라도 아마존은 수익이 넘쳐나는 상태가 아니었다. 그래서 프라임 팬트리 서비스에 대해서는 주문 1건당 5.99달러의 요금을 부과하기로 결정했다. 참고로 당시에 프라임 회원은 신속한 배송과 프라임의 음악 스트리밍 및 비디오 서비스를 이용하는 비용으로 이미 99달러의 추가 요금을 지불하고 있었다.

그것은 기이한 결정이었고, 그래서 당연히 그러한 결정에 모두가 환호하지는 않았다. 당시에 그레그 그릴리(Greg Greeley)는 아마존 프라임의 대표였으며, 그래서 아마존 내부에서도 프라임 고객을 가장 강력하게 대변하는 인물이었다. 그릴리는 당시에 그런 비용에 반대했다고 내게 말했다. 그런 비용은 모든 물품을 추가 배송비 없이 받을 수 있을 거라고 여기는 프라임의 많은 회원이 서비스 이용을 포기하게 만드는 요소라는 것이다. 대신에 그는 해당 서비스를 이용하기 위한 최소한의 주문량을 책정해 고객이 한 번에 많은 물품을 주문하도록 장려하는 방안에 호의적이었다. 그리고 그렇게 하면 아마존이 그에 대한 비용을 자체적으로 충당할 수도 있었다.

이와 관련하여 그릴리는 몇 년 후 내게 이렇게 말했다. "엄청나게 많이 토론했습니다. 여기까지만 말하겠습니다."

아마존에서는 기대까진 아니지만 그래도 토론이 권장되기는 한다. 심지어 아마존의 리더십 원칙에도 다음과 같이 명문화되어 있다. "패기를 갖는다. 동의하지 않더라도 실행한다."

거기에는 이렇게 적혀 있다. "리더들은 자신이 동의하지 않는 결정에 대해서는 정중하게 이의를 제기할 의무가 있는데, 심지어 그런 문제제기 과정이 불편하고 지친다 하더라도 그렇게 해야 한다." 그런데 이 원칙의 결론은 다음과 같다. "한번 결정이 정해지면, 그들은 전적으로 헌신한다."

이 마지막 문장이 핵심이다. 그릴리는 결국 5.99달러의 추가 요금제를 적용해 이 서비스를 개시하기로 약속한다. 비록 그 자신은 그것이 이상적인 해결책이라고 생각하지 않았으며, 프라임 부문의 대표로서 그러한 결정에 대한 거부권을 가졌음에도 말이다.

몇 년 뒤 헤링턴이 내게 말하길, 그들은 최소 금액 이상을 주문해야 배송해주는 방식이 아니라 배송 상자 1개당 수수료를 부과하는 방식을 선택했다고 한다. 그 이유는 예를 들어 최소 주문 금액이 50달러라고 한다면, 고객이 생수 같은 물품으로 최소 50달러를 채우는 것을 우려했기 때문이다. 만약 그렇게 된다면 한 건의 주문에 상자 여러 개가 필요하고 이는 결국엔 배송 비용의 증가로 이어져 수익성을 악화하게 된다.

아마존의 팬트리가 서비스를 개시할 당시의 최종적인 모델에 대하여 헤링턴은 2021년 말에 내게 이렇게 설명했다. "만약 고객이 50달러어치의 생수를 주문한다면, 뭐 그것도 괜찮습니다만, 그러면 배송 상자가 다섯 개 필요합니다." 그러면 이 주문에는 상자 1개당 5.99달러의 요금이 부과되었을 것이다. "그런데 만약 조금만 더 현명하게 생각해보면, 원하는 만큼의 생수와 함께 과자를 조금 더 사고 이것저것 조금씩 더 담을 수도 있을 겁니다." 그리고 그 모든 걸 상자 1개에 담아 5.99달러의 비용으로 모두 배송받을 수 있을 것이다.

팬트리 프로그램을 개발하고 서비스를 개시할 때의 일정을 책임지는 임원이었던 스테퍼니 랜드리(Stephenie Landry)는 아마존 리테일 부문의 떠오르는 스타였다. 그녀는 헤링턴의 상사이자 베이조스의 부관이었으며 아마존 프라임을 가능하게 만든 물류창고의 전면적인 재편을 처음 총괄한 제프 윌크(Jeff Wilke)의 수석보좌관 역할로 일을 했다. 참고로 그 역할은 기술보좌역(technical adviser)이라고 알려져 있는데, 아마존 내부에서는 '그림자(shadow)'라고 불렀다. 그리고 제프 윌크는 이후에 아마존의 핵심 리테일 비즈니스 전체를 전 세계적으로 운영하는 지위까지 승진하는데, 2022년에는 헤링턴이 이 자리에 임명되었다. 랜드리는 2000년대 중반에 시애틀에서 초창기 아마존 프레시의 식료품 배송 테스트를 이끌었으며, 헤링턴 체제에서 개시된 여러 서비스에도 관여했다.

그런 랜드리가 만들어낸 사용자 경험(UX)은 아마존에는 새로운 것이었다. 팬트리의 웹페이지에는 갈색 배송 상자가 디지털 형태로 표현되어 있었는데, 고객이 자신의 팬트리 쇼핑 카트에 물품을 추가하면 페이지가 업데이트되면서 해당 고객의 배송 상자에 몇 퍼센트가 채워졌는지 보여주었다. 그건 참신하긴 했지만, 자칫하면 혼란스러울 수도 있었다.

하지만 이 상자가 가득 찼는지 여부를 판단하기 위해 아마존이 백엔드(backend)에서 계산하는 과정까지는 고객에게 보이지 않았다. 그 기준은 합산 무게 20킬로그램 또는 전체 부피 113리터가 넘는 것인데, 둘 중에 하나라도 먼저 해당하면 기준이 충족되었다.

이 서비스의 초기 몇 년 동안 아마존은 프라임 팬트리가 다음과 같은 두 가지 중요한 장점을 제공한다고 강조했다.

첫 번째는 '필수품에서 절약'할 수 있는 장점으로, '저렴한 가격과 수백 개의 쿠폰으로 비용을 추가로 아낄 수 있는 혜택'이었다. 이는 CPG 브랜드가 종종 진행하는 소소한 할인 혜택을 고객에게 제공하는 형태였다.

두 번째는 '매일 필요한 양만 쇼핑'할 수 있는 장점으로, '더이상 대량으로 구입하지 않고, 필요한 때 필요한 만큼만 구매해도 되는 혜택'이었다. 과거라면 아마존에서 참치 통조림을 구매할 생각이 있는 사람은 겨우 몇 개만 필요한 상황에서도 24개 번들을 구매해야만 했다. 왜냐하면 그렇게 커다란 패키지 단위로 구성하는 것이 아마존으로서는 저가 상품을 판매할 수 있는 유일한 방법이었기 때문이다.

그런데 그 이면에서는 프라임 팬트리 내의 소규모 조직이, 아마존의 표현으로는 '프로젝트 팀' 하나가 그 아이디어를 가다듬고 실행을 계획하는 데 도움을 주고 있었다. 그러다 서비스가 개시되자 이 프로그램에 대한 책임은 백엔드에서 서비스를 운영하는 별도의 팀으로 넘어가게 된다. 그런데 문제가 발생했다. 재고관리 스페셜리스트인 제니퍼 팬 같은 내부의 핵심 전문가들이 서류상의 계획대로 실행하면 성공할 가능성이 없다는 사실을 발견한 것이다. 서비스 개시 불과 한 달 전의 일이었다. 여러 문제의 원인은 결국 아마존이 CPG 브랜드 업체에서 팔레트(pallet) 단위로 주문하는 상품을 전부 팔아치우는 데 걸리는 시간을 완전히 과소평가했다는 것으로 귀결되었다. 아마존은 자신들의 물류창고에 더욱 효율적으로 입고하기 위해 CPG 브랜드의 상품을 팔레트 단위로 구매했는데, 정작 아마존은 다양한 유형의 소비재를 다양한 가격으로 판매하기 때문에 이것이 문제를 야기했다. 예를 들어 팔레트 1개에 세탁 세제 150통이 실려 있고 그것이 다 판매되기까지 2주가 걸린다고 하면, 참치 통조림은 팔레트 1개에 1,500개를 실을 수 있지만 그걸 하나씩 팔 경우 전부 판매하기까지는 몇 달이 걸릴 수도 있었다.

이와 관련해서 팬은 내게 이렇게 말했다. "그들은 이 문제를 지극히 이론적으로만 바라본 겁니다. 그러니까 우리가 대량으로 구매해서 고객에게 하나씩 배송하면 잘 될 거라고 생각한 거죠. 그런데 '그게 실제로 대체 무슨 의미인지?' 그 누구도 직접 계산을 해보진 않았습니다."

그건 마크 로어의 말처럼 '간단한 수학'이었다. 그리고 수학에 따르면 그 모델은 작동하지 않는 게 분명했다. 서비스 개시 직전에 실행 계획을 조정하긴 했지만, 고객의 컴퓨터 화면 뒤쪽에서 진행되는 작업은 처음부터 엉망이었다. 공급업체를 담당하는 직원은 CPG 브랜드를 유인해 그들에게 이 새로운 프로그램에 참여하라고 설득해야 했는데, 이는 만만치 않은 작업이었다. 5.99달러의 추가 요금을 부과했지만 이 서비스의 배송을 경제성 있게 만들기 위하여 아마존은 프라임 팬트리의 주문을 적절한 물류창고로 전달하여 해당 주문이 비행기가 아니라 트럭으로 배송하게 만들어야 했고, 따라서 그에 맞게 기술을 수정해야만 했다. 간단히 말해 물류 부문에 어마어마한 골칫거리가 생긴 셈이었다.

한편 프런트엔드(front end)*에서는 일부 고객이 5.99달러의 배송료 때문에 발길을 돌리고 말았다. 그들은 결국 이미 프라임에 비용을 내고 있었기 때문이다. 다수의 아마존 임원에 따르면, 또 다른 고객들은 하나의 팬트리 상자를 배송하기 위해 필요한 최소 주문량이라는 개념 때문에 혼란을 겪거나 불만스러워했다. 엎친 데 덮친 격으로, 아마존은 고객이 프라임에서 주문할 때와 아마존 프레시에서 주문할 때와 프라임 팬트리에서 주문할 때 각각 다른 종류의 쇼핑 카트

---

*   백엔드(backend)의 반대로, 사용자가 단말기나 브라우저 등을 통해서 직접 사용하는 환경.

를 사용하게 만들었다. 그리고 때로는 그들이 아마존의 어떤 서비스에서 주문을 진행하느냐에 따라 비슷한 물품에 서로 다른 가격이 표시되기도 했다.

프라임의 전직 대표였던 그릴리는 내게 이렇게 시인했다. "그건 복잡했습니다. 그리고 저는 우리가 내놓은 결과물이 자랑스럽지 않습니다. 다른 곳에서 상품을 찾으려면 다른 카트를 사용해야만 했습니다. 더욱 최악은, 저는 이 점을 가장 싫어하는데, 서로 제각각인 가격이었습니다. 그건 월마트라는 함정 때문이었습니다. 가격을 비교하여 설정하는 프로그램에 대해서 알고 있었지만, 저는 '가격이 왜 다르지?'라는 질문에 빠져 꼼짝하지 못했습니다."

CPG 불한당

아마존은 더욱 많은 고객을 유인하기 위해 팬트리 서비스의 비즈니스 모델을 지속적으로 수정하면서 경제성 역시 확보하려 노력했다. 그와 동시에 아마존의 전형적인 스타일대로, 그들은 고객에게 소비재를 판매하기 위한 다른 방식에도 투자를 지속했다. 설령 그것이 중복의 위험성이 있더라도 말이다.

그들에게는 인스타카트(Instacart)와 지금은 사라진 구글 익스프레스(Google Express)의 위협에 맞서기 위해 2013년 말에 서비스를 개시하여 대도시 지역에서 2시간 내에 배송해주는 프라임 나우(Prime Now)가 있었다. 전도유망한 임원이었으며 팬트리 서비스 출시를 총괄하던 랜드리는 결국 이 프라임 나우를 전적으로 책임지고 운영하는 역할로 자리를 옮겼다. 그다음으로는 아마존의 물류창고에서 신선 식품과 상온 보관 제품을 배송해주는 오래된 식료품 배송 서비스인 아마존 프레시도 있었다. 그리고 기존의 아마존닷컴 스토어도 있었다. 아마존은 이곳을 통해 수익을 내기 위해 굳이 팬트리 모델이 필요 없거나 아니면 아마존에는 너무나도 중요해서 팬트리에 넣어둘 수 없는 일부 CPG 상품을 계속해서 판매하고 있었다.

2017년 초, 나는 유니레버(Unilever), 펩시코(PepsiCo), 킴벌리-클라크(Kimberly-Clark) 같은 CPG 기업에 근무하며 아마존과 월마트가 벌이는 전면적인 가격 전쟁에 노심초사하던 임원들에게서 이야기를 들었다. 그리고 그들은 미국에서 가장 인기 있는 일부 소비재 브랜드가 그 싸움에 휘말려 곤경에 처했다는 사실을 알고 있었다.[74] 그들이 내게 말하는 한 가지 중요한 이슈는 아마존의 가격 비교 알고리즘이 주어진 상품에 대해, 설령 그것이 코스트코(Costco)에서 판매하는 거대한 크기의 번들이라 하더라도, 단위당 또는 무게당 최저 가격을 파악한 다음에 그것을 아마존에서 판매하는 동일한 유형의 모든 상품에, 심지어 패키지 사이즈가 훨씬 더 적은 경우에도 적용한다는 점이었다. 그들은 이것이 오래된 낙수효과(trickle-down effect)*라고 설명했다.

예를 들어 코스트코가 주스 40팩을 12달러에 판매한다고 해보자. 그러면 주스 1팩에 약 30센트가 된다. 그런데 아마존은 동일한 품목을 훨씬 더 작은 6팩 단위로 판매한다고 가정해보자. 그런 상황에서 아마존의 알고리즘은 코스트코의 40팩 번들의 1개당 가격이 30센

---

* 　지배적 집단의 관행이 마치 물이 넘치듯 아래쪽으로 흘러내려 연관 부문 전반에 영향을 미치는 현상.

트라는 사실을 찾아내서, 그걸 아마존의 6팩 번들에 적용한다는 것이다. 그러면 아마존의 6팩 번들 제품은 1.8달러가 되는데, 배송 비용까지 고려하면 이 가격으로는 도저히 수익을 기대할 수 없어 보인다. 그런데 만약 월마트가 이걸 본다면 그들은 해당 주스 브랜드가 아마존에 자신들보다 더 낮은 도매가로 공급한다고 추정할 것이다. 그리고 월마트는 아마존의 가격에 맞추기 위해 해당 브랜드 측에 월마트로 공급하는 도매가를 인하하라고 압박할 것이다.

이야기는 여기에서 끝나지 않는다. 이렇게 새로 나타난 수익성 없는 상품은 부분적으로 그들의 자체 가격 비교 기술에 따른 결과였음에도, 아마존의 직원은 도매가를 더욱 낮추기 위해 CPG 브랜드에 점점 더 압박을 가하는 경우가 많았다. 그리고 본보기 삼아 인기 있는 상품을 사이트에서 내쫓는 것도 두려워하지 않았다. 예를 들면, 2017년 2월의 어느 금요일에 아마존에서 판매되던 팸퍼스(Pampers)의 모든 기저귀가 사이트에서 사라져버렸다. 업계의 이야기로는 아마존의 임원들이 도매가 협상을 진행하던 도중에 아마존닷컴에 있는 팸퍼스의 모든 제품을 걷어냈을 수도 있다고 했다. 그 협상은 소매업계에서 엄청나게 거대한 합의가 될 수도 있었다. 당시에 내가 질의했을 때 두 회사 모두 그러한 추측에 어떠한 긍정이나 부정도 하지 않았지만, 훗날 아마존의 전직 직원들은 그러한 추정이 상당히 설득력이 있다고 내게 말했다. 왜냐하면 아마존은 연례 협상 과정에서 타이드(Tide) 같은 상위 CPG 브랜드를 본보기 삼아 사이트에서 내쫓는다고 알려져 있었기 때문이다. 마크 로어가 '마피아 공작'이라고 한 말이 전혀 과장된 표현은 아니었던 셈이다.

여러 임원에 따르면, 이러한 일방적인 협상은 CPG 업계의 많은 사람에게 소매업계의 또 다른 대기업을 연상시켰다. 바로 월마트다. 일반적으로 고객이 계속해서 대형 슈퍼마켓이나 식료품 매장에 다시 들르도록 만드는 용품인 치약, 과자, 샴푸를 생산하는 CPG 업계의 대기업은 벤턴빌에 있는 불한당과의 협상에 점점 더 익숙해졌다. 월마트는 험난한 협상으로 한 푼이라도 아끼면 그것이 결국엔 고객의 주머니로 돌아간다고 생각했다. 샘 월튼을 비롯하여 그의 뒤를 이은 월마트의 리더들에게 절약이란 월마트가 존재하는 이유 그 자체였다. 그러한 절약을 방해하는 이는 그 누구라도 굴복시키거나 아니면 퇴출시켜야만 했다.

그런데 CPG 대기업 출신의 최고경영진들이 말하길, 아마존과의 협상에서도 기술 대기업인 그들 역시 2010년대에 특유의 비합리적인 요구를 하는 것으로 유명했다고 한다. 비록 그 요구가 번번이 관철되지는 않았지만 말이다. 기존에 존재하던 아마존닷컴 스토어가 연관된 가격 전쟁과는 별개로, 아마존 프레시는 자사에 판매용 물품을 공급하던 일부 CPG 기업에 약속한 것과는 다르게 몇 년 동안이나 수많은 지역에서 새롭게 서비스를 개시하지 못하던 시절이 있었다. 하지만 이듬해에 협상 자리가 마련되면 아마존의 직원은 마치 시계태엽처럼 되돌아가서 아무것도 모른다는 태도로 나타났다. 아마존 측은 약속한 수치를 달성하지 못했다는 사실을 인정하지도 않았고, CPG 기업이 그들의 제품을 고객에게 제공되는 혜택에 포함시키려면 미리 투자해야 한다는 억압적인 요구를 동일하게 반복할 뿐이었다.

"대부분의 경우 그들은 몇 년 동안이나 약속을 제대로 이행하지 못했지만, 일어나지도 않을 무언가를 실행하기 위한 약속에 천문학적인 지원금을 투자하라고 지속적으로 요구했습니다." 어느 유명 과자 브랜드의 최고경영자가 내게 들려준 말이다. 그는 아마존과의 관계에 대하여 자유롭게 발언하기 위해 익명을 요청했다. 왜냐하면 그의 회사는 선택의 여지 없이 아마존과 계속해서 비즈니스를 할 수밖에 없기 때문이다.

헬만스(Hellmann's), 도브(Dove), 바세린(Vaseline) 같은 브랜드를 만드는 유니레버의 내부에서는 2010년대 중반에 아마존과의 갈등이 터지기 일보직전이었다. 두 기업의 회의 도중에 아마존 프레시의 중간급 리더가 유니레버의 임원으로서는 재무적으로 터무니없다고 여기는 요구를 했고, 그에 대해 훨씬 더 황당한 이유를 근거로 들었다.

당시에 해당 회의에 참석한 사람에 따르면, 아마존 프레시의 관리자는 이렇게 말했다고 한다. "당신들은 제프 베이조스가 우리에게 이 비즈니스에서 수익을 남겨야 한다고 말한다는 사실을 이해해야 합니다. 그래서 저희는 당신들에게 이런 투자를 요청할 수밖에 없습니다." 그 참석자는 이렇게 덧붙였다. "그는 매킨지(McKinsey)에서 근무했던 정말로 똑똑한 사람입니다. 그리고 정말로 화려하고 대단한 학위도 보유하고 있었습니다."

유니레버의 임원은 아마존의 그런 황당한 '논리'에 깜짝 놀라서, 양측에서 참석한 수십 명의 직원 앞에서 아마존 프레시의 관리자를 향해 이렇게 맞섰다. "그러니까 당신들이 돈을 벌기 위해 우리가 돈을 벌어선 안 된다는 뜻인가요? 당신은 지금 사실상 당신들의 비즈니스 모델이 작동하지 않는다고 말하는 겁니다."

그러자 아마존 프레시 관리자는 무슨 말을 하려는 듯했지만 그러지 않은 채 얼굴만 붉게 닳아 올라 있었다. 그러다 마침내 유니레버의 임원이 말문을 열었다. 식료품 및 잡화 부문의 오프라인 대기업이 일치단결하여 디지털이라는 무기를 제대로 갖추고 가공할 적으로 변신할 것이라고 말이다. 그렇게 된다면 아마존으로서는 상당히 곤란해질 수 있었다. 유니레버 임원은 참석자들에게 말했다. "그 누구도 당신들과 함께하고 싶어 하지 않을 겁니다. 왜냐하면 당신들은 눈엣가시 같은 존재이기 때문입니다."

몇 년 뒤에 코로나19 팬데믹이 전 세계를 휩쓸자 아마존은 정말로 그런 현실에 직면하게 되었다. 그 결과 월마트를 비롯한 업체들은 자체적인 온라인 서비스에 새로운 고객을 끌어모았고, 그러면서 CPG 브랜드를 통해 더욱 많은 수익을 올렸다.

나는 아마존에서 전 세계의 식료품 배송 서비스를 책임지는 부사장이었던 랜드리와 인터뷰를 했는데, 그녀는 CPG 업계의 임원들이 내게 들려준 수많은 불만에 당황한 것처럼 보였다. 그녀가 몇 년 동안이나 그런 이야기를 들어보지 못했다는 사실을 믿기 어려웠다. 하지만 그녀가 그런 비판에 오랜 시간 고민하지 않았다는 주장은 믿을 만했다. 그녀는 2021년의 인터뷰에서 이렇게 말했다. "우리는 예전에는 존재하지 않았던 엄청난 방식으로 무언가를 창조하는 일에 심혈을 기울여왔습니다. 그리고 저는 우리의 공급업체가 그런 미래를 창조하는 데 참여하고 싶어 했으며 우리와 함께 일할 수 있게 되어 매우 기뻐했다고 알고 있습니다."

팬트리, 문 닫다

2021년 초, 아마존은 팬트리 서비스가 종료될 것이라고 발표했는데, 이번에도 역시나 아마존 방식대로 그 소식에 긍정적인 해석을 덧붙였다.

당시 대변인은 이메일에서 이렇게 썼다. "가능한 한 최고의 고객 경험을 제공하기 위한 헌신의 일환으로, 우리는 아마존 팬트리의 상품을 저희의 주력인 아마존닷컴 스토어로 이전하기로 결정했습니다. 따라서 고객은 추가적인 가입비를 지불하거나 최소 구매 요건을 충족하지 않고도 일상 가정용품을 더욱 빠르게 받아보실 수 있습니다."[75]

2014년에 아마존 팬트리를 개시하고 2021년에 종료하기까지 아마존의 식료품 서비스에는 많은 진전이 있었다. 그리고 그러한 발전으로 2021년의 팬트리는 2010년대 중반보다 그 우선순위가 더 낮아졌다. 그나저나 나는 문득 궁금했다. 나는 아마존 대변인의 발표 내용이 얼마나 사실에 부합하는지 알고 싶었다. 그러니까 팬트리의 상품이 주력 아마존닷컴 스토어로 편입된 뒤에도 프라임 팬트리의 탄생에서 매우 중요한 요소였던 12팩 다이어트 콜라를 정말로 고객이 '추가적인 가입비를 지불하거나 최소 구매 요건을 충족하지 않고도' 저렴한 가격으로 구입할 수 있었을까?

그래서 나는 2021년 12월에 더그 헤링턴이 팬트리 서비스를 시작하게 된 계기라고 내게 말했던 12팩 다이어트 콜라를 아마존에서 검색해보았다. 검색 결과의 맨 위에서는 16.27달러의 가격을 보여주었다.* 나는 순간 흠칫했다. 그 상품은 아마존의 외부 판매자가 판매하고 배송하는 것인데, 거기에는 거의 틀림없이 배송비가 녹아 있는 것으로 보였다. 동시에 아마존은 그 다이어트 콜라를 자체적으로 보유하지 않은 것으로 보였다. 그래서 아마존닷컴의 광범위한 식료품 카탈로그가 아니라 아마존 프레시에서 그 상품을 검색했더니, 그곳에서는 다이어트 콜라 캔 제품이 품절이라는 메시지가 나타났다.

비록 사람들이 일반적으로 각 가정에서 탄산음료를 규칙적으로 구매하진 않지만, 그래도 16.27달러(약 2만 1,000원)라는 가격은 상당히 비싸 보인다. 그리고 실제로도 그랬다. 2014년의 보고서에 따르면, 아마존은 프라임 팬트리 서비스 개시 직후에 동일한 12팩 다이어트 콜라를 4달러 미만에 판매했다.[76] 2021년 시점의 가격과 비교하기 위해, 내가 사는 곳에서 가까운 뉴저지의 월마트 슈퍼센터에

---

* 일반적으로 시중에서는 5달러 정도에 판매된다고 이 장의 앞부분에서 설명했다.

서 동일한 12팩 제품을 찾아봤는데, 아마존의 그 판매자보다 거의 10 달러 더 싼 가격에 판매하고 있었다. 그 가격에 나는 온라인으로 주문하고 해당 월마트 슈퍼센터에서 제품을 픽업할 수 있었다. 아니면 월마트닷컴에서 35달러 이상을 주문할 때 함께 넣으면 무료로 배송받을 수도 있었다. 심지어 월마트에서 다른 주문 없이 12팩 다이어트 콜라만 단독으로 배송받기를 원한다 하더라도 그 가격은 5.99달러의 배송비를 포함하여 12.27달러였는데, 그래도 아마존보다 4달러나 더 저렴했다.

어쨌든 그들이 팬트리 사업을 접으면서 언론에 뭐라고 말하든 간에, 2021년의 현실에서는 아마존이 온라인 쇼핑객에게 저렴한 가격으로 주류의 식료품 브랜드를 주문하게 만들고 싶다면 아직도 해결해야 할 일이 많이 남아 있음을 알려주었다.

더그 헤링턴은 2021년에 팬트리의 사멸을 돌이켜보면서 내게 이렇게 말했다. "제가 이곳에서 시도했지만 실패한 혁신안이 많이 있습니다. 그리고 저는 소모성 식료품 카테고리라는 도전과제에서 고객을 참여시킨다는 것이 아무래도 무리였다는 생각이 듭니다."

랜드리는 "고객이 그저 그런 식으로 생각하고 싶지 않았던 것"이라며, 서비스 개시 당시에 약 2,000개에 불과하던 팬트리의 한정된 품목이 문제였다고 말했다. "고객은 자신이 원하는 것을 추가할 수 있기를 원했습니다."

당연히 두 임원 모두 팬트리 서비스의 생명주기 그래프는 시스템의 문제가 아니라 아마존 방식의 혁신이 갖는 특징을 보여준다고 말했다. 다시 말해 어떤 확인된 문제에 대해 가능한 해결책이 나타나고, 그것을 대규모로 테스트하고, 그 과정에서 교훈을 배우고, 그리고 필요하다면 사업을 접는 것이다. 그러면서도 언젠가 그 아이디어가 다시 부활할 가능성은 열어둔다.

이와 관련하여 랜드리는 내게 이렇게 말했다. "우리가 노력하는 이런 모든 것은 새로운 것을 시도하려는 소비자의 의향에 따라서 약간 다른 형태로 되살아날 수 있습니다. 기술이 발전하고 사람들이 더욱 나은 것을 경험하는 등, 수많은 다양한 요소가 작용하고 있습니다. 만약 어떤 아이디어가 그 시점에 성공하지 못했다고 해서 그 아이디어가 반드시 나쁜 것은 아닙니다. 다만 실행 방식이 잘못되었거나, 아니면 시기가 맞지 않았는지도 모릅니다."

그러나 내가 이야기를 나눠본 다른 사람들의 견해는 약간 달랐다. 그러니까 팬트리의 사례가 아마존의 다른 실패 사례 중에서도 두드러지는 점은 그것이 어떻게 끝났느냐가 아니라 그것이 시작된 지점인데, 바로 손익에 대한 우려다. 그리고 아마존에서 근무하다가 나중에 월마트로 일자리를 옮긴 사람들이 내게 말해주기를, 바로 그 손익에 대한 우려가 그들의 새로운 일터인 월마트에서의 혁신을 가로막는 핵심적인 장애물이라고 한다. 그리고 그것은 아마존에서는 자주 접해보지 못한 부분이라고 한다.

이와 관련하여 몇 년 후에 아마존의 고위 관리자였던 사람은 프라임 팬트리에 대하여 "고객을 염두에 두지 않고 뭔가를 시작하는 건 그때가 거의 처음 같았다"고 내게 말했다.

그런데 아마존은 이 CPG 및 식료품 전쟁에서 소매춤에 또 다른 카드를 숨기고 있었다. 그리고 당시에 약 140억 달러에 달하는 현금도 들고 있었다. 2017년 늦은 봄의 어느 금요일 아침, 아마존은 월마트에 자신들이 식료품 판매를 두 배로 늘리고 있으며, 자신들의 야망은 이제 더이상 디지털에만 국한되지 않는다는 사실을 통고했다.

Chapter 07

아마존이
경고 신호를
보내다

Winner
Sells All

2017년 6월 16일 금요일 아침, 내 휴대전화에 수많은 문자 메시지와 푸시 알림이 반짝이고 있었다. 아마존이 홀푸드(Whole Foods)를 137억 달러에 인수한다고 발표한 것이다. 그리고 이는 제프 베이조스가 인수한 기업 가운데에서도 가장 무모한 액수였다.

이 발표가 어떤 면에서는 놀라웠지만, 완전히 갑작스러운 것은 아니었다. 아마존은 소비재와 신선 식품 분야에서 이윤을 남기며 판매하기 위해 오랫동안 고군분투했는데, 실제 오프라인 매장이 있다면 그런 일이 좀 더 수월했을 것이기 때문이다. 그런데 같은 해 4월 블룸버그(Bloomberg)의 보도에 따르면, 아마존의 임원들은 불과 몇 달 전에 홀푸드를 인수한다는 아이디어를 검토하긴 했지만 홀푸드 측에 그러한 의향을 제안하기 위한 공식적인 계획을 세운 적은 없었다고 한다.[77] 그렇지만 나중에 드러난 공식 문건들에 따르면, 해당 기사가 발행될 즈음에 홀푸드의 존 매키(John Mackey) CEO는 실적이 저조한 자신의 회사를 매각하고 싶어 하는 어느 약탈적 투자자에게서 압박을 느끼고 있었고, 그래서 그는 아마존의 최고위직 임원에게 연락을 취했다.

같은 달 마지막 일요일, 매키를 위시한 몇 명의 대표단이 베이조스를 비롯한 아마존의 임원들을 만나기 위해 비행기를 타고 시애틀로 날아갔고, 양측은 베이조스의 보트하우스에서 만났다. 아마존의 대표단 중에는 몇 년 전에 뉴욕시의 고급 레스토랑에서 저녁 식사를 할 때 마크 로어와 쿼드시의 공동창업자가 다이퍼스닷컴을 비롯한 회사를 아마존이 아니라 월마트에 매각하겠다는 이야기를 꺼냈을 때 그들을 위협한 기업 발전 부문의 리더 가운데 한 명도 포함되어 있었다. 그리고 아마존 내부에서 식료품 배송 사업을 오랫동안 주창해온 당사자이자 좋든 나쁘든 크랩(CRaP)*의 왕인 더그 헤링턴(Doug Herrington) 역시 홀푸드와의 정상회담에 참석했다.

불과 한 달도 지나지 않아 양측은 아마존이 홀푸드의 주식을 1주당 42달러에 인수한다는 방안에 합의했다. 이로써 비즈니스 분야의 역사가 새로 작성되었다. 거의 10년 동안 그저 그런 식료품 프로젝트를 추진하면서도 별다른 돌파구를 뚫어내지 못하던 아마존은 오프라인 소매업이 죽지 않았다고 인정하며 커다란 백기를 흔드는 것처럼 보였다. 그러나 아마존이 수세적인 입장에서 움직이는 경우는

---

* 아마존 내부에서 '수익 실현이 불가능(Can't Realize a Profit)'하다고 여겨지는 커다랗고 값싼 소비재 상품을 일컫는 표현.

거의 없었다. 그리고 홀푸드 인수는 월마트를 비롯한 오프라인 식료품 사업 분야의 임원들에게도 아마존이 다가온다는 일종의 경고 신호로 받아들여졌다.

체커(checker)* vs 체스(chess)

6월 16일은 원래 월마트 내부에서 일종의 기념식을 개최할 예정이었다. 적어도 마크 로어와 남성 의류 브랜드인 보노보스(Bonobos)의 공동창업자이자 CEO인 앤디 던(Andy Dunn)는 그럴 생각이었다. 앤디 던과 그의 회사인 보노보스는 온라인을 가장 먼저 공략한 최초의 패션 브랜드 가운데 하나로 비즈니스 업계에서 상당한 수준의 명성을 얻고 있었다. 그리고 보통은 오프라인에서 시작하여 온라인으로 진출하는 일반적인 사례와는 다르게, 그들은 이후에 오프라인 세계로 확장했다. 그날 아침, 월마트는 보노보스를 3억 1,000만 달러에 인수한다고 발표했다.[78]

월마트가 1억 달러 미만에 낚아챈 모드클로스(ModCloth)처럼 곤경

---

* 체스판 위에서 흑백의 말로 겨루는 보드 게임.

에 처한 웹사이트와는 다르게 로어는 보노보스가 훨씬 더 비싸다는 건 알았지만, 그래도 이 스타트업이 월마트의 디지털 전환 계획에서 더욱 전략적인 역할을 하리라고 생각했다. 무엇보다도 로어는 카리스마적인 창업자인 앤디 던을 자신들이 인수하고 육성하여 점점 확대되는 월마트 내부의 스타트업 군단을 총괄할 수 있는 리더라고 보았다. 그리고 보노보스 인수가 미래의 신규 채용 인력과 월스트리트의 투자자를 상대로 자신들이 구축하고 있는 '이것은 같은 월마트가 아니다(this ain't the same Walmart)'라는 서사 내에서 또 하나의 모범 사례 역할을 하리라는 희망도 있었다.

이러한 비전과 디지털 분야에서 더그 맥밀런의 선지자 역할을 하는 로어의 입지가 강력했음에도, 보노보스를 인수한다는 아이디어는 당위성과는 거리가 멀었다.

"모두가 그를 미쳤다고 생각했습니다." 더그 맥밀런 밑에서 인수 합병 업무를 책임지던 월마트의 임원 로리 플리스(Lori Flees)의 말이다.

2017년 초 월마트 임원들의 신년 하례회에서 로어는 그러한 인수 계약을 체결하기 위해 승인을 받아야 하는 사람들에게서 자신의 전략이 반향을 일으키지 못하는 것에 격분했다. 맥밀런에게 제트(Jet) 인수 계약 체결을 권유하며 이후에 제트가 월마트에 통합되는 프로세스를 총괄했던 로리 플리스는 도움을 주기 위해 노력했다. 그녀는 각자의 호텔 객실에서 전자상거래 부문의 대표인 마크 로어와 3시간 동안 전화로 이야기를 나누며 로어의 하소연을 귀담아듣기도 하고 보노보스 인수 아이디어를 벤턴빌에 있는 소매업 분야의 전통주의자들에게 설명하는 방법에 대해서도 조언을 했다.

이와 관련하여 그녀는 내게 이렇게 말했다. "제 역할은 일종의 통역이었습니다. 저는 제 업무가 당시에 월마트의 위치가 어디인지, 그리고 그의 아이디어가 왜 그들의 관점에서 미친 것인지 그가 이해할 수 있게 돕는 것처럼 느껴졌습니다."

플리스 개인으로서는 보노보스 인수를 지지하는 입장은 아니었지만, 그럼에도 그녀는 로어가 월마트 내부에서 최선을 다해 설득하도록 돕는 데 책임이 있다고 느꼈다. 그리고 그러한 설득은 월마트 내부에서 이뤄지는 수많은 혹독한 대화가 그러하듯이, 적어도 부분적으로는 수익에 초점을 맞춰야 했다. 그러나 보노보스가 시애틀에 있는 막강한 라이벌에서는 살 수 없고 오직 월마트에서만 구입할 수 있는 매력적인 유명 브랜드를 거느린 새로운 스타트업 군단의 근간이라는 비전을 제시하는 것도 도움이 되었을 것이다.

플리스는 내게 이렇게 말했다. "주장의 핵심은 (중략) 전자상거래 부문에서 어떻게 하면 더욱 나은 경제성이 확보될 수 있는가에 대한 것이었습니다." 그녀는 이윤율이 희박해진 소비재와 비교하여 보노보스가 경쟁하는 의류 산업의 수익률이 아주 높다는 사실을 말하는 것이다. 그리고 "아마존이 제공하는 것과 우리가 제공하는 것 사이에서 약간의 차별화"를 창출한다는 사실도 언급했다.

로어의 설득은 통했다. 2017년 6월 16일 금요일, 월마트는 〈뉴욕타임스〉와 한 인터뷰에서 보노보스를 인수한다는 사실을 공식적으로 발표했다.[79]

그런데 그 시점이 거의 어처구니없을 정도로 최악이었다. 왜냐하면 같은 날 아마존이 홀푸드를 인수한다고 공표했기 때문이다. 최근 몇 년 동안 월마트는 열심히 전진했지만, 그럴 때마다 아마존은 언제나 한 발 더 앞서 있는 것처럼 보였다. 이번에도 다르지 않았다. 그리고 월마트의 전자상거래 부문에서는 그에 따른 아픔이 심각하게 느껴졌다.

이와 관련하여 월마트에서 전략을 담당했던 리더는 내게 이렇게 말했다. "그것은 그 조직에는 정말이지 무서운 순간이었습니다. 저는 모든 사람이 이렇게 말하던 걸 기억합니다. '그래, 보노보스 대 홀푸드, 우리는 체커(checker) 게임을 하는 거고, 그들은 체스를 하고 있어'라고 말이죠."

외부의 관점에서도 그렇게 보였다. 월마트와 보노보스의 계약은 멋지면서도 흥미로운 도박처럼 보였다. 반면에 아마존의 홀푸드 인수는 체스판 위에서 완전히 다른 묘수(妙手)였다. 업계를 떠들썩하게 만드는 화젯거리였다. 유기농 식료품 체인점인 홀푸드가 미국 내 식료품 시장에서 차지하는 비중이 겨우 4퍼센트에 머물렀음에도, 월마트가 오랫동안 지배해온 그 분야에서 아마존이 거대한 선수가 되겠다는 확고한 의지를 선언한 것이었다. 엎친 데 덮친 격으로 아마존의 홀푸드 인수 소식이 전해진 다음 날 월마트의 주가는 거의 5퍼센트 급락했다.[80] 반면에 그 발표로 아마존의 주가는 그들이 홀푸드를 인수하는 데 들인 비용보다 더욱 큰 가치를 획득했다. 어떻게 보면 아마존이 홀푸드를 공짜로 얻은 셈이었다.[81] 뭔가 불공평해 보였다.

쿼드시와 제트의 임원이었으며 제트가 인수된 뒤 월마트에서 전자상거래 부문의 매출 책임자로 자리를 옮긴 스콧 힐튼(Scott Hilton)

은 이렇게 말했다. "가슴이 철렁 내려앉았습니다. 저는 보노보스 인수를 아주 훌륭한 일이라고 생각했거든요."

실낱같은 가능성

인수 협상이 완료된 이후 마크 로어에게는 어떤 밝은 가능성이, 아니 어쩌면 실낱같은 가능성이 있었다. 로어는 태생적으로 낙천주의자인데, 아마도 필요에 따라 그랬을 수도 있다. 그가 종종 강조하는 것은, 창업자라면 자기 성공 확률이 아주 든든하게 쌓여 있는 상황보다는 자신의 아이디어가 펼쳐질 수 있는 아주 작은 기회에 초점을 맞춰야 한다는 것이었다.

무엇보다도 로어는 아마존이 상품의 종류와 가격 면에서 월마트와 더욱 직접적으로 경쟁하던 주류의 대형 소매업체를 인수한 것이 아니라, 미국 내 식료품 부문의 시장 점유율이 5퍼센트도 되지 않는 작은 업체를 인수했다는 점 때문에 어느 정도 안도감을 느꼈다. 게다가 홀푸드는 월마트의 핵심 고객층이라고 할 수 없는 부유한 소비자를 대상으로 서비스를 제공하는 업체였다.

"만약 그들이 크로거(Kroger)를 인수했다면, 우리는 크게 휘청거렸을 겁니다." 로어의 말이다.

그리고 로어는 그 협상이 아마존의 주의력을 분산시킬 수도 있다고 예상했다. 왜냐하면 그것은 아마존이 유기농 식품은 물론이고 신선한 육류와 물고기 등의 특산 식료품까지 판매하는 오프라인 소매 업종에 대규모로 진출하는 첫 번째 시도였기 때문이다. 게다가 아마존은 그쪽 분야에 대해서는 제대로 알지도 못했다.

그렇지만 아마도 가장 밝은 가망성은 아마존의 홀푸드 인수 덕분에 로어가 월마트의 오프라인 소매업 부문의 임원에게 아마존이 가만히 있지 않으며, 월마트가 그와 동등하거나 오히려 능가하는 위기의식을 갖고 혁신해야 한다는 점을 강조할 수 있게 되었다는 사실일 것이다. 그래서 로어를 비롯한 그의 부하직원들은 프로젝트 개시 첫날부터 월마트의 디지털 전환을 위해 더욱 빠르고 과감한 조치를 취할 수 있도록 월마트의 리더들을 재촉할 수 있는 외부의 소식이나 발표라면 뭐든지 활용했다. 이번 사건도 다르지 않았다.

이와 관련하여, 훗날 로어는 내게 이렇게 말했다. "아마존의 홀푸드 인수는 아주 좋은 촉매제였습니다."

비록 화상회의를 통한 이벤트였지만, 로어는 스무 명 정도의 월마트 임원이 모인 자리에서 자신의 논리를 펼쳤다. 2017년 6월에 아마존이 홀푸드 인수를 선언한 이후 몇 주가 지나지 않은 시점이었다. 장소는 벤턴빌 중심가에 있는 월마트 박물관(Walmart Museum)과 샘 월튼이 처음에 문을 연 월튼의 잡화점(Walton's 5&10) 위쪽에 있는 회의실이었다. 그 전략회의가 아마존의 인수 발표 이전에 이미 일정이 계획되어 있긴 했지만, 홀푸드 인수는 이제 그 회의에서 아주 중요한 안건이 되었다. 그 자리에서 이뤄진 논의 중에는 유기농 식료품 업체인 홀푸드에 대해 참석자를 교육하는 내용도 포함되어 있었다. 그들의 주요 고객층이 누구이며 매장의 일반적인 입지 등에 관한 것이었는데, 그 모든 게 월마트와는 아주 많이 달랐다. '홀 페이체크(Whole Paycheck)*'라는 별명으로 불리던 홀푸드가 일반적으로 구애하는 대상은 도시의 고소득층 가구와 교외에 거주하는 부유한 쇼핑객이었다. 반면에 월마트의 통상적인 고객은 소득이 적으며 시골 지역에 사는 가족이었다. 그래서 그런 지역에서는 월마트가 훨씬 더 존재감이 컸다.

그레그 포란(Greg Foran)은 그런 고객을 잘 알고 있었다. 그는 미국 내에서만 4,000개에 달하는 월마트의 방대한 오프라인 매장을 총괄하고 있었으며, 미국 내에서 저조한 실적을 거두고 있던 월마트의 전세를 뒤집어야 하는 막대한 임무를 맥밀런에게서 부여받기도 했다. 오스트레일리아에서 울워스(Woolworths)의 슈퍼마켓 부문 책임자로 재직했던 뉴질랜드 출신의 그레그 포란은 자신의 동료들에게 가장 수익성이 좋은 월마트 모델은 전통적인 월마트 모델이라는 점을 종종 상기시켰다. 그러니까 고객이 직접 매장으로 차를 몰고 와서 스스로 상품을 구입하고 그 상품을 직접 집으로 가져가는 방식을 말하는 것이었다. 그럼에도 그는 온라인으로 식료품을 주문하고 고객이 픽업하는 모델에 점점 관심을 갖기 시작했다. 그렇지만 전자상거

---

* 　홀푸드의 비싼 가격을 조롱하며 부르는 용어.

래 부문의 리더들은 포란이 식료품 배송 모델과 그 사업의 쉽지 않은 경제성을 지지하는 강력한 우군이라고 생각하지 않았다.

오프라인 매장 부문과 디지털 부문의 리더들이 모두 모인 자리에서 로어는 필요한 그 어떤 형태의 수단을 동원해서라도 월마트의 온라인 식료품 서비스를 최대한 빠르게 확장해야 하는 시급성을 강조했다. 당시에 약 900개의 오프라인 월마트 매장에서 인터넷 구매 고객에게 식료품 무료 픽업 서비스를 제공했지만, 로어를 비롯한 그의 부하직원은 그 서비스가 훨씬 더 빠르게 미국 전역에서 펼쳐지기를 원했다. 로어는 또한 다른 무엇보다도 월마트의 픽업 비즈니스가 전략적 이점을 제공하긴 하지만, 다음 번 격전지는 식료품 배송 분야가 될 것이기 때문에 월마트가 그 서비스를 더욱 확대해야 한다는 점을 강조했다.

훗날 매장 부문의 리더들이 내게 말하기를, 당시에 월마트는 아마존과의 경쟁에서 판도를 뒤집을 수 있는 사업이라고 판단하여 이미 자체적으로 온라인 식료품 분야에 눈을 돌리고 있었으며, 더그 맥밀런 역시 예전에 온라인 식료품 사업을 월마트 전체에서 가장 중요한 과제 중 하나로 지정한 적이 있다. 그리고 제트가 월마트에 합류하기 전에도 이미 그레그 포란과 그의 팀이 온라인 식료품 사업을 총괄하기도 했다. 그 결과 로어의 발언은 대체로 잘 먹혀들었다. 몇 년 뒤, 월마트에서 근무했던 수많은 임원과 직원은 아마존과 홀푸드의 결합을 중요한 변곡점으로 지적했다. 심지어 경종이 울린 것이라고도 했다.

아마존이 홀푸드 인수를 완료한 지 불과 일주일 뒤에, 월마트는 자신들의 슈퍼센터 1,000곳에서 조만간 식료품 픽업 서비스를 이용할 수 있을 것이라는 내용을 담은 보도자료를 발표했다. 그런데 우연이라고 보기에는 공교롭게도, 월마트는 995번째부터 1,000번째까지의 픽업 장소가 아마존에 특히나 중요한 도시에 있는 매장이 될 것이라고 말했다. 그곳은 바로 아마존의 고향인 워싱턴주의 시애틀이었다.

"시애틀에서 우리는 온라인 식료품 서비스를 가장 먼저 이용하는 250분의 고객에게 구글 홈(Google Home) 기기를 드릴 계획입니다." 월마트가 보도자료에서 발표한 내용이다.[82]

몇 달 뒤에 월마트는 온라인 식료품 사업에 대한 또 다른 발표를 했는데, 이번에는 픽업 서비스가 아니라 식료품 배송 서비스와 관련된 내용이었다. 해당 보도자료에서는 식료품 배송 서비스가 조만간 '태평양 연안에서부터 대서양 연안에 이르기까지' 미국 전역의 모든 슈퍼센터에서 이용할 수 있을 것이라고 언급했다. 그리고 지리적으로는 2018년 말까지 6개 대도시 권역에서 100개 지역으로 확대할 것이라고 했다.[83] 그 전까지는 월마트의 식료품 배송 서비스가 좀 더 체계적이며 전략적으로 추진되었다. 그러나 아마존이 홀푸드를 인수하고 나자 월마트 전자상거래 부문의 리더들 사이에서는 회사 전체가 더욱 명확한 지점을 향해 방향이 설정되어 있다는 느낌이 형성되었다. 어느 전직 임원이 내게 설명해주기를, "단단히 조여! 여기도, 저기도, 거기도!"라는 분위기였다고 한다.

"만약에 아마존이 홀푸드를 인수하지 않았다면, 월마트가 그런 길을 가지 않았을 거라고 저는 매우 확신합니다."

내부에서의 전투

만약 누군가가 온라인 식료품 분야에서 월마트가 쏟아부은 노력의 역사를 추적한다면, 이 회사가 대규모 식료품 배송 프로젝트에 전념하는 것에 대하여 약간 두려워했다는 사실을 파악할 수 있을 것이다. 사실 월마트는 이미 온라인에서 상당한 규모로 식료품을 팔아본 경험이 있는데, 이는 그들의 계열사 가운데 하나인 영국의 식료품 매장 체인점 애즈다(ASDA) 덕분에 가능했다. 참고로 이 사업이 잘되진 않았다.

월마트는 1999년에 애즈다를 100억 달러 이상의 금액을 들여 인수한 이후로, 2021년에 국제 자산에 대한 구조조정 과정에서 이 회사에 대한 과반의 소유권 지분을 매각하기 전까지 20년 이상 애즈다를 소유했다. 애즈다는 이미 1998년에 식료품 배송 서비스를 제공하기 시작했지만, 작은 물류창고에서 배송하는 이 모델이 재정적으로 지속가능하지 않으며, 가능하면 고객을 실망시키지 않으면서 사업을 수행하기가 끔찍할 정도로 어렵다는 사실을 금세 깨달았다. 이 회사의 물류창고 두 곳이 2000년까지 하루에 500건도 되지 않는 주문을 처리하고 있었던 반면에[84], 그들의 경쟁사인 테스코(Tesco)는 멀리 앞서 나가고 있었다. 애즈다는 결국 배송 기피 사태를 겪은 이후에 온라인 식료품 시장에서 완전히 철수했고, 그러다 2011년이 되어서야 클릭 앤 콜렉트(Click and Collect)라는 새로운 온라인 식료품 사업 모델을 시작했다. 참고로 미국인은 이런 방식을 아마도 '온라인 구입, 매장 픽업'이라고 부를 것이다. 그러나 이 서비스가 다시 가동되기 시작할 당시에 애즈다는 훨씬 더 유명한 경쟁업체를 멀찍이서 올려다보고 있었다.

애즈다 출신의 베테랑으로 현재는 월마트 인터내셔널의 CEO로 재직하고 있는 주디스 매케나(Judith McKenna)는 2021년 말에 내게 이렇게 말했다. "테스코는 선발 주자의 우위(first-mover advantage)를 점하고 있었습니다. 그리고 테스코가 일단 고객의 충성도를 공고히 하자, 그들의 아성을 무너트린다는 건 극악한 일이었습니다." 참고로 월마트의 경쟁사인 아마존은 몇 년 뒤에 자신들의 핵심적인 신규 식료품 사업을 이끌어갈 사람으로 테스코 출신 인사를 영입하게 된다.

비록 테스코를 뒤쫓아가는 입장이었지만, 애즈다는 온라인 식료품 사업을 끈질기게 밀어붙였다. 왜냐하면 그 분야에서는 가능성이 어마어마했고, 소비자들도 그런 서비스를 기대했기 때문이다. 2014년에 더그 맥밀런이 월마트의 CEO로 취임했을 때, 그는 월마트의 이사회 구성원들과 함께 영국으로 건너가 애즈다의 진척 상황을 직접 관찰했다. 애즈다가 거둔 혁신 가운데에는 식료품 픽업용 보관함도 있는데, 여기에 있는 세 개의 수납칸은 온도를 각각 냉장, 냉동, 상온으로 설정할 수 있는 점이 특징이었다. 그리고 그들은 런던의 지하철 역사 내부에도 픽업 장소를 설치해두었다.

맥밀런은 그런 모습에 좋은 인상을 받아 돌아왔고, 온라인 식료품 사업을 자신의 재임 기간 동안 추진해야 할 월마트의 핵심 과제로 선정했다. 그래서 맥밀런과 그의 부관들은 애즈다의 리더들에게 의향을 타진한 뒤 그중 일부를 미국으로 불러들였다. 그들에게는 함께 이뤄야 할 중심적인 목표가 한 가지 있었다. 그것은 바로 미국 전역에 걸쳐 온라인 식료품 서비스를 구축하는 것인데, 그들은 드디어 자신들이 미국에서 갖고 있는 방대한 오프라인 매장 네트워크를 활용하기로 했다. 미국인 중 90퍼센트가 살고 있는 곳에서 10마일(약 16킬로미터) 이내에 슈퍼센터를 하나씩 확보하고 있는 월마트에는 식료품 픽업과 주문에 대한 배송 등의 속도 면에서 모두 아마존을 물리칠 수 있는 능력이 있었다. 그리고 비용적인 측면에서도 더욱 효율적으로 수행할 수 있었을 것이다. 월마트가 그런 우위를 인지하고 활용한다는 건 아마존의 임원들이 오랫동안 두려워해온 일이었다. 하지만 전통적인 소매업체인 월마트가 오랫동안 제대로 활용하지 않은 부분이기도 했다.

그런데 맥밀런이 CEO로 취임하자 상황이 변하기 시작했다. 2014년부터 2015년 사이에 애즈다의 최고운영책임자(COO) 출신 두 명이 미국 월마트에서 핵심적인 역할을 맡았다. 그중 한 명이 바로 주디스 매케나인데, 그녀는 애즈다의 최고재무책임자(CFO)로 재직한 경험도 있었기 때문에 온라인 식료품 비즈니스가 자칫하면 빠질 수 있는 재무적인 허점에 대하여 자신의 전문성을 발휘했다.

매케나는 애즈다의 초기 온라인 식료품 사업에 대해 이렇게 말했다. "우리는 일어날 수 있는 실수란 실수는 전부 저질렀습니다. 하지만 그 덕분에 우리는 많은 것을 배웠습니다."

또 다른 인물은 마크 이버츤(Mark Ibbotson)이란 임원인데, 그는 자신이 책임지고 있는 어떤 목표나 업무가 있을 때 물불을 가리지 않는 사람이라는 평판을 금세 얻었다. 월마트의 미국 내 매장 비즈니스 부문의 CEO인 그레그 포란은 그를 '근육맨'이라고 생각했는데, 이버츤은 필요한 어떤 수단을 동원해서라도 실행해야만 직성이 풀리는 자신의 사고방식과 어울리는 군인다운 비유를 좋아했다.

월마트 전자상거래 부문의 임원이었던 한 사람은 이버츤에 대해 내게 이렇게 말했다. "그는 확실히 터프했으며 추진력도 있었습니다. 하지만 그는 일을 해내는 면에서도 정말 효율적이었습니다."

그렇게 매케나와 이버츤은 모두 영국에서 애즈다를 이끌었던 경험을 바탕으로 월마트에 영입된 것이다.

이와 관련하여 매케나는 내게 이렇게 말했다. "만약 우리에게 다시 한번 식료품 사업을 할 수 있는 기회가 주어진다면, 우리는 먼저 픽업 서비스를 시작하고 그다음에 배송 서비스를 할 겁니다. 그 반대가 아니고 말이죠."

애즈다 출신 임원들이 장악하기 이전에도 월마트는 자체적인 배송 트럭을 이용하여 몇 차례 시험 서비스를 하는 것으로 식료품 배송 시장에 살짝 발을 담근 적이 있다. 그러나 그런 프로젝트에서 일했던 어느 직원의 말에 따르면 그 결과는 대부분 실망스러웠다고 한다. 월마트가 주문 한 건당 최소 20달러의 비용을 지출하는 경우도 많았다. 이는 감당할 수 없는 액수였다. 그리고 사업 자체만 놓고 봐도 원하는 수준에는 한참이나 못 미쳤다. 그러나 애즈다 출신의 임원들은 자동차가 일상화된 미국의 문화나 교외를 비롯한 작은 시골 마을에서 드라이브 스루(drive through) 식당의 인기 등을 고려할 때, 영국에서는 흔한 클릭 앤 콜렉트 모델이 미국에서도 인기를 얻을 거라고 확신했다.

월마트는 2014년 초에 온라인 식료품 픽업 서비스를 처음으로 개시했다.[85] 온라인에 주문 시스템을 구축하는 전자상거래 부문의 직원과 현실에서 이 프로젝트의 실행을 책임지는 오프라인 매장 부문의 직원으로 구성된 조직이었다. 전자상거래 부문에서 온라인 식료품 프로젝트를 전담하는 팀원은 월마트의 다른 부문에서 근무하는 사람보다 더욱 빨리 움직일 수 있었는데, 부분적으로는 그들이 월마트닷컴과는 별도로 일하기 때문이었다.

이와 관련하여 전직 제품 관리 책임자는 내게 이렇게 말했다. "그들은 저희에게 독립적인 권한을 아주 많이 줬습니다. 우리는 당시에 정말로 이 분야에서 마침내 아마존을 꺾을 기회를 얻었다고 믿었습니다."

맥밀런도 역시 자신들에게 경쟁력의 우위가 있다고 여겼지만, 그는 디지털 부문과 오프라인 소매업 부문의 간극을 메우기 위해 존경받는 베테랑 리더가 필요하다는 점을 알고 있었다. 회사가 원활히 협력해서 일을 하려면 그런 사람이 절실히 필요하다고 생각했다. 그래서 그는 오프라인 매장 사업부의 최고위직 임원이었으며 통합된 목표를 중심으로 조직을 잘 결집하는 것으로 정평이 나 있는 마이클 벤더(Michael Bender)를 낙점했다. 벤더의 회상에 따르면 당시 맥밀런의 목표는 월마트가 '단지 아마존이 하는 걸 흉내만 내는 것'이 아니라 '다르게 생각하는' 방향으로도 움직이는 것이었다고 한다.

벤더가 기업의 '국무장관'과 비슷한 자리라고 비유하는 그 역할은 쉽지 않은 직위였다. 그는 서비스를 개시하는 시점에 대한 사안부터 온라인 식료품 픽업 서비스의 매출액을 내부의 어느 조직이 가져갈지에 이르기까지 월마트의 전자상거래 부문과 오프라인 매장 부문 양측의 핵심적인 리더들 사이에서 합의를 이뤄내야만 했다. 그리고 각 지역과 현지의 매장 리더들에게 온라인 식료품 사업이 비용이 많이 들며 집중력을 분산시키는 작업이 아니라, 그들은 물론이고 회사에도 이득이 될 수 있다는 점을 설득해야 하는 작업도 있었다.

온라인 주문을 실제로 직접 처리하게 될 오프라인 매장의 관리자들에게서 동의를 얻어내기 위하여 벤더를 비롯한 관계자들은 온라인 식료품 판매로 발생하는 매출액을 전자상거래 부문이 아니라 오프라인 매장 부문의 실적으로 처리하기로 결정했다.

이와 관련하여 벤더는 내게 이렇게 말했다. "저희는 테스트를 해보면서 그 부분이 주목을 받는다는 점을 발견했습니다. 왜냐하면 오프라인 매장 부문의 리더들이 이렇게 말했기 때문입니다. '만약에 당신들이 저희의 매출액이 늘어나고 저희의 재고량과 재고 상황을 개선하는 데 도움이 되는 일을 한다면, 저희도 이야기를 들어보겠습니다'라고 말이죠. 하지만 '당신들이 그와 반대되는 일을 하거나 또는 저희에게 돌아오는 혜택이 없다면, 저희는 거기에 큰 관심을 기울이지 않을 겁니다'라고 말했습니다."

그리고 이 프로젝트에 관여하던 리더들은 온라인 식료품 픽업 주문이 오프라인 매장의 수익성이 좋은 영역을 침범할 수도 있다는 사실을 매장 관리자와 임원이 받아들이도록 설득해야 했다. 이것은 그저 구시대적인 편집증이 아니었다. 그것은 실제로 일어날 수 있으며, 심지어 그럴 가능성이 높은 우려였다. 그러나 맥밀런은 온라인 식료품 서비스를 회사의 최고 과제로 지목했을 때부터 월마트의 경영진에게 이와 관련한 자신의 견해를 강조해왔다.

이와 관련하여 영국에서 애즈다의 온라인 식료품 부문을 운영하다가 2014년에 미국 월마트의 온라인 식료품 부문 부사장으로 발탁된 키에런 섀너핸(Kieran Shanahan)은 이렇게 말했다. "더그 맥밀런은 취임 첫날부터 그것이 기존의 영역을 침범할 수도 있다는 사실을 아주 명확하게 알고 있었습니다. 그렇지만 우리는 월마트의 생태계 안에 고객을 계속 머물게 하고 싶었습니다."

그런데 서비스 초기에 고객에게서 긍정적인 피드백과 마음이 따뜻해지는 후기가 전해지고, 그와 함께 재무적으로 엄청난 성과가 발생하고 목표한 수치를 달성하자, 매장 부분의 관리자 역시 회사 내부에서 이 프로젝트를 지지하는 가장 강력한 우군이 되었다. 그리고 어느 오프라인 매장의 관리자가 다른 매장의 관리자에게 이 서비스를 추천하는 사례가 아주 많았는데, 이것이 위에서 하달되는 그 어떤 명령보다도, 심지어 월마트의 최고위직으로부터 회사 차원에서 전달되는 그 어떤 지침보다도 강력한 설득력을 갖게 되었다.

그 외에 또 다른 중요한 결정사항도 있었다. 그중 하나는 월마트가 식료품 픽업 서비스를 이용하는 온라인 고객에게 요금을 부과할 것인가 하는 문제였다. 사실 이 서비스는 기본적으로 월마트의 직원이 온라인 고객을 대신하여 물품을 구매한 다음에 그것을 고객의 차량이 있는 매장의 외부로 가져다주는 서비스라고 할 수 있었다. 회사는 또한 직원을 위한 전용 교육 프로그램을 만들어야만 했는데, 이 부분에서는 영국에서 애즈다가 운용하던 매뉴얼을 상당히 많이 활용했다.

그러한 과정에서 발생하는 비용을 고객이 부담해야 하는지 논쟁이 있었고, 심지어 회사가 시험 삼아 소액의 요금을 부과해야 한다는 이야기까지 나왔다. 그러나 이 서비스를 무료로 제공해야 한다는 주장도 만만치 않았는데, 월마트의 CEO인 더그 맥밀런도 그런 입장이었다. 이 프로그램을 담당하는 다른 리더들도 혹여나 고객이 이 서비스를 기피하게 만들 수도 있는 그 어떤 이유도 만들고 싶어 하지 않았다. 섀너핸의 말에 따르면 그들은 특히나 이 프로젝트의 명시적인 목표 세 가지를 고려했다고 한다. 그 세 가지 목표란 "이 서비스를 이용하여 월마트에 새로운 고객을 불러 모으고, 기존 고객과의 관계를 더욱 깊게 하고, 월마트에 대한 인식을 변화시킨다"는 것이었다.

결국 픽업 서비스는 고객에게 무료로 제공하기로 결정되었다. 그리고 월마트 매장의 입지가 온라인 식료품 픽업 서비스를 일정한 수준으로 발휘할 수 있게 되면, 이제는 픽업 고객의 차량에 주문품을 가져다주는 방식에서 한 걸음 더 나아가 배송 직원이 고객의 집까지 배달해주는 서비스도 얼마든지 가능해질 수 있었다.

하지만 그런 일이 가능하기 전에, 월마트는 우선 식료품 배송 서비스에서도 중요한 역할을 하겠다는 의지를 길러야 했다. 홀푸드라는 대어를 낚은 아마존의 인수 소식이 그들에게는 좋은 자극제가 되었다. 그러나 좋든 나쁘든 그것은 여전히 비용에 민감한 전형적인 월마트의 방식으로 실행될 것이 자명했다.

그 회의에 대해 잘 아는 어느 임원은 내게 이렇게 말했다. "그들이 합의한 절충안은 이런 것이었습니다. '우리는 가능한 한 빠르게 식료품 픽업 서비스를 개시할 것이고 거기에 배송까지 더하겠지만, 수익성이 거의 없는 곳까지 나아가서 부자연스런 성장을 추진하지는 않을 것이다'라고 말이죠."

월마트 외부에 있는 식료품 업계의 다른 업체 역시 베이조스가 보여준 체스 게임의 묘수에 어떻게 하면 최선의 대응을 할 수 있는지 알아내려 애쓰고 있었다. 코카콜라 같은 패키지 소비재(CPG) 분야 대기업은 매출액의 거의 대부분이 여전히 오프라인 소매점에서 발생하긴 하지만, 그들 내부에서도 온라인 판매의 전략적 중요성에 대하여 새롭게 눈을 뜨고 있었다.

이와 관련하여 해당 업계의 어느 관계자는 내게 이렇게 말했다. "코카콜라의 수많은 사람이 아마존을 진지하게 대하기 시작한 건 그때가 처음이었습니다."

주문 배송 서비스를 하던 일군의 젊은 기업도 자신들에게 이목이 쏠아지는 걸 느끼기 시작했다. 식료품 배송 스타트업인 인스타카트(Instacart)는 홀푸드를 자신들의 최대 협력사로 여기고 있었기 때문에, 그런 홀푸드를 아마존이 인수했다는 사실이 그들에게는 치명타가 될 수도 있었다. 그런데 그 이후에 배송 분야의 동맹군이 절실하게 필요한 수십 개의 식료품 체인점이 인스타카트로 몰려오면서, 그들은 홀푸드의 갑작스런 이탈에 따른 손해를 만회하고도 남게 되었다. 인스타카트의 경쟁업체인 쉬프트(Shipt) 역시 자신들이 식료품 체인점에는 점점 더 매력적인 협력사가 된다는 사실을 확인했다. 아마존이 홀푸드 인수 소식을 발표하던 당일에 쉬프트 창업자이자 CEO인 빌 스미스(Bill Smith)는 휴가 중이었다. 그러나 그의 휴가는 그리 오래 지속되지 않았다.

그는 아마존이 홀푸드 인수를 발표하던 즈음에 자신에게 쇄도하는 수십 건의 전화와 문자 메시지를 방어하던 일에 대해 내게 이렇게 말했다. "사람들은 '이게 대체 무서운 소식이야, 아니면 놀라운 소식이야?'라고 말하며 좀처럼 갈피를 못 잡았습니다. 저는 그게 좋은 소식이라는 입장이었습니다. 왜냐하면 홀푸드에서는 코카콜라를 살 수가 없잖아요. 치리오스(Cheerios) 시리얼도 살 수 없어요. 홀푸드에는 대부분의 미국 소비자가 정기적으로 구매하는 물품이 없습니다."

그 뒤 2주 동안 다수의 대형 식료품 체인점이 쉬프트와 제휴를 맺을지 아니며 아예 인수할지를 타진하려고 쉬프트 측에 연락을 취했다. 타깃(Target)도 그중 하나였다. 7월이 되자 양측은 인수를 위한 논의에 돌입했고, 그해 가을에 협상이 타결되었다. 같은 해 12월, 타깃은 5억 5,000만 달러의 현금을 주고 쉬프트를 인수한다는 사실을 발표했다.

이와 관련하여 쉬프트의 빌 스미스는 내게 이렇게 말했다. "저는 아마존이 홀푸드를 인수했을 때 일종의 위급한 상황이 만들어졌다고 생각합니다."

스미스의 말에 따르면, 쉬프트가 타깃에 인수되기 전에 자신의 회사에서 파견한 대표단이 월마트와 몇 차례 논의했지만 진지한 결과로 이어지지는 않았다고 한다. 그는 언제나 벤턴빌 출신의 이 거대 소매업체가 자체적인 식료품 배송 네트워크를 구축할 거라고 생각했다.

아마존에 대해 말하자면, 스미스는 아마존이 홀푸드를 인수하기 전에 그 회사의 M&A 담당 직원과 몇 차례 통화했다고 한다. 그러나 스미스는 시애틀에 와서 아마존의 관계자와 더욱 심도 있는 인수 논의를 나누자는 그들의 제안을 거절했다.

이에 대해 스미스는 이렇게 말했다. "저는 그들이 그저 정보를 얻어내려 한 거라고 생각합니다. 저희 측 투자자들이 저에게 말해주기를 아마존은 모든 사람에게, 온갖 종류의 회사에 그런 식으로 대한다고 했습니다. 아마존은 다른 업체에 전화를 걸어서는 그들에게 시애틀로 찾아와서 비즈니스에 대해 논의하자고 말한다고 합니다. 그러면 아마존은 필요한 모든 정보를 그냥 얻어낸 다음에, 그걸 자신들을 위해 사용한다고 했습니다."

프라임의 꿈

아마존이 홀푸드에 모든 걸 쏟아붓기로 결정하던 당시에, 이 회사의
리더들은 몇 가지 중요한 결정을 내렸다. 그중 하나는 만약 기회가
주어진다면 오프라인 소매 체인점을 인수하는 방안도 열어둔다는
것이었다. 틈새 산업이었던 온라인 쇼핑을 보통의 일상 활동으로 바
꾸어놓으려고 온갖 노력을 했지만, 매일 매순간 이뤄지는 상품 판매
의 80~90퍼센트가 여전히 오프라인 매장의 내부에서 발생한다는
사실을 그들도 무시할 수는 없었다. 그리고 그들은 신선 식품 분야
로 한정하면 그 비율이 훨씬 더 높아진다는 사실도 알고 있었다. 만
약 아마존이 오프라인 소매업에서 혁신을 이뤄내지 못한다면, 특히
식료품처럼 소비자에게 중요한 소매업 부문에서 혁신을 만들어내지
못한다면, 기술 대기업인 그들이 과연 세계에서 가장 고객 중심적인
회사가 되겠다는 약속을 정말로 이행한다고 말할 수 있을까?

일단 그런 결정이 내려지자 그들은 잠재적인 인수 대상이 될 수 있는 식료품 체인점의 희망 목록을 작성했다. 홀푸드는 상위권에 있었지만, 트레이더 조스(Trader Joe's) 역시 그럴 가능성이 높았다. 아마존의 여러 임원은 혁신적인 데다 패키지 식품도 비교적 저렴하다는 평판을 얻고 있는 이 특이한 식료품 체인점에 오랫동안 찬사를 보내왔다. 이례적일 정도로 친절한 직원에 대해서는 굳이 말할 필요도 없었다. 그래서 트레이더 조스는 미국 전역의 지역사회에서 일종의 추종자를 거느리고 있었다. 제프 베이조스는 몇 년 전에 아마존이 2시간 배송 서비스인 프라임 나우를 개시했을 때, 그들과 배송 업무를 제휴하고자 했지만 그들에게 거절당했다.

결국 트레이더 조스 인수는 무산되었다. 그래서 홀푸드 창업자인 존 매키가 매출 감소와 소란스러운 약탈적 주주들 때문에 궁지에 몰렸다고 여기자, 아마존은 기꺼이 홀푸드에 귀를 기울였다. 특히나 아마존에는 유기농 식품과 냉장 유통 체계에 대한 전문성이 부족하다는 점이 고려되었다.

"존 매키가 자신은 준비됐다고 말했을 때, 아마존의 우리 모두는 이런 입장이었던 것 같습니다. '그래, 이제야 말이 되는군'이라고 말이죠." 아마존 프라임의 부사장이었던 그레그 그릴리의 말이다.

아마존에 홀푸드 인수가 말이 되는 한 가지 명백한 이유는 홀푸드가 식료품 체인이기 때문이었다. 그리고 식료품 체인을 소유하게 되면 아마존이 겪고 있던 크랩(CRaP) 관련 문제에 대한 다소 구시대적인 해결책이 마련되는 것이었다. 그래서 소비재 부문의 리더인 더그 헤링턴을 비롯한 여러 임원은 그런 극적인 해결책을 매우 강력하게 지지했다.

이와 관련하여, 오랫동안 베이조스의 부관으로 재직한 제프 윌크(Jeff Wilke)는 내게 이렇게 말했다. "우리가 가장 중요하게 추가해야 하는 것은 아주 신선한 품목을 지원하는 체계였습니다. 그런 품목은 한 번에 하나씩 배송하기에는 가격이 너무 저렴했습니다. 그런데 그건 식료품 매장에서는 늘 벌어지는 일이었습니다."

그리고 홀푸드 체인은 아마존에 아주 잘 맞는 것처럼 보이는 또 하나의 특징이 있었다. 그것은 바로 홀푸드 매장이 있는 장소와 아마존 프라임의 미국 회원 상당수가 거주하는 도시와 마을이 지리적으로 서로 겹친다는 사실이었다. 그런 사실 하나만으로도 그릴리는 매우 열광적이었다.

이와 관련하여 그릴리는 이렇게 말했다. "우리는 그 논의가 시작될 때부터 홀푸드에서도 프라임 서비스를 하게 될 거라는 사실을 알았습니다. 왜냐하면 제프 베이조스가 아마존의 모든 비즈니스는 프라임 서비스를 제공해야 하며, 만약 그게 안 된다면 그럴 수밖에 없는 타당한 근거가 있어야 한다고 말하며 저를 매우 지지해주는 입장이었기 때문입니다."

일단 인수 논의가 진행되자, 그릴리는 즉시 프라임의 고객 로열티 프로그램을 홀푸드에 적용하기 위한 창의적인 방식을 구상하기 시작했다. 그는 8월 말에 협상이 체결되는 시점에 맞춰 프라임 서비스의 새로운 혜택을 적어도 하나쯤은 발표하고 싶어 했다.

그런 아이디어의 목록에는 홀푸드 매장에 프라임 회원만 이용할 수 있는 다섯 개에서 열 개 정도의 주차면을 미리 지정해두는 방안,

아마존닷컴에서 홀푸드 상품권을 판매하는 방안, 프라임 비자 신용카드로 결제한 홀푸드 고객에게 5퍼센트의 캐시백을 제공하는 방안 등이 있었다. 그리고 순전히 재미 차원에서 나온 것으로는 프라임 등급의 소갈비를 무료로 나눠준다는 아이디어도 있었다.

그러나 협상이 체결되기 전까지 이러한 아이디어 가운데 승인을 받은 건 없었다. 그중 일부 아이디어는 협상이 마무리되기 전에 미리 두 회사가 심도 있는 협업을 해야 하는 경우도 있었는데, 그러면 이는 '건 점핑(gun jumping)*'이라고 부르는 불법 행위로 간주될 수 있었다.

아마존의 리더들은 다른 아이디어도 명백하게 '건 점핑'으로 보일 수 있다며 우려했다. 프라임 등급 소갈비를 나눠준다는 아이디어 역시 실현되지 않았다. 하지만 캘리포니아의 어느 홀푸드 매장에 근무하는 정육 부문의 직원이 협상 타결을 축하하는 의미에서 쇠고기 분쇄육으로 직접 프라임 로고를 만드는 일은 있었다.

그런데 인수가 완료되고 약 여섯 달이 지난 2018년 2월에 프라임 비자 신용카드에 대한 할인 혜택이 결국 발표되었다.[86] 같은 달, 아마존은 업계 전체가 기다리던 무언가를, 그리고 어쩌면 두려워하는지도 모르는 무언가를 마침내 공개했다. 그건 바로 프라임 나우(Prime Now)라는 신속 배송 서비스로 프라임 회원에게 홀푸드의 식료품을 무료로 당일 배송하는 것이었다.

---

* 두 기업의 인수 또는 합병이 최종 완료되기 전에 이미 하나의 회사처럼 영업 활동이나 정보 공유 등을 하는 행위.

비슷한 시기에 프라임 서비스를 4년 이상 이끌어온 그릴리는 새로운 도전을 모색하고 있었다. 그릴리가 내게 말해주기를, 그는 자신의 상사인 제프 윌크 소비재 부문 대표를 비롯하여 제프 베이조스와도 이야기를 나누며 새로운 직책에 대한 여러 의견을 논의했다. 그 자리에서 제안된 임무 가운데 하나가 바로 앞에서 소개한 홀푸드를 아마존에 통합하는 작업이었다. 아무튼 그릴리와 두 명의 제프가 이런저런 다양한 방안을 논의하는 와중에, 비즈니스 인사이더(Business Insider)가 2017년 12월부터 여러 건의 기사를 보도하기 시작했다. 홀푸드 매장 내부에 재고와 관련된 심각한 문제가 있다는 내용이었다.[87] 두 명의 제프는 이를 진지하게 받아들이며 그릴리에게 메모 한 장을 보냈다.

그릴리는 웃음을 지으며 그 메모를 떠올렸다. "'나는 당신이 이것에 대해 네 가지 아이디어를 생각해왔던 걸 알고 있으며, 그래서 우리는, 그러니까 당신은 홀푸드를 맡기로 결정했습니다'라는 내용이었습니다."

그러나 당시에 두 명의 제프가 알지 못한 것은 그릴리가 아마존을 떠나는 것 역시 진지하게 고민하고 있었다는 점이다. 성장하고 있던 또 다른 회사에서 일자리를 제안받은 것이다. 그리고 2018년 초에 홀푸드를 책임지는 직책을 맡은 지 불과 몇 주 만에, 그릴리는 돌연 주택 공유 서비스를 하는 스타트업인 에어비앤비(Airbnb)의 최고경영자 직책을 수락하게 된다. 여행 분야에서 돌풍을 일으키던 일개 스타트업을 꾸준한 성과를 내는 대기업으로 만들어 결국엔 상장까지 하는 과정에 일조하기로 한 것이다. 베이조스와 윌크는 또 다른 리더를 찾아야만 했다.

그런데 기업의 변화에 도움을 얻기 위해 아마존의 임원들에게 눈독을 들이고 있는 또 다른 회사가 있다는 사실을 그릴리는 물론이고 두 명의 제프도 알지 못했다. 그곳은 20년 전에 아마존이 자사의 임원들을 노략해간다며 고소한 회사였다. 다름 아닌 월마트였다.

Chapter 08

아마존화
(Amazonification)

Winner
Sells All

아마존이 홀푸드를 인수하고 나자 월마트 매장 부문의 리더들은 온라인 식료품 비즈니스를 확대해야 한다고 또 한 번 느꼈다. 한편 마크 로어가 이끄는 전자상거래 부문의 경영진은 월마트의 매장이 아니라 물류창고에서 상품을 배송하는 방식으로 온라인에서 경쟁할 수 있는 최선의 방법을 알아내려 여전히 궁리하고 있었다. 그러나 어찌 되었든 물류 관련 문제를 무시하기는 어렵다고 판단한 공급망 부문의 최고책임자인 네이트 파우스트(Nate Faust)는 전면적인 개편이 필요하다는 결론에 이르렀다. 그래서 우선 전자상거래 주문이 이뤄지는 곳에서부터 시작하기로 했다. 그곳은 바로 물류창고였는데, 그곳에서는 직원이 주문이 들어온 물품을 찾아내서 포장한 다음 온라인 주문 고객의 집으로 발송했다.

그의 추론은 상당히 간단했다. 제트가 월마트에 인수된 뒤에 처음 맞는 2016년 연말 시즌은 거의 참사 수준이었고, 2017년의 연말 시즌에도 여러 문제가 나타났다. 월마트가 해당 기간의 재무 실적을 발표했을 때, 이 회사의 온라인 매출 성장세가 급격이 둔화했다는 사실이 드러났다. 이는 월스트리트 투자자들을 걱정하게 만들어 월마트의 주가에도 커다란 타격을 입혔다. 월마트의 더그 맥밀런 CEO는 당시에 주식 애널리스트들에게 그렇게 정체된 매출 성장세의 대부분은 예정된 것이라고 말했다. 그들은 월마트의 전년 대비 성장률을 좋게 만들기 위해 제트닷컴의 매출액을 합산할 수도 없었는데, 당시에는 제트가 월마트의 일원이 된 지 이미 1년 이상 경과했기 때문이다. 관계자들이 내게 말해주기를, 마크 로어 역시 매출 성장과 수익 사이의 균형을 잘 맞추려면 손실을 줄여야 한다는 압박을 받고 있었다고 한다.

그러나 맥밀런은 그러한 속도 저하에는 일부 '운영상의' 문제도 영향을 미쳤다고 밝혔다. 전직 임원들에 따르면 그런 문제는 다양했는데, 그중에는 연말 시즌의 재고품이 지나치게 큰 공간을 차지하면서 고객이 사시사철 자주 구매하는 상품을 가로막는 문제도 있었다. 그리고 연말 최대의 쇼핑 시즌에 그들이 하루에 발송할 수 있는 패키지 수량에 대한 기존 물류창고 리더들의 중대한 계산 착오도 있었다. 월마트의 물류창고 자동화 시스템 역시 2016년과 2017년에 모두 문제점을 드러냈다.

이와 관련하여 전자상거래 부문의 전직 리더는 내게 이렇게 말했다. "컨베이어 벨트가 문제였고, 충분한 인력을 채용하지 않았으며, 어떠한 예측도 없었습니다. 우리는 새로운 인재가 필요했습니다."

네이트 파우스트는 이 점을 간파하고, 신속히 월마트 외부에서 도움을 구할 사람을 물색하기 시작했다. 그리고 그의 시선은 자연스럽게 전자상거래 부문에서 상당한 전문성을 가진 회사로 향했다. 몇 년 전에 쿼드시가 인수된 뒤에 그곳에서 일한 경험을 통해 그가 잘 알고 있는 회사였다.

이와 관련하여 월마트 공급망 부문의 최고책임자였던 사람은 내게 이렇게 말했다. "우리는 아마존에서 아주 많은 사람을 영입했습니다. 그리고 그렇게 합류한 아마존 출신들이 또 다른 아마존 사람들을 영입하기 시작했습니다."

2017년 말부터 2018년에 걸쳐 아마존의 물류창고와 운송 부문의 리더들이 미국 전역에 있는 월마트 전자상거래 관련 시설의 내부를 장악하기 시작했다. 만약 아마존이 경쟁업체나 소비자에게 입증해 보인 것이 한 가지 있다면, 그것은 바로 아마존이 상품 패키지를 고객에게 신속히 가져다주는 방법을 잘 알고 있다는 사실이었다. 아마존은 처음에는 오랫동안 베이조스의 부관이었던 제프 윌크 체제하에서, 그리고 나중에는 그의 부관이었던 데이브 클라크(Dave Clark) 체제하에서 그런 노하우를 발전시켰다. 참고로 예전에 '스나이퍼 (Sniper)'라는 별명을 갖고 있었으며[88] 물류창고 관리자 출신의 저돌적인 데이브 클라크는 2021년에 제프 윌크의 뒤를 이어 아마존의 전 세계 컨슈머 비즈니스를 책임지는 CEO 자리에 오르게 된다.

아마존의 물류창고 전략이 성공할 수 있었던 이유는 여러 가지가 있다. 부분적으로는 프로세스의 혁신 덕분이었고, 부분적으로는 자동화 덕분이었으며, 부분적으로는 노동자의 움직임과 실적을 초 단위로 추적하는 기술 시스템을 갖춘 감시 체계 덕분이었다.

아마존에서 물류창고의 계량화 기법을 담당했던 전직 데이터 과학(data science) 엔지니어는 내게 이렇게 말했다. "저는 우리가 어떤 도구를 하나 개발할 때마다 그것이 또 하나의 압박 수단이 된다는 사실을 알고 있었습니다. 그런 곳에서 1초 단위로 꾸준하게 업무를 수행해야 하는 압박은 실로 엄청납니다."[89]

그것은 계획적인 것이었다. 아마존이 오랫동안 집착해온 것은 직원의 일상을 더욱 쉽고 편하게 만드는 것이 아니라, 고객의 일상을 더욱 좋게 만드는 것이었다. 그것이 내부에 미치는 영향은 전혀 개의치 않는 것처럼 보였다. 그리고 아마존의 관점에서 그 둘 사이에는 아주 오랫동안 아무런 연관성이 없어 보였다. 아마존의 방식으로 수행한 비즈니스의 결과는 프라임 회원제의 급속한 성장과 전자상거래 분야에서 꾸준히 확보한 시장 점유율이었다. 그런 결과를 봐도 그들은 점차 그 목표를 향해 성공적으로 나아가고 있음을 알 수 있었다. 어쨌든 아마존은 직원이 얼마나 친절한가에 따라 평가를 하는 회사가 아니었다.

반면에 제트의 리더들은 자사의 직원에게 좀 더 인간적인 처우를 하는 것에 대해 이야기하기를 좋아했다. 언젠가 마크 로어가 내게 말해주기를, 그는 설령 어떤 결정이 늦어지는 한이 있더라도 조직의 결속을 위해 최선을 다할 것이라고 말했는데, 당시 같은 회의실에 있는 월마트의 홍보 담당자가 상당히 충격을 받았다고 한다. 그와는 반대로 아마존의 리더십 원칙에는 이런 항목이 있다. "리더는 신념을 가지며, 주장이 확실하다. 그들은 조직의 결속을 위해 타협하지 않는다." 그러나 궁지에 몰린 사람에게 압박을 가하면 오히려 역효과가 날 수도 있다.

그러나 전자상거래 분야의 선두 기업에 근무하는 물류창고의 리더를 디지털 분야의 느림보로 악명 높은 회사로 영입하기란 쉽지 않았다. 그래서 월마트 전자상거래 부문의 리더들은 벤턴빌 본사의 장기 근속자들 사이에서는 그다지 환영받지 않을 법한 일을 하게 되었다. 그건 바로 거액의 돈을 주고 아마존의 직원을 돌아서게 만드는 일이었다. 그들을 유혹하기 위하여 월마트의 전자상거래 부문을 이끌고 있던 제트 출신의 리더들은 일부 직원의 입장에서는 사치스러워 보일 수 있는 보상 체계를 제공해도 된다는 허락을 받았다. 그렇게 그들이 물류창고 관리자에게 제공하기로 승인받은 액수는 현금과 계약 보너스를 포함해 연간 30만 달러 이상이었다. 이는 월마트에 이미 재직하고 있던 물류창고 직원이 받는 금액의 약 두 배에 달했다. 물론 자리를 유지하고 있던 월마트 전자상거래 부문의 물류창고 리더들 가운데 일부도 거액의 보상을 받았다.

월마트에 영입된 아마존 출신 리더들은 장비 교체용 부품을 조달하기 위해 거액의 자금을 사용하는 것에서부터 업무 성과 추적 시스템과 노동자의 근무 일정의 대대적인 개편에 이르기까지 온갖 종류의 결정에 재량권을 부여받았다. 그러나 적어도 한 가지 주목할 만한 사례를 보면, 아마존 출신의 일부 리더가 월마트에 도입한 새로운 노동 문화는 저항에 부딪히게 된다.

만약 그들을 이길 수 없다면

제러미 나이트(Jeremy Knight)는 2013년에 캘리포니아 포터빌(Porterville)에 있는 월마트 물류센터의 정비공으로 입사했다. 그의 역할은 컨베이어 벨트와 지게차를 수리하고 시설이 원활하게 운영될 수 있도록 일반적인 유지관리 업무를 하는 것이었다. 물류센터(Distribution Center, DC)란 각 매장으로 발송하기 전에 상품을 보관하는 월마트의 물류창고를 말한다. 1991년에 개장한 포터빌 DC는 태평양 연안에서 가장 오래된 시설이었다.

나이트는 내게 이렇게 말했다. "일하기 좋은 곳이었습니다. 모든 사람이 하나의 공통적인 목표를 위해 함께 일하는 것처럼 느껴졌습니다."

그 물류창고에서는 안전 관련 지표가 양호하다면 매주 야외에서 요리하며 점심 식사를 하는 게 일상이었다. 만약 통로의 바닥에 쓰레기 한 조각이나 부서진 팔레트가 떨어져 있다면, 그곳을 가장 먼저 지나치는 사람이 그걸 주워 쓰레기통에 버릴 거라고 장담할 수 있었다.

"이게 별거 아닌 것처럼 들릴 수도 있지만, 포터빌에 근무하는 사람은 배려심이 있었습니다." 나이트의 말이다.

이후 나이트는 2016년에 새로운 기회를 잡기 위해 캘리포니아 치노(Chino)에 새로 문을 연 월마트의 물류창고로 옮겨 갔다. 그런데 사실 이 시설은 물류센터(DC)가 아니라 주문처리 센터(Fulfillment Center, FC)였다. 그 말은 이곳이 각 매장으로 발송하는 상품을 보관하는 곳이 아니라, 온라인으로 주문이 들어온 상품을 포장하고 발송하는 작업만 전담하는 시설이라는 뜻이었다. 닐 애쉬(Neil Ashe)가 예전에 월마트의 전자상거래 부문 대표였던 시절에, 그들은 월마트의 각 매장으로 향하는 상품을 보관하는 목적으로 사용하던 구식 물류센터의 구석에 공간을 마련하는 것이 아니라, 온라인 주문만 전담해서 처리하는 물류창고 네트워크를 확대해도 된다는 허가를 마침내 받아냈다.

치노의 FC에서 처음 총괄 관리자 역할을 맡은 사람은 예전에 월마트 물류센터의 안전과 보안을 책임진 베테랑이었다. 이제 그는 치노에서 11만 제곱미터(약 3만 3,000평)에 달하는 전자상거래 전용 시설을 운영하면서 1,000명이 넘는 인력을 감독하는 업무를 하게 되었다. 나이트의 말에 따르면, 상당한 부담감을 느꼈을 테지만 월마트의 베테랑인 그는 물류창고의 바닥에서 노동자와 서로 교류하는 모습을 자주 보였다고 한다. 그는 직원에게 질문을 하거나 우려사항을 확인하기도 했고, 때로는 직접 상자를 포장하기도 했다고 한다.

그러나 월마트에서 오래 근무한 리더가 새로운 전자상거래 물류 창고를 운영하는 데에는 여러 단점이 있었다. 그중에서도 한 가지 명확한 것은 전자상거래의 물류에 대한 경험이 부족하다는 점이었다. 또 하나는 월마트에서만 평생 근무한 사람은 각자 자신의 방식대로 스타일이 굳어지는 경향이 있었다는 점이다.

이와 관련하여 월마트의 전자상거래 부문에서 물류를 담당했던 전직 리더는 내게 이렇게 말했다. "그 정도로 오래 근무하면 현실에 안주하게 됩니다. 그리고 월마트에는 그런 사람이 아주 많았습니다."

그러던 2017년 말에 새로운 총괄 관리자가 치노에 취임하면서 아마존 출신들이 본격적으로 장악하기 시작했다. 그는 성과 추적 시스템을 늘렸는데, 전에 근무한 직원들도 저조한 생산성 때문에 그런 조치가 필요하다고 인정했다. 그러나 문제가 있었다. 다수의 전직 임직원이 내게 말해주기를, 그런 시스템은 노동자가 실패할 수밖에 없도록 설정되는 경우가 많았다고 한다. 노동자가 물류창고 바닥에서 마주하는 가장 커다란 문제점 가운데 하나는 재고가 심각하게 과밀화되어 있다는 점인데, 이 때문에 재고를 정확하게 추적하고 어떤 물품이 어디에 있는지 알아내는 일을 매우 어렵게 만들었다. 치노에 있는 월마트의 물류창고도 그렇게 상당히 어수선했는데, 언젠가 한 번은 상품을 실은 70개의 팔레트(pallet)가 이 회사의 재고관리 소프트웨어에 집계되지 않는 일도 있었다. 하지만 그 상품은 엄청난 공간을 차지하면서 실제로 존재했다. 그런데도 고객이 온라인에서 그 상품을 찾아보면, 월마트닷컴에는 품절이라고 표시되었다.

아마존 출신의 새로운 총괄 관리자는 폭포(waterfall)라고 부르던 또다른 형태의 교대근무 스케줄을 도입했는데, 이는 아마존의 물류창고 내부에서는 흔한 것이었으며 관리자에게 더욱 큰 유연성을 부여하기 위해 만들어진 시스템이었다. 그러나 관련 임원들이 내게 들려주기를, 치노의 주문처리 센터는 그처럼 급격한 변화를 감당하기에는 아직까지 충분히 효율적으로 운영되지 않았다고 한다. 그래서 관리자들은 어떤 교대근무 시간대에 누가 근무하고 있으며 누가 그렇지 않은지 제대로 파악할 수 없었다고 한다. 그것은 생산성과 안전성 두 가지 측면에서 모두 문제가 될 수 있었다. 게다가 그러한 대대적인 개편으로 노동자의 근무 스케줄을 좀처럼 예측할 수 없게 되었는데, 그래서 많은 사람이 '아마존화(Amazonified)'된 기계 안에서 돌아가는 영혼 없는 톱니바퀴가 된 듯한 느낌을 받았다.

"아마존 출신의 많은 사람은 오직 한 가지 매뉴얼만 알고 있었습니다." 월마트의 물류 부문을 담당했던 전직 관리자가 내게 해준 말이다.

이러한 급격한 변화는 직원들이 예전보다 훨씬 더 업무적으로 대해진다고 느껴지는 환경을 조성했다. 전직 직원들의 말에 따르면 치노의 분위기는 눈에 띌 정도로 침체되었다고 한다. 그러다 아마존 출신의 총괄 관리자가 업무 사항을 전달하는 월례회의 도중에 직원들에게 어떤 발언을 하면서 긴장감이 최고조에 달했다. 그는 상당히 좋지 않은 소식을 전달했다. 물류창고의 정비공이던 나이트는 그것이 임금 인상이었는지 아니면 초과근무에 대한 것이었는지 잘 기억하지 못했다. 그러나 무엇이 되었든, 그것은 좋지 않은 소식이었다. 그리고 물류창고의 총괄 관리자가 그런 소식을 전달할 때, 많은 사람은 그의 태도가 무심하다고 생각했다. 그래서 일반 직원들은 그 즉시 난폭하게 반응했다.

이와 관련하여 나이트는 내게 이렇게 말했다. "그들은 단상 밖에서 그에게 야유를 퍼부었습니다. 그 건물에서 가장 높은 사람을 향해 그렇게 했다는 사실은 (중략) 사람들이 얼마나 터무니없다고 느꼈는지 잘 보여줍니다. 그러잖아도 새로운 관리 방식에 이미 좌절감을 느끼고 있었으며 아무도 자신을 돌봐주지 않는다고 여기던 사람들에게 그것은 최악의 상황이었습니다."

도착한 지 몇 달 되지도 않은 그 총괄 관리자는 회사를 그만두고 다시 온라인 소매업계의 거대기업으로 돌아갔다. 그리고 당시 월마트 직원 사이에 떠돌던 소문에 따르면, 그가 새로 받게 된 급여 역시 거대했다고 한다. 이처럼 재빠른 그의 귀환은 일부 월마트 직원 사이에서 음모 이론을 불러일으켰는데, 그들은 제프 베이조스가 월마트에 스파이를 보냈을지도 모른다고 생각했다. 그러니까 경쟁업체의 사업장에 침투해서 혼란을 일으킨 다음 되돌아오는 게 임무였다는 것이다. 나는 이런 추정을 뒷받침할 만한 어떠한 정보도 찾을 수 없었다. 그리고 만약 정말로 그랬다면 상당히 충격적이었을 텐데, 왜냐하면 아마존 출신의 많은 사람이 월마트에 아마존의 방식을 가르치기 위해 최선을 다하고 있었기 때문이다. 그러나 이러한 추정은, 비록 다소 거칠긴 했지만 저임금을 받으며 과도하게 일하는 직원들과 그들을 이끌고 가야 하는 임무를 맡은 신규 임원들 사이에 불신이 형성되어 있음을 말해주었다. 참고로 그 직원들은 월마트가 추진하던 전자상거래 분야로의 체제 전환에서 가장 중요한 역할 중 하나를 담당하리라고 기대되었다.

또한 아마존에서 넘어온 물류창고의 일부 관리자는 마치 남성 전용 클럽 같은 회사 문화를 만들려 한다는 혐의도 받았다. 아마존 출신의 관리자 한 명은 부하직원을 데리고 스트립 클럽에 가서 직원들에게 그들의 법인 카드로 술값을 계산하라고 요구한 것으로 알려졌다. 그것이 회사의 정책을 위배하는 것인데도, 그가 나중에 승인해주겠다고 말했다고 한다. 이러한 주장은 물류창고 자동화 분야에 근무했던 여성 엔지니어가 월마트를 상대로 제기한 성차별 소송에서 드러났다. 그녀는 월마트에서 해고된 뒤에 자신이 여성이라는 이유로 승진 대상에서 제외되었다고 주장했다. 월마트는 법정 밖에서 합의하며 이 소송을 마무리했고[90], 월마트의 에린 헐리버거(Erin Hulliberger) 대변인에 따르면 파티를 좋아하던 아마존 출신의 그 관리자는 해고되었다고 한다.

아마존 출신들이 장악하면서 일부에서는 혼란이 야기되었다고 느꼈지만, 물류창고의 실적이 개선되자 월마트가 영입한 다수의 아마존 출신 직원은 계속해서 더욱 많은 고위직을 차지해나갔다. 예를 들어 2022년 말에 월마트는 데이비드 구지나(David Guggina)를 영입해 그에게 월마트의 미국 전체 공급망을 총괄하는 역할을 맡겼다. 그래서 제트 출신의 리더들은 월마트 전자상거래 공급망의 많은 부분을 자신들의 오랜 숙적에게 훈련받은 사람들의 손에 넘겼다. 마치 이런 말처럼 말이다. 만약 그들을 이길 수 없다면, 그들과 손을 잡아라.

미들 마일(middle mile)*

주문처리 센터의 운영을 아마존 방식으로 재편하는 것은, 좋든 나쁘든 간에, 제트 출신의 임원들이 월마트의 물류 체계에서 변화시키고자 한 여러 가지 중 일부에 불과했다. 그전까지는 온라인 고객이 '구매하기'를 클릭하기 전후의 상황이 심각할 정도로 엉망이었다. 관련 임원들은 또한 월마트가 페덱스(FedEx) 같은 대형 운송업체에 의존하는 방식을 다시 생각하기를 원했다. 월마트닷컴은 물론이고 그이외의 온라인 쇼핑 부문이 성장하면서, 때로는 그 업체의 신뢰도에 균열이 보이는 경우도 있었기 때문이다.

그들은 다시 한번 아마존 출신의 직원들에게 도움을 청하게 된다. 어쨌든 아마존은 이런 문제를 잘 알고 있었으며, 몇 년에 걸쳐 자체

---

* 물류 네트워크의 중간 부분.

적으로 해결책을 만들어냈다. 그런 움직임은 모두 2013년 말부터 시작되었다. 당시에 아마존의 많은 고객이 크리스마스 배송을 예정보다 늦게 받았는데, 주된 원인은 배송업체인 UPS가 크리스마스 직전에 급증한 온라인 주문과 겨울 폭풍 때문에 꼼짝 못하게 되었기 때문이었다. 아마존은 고객에게 보내는 편지에서 자신들은 배송 제휴업체에 정시에 주문 물품을 넘겼다고 말하며 운송을 담당하는 UPS에 책임을 추궁했다. 그리고 배송에 대한 약속을 이행하지 못한 보상차원에서 아마존은 20달러짜리 상품권을 아주 많이 나눠줬고 배송비도 환불해줬다.

아마존 내부에서는 1년 중 가장 중요한 시기에 고객을 실망시켰다는 사실에 임원들이 격노했다. 엎친 데 덮친 격으로, 그들은 그런 참사가 발생해도 어찌 해볼 도리가 없었다. 그 결과, 당시 아마존의 물류 부문 책임자였던 데이브 클라크는 자신의 부관 가운데 한 명인 마이클 인드레사노(Michael Indresano)를 호출했다. 그는 페덱스에서 24년을 근무한 뒤, 1년 전에 아마존에 합류한 인물이다. 페덱스에 근무했던 그의 경력은 아마존에는 매우 중요한 기여를 하게 된다. 그가 물류 대기업인 페덱스를 떠나 아마존으로 이직할 것이라는 사실을 알리자 페덱스의 보안 직원들이 그를 무례하게 밖으로 끌어냈는데, 그런 일을 겪고 나자 인드레사노와 그의 예전 고용주 사이에는 앙금이 생겨버렸다.[91]

브래드 스톤(Brad Stone)의《아마존 언바운드(Amazon Unbound)》에 따르면, 클라크는 인드레사노에게 다음과 같은 아주 중요한 질문을 던졌다고 한다. 2014년 말까지 분류센터(sortation center)를 몇 군데나 만들 수 있을까요? 인드레사노가 페덱스에서 만든 건 전부 4군데였지만, 그가 클라크에게 내어준 답변은 전혀 다른 규모였다. 그는 16개를 만들 수 있다고 말했다.

인드레사노는 페덱스에서 '소트센터(sort center)'라고 부르는 이런 유형의 분류 시설을 관리한 경험이 있긴 했지만, 이런 센터를 개별 소매업체가 운영하는 경우는 흔치 않은 일이었다. 심지어 아마존이라고 하더라도 말이다. 당시에 아마존 물류창고의 거의 대부분은 주문처리 센터(fulfillment center)라고 부르는 거대한 시설이었다. 그중에는 면적이 11만 제곱미터(약 3만 3,000평)에 이를 정도로 커다란 것도 있었는데, 이곳에서는 직원이 선반에서 상품을 골라낸 다음 그것을 배송 상자에 넣어 포장했다. 그러고 나면 UPS나 페덱스 같은 배송 제휴사가 해당 물류창고에서 그 주문품을 인계받아 최종 목적지까지의 거리에 따라 비행기나 트럭을 이용하여 고객의 집까지 가져다주었다.

반면에 분류센터는 아마존에는 새로운 유형의 물류창고였으며, 그 크기는 아마존에서 가장 커다란 주문처리 센터의 3분의 1 내지는 4분의 1 정도의 규모였다. 그러나 높은 차원에서 보면, 그 시설은 아마존이 마침내 패키지 1개당 배송 비용을 절감하고 배송 속도를 높이는 데 핵심적인 역할을 하게 된다. 그 외에도 어쩌면 가장 중요한 것으로는 분류센터가 주문처리 센터를 떠난 고객의 주문에 대하여 아마존이 더욱 확실한 통제권을 갖게 해줌으로써, 2013년의 연말 시즌에 많은 고객을 실망시킨 사태가 재발할 가능성을 낮췄다는 점이다.

이런 분류센터는 아마존의 공급망에서 소위 말하는 미들 마일

(middle mile)의 일부가 된다. 고객의 주문은 여전히 대형 주문처리 센터에서 포장하지만, 그다음 단계는 이제부터 사뭇 달라진 모습을 보여준다. UPS나 페덱스가 주문처리 센터에서 패키지를 가져가는 게 아니라, 아마존이 직접 자사의 분류센터 가운데 한 곳으로 이동시킨다. 그러면 해당 분류센터에서는 컨베이어 벨트와 노동자가 함께 어우러져 고객의 패키지를 배송 주소의 우편번호를 기준으로 여러 다양한 그룹으로 분류한다. 그리고 나면 아마존이 배송 지역을 담당하는 미국 연방우체국(USPS) 시설이나 우체국에 고객의 주문품을 가져다놓는다. 그렇게 함으로써 아마존은 전체 배송 네트워크 가운데에서도 비용이 가장 많이 소요되며 최종적으로 고객의 집까지 이어지는 '마지막 구간(last mile)'을 USPS가 처리하도록 만들었다. 이런 방식으로 아마존이 패키지 1개당 지출하는 우편 요금은 훨씬 더 저렴해지게 된다. 왜냐하면 USPS는 해당 패키지를 갖고 우체국 인근에 있는 고객의 집이나 회사까지 짧은 거리만 이동하기 때문이다.

이런 새로운 방식은 아마존이 배송 업무를 다른 곳에 맡기는 것이 아니라 이제는 전체 배송 과정 가운데 또 하나의 단계를 직접 처리하게 되었음을 의미한다. 그리고 여기에는 추가적인 장점도 있었다. 아마존이 분류센터를 구축한 지역에서는 프라임 회원에게 적용되는 이틀 무료 배송에 대한 주문 마감 시한이 9시간 더 늘어났는데[92], 왜냐하면 이제는 주문한 물품이 아마존의 배송 네트워크에 좀 더 오래 머물러 있게 되어 UPS나 페덱스 같은 배송 제휴사가 처리하는 다른 배송 패키지나 중간 절차, 아니면 우선순위에서 밀린다거나 하는 등의 요소 때문에 배송 속도가 느려지는 일이 없어졌기 때문이다. 그리고 자체적인 분류센터로 인해 형성된 USPS와의 새로운 제휴 관계 덕분에 아마존은 연방정부의 물류 서비스 부문을 설득해서 일요일에도 배송이 이뤄지게 만들 수 있었다. 이는 다른 배송업체는 꺼리던 것으로 전자상거래의 진화에서는 거대한 진전이었다.

이제 월요일 이전에 상품이 필요한 프라임 회원은 주말에 굳이 월마트 슈퍼센터 같은 오프라인 매장으로 찾아가지 않아도 되었다. 왜냐하면 이제는 금요일에 프라임 서비스로 주문하면 일요일에 받아볼 수 있었기 때문이다. 이것은 전자상거래와 소매업의 세계에서는 거대한 발전이었다. 그리고 아마존이 다른 경쟁사보다 더욱 편리하게 서비스를 제공할 수 있게 된 또 하나의 비결이었다.

시간이 지나고 매출 규모도 증가하자 아마존은 자체적인 '마지막 구간' 배송 체계도 만들어냈다. 아마존 로지스틱스(Amazon Logistics)라는 이 배송 네트워크는 UPS나 USPS가 수행하지 못하는 부분을 메워주면서 고객의 구매 경험에서 아마존에 훨씬 더 커다란 통제권을 부여했다. 왜냐하면 아직까지 일부에 불과하긴 했지만 그래도 이제는 고객의 현관문까지 가는 과정을 전부 관리할 수 있게 되었기 때문이다.

물론 아마존은 그로 인한 책임과 노조의 방해를 제한하는 방식으로 이를 수행했다. 그것은 바로 제3의 배송업체와 하청 계약을 맺는 것인데, 심지어 그들은 야심 찬 사업가들에게 무려 1만 달러를 지원하여 아무 밑천이 없는 상태에서도 배송업체를 더욱 쉽게 창업할 수 있도록 도와주기도 했다. 이렇게 점점 성장하는 아마존의 물류 사업은 10여 년 전에 아마존 프라임이 탄생하면서 그랬듯이 그들 자신과 월마트 사이에 거대하면서도 새로운 해자(垓字)*를 만들어냈다.

아마존에서 '스위트 식스틴(Sweet sixteen)**'이라고 부르던 이런 거대한 분류센터를 구축하던 인드레사노는 에너지를 모두 소진했고 아마존의 주문처리 센터를 담당하는 일부 동료와 불화를 겪기도 했다. 그리고 그는 결국 2017년에 아마존을 퇴사했다. 아마존의 운송부문 부사장이었던 그는 달리 이직할 곳도 없는 상태에서 회사를 떠났으며, 페덱스와 아마존을 합쳐 모두 30년 동안 직장 생활을 한 그는 이제 그만 은퇴해야겠다고 생각했다.

그러던 몇 달 뒤에 친구 한 명이 인드레사노에게 월마트의 임원에게 연락해보라고 조언했다. 그 회사가 디지털로 전환을 추진한다는 사실을 알았으며, 관련 분야에 전문성이 있는 누군가를 원할 수도 있다고 생각했기 때문이다. 인드레사노는 월마트가 전자상거래 부문에서 예전에 여러 어려움을 겪었다는 사실을 고려하면, 그들이 그 분야에 진지하게 투자하지는 않을 거라고 생각했다. 그런데 점심 식사를 함께 하면 들은 그 조언이 그에게 어떤 기억을 떠올리게 했다. 그가 회사를 떠나려고 고민할 때, 아마존의 예전 동료 한 명이 그에게 이렇게 말한 것이다. "다른 데는 어디든 가도 상관없지만, 월마트에는 가지 말게."

그런데 인드레사노는 아마존에서의 경력을 끝낸 방식이 탐탁지 않았다. 거기에는 그 예전의 동료가 떠나는 그를 굳이 말리지 않는

---

*   성을 방어하기 위해 그 주위에 구축하는 거대한 인공 연못.
** 주로 미국이나 캐나다에서 열여섯 살 생일을 축하하며 부르는 용어.

듯한 느낌도 포함되어 있었다. 그는 자신이 결국엔 월마트로 가서 일하는 게 좋지 않을까 생각했다. 그래서 월마트 전자상거래 부문의 공급망을 책임지고 있던 제트 출신의 네이트 파우스트에게 재빨리 연락했다. 두 사람은 몇 년 전에 인드레사노가 아직 페덱스에서 근무할 때 함께 시간을 보낸 적이 있다. 당시에 파우스트는 베이조스가 다이퍼스닷컴을 인수한 뒤 아마존에서 일하고 있었다. 그런데 상당히 기묘하게도, 파우스트는 월마트 전자상거래 부문의 운송 분야 책임자 역할을 맡기기 위해 접촉할 계획이던 외부 영입 후보자 가운데에서도 이미 인드레사노를 1순위에 올려놓고 있었다. 그래서 둘 사이에 처음 대화가 시작되고 약 여섯 달 뒤인 2018년 여름, 인드레사노가 월마트에 합류했다. 그곳에서는 해야 할 일이 많았다. 그리고 인드레사노는 혼자가 아니었다. 아마존의 다른 고위급 직원 여러 명이 그를 뒤따라온 것이다.

인드레사노와 마찬가지로 그들은 거액의 급여를 받고 오프라인 경쟁사로 이직했다. 그들을 유혹하기 위해 제트의 리더들은 아마존 출신의 여러 망명자에게 전자상거래 부문의 부사장이라는 직위를 부여했다. 월마트의 오프라인 부문에는 그런 직함이 없는데도 말이다. 그래서 인드레사노를 비롯한 여러 사람은 이메일 서명란에 그 직함을 사용하지 말라는 조언을 들었다. 왜냐하면 두 부문이 서로 다른 직위 체계를 가진 것으로 오인되면 월마트의 장기 근속자를 격노하게 만들 수도 있었기 때문이다.

이와 관련하여 전자상거래 부문의 전직 임원은 내게 이렇게 말했다. "어떤 사람들은 '무슨 말도 안 되는!'이라고 말했고, 또 어떤 사람들은 '그래 뭐, 그게 내 직장 생활을 더 편하게 만들고 또 개인적인 목표를 달성하기 위해 도움이 된다면 괜찮아'라고 말했습니다."

또 다른 전직 임원은 이렇게 말했다. "그건 마치 (중략) 정치적인 '배틀 로열(battle royal)*'이었습니다."

하지만 상황은 월마트에 우호적으로 진행되고 있었다. 당시에 월마트의 전자상거래 매출은 온라인 식료품 비즈니스의 확장에 크게 힘입어 급격하게 증가했다. 그러나 파우스트와 로어를 비롯한 제트 출신의 임원들은 향후에 월마트의 물류창고에서 고객의 현관문까지 배송될 예정인 유형의 상품에 대한 고객 경험을 과감하게 개선해야 한다는 사실을 알고 있었다. 그들은 또한 그러한 프로세스에서 중요한 부분은, 이미 몇 년 전에 아마존이 깨달았듯이, 주문 패키지가 물류창고를 떠난 이후의 과정을 더욱 확실하게 통제하는 일이라는 점도 알고 있었다. 그런데 전직 내부 관계자들이 말하기를, 그것은 미국 내 월마트의 온라인 주문 가운데 최소 80퍼센트를 처리하는 페덱스에 그러한 통제권을 넘겨준다는 의미인 경우가 많았다.

여러 가지 면에서 페덱스와의 관계는 월마트에 합리적이었다. 온라인 주문의 대다수를 책임지는 전국적인 규모의 중심적인 파트너 하나를 갖게 되면, 적어도 이론적으로는 월마트의 '엔드 투 엔드(end-to-end)**' 프로세스를 더욱 단순하게 만들 수 있었다. 그리고 월마트의 전체 매출에서 전자상거래가 차지하는 비중이 아직은 극히 일부

---

* 많은 사람이 한 공간에서 단체로 벌이는 싸움.
** 어떤 절차가 처음부터 끝까지 이어지는 과정.

였기 때문에, 월마트의 현재 성공에 미치는 영향이 비교적 미약한 부문을 굳이 복잡하게 만들 이유가 없었다. 참고로 전자상거래가 그나마 성장하고 있었던 이유도, 부분적으로는 고객이 오프라인 매장에서 직접 고를 수도 있는 식료품을 온라인으로 주문하기 때문이었다.

그러나 온라인 쇼핑이 월마트닷컴은 물론이고 전반적으로 그 인기가 올라가자, 전자상거래 부문의 일부 리더는 페덱스가 그런 수요를 따라잡을 만큼 충분한 투자를 하지 않는다며 우려하게 되었다. 예를 들어 2018년 연말 시즌을 보면, 페덱스가 정시에 배송을 완료한 비율은 겨우 77.5퍼센트에 불과했는데, 이는 페덱스가 배송하는 패키지 4개 가운데 1개 정도는 예정보다 늦게 도착했음을 의미한다. 참고로 동일한 연말 시즌에 UPS의 신뢰도는 86퍼센트로, 약 7개 가운데 1개가 늦게 배송됐다. 그러나 인드레사노는 UPS 역시 실패할 수 있다는 사실을 몸소 경험을 통해 알고 있었다. 다름이 아니라 2013년 연말에 UPS가 대참사를 일으키며 결국엔 아마존이 배송 네트워크의 '미들 마일'과 '마지막 구간'까지 직접 통제하도록 나서게 했기 때문이다.

그래서 인드레사노는 월마트가 전자상거래 부문의 배송을 더욱 확실히 통제할 수 있는 대안을 만드는 일에 착수했다. 그중 한 가지 방법은 인드레사노가 잘 알고 있는 것인데, 바로 인드레사노와 그의 팀이 아마존에서 구축한 것을 재현하는 것이었다. 다시 말해, 각 지역별로 분류센터를 만들어 패키지 1개당 배송 비용을 줄이고 배송 속도는 높이는 것이었다. 그러면서 페덱스가 나르던 배송 물량을 미국 연방우체국에 넘겨 각 지역의 우체국이 마지막 구간을 담당하게 한다는 방안이었다.

그러나 인드레사노를 비롯한 그의 고위급 동료들은 그것보다 더욱 상세한 계획을 구상했다. 그건 월마트의 내부에서도 거의 아무도 몰랐으며, 심지어 관련 뉴스가 언론에 유출된 적도 전혀 없었다. 그 비밀스런 계획이란 바로 피트니 보우스(Pitney Bowes)가 소유한 뉴지스틱스(Newgistics)라는 제3의 물류회사와 제휴를 맺는다는 것이었다. 당시에 뉴지스틱스는 전자상거래 업체를 위하여 물류창고 업무와 미들 마일 구간의 배송을 담당하고 있었으며, 마지막 구간의 배송은 미국 연방우체국에 맡기고 있었다. 그건 마치 아마존이 자체적인 분류 네트워크를 구축하면서 시작된 배송 방식과 동일했다.

이 계획을 위해서는 월마트와 뉴지스틱스가 합작 벤처 형태로 별도의 회사를 설립해야 했다. 두 기업이 모두 소유 지분을 갖는 형태였다. 이 신생 회사 내에서 뉴지스틱스는 자체적인 분류센터를 보유하게 될 것이며, 월마트는 잠재적으로 그런 시설을 수십 개 더 지을 수 있는 금액을 투자하기로 약속할 것이다. 그런 다음 이 분류센터들은 뉴지스틱스의 전자상거래 분야 고객사의 배송품은 물론이고 월마트의 전자상거래 배송 패키지 물량도 처리하게 될 것이다. 뉴지스틱스는 고객의 현관문까지 배송하는 업무에 대해 이미 미국 연방우체국과 제휴를 맺어놓은 상태였기 때문에, 월마트는 둘 사이의 관계에 편승하여 동일한 일을 시키기만 하면 될 것이다. 이 신생 합작 회사는 또한 만약 어떤 고객이 월마트 매장의 선반에는 없고 오직 물류창고에만 보관된 어떤 물품에 대해서 오프라인 매장에서의 픽업 서비스를 선택할 경우에 해당 고객이 주문한 물품을 월마트의 지정된 매장으로 배송해달라는 요청을 받을 수도 있었다. 월마트가 보유한 수천 명의 트럭 운전기사와 수많은 배송 트럭 역시 이러한 계획대로라면 여러 시설 사이에 상품을 주고받는 데 중요한 역할을 할 수도 있었다.

이를 위한 협상에 관여한 사람에게 이러한 협약은 윈윈(win-win)처럼 보였다. 월마트에서 추가될 배송 물량은 뉴지스틱스 입장에서는 패키지 1개당 처리 비용을 줄일 수 있는 기회였다. 왜냐하면 그 회사가 막대한 물량을 처리할 시설은 기존의 물류창고 인프라였고, 거기에 대한 운영비용은 이미 지출하고 있었기 때문이다. 그러면 생산성이 향상되어 더욱 효율적인 운영이 가능해질 것이다. 게다가 월마트의 자금으로 더욱 많은 분류센터를 구축하게 되면 결국엔 배송 속도가 빨라질 것이 자명했다. 그리고 뉴지스틱스의 자체적인 고객사는 물론이고 소매업 분야의 다른 제휴사를 위해서도 더욱 많은 지역을 커버할 수 있게 된다는 것을 의미했다.

월마트에 이 합작 벤처와 새로운 분류센터 네트워크는 그들이 배송의 운명을 더욱 확실하게 통제하는 데 중요한 역할을 할 수 있었다. 물론 거기에는 상당한 규모의 자본 투자가 필요하겠지만, 장기적인 차원에서 보면 월마트로서는 패키지 1개당 운송비용을 줄일 수 있었다. 그리고 이는 기존의 월마트 임원들이라도 충분히 지지할 수 있는 장점이었다. 그렇지만 아마존이 고객에게 집착하는 방식에 훈련된 사람이 보기에 더욱 중요한 점은, 그것이 월마트닷컴의 고객 주문에 더욱 커다란 신뢰와 더욱 빠른 속도를 가져다줄 수 있다는 사실이었다. 그런 건 어느 한 곳의 오프라인 매장에서는 해낼 수 없는 능력이었다.

이와 관련하여 전직 임원은 이렇게 말했다. "전자상거래 분야에서 매년 성공 여부를 판단하는 기준은 성수기의 실적입니다. 그리고 이런 성수기에 배송 관련 문제가 거의 없는 업체는 아마존이 유일합니다. 왜냐하면 아마존은 자신들의 운명을 스스로 통제할 수 있기 때문입니다."

그러나 몇 달이 지나자 인드레사노의 팀원들은 월마트의 미국 전자상거래 사업 부문 최고책임자인 마크 로어가 그 계획을 독자적으로 승인할 권한이 없는 것처럼 보인다는 사실을 알게 되고는 그 이유를 궁금해했다. 한때는 확실한 것으로 보였던 방안을 매번 새로운 지연 요소나 방해물이 가로막았다. 그래서 월마트 전자상거래 부문의 임원들 사이에서는 거의 아무런 확신이 자리 잡지 못했다.

합작 벤처가 여전히 이도 저도 아닌 상태에 놓여 있는 동안, 월마트는 자신들의 배송 사업을 강화하고 아마존에 쏠려 있는 언론과 고객의 관심을 뺏어올 수 있는 다른 방법을 모색했다. 그러던 2019년 봄, 월마트는 대형 발표를 준비하고 있었다. 그건 바로 회원으로 가입하지 않아도 수십 만 개의 물품에 대하여 무료 익일 배송 서비스를 제공한다는 내용이었다. 온라인으로 최소한 35달러 이상만 주문하면 적용되는 서비스였다.

그러한 결정은 내부적으로 격렬한 논쟁을 야기했다. 파우스트와 로어를 비롯한 다른 임원들은 익일 배송 프로그램이 제트닷컴이 선보인 스마트 카트(Smart Cart)와 같은 마법을 다시 만들어낼 것이라고 믿었다. 월마트의 고객은 구매한 물품을 더욱 빨리 받아보게 될 것이며, 그 프로그램에서 월마트는 그저 단일한 물류창고에서 발송할 수 있는 물품을 선별하기만 하면 된다고 생각했다.

이와 관련하여 해당 프로그램에 찬성하던 어느 임원은 내게 이렇게 말했다. "그건 속도를 강조한 서비스처럼 보였지만, 실제로는 소비자에게 단일한 물류창고에서 내보낼 수 있는 물품들로 장바구니를 구성하도록 장려하는 프로그램이었습니다. 그래서 우선 첫째로, 그건 아주 좋은 구매 경험이었습니다. 그리고 둘째로, 그것은 수익성이 더욱 뛰어난 주문이기도 했습니다."

이 프로그램에 우호적인 사람들 역시 익일 배송이라는 새로운 제도가 월마트가 회사 전반에 걸쳐 물류 부문을 더욱 개선할 수 있도록 압박할 것이라고 믿었다. 죽느냐 사느냐의 문제였다. 그럼에도 인드레사노는 월마트가 2017년 초에 로어 체제하에서 개시된 최초의 대형 서비스인 무료 이틀 배송과 관련하여 여전히 고객을 너무 자주 실망시킨다며 그러한 결정에 반대했다. 그런 상태에서 익일 배송에 대한 약속을 지키기는 어렵다고 판단한 것이다. 그는 또한 이 서비스의 개시가 고객에게 탁월한 혜택을 제공하기 위해서가 아니라 월마트의 투자자들 사이에서 화제를 불러일으키기 위해 계획된 것으로 보인다고 동료들에게 털어놓기도 했다.

그러나 인드레사노는 그 결정을 거부할 수 있는 위치가 아니었고, 그 계획은 그대로 진행되었다. 한 가지 절충안이 있다면 연말의 성수기에는 익일 배송 옵션을 비활성화한다는 것이었다. 그 기간에는 월마트가 좀 더 보수적인 배송 서비스에 대한 약속을 지키는 데도 이미 상당히 힘겨워했기 때문이다.

그런데 월마트가 이 새로운 혜택을 발표하기도 전에 임원들을 놀라게 하는 일이 벌어졌다. 아마존이 자사의 주력 상품인 아마존 프라임의 배송 기한을 이틀에서 하루로 단축한다는 계획을 발표한 것이다. 월마트의 임원들은 충격에 빠졌다. 그들은 아마존이 월마트의 계획을 어떻게든 미리 알고 있었으리라고 의심했다. 그래서 월마트는 자신들과 어울리지 않는 방식으로 대응했다. 트위터로 반격에 나선 것이다.

아마존의 발표 다음 날, 월마트는 자사의 공식 트위터 계정에 이런 글을 올렸다. "회비가 필요 없는… 하루 무료 배송. 이제 획기적인 서비스가 선보일 것입니다. 기대해주세요."

몇 주 뒤인 2019년 5월, 월마트는 약 20만 개의 품목에 대해 익일 배송 서비스를 제공한다고 발표했다. 그런데 이는 아마존이 경쟁 서비스를 통해 제공하는 수량에 비하면 소규모에 불과했다. 이에 대한 아마존은 대응은, 조금 좀스럽긴 했지만, 역시나 트위터였다.

아마존은 트위터에 이렇게 썼다. "다른 업체들은 배송 속도를 빠르게 높이려 노력하고 있습니다. 그런데 사실, 44개의 대도시권 지역의 수천 개 도시에 있는 아마존 고객은 이미 수백만 개의 물품을 무료 '당일 배송'으로 이용하고 있습니다. 고객들은 똑똑합니다. 사람들은 그 차이를 알고 있습니다."

마지막 순간

인드레사노가 전자상거래 운송 전략을 수립하고 실행하기 위해 월
마트에 합류한 지 거의 1년이 지난 2019년 중반, 그의 팀원들 가운데
일부는 합작 벤처가 만들어질 거라는 희망을 잃기 시작했다. 그러던
7월에 인드레사노를 비롯한 전자상거래 부문의 몇몇 리더는 마침내
맥밀런 CEO 및 브렛 빅스(Brett Biggs) CFO를 비롯한 월마트의 최고
경영진에게 자신들이 최종 검토안이라고 여기는 내용을 발표했다.
경영진의 피드백은 좋았으며, 그들은 전적으로 지원해줄 듯한 이야
기를 듣고 기뻐했다. 월마트가 기존의 배송 제휴사인 페덱스와 별도
로 진행하던 논의의 결과가 나올 때까지는 그랬다.

　인드레사노 역시 페덱스와의 새로운 전략 협상에 참여하는 월마
트 측 임원 가운데 한 명이었다. 그 논의는 두 회사 모두의 미래에 상
당한 영향을 미칠 수 있었다. 그래서 월마트의 맥밀런과 페덱스 창

업자이자 당시 CEO인 프레드 스미스(Fred Smith)가 이따금 벤턴빌에서 함께 모습을 보였다. 페덱스의 리더들은 월마트가 추가적인 분류 센터를 구축하고 전자상거래 배송 물량을 미국 연방우체국에 넘겨줌으로써 자사 전자상거래의 배송망을 더욱 확실히 통제하는 방안을 고려한다는 사실을 알고 있었다. 하지만 뉴지스틱스와 합작 벤처를 만든다는 아이디어는 여전히 기밀에 부치고 있었다.

같은 달에 페덱스와 월마트의 최고경영진들이 만났을 때, 페덱스의 스미스는 월마트의 맥밀런을 비롯한 회의실의 다른 사람들에게 월마트가 자체적인 분류 네트워크를 구축하고 미국 연방우체국과 더욱 긴밀하게 제휴하려는 방안에 대한 자신의 생각을 알렸다. 간단히 말해 그는 그 방안을 좋아하지 않는다는 말이었다. 당시에 미국 연방우체국은 심각하면서도 매우 공공연한 재정적 어려움을 겪고 있었으며, 아마존과의 제휴 때문에 도널드 트럼프 당시 대통령의 표적이 되었다. 아마존 역시 트럼프의 공공연한 샌드백이 되었는데, 제프 베이조스가 트럼프 전 대통령이 싫어하는 〈워싱턴포스트(Washington Post)〉를 소유하고 있었기 때문이다. 상황이 이러했으니 월마트 최고경영진의 일부가 페덱스에 등을 돌리고 미국 연방우체국으로 돌아서는 방안에 대하여 불안해하는 것도 이해할 만했다. 그러니 스미스의 발언이 어느 정도는 공감을 일으켰을 것이다.

인드레사노 역시 당시 회의실에 있었는데, 그는 자신이 전에 근무했던 페덱스의 CEO를 향해 반대되는 의견으로 맞받아쳤다. 그러는 와중에도 맥밀런은 자신의 생각을 좀처럼 털어놓지 않았으며, 그래서 전자상거래 부문의 임원들은 합작 벤처가 현재 어떻게 진행되는

지 궁금해했다.

얼마 지나지 않아 인드레사노에게는 새로운 지시사항이 하달되었다. 페덱스와의 협약을 성사시키라는 내용이었다. 그는 뉴지스틱스와의 합작 벤처가 만들어지지 않을 거라는 이야기를 들었다. 수십 개의 월마트 분류센터를 구축한다거나 미국 연방우체국과 더욱 깊은 관계를 수립한다는 방안도 마찬가지였다.

"마지막 순간에 '안 된다'는 말을 들은 겁니다." 해당 논의에 대해 잘 아는 어떤 사람이 내게 들려준 말이다.

스미스의 발언이 맥밀런의 결정에 얼마나 영향을 미쳤는지는 여전히 불분명하다. 그러나 인드레사노에게 그건 중요치 않았다. 월마트의 경영진이 뉴지스틱스와의 합작 벤처가 아니라 페덱스와의 관계 강화를 선택했다는 사실을 들은 직후에 인드레사노는 사임했다. 그는 월마트가 막대한 급여를 주고 자신을 고용했으면서도 자신이 설계한 계획을 거부했다는 사실을 도무지 믿을 수 없었다.

인드레사노가 빠진 상황에서 퇴임을 앞두고 있던 전자상거래 공급망 부문의 대표인 네이트 파우스트가 인드레사노의 부관인 스콧 러핀(Scott Ruffin)과 함께 페덱스와의 협상을 진행하여 마무리했다. 러핀은 예전에 인드레사노가 아마존에서 분류센터를 구축할 때 그의 밑에서 일했으며, 나중에는 아마존의 자체 화물기 서비스인 아마존 에어(Amazon Air)의 개발을 이끌었다. 그는 월마트에서 1년을 더 보내다가 2020년에 퇴사하여 스타트업을 설립했다. 판디온(Pandion)이라는 이 신생 회사는 다른 무엇보다도 전자상거래 기업을 위한 최첨단 분류센터 네트워크를 구축하겠다는 목표로 시장에 진출했다.

몇 년 뒤, 월마트 전자상거래 부문의 어느 전직 임원은 자신이 가장 크게 후회하는 것으로 합작 벤처 설립 아이디어가 폐기된 것을 지목했다.

그 관계자는 이렇게 말했다. "우리가 더욱 열심히 추진했더라면 좋았을 거라고 생각합니다. 미들 마일을 통제하지 않고는 마지막 구간을 절대로 통제할 수 없기 때문입니다."

마지막 구간에 대한 더욱 확실한 통제권이 없다면, 이제 이런 물음이 제기된다. 아마존과 비교했을 때 월마트가 신속한 배송을 간절히 원하는 고객의 갈망을 진정으로 만족시킬 수 있을까? 그리고 월마트 리더들도 그러기를 바라는 것에 대해 같은 생각이기는 할까?

Chapter 09

지구에서
가장 위대한
소매업자

Winner
Sells All

그레그 포란(Greg Foran)은 화가 치밀었다. 그는 아칸소주 벤턴빌의 월마트 본사에 있는 회의실에 앉아 있었다. 그리고 월마트 전자상거래 부문의 구세주로 여겨지는 마크 로어(Marc Lore)와 거의 백만 번째처럼 느껴지는 콘퍼런스 콜(conference call)을 하고 있었다.

 포란은 월마트의 미국 전체 사업을 운영하는, 그러니까 4,700개에 달하는 매장을 책임지는 CEO였다. 그리고 제트닷컴 인수에 처음부터 회의적이었다. 그는 월마트 전자상거래 사업부의 최고경영진이 교체되어온 역사만이 아니라, 수익보다 매출 성장에 더 집중하는 로어의 성향도 충분히 잘 알고 있었다. 그리고 그는 로어의 전술이 자신이 운영하는 미국 내 월마트 비즈니스 전체와 자신이 결정할 수 있는 매장 분야의 투자에 미칠 수 있는 영향이 무엇인지 이해하고 있었다.

그런데 이날 포란은 전화기 반대편에서 로어가 뜬구름 잡는 전자상거래 프로젝트에 대해 주절거리는 것을 참을 수 없었다. 포란은 전화기의 마이크에 있는 음소거 버튼을 누르고는 자신과 함께 벤턴빌의 회의 테이블에 동석한 사람을 향해 로어를 맹렬히 비난했다. 당시에 포란의 말을 요약하면, 대체 이 남자가 지금 무슨 말을 하는지 모르겠다는 내용이었다.

　몇 년 뒤에 당시의 상황을 나에게 전달해준 참석자는 그때 포란이 마음에 들지 않아했던 프로젝트의 구체적인 내용을 기억하지 못했다. 하지만 그것보다 더 중요한 것은, 그레그 포란이, 그러니까 지구에서 가장 유명한 소매업체의 리더 가운데 한 명인 그가 인내심의 한계에 다다랐다는 점이었다. 그리고 그를 가장자리로 밀어붙이는 사람은 당연히 마크 로어였다.

소매업의 왕

초기에는 희망이 있었다. 포란과 로어는 상황을 해결하기 위해 월마트와 제트의 결합 초기인 2016년부터 함께 해왔다. 그들은 월마트의 더그 맥밀런 CEO에게서 친하게 지내라는 잔소리를 들었는데, 맥밀런 입장에서는 이 거창한 실험이 잘 진행되기 위하여 두 명의 리더가 서로 잘 어울려야 했다. 두 사람은 제트 인수가 완료되기도 전에 몇 시간 동안이나 화이트보드를 놓고 아이디어를 브레인스토밍하여 4,000개가 넘는 월마트 매장이 로어 같은 전자상거래 분야의 현자에게서 도움받을 수 있는 방법을 논의했다. 그리고 온라인 비즈니스가 오프라인 소매업의 걸출한 인재인 포란의 통찰력과 관심으로부터 어떻게 하면 더욱 탄력을 받을 수 있는지도 구상했다.

이와 관련하여 마크 로어는 내게 이렇게 말했다. "제가 처음 그레그 포란을 알게 됐을 때, 우리는 이런저런 이야기를 하면서 계획을 짰습니다. 우리는 정말이지 아주 잘 어울렸습니다. 그리고 그는 이 전의 체제와 다르다는 것에 매우 기뻐했습니다. (중략) 우리는 소통을 했고, 대화를 나눴습니다. 제 생각에는 월마트 사람들이 그 전까지는 별로 이야기를 많이 나누지 않은 것 같습니다."

포란의 어떤 행동은 전자상거래 부문의 리더들에게 포란이 그들의 비전을 받아들일 것이라는 희망을 주었다. 대표적인 사례가 있다. 제트가 월마트에 인수된 뒤 얼마 지나지 않아 언젠가 그는 팀원들이 설마 그가 그러리라고 전혀 생각지도 않았던 어떤 프로젝트를 잠정적으로 승인했다. 그건 바로 월마트가 별도로 운영하던 두 개의 앱을 통합하는 것이었다.

그중 하나는 고객이 가까운 월마트 매장에서 신선한 식료품을 주문한 다음, 같은 날 매장의 길가에 대기하다가 픽업하는 방식으로 운영되는 앱이었다. 이 주문은 매장의 직원이 포장을 해야 했기 때문에 포란의 팀원들이 이 프로그램의 실제 운영을 총괄했으며 이 프로젝트를 자랑스럽게 여겼다. 또 다른 앱은 월마트의 일반적인 쇼핑 앱인데, 이를 통해 쇼핑객은 신선 식품을 제외하고 텔레비전부터 샴푸와 크레용에 이르기까지 다른 모든 유형의 상품을 주문할 수 있었고, 그러면 주로 물류창고에서 고객의 집까지 배송을 해주었다. 그리고 이쪽은 로어의 팀이 책임지고 있었다.

포란은 2011년에 월마트의 중국 비즈니스를 책임지며 처음 월마트에 합류했는데, 그곳에서 그는 당시에 월마트의 국제 사업을 이끌던 맥밀런의 직속으로 배치되었다. 그러다 최고경영자로 승진한 맥밀런은 포란에게 연락하여 월마트의 방대한 미국 매장을 책임지도

록 했다. 당시에 월마트의 매장 부문은 동일매장매출(same-store sales)*
이 거의 2년 동안 정체되거나 감소하는 문제를 겪고 있었으며, 형편
없는 재고율부터 다른 업체에 비해 평균 이하의 쇼핑 경험에 이르기
까지 다양한 문제로 곤란을 겪고 있었다.

포란은 예전에 오스트레일리아 최대의 소매 체인점인 울워스
(Woolworths)의 슈퍼마켓 부문을 이끌며 성공가도를 달리고 있었는
데, 처음에는 자신의 고국인 뉴질랜드의 울워스에서 선반에 재고를
쌓는 일을 했다. 참고로 울워스는 뉴질랜드에도 여러 사업장을 두고
있다. 그런데 울워스는 그 회사의 CEO 후보에서 그를 제외했고, 그
렇게 그의 재직 기간은 실망스럽게 끝나고 말았다.

이와 관련하여 포란은 2018년에 뉴질랜드의 뉴스 채널과 한 인
터뷰에서 이렇게 말했다. "저희 아버지는 이렇게 말씀하셨습니다.
'뭐, 문 하나가 닫혔어도 다른 문이 열릴 거다. 그러니 포기하지 마
라.' 저는 이기는 게 좋지만, 지는 건 더 싫습니다. 저는 제가 이겼을
때보다 졌을 때 더 많은 것을 배웁니다."[93]

월마트가 포란을 미국 매장을 책임지는 역할로 승진시킨다고 발
표했을 때, 일부에서는 그러한 조치를 쉽게 수긍하지 못했다.

이와 관련하여 맥밀런은 앞서 소개한 뉴질랜드의 뉴스 채널에서
이렇게 말했다. "우리가 뉴질랜드 출신을 임명한다는 소식을 발표
했을 때, 사람들은 이렇게 말했습니다. '당신 정신 나갔습니까? 미국
인이 아닌 사람에게 월마트의 미국 비즈니스 리더를 맡길 수는 없습

---

* 소매점 체인의 같은 매장에서 전년 대비 같은 기간 동안 거둔 실적과 비교한 매출액.

니다. 그는 우리의 고객들도 잘 모릅니다.' 그래서 저는 웃으며 이렇게 말했습니다. '그냥 두고 보시죠'라고 말입니다."

그런데 사람들이 잘 몰랐을 수도 있는 것은 포란이 비록 미국에서 일해본 경험이 전혀 없는데도 그가 월마트의 문화와 모델에 대해 깊은 지식을 갖고 있었다는 점이다. 사실 포란의 멘토는 샘 월튼 아래에서 오랫동안 서열 2위의 임원을 지낸 잭 슈메이커(Jack Shewmaker)다. 그리고 슈메이커는 월마트의 '상시 최저가(Everyday Low Price)'라는 약속을 만든 당사자로 인정받고 있다.

슈메이커는 언젠가 상시 최저가 전략의 장점을 높이 평가하면서 이렇게 말했다. "단기적인 매출액에 대한 중독에서 벗어나 장기적인 모멘텀(momentum)을 구축해야 합니다."

슈메이커는 월마트를 떠난 뒤에 현지인들이 울리스(Woolies)라고 부르는 울워스에 오랫동안 컨설팅을 해주었다. 포란이 언젠가 〈하버드 비즈니스 리뷰(Harvard Business Review)〉에서 말한 것처럼, 슈메이커는 그곳에서 포란에게 고객과 직원을 모두 보살피는 것의 가치를 강조했다고 한다.[94]

포란의 관리하에서 월마트는 신규 매장의 오픈을 철회하고, 고객과 노동자 모두를 위하여 기존 매장의 환경을 개선하기로 했다. 그는 매장 내 통로의 폭을 기존의 4피트(약 1.2미터)에서 10피트(약 3미터)로 넓히고 어수선한 것들은 정리했다. 그는 또한 직원의 초기 교육에 약 30억 달러를 투자했으며, 급여도 인상했다. 그는 이것이 그저 '올바른 일을 한 것'만이 아니라, 직원의 이직률을 줄이고 고객 서비스를 강화하기 위한 시도라고 내게 말했다. 참고로 노동자의 임금은 시간당 초봉이 겨우 9달러로 올랐고 다음 해에 10달러를 약속하긴 했지만, 이전에 월마트의 일부 직원은 미국의 연방 최저 시급인 7.25달러만 받는 경우도 있었다. 이러한 투자로 월마트의 이익이 줄어들었으며, 시장의 일반 투자자에게서도 좋은 평가를 받지 못했다. 심지어 어떤 이들은 이러한 임금 인상이 그리 오래가지 못할 것이라고 비판했다. 이러한 소식이 발표되자 월마트의 시가총액이 200억 달러 정도 떨어지긴 했지만, 그래도 일반 직원은 이러한 임금 인상이 얼마나 오랫동안 지체되었는지에 더 관심을 모았다.

이와 관련하여 월마트의 매장에서 22년 동안 근무한 노동자이며 노동 활동가 단체인 '존중을 위한 연합(United for Respect)'의 대표인 신시아 머리(Cynthia Murray)는 이렇게 말했다. "당신들은 그 많은 돈을 이런 노동자에게서 착취하면서 왜 최소한의 배려도 하지 않습니까? 그러니까 제 말은 그들이 생활을 영위할 수 있는 적정한 임금을 주어야 한다는 겁니다."

월마트의 임금이 너무나도 오랫동안 낮게 유지되어왔기 때문에 상당한 인상률조차 많은 외부인에게는 보잘것없어 보였다. 그렇지만 포란 같은 리더에게는 그러한 평가에도 임금 인상이 중요했다. 그리고 월마트의 동료들은 그가 비록 외부인 출신이기는 하지만 포란의 직업윤리와 검소함이 과거 세대의 월마트 리더들과 잘 어울린다는 사실을 인정했다. 창업자인 샘 월튼은 포드 픽업트럭을 몰고 출근해서 오전 4시 30분이라는 이른 시간에 하루 일과를 시작했다. 포란은 하루에 5~6시간 잠을 자는 걸 목표로 했으며, 오전 4시가 되기 전에 자리에서 일어났다. 그리고 동료들과는 오전 6시에 회의를 소집하는 것으로 잘 알려져 있었다. 그의 연봉 총액은 1,100만 달러가 넘었지만, 그는 포드의 익스플로러(Explorer) SUV를 타고 다녔다. 언젠가 한 번은 그가 시가총액이 5,000억 달러에 달하는 의료계의 거대기업인 유나이티드헬스(UnitedHealth)의 경영진과 만나기 위해 미네소타로 중요한 출장을 갔다. 이 자리에 유나이티드헬스 측 인사들은 정장 슈트와 깔끔한 흰색 셔츠에 넥타이까지 매고 참석했다. 그런데 포란은 미네소타의 겨울 추위를 막아줄 파카도 없이 나름대로 차려입은 복장으로 나타나 모든 사람을 놀라게 했다. 그건 바로 월마트의 반팔 폴로셔츠였다.

"그게 바로 포란입니다." 월마트의 의료 부문에서 오랫동안 리더로 재직했던 마커스 오스본(Marcus Osborne)의 말이다.

그보다 앞서 근무했던 월마트의 다른 임원처럼, 포란은 토요일이 되면 종종 직원과 함께 월마트의 매장을 방문하여 점검을 진행했다. 매장의 직원은 그의 방문에 대비하기 위하여 포란의 비행 스케줄을 추적했다. 그러나 그들의 이러한 노력은 포란에게 들켜버렸고, 그래서 그의 팀원들은 포란의 직원이 타고 날아갈 비행편의 정보를 다르게 입력했다.

포란이 월마트에 입사한 지 2주년이 되었을 무렵에 이르자, 그가 방문한 매장은 거의 200곳에 달했다. 그는 2019년에 투자자들이 모인 어느 행사에서 이렇게 말했다. "저는 한 주도 빠짐없이 매장을 돌아다녔습니다. 그중 절반 정도는 괜찮다고 생각하지만, 나머지 절반에 대해서는 불평을 늘어놓습니다."[95]

그가 불평을 늘어놓을 때면, 그러한 불만을 야기한 책임이 있는 직원은 그다음 주 월요일 아침이 되면 포란에게서 메시지를 받으리라 예상해야 했으며, 그 주에 다른 일을 처리한다는 건 상상하기 힘들 수도 있었다. 그가 미국의 월마트에 처음 도착했을 때, 그는 식료품 구매 담당자에게 매장 내 상품 분류를 단순하게 만들라고 몰아붙였다.

그는 언젠가 회의실에 모인 투자자들에게 이렇게 말했다. "저는 매장의 진열 상태를 직접 걸어 다니며 둘러보는 것으로 유명합니다. 가령 리츠(Ritz) 크래커 같은 상품이 (중략) 바닥에 어떻게 깔려 있는지 보는 거죠. 그런데 우리 월마트에는 리츠의 오리지널 크래커가 전부 아홉 종류가 있더군요. 싱글 팩부터 시작해서 더블 팩, 플랫 팩, 보너스 팩, 무슨 팩, 무슨 팩, 무슨 팩 등 말이죠. 도대체 우리는 여기에서 지금 뭘 하고 있는 겁니까?"

동료들의 말에 따르면, 그는 잎채소부터 스테이크에 이르기까지 신선 식료품의 품질에 특별히 큰 관심을 기울였다고 한다. 한 번은 월마트가 자체 브랜드로 판매하는 크루아상의 품질을 개선하는 일에 그가 지나칠 정도로 집착한 적이 있다. 그런데 크루아상은 월마트 슈퍼센터의 명운을 가를 만큼 중요한 품목이 아니기 때문에, 어떤 사람은 그걸 이상하게 생각할 수도 있다. 아무튼 그는 일군의 팀을 데리고 캐나다로 날아가 직접 시식을 했고, 결국엔 새로운 공급업체에서 더 나은 크루아상을 공급받게 되었다.

이와 관련하여 포란은 이렇게 말했다. "크루아상을 비롯한 매장 내 베이커리 코너는 일반적으로 특유의 향과 품질로 사람들을 매장 안으로 불러 모을 수 있는 품목입니다. 이 일화에서 중요한 것은 '크루아상'이 아닙니다. 우리가 가장 바람직한 가격대로 최고의 품질을 제공하기 위해 노력해야 한다는 점입니다."

그럼에도 포란 역시 월마트의 리더가 된다는 것의 의미에 익숙해져야만 했다. 예를 들면, 뉴질랜드의 수도인 오클랜드 인구와 맞먹을 정도로 엄청나게 많은 노동력을 통솔하는 일이 어떤 것인지에 대해서 말이다.

그는 언젠가 이렇게 말했다. "코스트코(Costco), H-E-B, 푸드라이언(Food Lion) 같은 대부분의 주요 소매업체는 400~500개의 매장이 있습니다. 그런데 우리는 거의 5,000개가 있습니다. 이렇게 자릿수가 하나 더 올라갈 때 무슨 일이 일어나는지 과소평가하면 안 됩니다. 월마트에서 뭔가를 하려면 관리와 의사소통 측면에서 끔찍할 정도로 많은 변화가 필요합니다. 군대 전체가 진군하도록 해야 합니다."

포란의 스타일은 필요에 의해서인지 아니면 개인의 성격 때문인지는 모르겠으나, 실제 군대의 지휘관처럼 때로는 매우 단호했다. 그는 지휘하고 통제하는 스타일을 선호했는데, 심지어 아주 사소한 결정까지 직접 승인하는 걸 좋아했다. 그는 주변의 모든 사람에게 불가능할 정도로 많은 걸 기대했고, 그의 메마른 유머에는 촌철살인이 내포된 경우가 많았다.

포란은 자신의 접근 방식이 샘 월튼을 포함하여 예전의 회사 리더들 사이에서는 일반적인 것이라고 항변했다. 그는 내게 이렇게 말했다. "자세한 부분까지 들어가보지 않으면 진정한 변화를 이룰 수 없고 진정으로 지속되는 조치를 이끌어낼 수 없습니다."

맥밀런은 언젠가 포란을 두고 '지구에서 가장 위대한 소매업자'라고 불렀다. 그러나 그의 스타일과 그가 우선시하는 것들 때문에 그에 대한 평가는 양극으로 갈리는 편이다. 많은 부하직원에게서 포란은 존경받는 인물이다. 투자자들에게 매우 중요한 지표인 월마트의 동일매장매출은 포란이 합류하기 전까지는 실망스러운 수준이었다. 그러나 그의 지휘 아래 그 수치는 3년 이상 계속해서 증가했다. 돌이켜보면 전자상거래 부문의 임원들도, 그것이 비록 그들에게 매력적이지는 않았겠지만, 포란이 오프라인 매장에서 북소리를 울리며 조금씩 꾸준히 이뤄낸 진전이 월마트라는 거대한 규모의 기업에서 상당한 재무적 성과로 이어졌다는 사실을 인정했을 것이다.

지휘와 통제

그러나 포란의 스타일에는 단점이 있었다. 젊은 세대의 월마트 직원에게는, 특히나 전자상거래 사업부에 근무하며 디지털을 잘 아는 일반 직원에게는 포란이 오래된 과거의 유물처럼 다가왔다. 군대의 전투나 요트 경주에 비유하는 그의 화법이 일부에게는 공감되지 않으며 구식으로 여겨졌다. 기술과 연관된 그의 발언도 마찬가지였다. 그가 소프트웨어 공학(software engineering) 팀을 'IT'라고 부르는 건 드문 일이 아니었다.*

이와 관련하여 제트의 전직 리더는 이렇게 말했다. "저는 우리 모두가 그에게 합격점을 쳤다고 생각합니다. 왜냐하면 그가 맡은 일을

---

* 소프트웨어 공학은 주로 소프트웨어 개발과 관련된 분야이며, 정보기술(IT)은 하드웨어까지 포괄하는 훨씬 더 폭넓은 개념이다.

제대로 수행하려면 조지 패튼(George Patton)* 같은 사고방식에 끌릴 수도 있다는 걸 알기 때문입니다. 하지만 그는 미리 준비된 말만 했는데, 기술 중심의 21세기에 그런 방식은 사람들을 지루하게 합니다. 지금은 다른 시대입니다. 우리 중 누구도 그런 데 끌리지 않습니다."

포란은 자신의 접근 방식에 대해 이렇게 항변했다. "기업에서 일어나는 대부분의 일은 팀으로 움직이는 다른 활동과 비슷합니다. 사용하는 언어와는 관계없이 말이죠." 그리고 전자상거래 부문과 오프라인 매장 부문의 직원이 함께 일해야 할 때 두 조직이 서로의 문화에 적응하는 것에서도 '별다른 것은 없었다'는 입장을 고수했다.

포란과 로어의 관리 스타일은 달라도 너무 달랐다. 로어는 어떤 제품이나 소비자 경험에 대하여 매우 확실한 비전을 만드는 데는 탁월했지만, 그 비전을 실행하기 위해 필요한 전술 및 세부사항은 자신의 부하직원에게 맡겼다. 어떤 사람은 그가 때로는 너무 손을 놓고 있다고 주장하기도 했다.

이와 관련하여 로어는 내게 이렇게 말했다. "저는 통제하는 사람이 전혀 아닙니다. 오히려 그 반대입니다. 저는 단지 사회적 결속을 중요하게 생각하는 사람입니다. 저는 대립을 좋아하지 않으며, 담을 쌓는 것도 좋아하지 않습니다. 그래서 당신도 아시겠지만, 저는 분명히 그와 관계를 형성하기 위해서 노력했습니다. 그리고 그도 그렇게 했습니다."

그러나 제트 인수 이후 1~2년 사이에 최고 리더인 둘의 관계가

---

* 제2차 세계대전에서 활약한 미국 장군으로 저돌적이며 호전적인 스타일로 유명하다.

악화되었다. 어떤 이는 전자상거래 프로젝트에 대해 몇 년 동안 이어진 포란의 비판이 그러한 분열을 더욱 부채질했다고 여겼다. 포란의 임무 가운데 하나는 월마트를 기본으로 돌아가게 만드는 것인데, 거기에는 '상시 최저가'라는 회사의 약속에 다시 집중하는 것도 포함되어 있었다. 그리고 포란은 그것이 '월마트의 핵심이자 월마트가 대변하는 가장 중요한 가치'라고 믿었다.

그는 언젠가 이렇게 말했다. "일부 핵심 원칙에 혼란을 일으킬 수도 있는 무언가를 생각하다 보니 조심스럽습니다. 그건 제가 아무것도 시험하지 않는다거나 제가 그것을 고려하지 않겠다는 뜻이 아니라, 그저 조심스럽다는 의미입니다."

이러한 철학이 그의 하향식 관리 방식과 결합되어 전자상거래 부문의 피해로 이어졌다. 포란이 취임할 당시는 100명 이상의 직원이 새로운 쿠폰 기능을 개발한 지 이미 여섯 달이 넘은 시점이었다. 그 기능을 이용하면 매장에 들른 고객이 계산대에서 자신의 휴대전화를 스캔하여 전화번호를 제공하는 것만으로도 쿠폰 할인을 받을 수 있었다. 고객에게 이득이 될 만한 기능이었다. 그러나 상시 최저가의 세계에서는 쿠폰이 더 중요한 무언가가 될 수 없었다.

이와 관련하여 월마트의 전 직원은 이렇게 말했다. "어느 날 아침, 베타 서비스의 일환으로 다섯 개 매장에서 이걸 개시하고 난 뒤의 일이었습니다. 우리는 '이 프로젝트를 중단하라'는 이메일을 받았습니다. 다른 전화 연락도 없이 말입니다. 그리고 그걸로 끝이었습니다. 우리는 어떠한 설명도 듣지 못했습니다. 벤턴빌의 그 누구도 우리를 만나려고 신경 쓰지 않았습니다. 그들이 그걸 중단한 이유를 우리는 다른 사람에게서 들었을 뿐입니다."

그리고 여러 관리 계층에 스며든 낙수효과(trickle-down effect)도 있었다. 상사들이 서로 사이가 좋지 않으면, 언젠가는 그 사실이 분명히 드러나게 마련이다. 그리고 회사의 서로 반대편에 있는 조직들 사이에는 그들의 관계가 반영된다. 결국엔 월마트의 매장 부문 직원과 전자상거래 부문 직원이 서로 동일한 회사에서 일하는지조차 분명하지 않을 정도로 전체적인 환경이 악화되었다. 회사로서는 당연히 나쁠 수밖에 없는 상황이었다.

전자상거래 부문에 근무했던 한 직원은 내게 이렇게 말했다. "때로는 당황스러웠습니다. 저희와 함께 일하는 공급업체와 만나서 제가 무슨 말을 하면 그들이 이렇게 말하는 겁니다. '벤턴빌에서 최고위층과 만났는데, 거기에서는 완전히 다른 이야기를 들었다'고 말이죠. 그런 일이 아주 많았습니다."

어느 연말 시즌에는 월마트의 매장 근무 팀이 유동인구를 늘리기 위해 로쿠(Roku) TV에 대대적인 할인 행사를 진행했다. 그런데 전자상거래 부문의 TV 담당 부서는 이 행사에 참여하는 걸 거부했다. 그런데 이런 저가의 미끼 상품이 오프라인 매장에서는 매우 당연한 의미가 있었다. 왜냐하면 TV를 사러 들어오는 고객 중 일부는 월마트가 수익을 창출하는 데 도움이 되는 다른 상품을 구매하게 되리라는 걸 알고 있었기 때문이다. 그러나 온라인에서는 대부분의 고객이 그냥 TV만 주문하고 끝나버린다. 전자상거래 부문이 부담해야 하는 배송 비용까지 고려하면 그들로서는 오프라인 매장의 프로모션 행사를 굳이 온라인 고객까지 확대하는 게 아무런 의미가 없었다.

또 어떤 경우에는 정반대의 일이 벌어지기도 했다. 월마트 전자상거래 부문의 직원이 농구 골대를 크게 할인한 것이다. 그런데 농구 골대는 블랙 프라이데이(Black Friday) 주말에 오프라인 매장에서 가장 많이 팔리는 제품 가운데 하나였다. 그 결과 온라인 판매량이 오프라인 매장의 판매량을 잠식하기 시작했고, 내부에서 중요한 갈등을 야기했다. 몇 년 뒤의 인터뷰에서 마크 로어는 그런 이슈가 서로 다른 두 부문의 목표가 잘 조율되지 않는 경우가 잦은 회사에서는 예견되는 것이라고 내게 말했다.

그는 이렇게 말했다. "만약 우리 회사의 각 조직에 손익계산서의 실적을 최적화하라는 말을 했다고 가정해봅시다. 그런데 오프라인 매장에서 엄청나게 많이 팔리는 어떤 상품을 전자상거래 부문에서 할인을 진행합니다. 그런 상황에서 오프라인 매장이 거기에 보조를 맞추면 그들은 수익을 남길 수가 없습니다. 아니면 그걸 적게 팔아서 손실을 줄여야 합니다. 어떤 식으로든 그건 그들의 비즈니스에 영향을 미치게 됩니다. 그것이 바로 혁신가의 딜레마입니다. 어떻게 스스로에게 해를 끼칠 수 있단 말입니까?"

전자상거래 부문의 리더들이 보기에는 포란을 비롯한 그의 부하직원들이 문제를 파악하는 데 늘 관심이 있는 것 같지 않았다. 그러나 포란의 관점에서는 매장 운영을 개선하고 수익성을 높이는 것이 최우선이었다. 그것이 결국엔 월마트가 가진 여러 채널의 목표를 증진하는 데 도움이 될 것이라고 생각했다.

그는 내게 이렇게 말했다. "제가 오프라인 매장에 집중한 건 제가 원래부터 전자상거래보다 전통적인 소매업을 선호했기 때문이 아닙니다. 우리는 둘 다 집중해야 했습니다. 하지만 당시의 상황에서는 오프라인 매장 부문에서 매우 실질적인 경쟁 압박이 있었습니다. 그리고 우리는 거기에 제대로 대응해야만 했습니다."

그런데 일반 잡화 카테고리에서는 아마존 외에도 타깃이 점점 더 위험한 경쟁자라는 사실이 입증되고 있었다. 그리고 식료품 부문에서는 유럽의 할인 체인점인 알디(Aldi)와 리들(Lidl)이 모두 초저가 상품과 지리적 확장 전략으로 월마트의 고객을 노리고 있었다.

매장 부문의 리더들은 또한 월마트 전자상거래 부문의 매출 성장에 호의적인 언론 보도와 월스트리트의 긍정적인 관심에 분개했다. 그들은 월마트의 미국 내 전자상거래 매출의 적어도 절반이 도로변에서 식료품을 픽업하는 비즈니스에서 나온다는 비밀을 잘 알고 있었다. 게다가 그건 포란의 팀이 운영하는 사업이었고, 로어가 월마트에 오기 전에 이미 시작한 프로젝트였다.

이와 관련하여 월마트와 제트의 물류 부문 임원이었던 조 굴로(Joe Gullo)는 내게 이렇게 말했다. "온라인 식료품 부문은 그 서비스 덕분에 아주 큰 도움을 받았으며, 그건 월마트가 감추고 있던 비밀이었습니다. 만약 30퍼센트 성장했다면 그중에 약 20퍼센트는 온라인 식료품 사업과 전혀 관계가 없었습니다. 그레그 포란이 당연히 화가 날 수밖에 없었죠."

회사의 전자상거래 부문이 결정한 선택에 대하여 포란이 품은 불만이 때로는 외부에 유출되기도 했다. 2018년에 월마트의 임원들이 구글의 고위급과 비밀 회담을 하기 위해 벤턴빌의 본사에 모였다. 구글이라는 기술 분야의 대기업과 월마트라는 소매 분야의 대기업은 모두 아마존이라는 공통의 적을 두고 있었다. 아마존이 구글에 위협적인 이유는 시간이 지날수록 점점 더 많은 온라인 쇼핑객이 구글이 아니라 아마존에서 직접 상품을 검색했기 때문이다. 이는 구글의 잠재적인 검색 광고 매출을 뺏어가고 있었다. 게다가 아마존은 음성 비서 서비스인 알렉사(Alexa)를 개발함으로써 사람들이 어떤 앱이나 웹사이트의 검색창에 단어를 입력하는 방식이 아니라 제품의 이름을 크게 말하여 검색하는 방식으로 소비자의 행동을 변화시킬 수 있는 가능성을 발견했다. 구글의 내부에서 사이렌이 요란하게 울리고 있었다.

이와 관련하여 전직 관계자는 내게 이렇게 말했다. "구글이 가장 두려워하는 것은 쓸모가 없어지는 겁니다. 미래에는 음성 검색이 대세이며 아마존이 장악하게 될 수도 있다는 실질적인 두려움이 있었습니다. 알렉사가 장악할지도 모른다는 거였죠."

그런데 그 회의 도중에 포란이 전자상거래 부문을 매우 무시하며 말을 했는데, 그래서 일부 참석자는 그가 농담을 하는 거라고 생각했다. 하지만 그렇지 않았다. 양측은 파트너였다. 구글이 알렉사에 대응하여 내놓은 음성 서비스인 구글 어시스턴트(Google Assistant)로 월마트에서 식료품을 주문하는 기능에 대해 서로 협력하고 있었기 때문이다. 그러나 이 기능은 전혀 주목받지 못했다. 그런 배경에서, 포란이 그 회의에서 보여준 전자상거래를 완전히 무시하는 태도를 일부 참석자는 분명히 기억하고 있었다.

"저는 더그 맥밀런이 그걸 어떻게 용인했는지 잘 모르겠습니다." 회의에 참석했던 사람의 말이다.

값비싼 장난

당시 월마트 내부에서 일한 다수의 임원에 따르면, 포란은 로어가 취하는 수많은 행보와 전략에서 불화를 빚었다고 한다. 인큐베이터 조직인 8호점(Store No. 8)도 그중 하나였다. 8호점은 월마트의 현재 고객에게 초점을 맞추지 않았으며, 성공하려면 앞으로 몇 년은 기다려야 하는 다양한 실험적인 스타트업을 보유한 곳이었다. 그러나 포란의 업무는 미래의 매장에 대해 상상하는 것이 아니라 현재의 월마트 매장 내부 상황을 개선하는 것이었다.

전자상거래 부문의 전직 임원은 이렇게 말했다. "그레그 포란은 2년 정도의 시간대를 설정해서 사고하는 경향이 있지만, 마크 로어는 10년의 시간대 안에서 생각합니다. 그렇기 때문에 둘 사이의 균형을 맞추기가 언제나 상당히 까다로웠습니다."

포란을 포함한 고위급 리더들은 처음에 이 인큐베이터를 로어를 달래기 위해 마련한 소소한 사이드 프로젝트로 보았다. 그는 조직에 커다란 피해를 입히지는 않았지만, 그렇다고 거기에 큰 비용이 소요되진 않았다. 그러나 시간이 지나면서 그들의 의견은 더욱 거칠어졌다. 이 그룹 내에서 만든 최초이자 가장 주목할 만한 스타트업은 제트블랙(Jetblack)인데, 이는 렌트 더 런웨이(Rent the Runway)의 창업자 가운데 한 명인 제니 플라이스(Jenny Fleiss)가 운영하는 문자 메시지 기반의 쇼핑 컨시어지(concierge)* 서비스다. 이 스타트업에 대하여 내가 처음으로 보도한 기사의 제목은 '월마트가 부유한 엄마들을 위한 퍼스널 쇼퍼(personal shopper)** 서비스를 개발하고 있다'였다.[96] 이 서비스의 초기 고객 가운데 상당수는 플라이스의 친구이며, 주로 뉴욕에 살고 있는 중상위층이나 부유한 여성이었다. 당시의 구인 공고를 보면 이 서비스는 '순자산이 많은 도시의 소비자'를 겨냥했다. 월마트에 평생 몸담아온 사람이 월마트의 프로젝트에서 기대할 수 있는 유형은 아니었다.

포란의 팀에게 이 스타트업은 처음부터 골치 아픈 조직이었다. 이들에게는 제트블랙의 목표 가운데 하나가 재고로 비축된 물품 가운데 다양한 고객에게 매력을 끌 수 있으며 월마트닷컴에 새로운 매출을 일으켜줄 수 있는 신규 상품을 연구하는 것이라는 사실이 중요하지 않아 보였다. 이 벤처가 문자 메시지 기반의 쇼핑 같은 '대화형 상거래(conversational commerce)' 분야에서 유의미한 실험이 될 수도 있다

---

* 고객의 다양한 요구에 응대하여 처리해주는 안내 서비스.
** 고객을 대신하여 쇼핑을 해주는 서비스.

는 점이 중요하지 않아 보였다. 만약 그렇게 되기만 한다면 월마트를 이 새로운 공간에서 선두로 만들어줄 수도 있었다. 그리고 제트블랙의 고객이 예전보다 아마존에서 쇼핑을 덜 하게 되었다는 사실에 대해서도 마찬가지였다.

이와 관련하여 제니 플라이스는 내게 이렇게 말했다. "만약 당신이 벤턴빌에 있고 월마트에서 12년 내지 15년 정도 일해왔으며, 제트블랙이나 8호점의 목표에 대한 배경 지식이 많지 않다면, 저는 당신이 이런 프로젝트에 대해 회의적일 수밖에 없다고 생각합니다."

월마트에서 오래 근무한 일부 임원은 제트블랙의 연간 예산이 6,000만 달러이며 회원 한 명당 1만 5,000달러의 손해를 보고 있다는 이야기를 듣고는 아연실색했다. 이 액수가 월마트의 대차대조표에서는 새 발의 피에 불과했지만, 화장지를 포장하는 비용에서 단돈 몇 푼이라도 아끼는 걸 자랑스러워하는 회사의 많은 리더에게는 상당히 언짢은 소식이었다.[97] 그들은 제트블랙의 모든 것이 적자를 내는 값비싼 방법이라고 보았다.

플라이스는 수익성을 매우 중요하게 여기는 매장 부문의 리더들과 직원들이 당분간은 손익에 대해 걱정하지 않아도 되는 자유를 부여받은 자신의 부서를 못마땅하게 여길 수도 있다는 점을 이해했다. 그러나 그녀는 자신을 비롯한 팀원들이 언젠가는 지속가능한 비즈니스 모델이 필요하리라는 사실을 잘 알고 있었다고 주장했다.

제트블랙은 상하기 쉬운 식품을 제외한 거의 모든 유형의 상품을 문자 메시지로 주문하여 빠른 배송으로 받을 수 있는 서비스에 대해 회원에게 월 50달러의 요금을 부과했다. 고객은 특정 연령의 아이에게 좋은 생일 선물 같은 추천을 요청할 수도 있었고, 자신이 사는 아파트 건물에서 무료로 반품을 수거해가도록 할 수도 있었다. 그들의 장기적인 목표는 고객에게 대응하여 이런 요청을 처리하고 자동으로 추천해주는 컴퓨터 알고리즘을 만드는 것이지만, 당시에는 대부분의 업무를 이 스타트업의 인력이 직접 수행했다.

월마트가 자금을 지원한 이 스타트업은 서비스 초기에 회사의 다른 부문들과 지나치게 단절되어 있었고, 그래서 직원들은 고객에게 빠르게 상품을 가져다주기 위해 월마트가 아니라 아마존과 타깃에서 패키지 소비재(CPG)를 구해 와야만 했다. 당연히 제트블랙은 이런 주문으로 상당한 손실을 입었다. 그리고 보통의 고객이 이 서비스로 일주일에 10개 이상의 물품을 구매하기 때문에, 그로 인한 손실액이 빠르게 누적되는 건 놀라운 일이 아니었다.

그러다 나중이 되어서야 직원들은 제트닷컴의 재고에서 상품을 조달하거나 아니면 맨해튼에서 10마일(약 16킬로미터)도 떨어지지 않은 뉴저지 시코커스(Secaucus)에 있는 월마트 슈퍼센터의 선반에서 상품을 가져가도 된다는 승인을 마침내 얻어냈다. 만약 제트블랙이 벤처캐피털의 지원을 받는 독립적인 스타트업이라면, 그러한 해결책이 대단히 참신한 아이디어라고 여겨졌을지도 모른다. 사실, 마크 로어의 다이퍼스닷컴(Diapers.com)도 대형 기저귀 브랜드가 그들에게 직접 상품을 판매하려고 하기 전에는, 지역에 있는 창고형 매장으로 트럭 한 대를 직접 몰고 가서 거기에 있는 기저귀를 모두 쓸어오는 것으로 사업을 시작했다. 그러나 월마트 내부에서 벤턴빌 본사의 일부 임원은 이런 모든 시도를 값비싼 장난으로 간주했다.

어느 전 직원의 말에 따르면, 제트블랙의 직원은 롤렉스(Rolex) 시계 같은 명품의 주문 요청을 처리한 적도 있다. 그리고 언젠가는 프랑스 생트로페(Saint-Tropez)에 살고 있는 부유한 가족에게 하룻밤 만에 장난감을 다시 배송한 적도 있는데, 배송 사고가 일어나 그 가족의 아이들이 제시간에 선물을 받지 못한 채 프랑스로 이사를 가버렸기 때문이다.

어떤 유형의 급격한 변화가 시행되거나 논의될 때면 월마트의 임원들은 창업자인 샘 월튼이 무덤에서 뛰쳐나올 거라고 말했다. 그리고 누구에게 물어보느냐에 따라서 다르긴 하지만, 그러한 여러 사례에서는 약간은 멜로드라마 같은 분위기를 느낄 수 있다. 그러나 생트로페와 관련된 일화는 샘 월튼을 분노로 몰아넣을 수도 있었다. 직원들이 아는 샘 월튼이라면 그랬을 것이다. 설령 그 배후에 고객 중심적인 목표가 있다는 걸 인정하더라도 말이다.

제트블랙의 회원 수는 2,000명 이상으로 늘어나지 않았는데, 부분적으로는 막대한 손실 때문이었고, 또 부분적으로는 고객 수가 증가하면서 서비스 품질이 저하되었기 때문이기도 했다.

제트블랙의 전 직원은 내게 이렇게 말했다. "제니 플라이스는 아주 훌륭한 서비스를 구축했습니다. 그러나 그건 비즈니스가 아니었습니다."

플라이스가 언젠가 〈월스트리트 저널〉에 말하길, 컴퓨터 시스템이 인간을 제대로 대체할 준비가 되려면 5년에서 7년은 걸릴 거라고 했다.[98] 그녀는 이렇게 말했다. "이건 기나긴 여정입니다. 그리고 그것이 진행된다는 사실을 우리가 알고 있었다고 저는 생각합니다."

그러나 월마트의 임원들은 그것보다 훨씬 더 일찍 조바심이 바닥나버렸고, 결국 로어는 불길한 조짐을 마주했다. 그는 밖으로 향했다. 그리고 페덱스(FedEx), 마이크로소프트(Microsoft), 비자(Visa)를 포함한 외부 투자자에게서 총 3억 달러의 투자를 받아 제트블랙을 별도의 기업으로 독립시키기로 합의했다. 그 계약의 조건에 따르면 월마트는 상당한 소유권 지분을 유지한다는 내용이 들어 있었고, 제트와 월마트의 전직 임원이었으며 제니 플라이스를 대신하여 이미 CEO를 맡고 있던 네이트 파우스트가 최고경영자 역할로 이 신규 독립 법인을 운영한다고 되어 있었다.

제트블랙의 직원은 비록 임원들이 잠재적인 분사 방안에 대하여 정보를 흘리지 않았지만 뭔가 진행된다는 분위기를 감지했다. 파우스트가 언제나 회의실에 꽁꽁 틀어박혀서는 다른 사람들 모르게 뭔가를 열심히 하고 있었기 때문이다. 그리고 제트블랙이 신규 회원 가입을 중단한 상태인데도, 신규 고객의 계정이 회사 내부의 시스템에서 보이기 시작했다. 당연하게도 그중 다수는 신규 투자가 예정된 마이크로소프트의 기업용 이메일 주소와 연동되어 있었다.

그런데 마지막 순간에 월마트의 맥밀런 CEO가 관련자들에게 해당 합의는 불발되었다고 말했다. 로어와 파우스트는 망연자실하여 눈앞이 캄캄해지는 것 같았다. 그런데 그 전에 내부 논의 과정에서 맥밀런은 임원들에게 제트블랙이 충분한 성공 가능성을 가졌는지 확신하지 못하겠다고 여러 번 말했다. 그런 신중한 논의의 막바지에 그가 결심을 한 것이다. 만약 이 신규 스타트업의 아이디어가 정말로 성공한다면, 언젠가는 월마트를 무너트릴 수도 있는 잠재적 경쟁사인 신규 스타트업에 월마트가 자금을 지원하는 걸 원하지 않았던 것이다. 그런데 사실 월마트는 이 신규 독립 법인이 출범할 때 50퍼센트의 지분을 가져가기로 되어 있었기 때문에, 만약 이 회사가 정말 성공한다면 그러한 투자에서 월마트가 엄청난 보상을 받을 수도 있었다. 로어는 맥밀런의 추론이 너무도 혼란스러웠다. 그래서 그는 나중에 지인들에게 맥밀런이 말할 수 없거나 말해서는 안 되는 다른 이유 때문에 그 합의를 무산시켰을 것이라고 말했다. 그가 추정한 이유는 바로 맥밀런과 긴밀하게 협력하고 있었지만 로어와는 긴밀한 관계를 맺고 있지 않았던 월마트의 그레그 페너(Greg Penner) 회장이었다.

당시에 로어와 이야기를 나눈 한 사람은 내게 이렇게 말했다. "마크 로어는 '너무 비논리적이야'라는 식으로 말했습니다. '제2의 아마존 지분 50퍼센트를 원하지 않는다고?'라고 말했습니다."

맥밀런의 결정이 내려진 뒤, 파우스트는 제트블랙의 직원을 모두 모아 그 내용을 알렸다. 그런데 제트블랙이 월마트에서 별도의 법인으로 분사할 수도 있다는 뉴스가 언론에 유출된 이후, 이 스타트업의 많은 직원은 그 소식이 정식으로 발표되기만을 기다렸다. 그러나 파우스트가 전한 소식은 그 이상의 최악이었다. 월마트가 이 스타트업을 폐쇄할 것이며, 거의 300명에 달하는 직원이 일자리를 잃게 된다는 소식이었기 때문이다.

몇 년 뒤, 맥밀런은 내게 제트블랙이 독립적인 사업체로 생존하려면 몇 차례의 대형 투자 라운드가 필요할 것으로 생각했다고 말했다. 결국 미국 최대의 고용주인 월마트의 CEO조차 대규모 투자를 마음대로 결정하기가 쉽지 않은 현실이었던 것이다. 이는 이사회 구성원과 증시 투자자 때문이었으며, 또한 때로는 상충하는 의제를 가진 내부의 사업부 수장들 사이에서 절충적인 관계를 유지해야만 하기 때문이었다. 여기에 더해서 맥밀런은 제트블랙의 기술적 자산을 월마트 내부에 보유해놓고 있다가 나중에 다시 추진할 때 사용하고 싶어 했다.

이와 관련하여 맥밀런은 내게 이렇게 말했다. "음성 비서와 문자 메시지는 우리가 하는 일의 일부가 될 것입니다. 그 결실이 아직 나타나진 않았지만, 언젠간 그렇게 될 겁니다."

독점 콘텐츠

포란을 비롯한 월마트의 오프라인 부문 리더들은 또한 이 시기에 로어와 그의 팀이 성사시킨 일련의 인수에 대해서도 못마땅하게 생각했다. 로어의 인수 전략 가운데 하나는 슈즈닷컴(Shoes.com) 같은 매력적이지 않은 쇼핑 사이트를 사들여 특정 제품 카테고리의 여러 브랜드와 더욱 나은 관계를 형성한다는 것이었다. 그 목표는 그런 브랜드들이 월마트닷컴에서 그들의 상품을 판매하도록 설득하고, 그곳의 경험 많은 직원이 월마트닷컴에서 이런 제품의 카테고리를 운영하게 만드는 것이었다. 맥밀런은 이런 인수가 내부에서 대부분 성공적으로 받아들여졌다고 내게 말했다.

그러나 동시에 월마트의 전자상거래 부문은 소위 말하는 디지털 네이티브(디지털 태생) 브랜드도 여럿 인수했다. 이들은 주로 자체 의류 라인을 거의 온라인에서만, 그것도 거의 대부분 밀레니얼 세대의 쇼핑객에게만 판매하는 젊은 기업이었다. 그런 회사로는 우선 빈티지 스타일의 여성 의류를 판매하는 모드클로스(ModCloth)가 있고, 그다음에는 아마존이 2017년 6월에 홀푸드를 인수한다는 메가톤급 소식이 전해진 것과 같은 날에 인수 발표를 한 보노보스(Bonobos)도 있다.

보노보스 인수는 모든 절차가 완료될 때까지도 월마트 내부에서 격렬한 논쟁을 일으켰고, 그러면서 이 스타트업의 CEO인 앤디 던(Andy Dunn)을 불안하게 만들었는데, 왜냐하면 그가 이 회사를 월마트에 매각하기 위하여 다른 곳과의 협상을 건너뛰었기 때문이다.

결국 월마트는 보노보스를 인수했다. 그리고 앤디 던의 앞에는 거대한 기회가 주어졌다. 보노보스를 인수하면서 마크 로어가 이 카리스마적인 기업가에게 새로운 임무를 부여했기 때문이다. 그것은 바로 인기 많은 스타트업을 인수하여 디지털 태생의 소비자 브랜드로 구성된 포트폴리오를 만드는 것이었다. 로어는 던에게 3개월마다 스타트업 한 개를 인수하는 것이 목표라고 말했다.

이와 관련하여 던은 내게 이렇게 말했다. "저는 '이런 세상에! 정말 재미있겠는데!'라는 생각이 들었습니다."

앤디 던과 그의 팀이 성사시킨 첫 번째 협상은 주로 온라인에서만 판매하는 플러스 사이즈(plus size) 여성 의류 제조사인 엘로퀴(Eloquii)를 1억 달러에 인수하는 것인데, 이 소식은 월마트가 보노보스를 인수한 지 1년여가 지난 2018년 가을에 발표되었다. 월마트는 이 계약을 체결함으로써 미국에서만 200억 달러가 넘는 의류 시장의 한 분야를 현대화하기 위하여 노력하는 브랜드에 투자한 것이다. 일부의

추정에 따르면, 미국 전체 여성의 절반 이상이 플러스 사이즈라고
한다.

앤디 던은 당시 어느 인터뷰에서 이렇게 말했다. "우리는 이 문제
에 대해 매우 들떠 있었습니다. 플러스 사이즈 시장은 지나칠 정도
로 미비하기 때문에, 그곳에 진출하여 기쁨을 줄 수 있는 어마어마
한 기회가 있습니다."[99]

로어와 그의 팀은 이런 협상이 아마존에서는 찾을 수 없는 독점적
인 상품을 월마트와 월마트가 운영하는 온라인 스토어에 가져다줄
것이라고 믿었다. 그리고 일반적으로 월마트에서 쇼핑하지 않는 새
로운 세대의 소비자에게 매력을 어필하는 데에도 도움이 되리라고
생각했다. 그들은 이런 상품을 '독점 콘텐츠(proprietary content)'라고
부르면서, 넷플릭스(Netflix)가 다른 스트리밍 서비스와 차별화하기
위하여 자체적인 프로그램을 만드는 일에 비유했다.

그들의 희망은 좀 더 힙하고 더욱 고급스런 브랜드를 월마트의 품
으로 데려오면 다른 제품 브랜드도 제트닷컴이나 월마트닷컴에서
판매하고 싶어지게 만들 수 있다는 것이었다. 그들은 또한 만약 월
마트의 매장 부문을 설득해서 엘로퀴라는 전도유망한 브랜드를 판
매할 수 있다면 이 브랜드가 오프라인 판매에서도 결국엔 성공할 수
있다고 믿었다. 앤디 던은 이 협상을 성사시키기 전에 매장 부문의
리더들을 논의에 참여시키는 게 합리적이라고 생각했지만, 마크 로
어는 그 스타트업이 월마트의 자산이 된 이후에 그렇게 하는 게 더
쉬울 거라며 조언했다.

그런데 엘로퀴 인수가 마무리된 직후에 월마트의 임원들은 이 패

션 스타트업의 재무 상태가 생각만큼 건전하지 않다는 점을 발견했다. 던의 직원들이 그 전에 이미 엘로퀴에 대한 실사 작업을 진행하긴 했지만, 협상이 마무리 단계로 접어들면서 그들의 재무 상태를 충분히 자주 점검하지 않은 것이 분명했다. 이런 사실이 엘로퀴에 대한 인식을 처음부터 좋지 않게 만들었는데, 이 인수 방안을 내부에서 가장 열심히 주장한 앤디 던에 대해서도 마찬가지였다.

그럼에도 앤디 던과 그의 팀은 자신들이 더욱 젊고 흥미로운 브랜드를 데려왔다고 믿었으며, 그것은 이제 시작에 불과하다고 생각했다. 그런데 만약 2018년에 디지털 태생의 브랜드 창업자 누구에게든 진실의 약물을 투여할 수 있다면, 그들은 당시에 앤디 던이나 마크 로어 또는 월마트 대표단을 만나서 인수 의향을 논의했다는 사실을 털어놓을 가능성이 아주 높다.

문제는 이러한 디지털 태생 기업의 가치에 대하여 그들의 성장에 자금을 지원하고 그들의 미래에 판돈을 건 벤처 투자가들과 현재 상태에서의 비즈니스적인 가치를 훨씬 더 낮게 생각하는 월마트의 좀 더 전통적인 리더들 사이에 커다란 차이가 존재한다는 점이다.

많은 경우에 벤처 투자가는 이러한 스타트업의 가치를 그들의 연간 매출액보다 서너 배, 또는 다섯 배까지 충분히 쳐줄 의향이 있었는데, 그 이유는 이런 기업이 미래의 획기적인 소비자 브랜드이며 더욱 많은 미국인이 그 존재를 알게 되면 결국엔 수익을 창출해줄 수 있다고 믿었기 때문이다.

반면에 월마트에서 그레그 포란 같은 매장 부문의 리더나 최고재무책임자(CFO)인 브렛 빅스(Brett Biggs)는 이런 스타트업이 왜 적자를 내는지에 더욱 중점을 두었으며, 몇 배로 부풀려진 가치평가를 터무니없다고 생각했다. 마크 로어와 앤디 던은 월마트가 가장 멋진 신생 소비자 브랜드로 구성된 포트폴리오를 갖게 되는 비전을 아주 좋아했다. 그러면 주요 상품을 아마존에서 멀리 떨어트려놓으면서 부유한 고객을 더욱 많이 끌어들일 수 있다고 생각했다. 그러나 현실에는 다소 힘겨운 장애물이 존재하고 있었다.

그런데 앤디 던은 엘로퀴에 대한 잡음이 있는데도 또 다른 스타트업 인수를 진행하고 있었다. 그곳은 주로 온라인에서 상품을 판매하는 봄바스(Bombas)라는 양말 브랜드로, 그들은 2014년에 샤크 탱크(Shark Tank)라는 비즈니스 경연 프로그램에 출연하면서 처음으로 주목받기 시작했다. 봄바스는 수익률이 아주 좋았으며, 브랜드에 대한 충성도가 거의 없는 양말 카테고리에서 고객의 충성도를 성공적으로 구축해왔다.

월마트는 결국 이 스타트업에 1억 2,500만 달러를 제시했고, 봄바스는 1억 7,500만 달러를 원했다. 만약 이 논의가 1년이나 2년 정도 일찍 시작되었다면, 로어가 직접 이 협상을 관철시킬 수도 있었을 것이다. 하지만 포란을 비롯한 매장 부문의 리더들은 월마트의 오프라인 매장에서 봄바스의 양말을 취급하는 데 전혀 관심이 없었으며, 다른 임원들은 이제 로어의 인수 전략에 대해서도 회의적인 입장이 되었다.

앤디 던은 엘로퀴 인수에 대해 언급하며 이렇게 말했다. "저는 그저 우리가, 그러니까, 그런 협상을 세 개나 다섯 개, 아니면 일곱 개 정도 성사시키면 좋겠다고 생각했습니다. 하지만 그렇게 되지 않았어요. 그래서 당시에 저는 정말로 낙담했습니다. 우리는 일을 잘 해 내려고 정말 열심히 노력했습니다. 그걸 통해서 제가 배운 것은, 겸 허하게 2년 전을 돌아보면, (중략) 주로 다른 브랜드의 상품을 판매하 는 소매업체가 군이 10개나 20개의 브랜드를 인수할 가능성은 없다 는 것입니다. 그냥 인재를 영입해서 그런 브랜드가 어떻게 일하는지 알아내는 게 훨씬 더 비용 효율적이라면 더욱 그렇습니다."

앤디 던은 자신의 계획에 대하여 외부인과 이야기하는 걸 그다지 좋아하지 않았는데, 심지어 자신의 멘토에게도 마찬가지였다. 2018 년 가을, 그는 미국 소매업계의 전설적인 인물로 갭(Gap)과 제이크 루(J.Crew)의 CEO를 지냈던 미키 드렉슬러(Mickey Drexler)와 함께 식 사를 했다. 두 사람은 뉴욕의 소호(SoHo)에 있는 이탈리안 카페인 산 트 암브로에우스(Sant Ambroeus)에서 만나 점심을 먹었는데, 참고로 이곳은 드렉슬러의 단골집이다. 그 자리가 사적인 만남이라고 생각 한 던은 한 가지 비밀을 털어놓았는데, 월마트가 여행용 가방을 만 드는 어웨이(Away)라는 스타트업과 인수 가능성을 논의한다는 사실 이었다.

그 직후에 어떤 기자가 그 인수 협상에 대한 뉴스를 터트렸고[100], 두 사람과 같은 식당에 있던 어떤 저널리스트가 던과 드렉슬러의 대 화를 우연히 들었다는 소문이 돌았다. 실제로 그 기자에게 누가 제 보했는지는 확실하지 않았지만, 벤턴빌에 있는 월마트 본사의 임원 들은, 그러니까 조심스러운 기업 문화에 익숙한 그들은 전자상거래 분야의 인수나 협상 논의에 관한 소식이 어찌하여 그렇게 자주 언론 에 새 나가는 것처럼 보이는지 의아해했다. 누군가가 포란이나 맥밀런이나 빅스를 압박하여 더욱 야심 차며 값비싼 인수 방안에 대한 지지를 얻어내기 위하여 고의적으로 정보를 누출하는 것일까?

결국 일련의 디지털 태생 브랜드를 인수한다는 비전은 사장(死藏)된 것이 분명했다. 로어는 더이상 내부에서 그런 협상을 적극적으로 옹호하지 않았으며, 논의의 초점은 월마트 매장에서 판매할 수 있는 월마트 자체의 디지털 태생 브랜드를 아예 처음부터 새로 만들 수 있는 내부의 역량에 대한 것으로 옮겨 갔다. 앤디 던의 체제이던 2018년에 이 회사는 올스웰(Allswell)이라는 매트리스 브랜드를 공개했는데, 이는 박스로 포장할 수 있는 매트리스를 생산하여 판매하는 캐스퍼(Casper)나 터프트앤니들(Tuft & Needle) 같은 제조사와 경쟁하기 위해 만든 것이었다. 던의 팀은 또한 새로운 화장품 브랜드를 만들기 위해서도 노력했지만, 결코 세상의 빛을 볼 수는 없었다.

2019년 중반 무렵, 던은 자신이 더이상 마크 로어의 부하직원이 아니라는 통보를 받았다. 그의 새로운 상사는 월마트와 샘스클럽의 베테랑인 애슐리 뷰캐넌(Ashley Buchanan)인데, 그는 던은 물론이고 보노보스와 엘로퀴를 운영하는 임원들에게 비용을 절감하라고 압박했다. 앤디 던은 이런 새로운 체제에 잘 적응하지 못했다.

몇 년 뒤에 던은 이렇게 시인했다. "저는 극도로 나쁜 직원이었습니다. 저는 그냥 안 좋은 직원입니다. 저는 너무 반항적이어서 그런 일을 잘할 수 없어요."

던의 반항심을 마크 로어는 포용까지는 아니지만 그래도 용인하기는 했다. 그러나 뷰캐넌은 그것이 재밌거나 바람직하다고 생각하지 않았다.

"제가 본사에 직접 보고하는 체계로 옮겨 갔을 때, 저는 완전히 쓸모가 없었습니다." 던의 말이다.

몇 달 뒤에, 던은 결국 회사를 나갔다.[101]

Chapter 10

구식 vs 신식

Winner
Sells All

마크 로어의 인수 전략을 둘러싼 난리법석이 대규모 혼란을 일으키긴 했지만, 그레그 포란이나 회사의 최고재무책임자 같은 월마트의 리더에게 가장 심각한 문제는 아마도 로어와 그의 부하직원들이 전자상거래 부문의 비즈니스 성과에 대한 내부의 예상을 계속해서 빗나갔다는 점이었을 것이다.

샘 월튼은 자서전에서 이렇게 썼다. "나는 가끔씩 나를 P. T. 바넘 (P. T. Barnum)*과 비교하는 이야기를 듣는데, 그 이유는 내가 사람들 앞에 서서 어떤 아이디어나 가게, 제품, 회사 전체 등 내가 그 당시에 관심을 집중하는 것에 대해 말하는 걸 좋아하기 때문이다. 그러나 그런 성격 아래에 나는 언제나 운영자(operator)의 영혼을 갖고 있다.

---

*   미국의 흥행업자인데 사기꾼이라는 평가도 있다.

일을 잘해내고, 그다음에는 더 잘해내고, 그다음에는 가능한 한 최고로 잘해내고 싶은 그런 사람 말이다."

로어의 주변에서 상당한 시간을 보낸 사람 중에서 프로모션 활동과 치어리딩 능력과 비전 설정에서 로어가 매우 뛰어나다는 사실에 대하여 이의를 제기하는 사람은 거의 없을 것이다. 어떤 사람은 그걸 월튼 스타일이라고 부를 것이다. 재능 있는 수많은 사람이 이 기업가와 일하는 것에 동의하고, 수많은 투자자가 그에게 자금을 지원하는 것에 동의하고, 수많은 소비자가 그의 회사에서 쇼핑하는 이유는 그가 이런 역할에서 탁월했기 때문이다. 그는 세계적인 클래스의 비전 창조자이자 프로모터(promoter)였다.

그러나 월마트 내부에서 일부 관계자는 마크 로어나 그의 팀원들 가운데 과연 그런 거창한 이야기를 제대로 뒷받침할 수 있는 경영 능력을 가진 사람이 있는지에 의문을 제기했다. 포란 같은 논리적이며 잘 훈련된 리더가 보기에 월마트의 전자상거래 부문이 돈을 잃는 방식은 물론이고 내부의 예상치를 달성하지 못하는 리더들의 무능력은 도저히 용납할 수 없는 것이었다. 탁월한 경영 능력은 월마트의 문화에서도 매우 중요한 핵심이었다. 그러나 로어와 그의 부하직원들에게 그것은 부차적인 요소로 보였다.

이와 관련하여 월마트 물류 부문의 전직 임원은 내게 이렇게 말했다. "계획을 달성하지 못하는 건 어쩌다 그럴 수 있다 쳐도, 그 계획을 달성하지 못한다는 사실을 모른다는 건 중대한 죄악입니다. 그건 경영진으로서의 신뢰를 저버리는 행위입니다. 왜냐하면 어떤 특정 시점에서 자신의 비즈니스가 어떻게 진행되는지 이해하지 못한다고 말하는 것이기 때문입니다."

해당 시기에 리더로 재직한 사람들에 따르면, 당시 전자상거래 부문은 여러 측면에서 어려움에 처해 있었다고 한다. 우선 그들은 월마트의 최고경영진이 디지털 부문의 리더들에게 무리한 수준의 목표를 요구하는 경우가 많았다고 말했다. 또 다른 문제는 그들이 오프라인 매장을 운영하는 부문보다 훨씬 더 불규칙한 대양에서 헤엄을 친다고 생각했다는 것이다. 그중에서도 특히 업계 1위의 라이벌인 아마존의 지배력을 고려했을 때 더욱 그러했다고 믿었다.

이와 관련하여 전자상거래 부문의 전직 임원은 내게 이렇게 말했다. "우리는 가서 이렇게 말합니다. '이 정도의 수치면 저희도 자신 있습니다'라고 말이죠. 그리고 괜찮은 관리자라면 그것보다 더 노력해보자고 말할 수 있다고 저도 생각합니다. 그런데 벤턴빌은 다른 수치를 돌려줬고, 그러면 저희는 이렇게 반응했습니다. '그건 우리가 달성할 수 없는 거예요'라고 말이죠."

로어가 이끄는 전자상거래 부문은 계속해서 자신들에게 설정된 목표에 도달하지 못했다. 그래서 앞의 임원에 따르면 '모든 것을 팽팽하게 만드는' 긴장감이 조성되었다고 한다.

전자상거래 부서의 실적 미달은 또한 매장 부서의 임원이 받아야 할 보너스에도 영향을 미쳤다. 예를 들어 그레그 포란의 연간 성과 보너스는 월마트의 미국 내 비즈니스 영업 수입과 크게 연동되었는데, 여기에는 로어가 운영하는 전자상거래 부문이 포함되어 있었다. 그런데 그 영업 이익이 로어의 연간 보너스에 영향을 미치는 요소는 아니었다. 그는 손익에 미치는 영향과는 전혀 관계없이, 주로 매출

성장률에 따라 보너스를 평가받았다.[102]

로어가 나중에 나에게 인정하길, 당시에 월마트 내부의 그런 제각각인 인센티브 산정 방식이 구조적으로 중요한 문제였다고 한다. 물론 매장 부문의 리더들은 월마트 고객에게 저렴한 가격을 제공하거나 또는 매장의 직원에게 더 나은 임금을 지급하기 위하여 비용을 절감하고 수익성 목표를 달성하고 싶어 했다. 그러나 월마트 같은 회사에서는 스스로를 위해 더욱 많은 부를 축적하고자 하는 염원이 없다면 그런 높은 자리까지 올라갈 수 없다. 간단히 말해 보너스는 매우 중요한 것이었다. 그리고 만약 로어가 돈을 잃는 방식이 포란이 집으로 가져가는 보상액을 줄여야 할 정도로 나쁘지 않았다면, 소매업계의 이 유능한 경영인도 로어가 회사에 들어오기 전부터 이미 확보해둔 막대한 보상 패키지에 대해서도 수긍했을 것이다.

월마트의 2017년 회계연도만 놓고 보면 로어의 보상 총액은 2억 4,000만 달러가 넘었는데, 그중 대부분은 월마트가 제트를 인수하는 조건의 일부로 그에게 부여한 양도제한 조건부 주식(Restricted Stock Unit, RSU)의 가치로 발생한 것이다. 월마트는 또한 로어가 가진 제트의 소유권 지분에 대해 5억 달러의 현금을 지급하기로 합의했다.

반면에 그레그 포란은 매출과 수익 면에서 모두 훨씬 더 큰 비즈니스를 운영했는데도 같은 해에 총액 약 1,150만 달러의 보상을 받았다. 동료들은 포란이 그런 심한 격차를 확인하고는 분통을 터트렸다고 말한다. 포란은 동료들과 이야기하면서 로어를 두고 '30억 달러의 사나이'라고 말하는 경우가 여러 번 있었다. 또 어떤 때는 그 화려한 기업가의 주식 보상 패키지가 사실은 로어가 월튼 가문이 오랫동안 잊고 지낸 사촌이라는 걸 비밀에 부치는 조건으로 주어진 것은 아닐까 하며 포란이 농담 반 진담 반으로 의문을 표했다고 한다.

혁신가인가, 아니면 운영자인가?

이러한 배경에서 또 다른 분기가 끝나가고 있었는데, 그 결과가 회사의 리더들이 예상한 것보다 훨씬 더 나빠 보였기 때문에 전자상거래 부문의 고위급 임원들 사이에 공포감이 퍼져나가게 된다. 그래서 2018년 연말 시즌을 앞두고 로어 체제의 전자상거래 리더들은 월마트의 마켓플레이스 부문에서 발생한 수억 건의 매출을 불과 30일 안에 직송 제조업체(Drop-Ship Vendor, DSV)* 매출로 전환하라고 지시했다. 참고로 마켓플레이스 부문은 소규모 브랜드와 판매자가 월마트 닷컴에서 직접 소비자에게 판매할 수 있도록 사이트에 등록하는 업무를 담당하는 부서다.

아무튼 이 말은 사실상 월마트의 마켓플레이스에서 물건을 파는

---

* 온라인 마켓에 판매하는 상품을 주문자에게 직접 배송하는 제조업체.

판매자에게 월마트닷컴에 있는 자신들의 제품 가격에 대한 결정권을 포기하라는 의미였다. 대신에 그런 상품에는 월마트닷컴에서 '월마트 판매'라는 라벨을 표시해주었는데, 이 라벨이 붙어 있으면 고객이 그 상품을 구매할 가능성이 더 높아졌다.

이런 지시에 대해 잘 아는 사람들은 그것이 월마트의 매출액을 늘리려는 의도로 보였다고 말했다. 왜냐하면 당시에 월마트가 DSV 판매액 전체를 자신들의 매출액으로 기록한 반면, 마켓플레이스의 매출에 대해서는 판매 가격의 8~15퍼센트의 수수료만 월마트의 매출액으로 기록되었기 때문이다. 이런 사정을 잘 아는 어떤 사람은 이것이 내부에서 설정된 어떤 커다란 재무적 목표를 달성하려는 필사적인 노력임이 '분명해' 보였다고 말했다.

이런 재무적 조치를 취했는데도, 전자상거래 사업부는 그해 연말 시즌의 목표를 달성하지 못했다. 그리고 이 사업부는 로어 체제하에서 2년 연속으로 예정된 금액보다 더욱 큰 손실을 기록했다. 회사 전체로 놓고 보면, 포란이 담당하는 미국 내 매장 사업부가 창출한 수익이 로어의 위험성 있는 프로젝트에 자금을 지원해주는 것처럼 보였다. 언젠가는 전자상거래 부문이 단일 연도에만 약 20억 달러의 손실을 기록하기도 했다.

이와 관련하여 내부 관계자는 내게 이렇게 말했다. "내부에서는 마크 로어가 동시에 두 가지 수치를 모두 달성할 수 없게 되었다는 이야기가 퍼졌습니다. 거기에는 정치적 자본(political capital)*이 소모

---

* 　정치적 결정에 영향을 미칠 수 있는 능력.

되었습니다. 밀월 기간은 끝났습니다."

로어가 수익성 있는 비즈니스를 운영할 수 없다는 생각에 대해서는 그의 이전 고용주도 지지하는 것으로 보였다. 2017년, 아마존은 로어가 6년 전 아마존에 매각한 다이퍼스닷컴(Diapers.com)과 그 모기업인 퀴드시(Quidsi)의 문을 닫고, 그 웹사이트는 아마존닷컴의 일부로 편입시켰다. 당시에 아마존의 대변인은 이런 내용의 입장문을 발표했다. "우리는 퀴드시가 수익성을 갖기 위해 지난 6년 동안 극도로 열심히 노력했지만, 불행하게도 그렇게 할 수 없었습니다."

입을 굳게 다물기로 악명이 높은 기업의 커뮤니케이션 부서가 아마존의 소규모 사업부 중 한 곳의 재무 상태에 대해 공개적으로 논평한 것은 지극히 드문 일이었다. 어느 관계자가 내게 말해주기를, 2018년 말에 퀴드시가 상당한 잉여현금흐름(Free Cash Flow, FCF)*을 창출하는 궤도에 올랐다는 사실을 고려할 때 그것은 또한 극도로 기이한 일이기도 했다.[103]

몇 년 뒤, 나는 이 결정에 대해 잘 아는 아마존의 전직 임원에게 아마존이 퀴드시의 문을 닫으며 발표한 공개적인 이유에 대해 물었다. 그 임원은 잠시 머뭇거렸다. 그는 결국 불편한 미소를 지으며 이렇게 말했다. "그건 그다지 아마존답지 않았습니다. 특이한 발표였습니다. 많은 사람에게도 유별나 보였습니다."

그런데 퀴드시의 전직 임원들에게는 그 동기가 명확해 보였다. 월마트가 33억 달러를 들여서 영입한 퀴드시 출신의 임원들이 수익성

---

*   기업의 영업현금흐름(OCF)에서 자본적 지출(CAPEX)을 제외한 금액.

있는 비즈니스를 운영하거나 구축할 수 없다는 메시지를 월스트리트의 투자자와 월마트의 경영진에게 보내기 위한 것이었다. 그러나 2018년 연말 시즌 이후에 내부에 몰아친 후폭풍의 와중에 전자상거래 매출 책임자인 스콧 힐튼이 여파를 맞고 밀려난 반면, 30억 달러의 사나이 로어는 남아 있었다.

어느 내부 관계자는 내게 이렇게 말했다. "결국 마크 로어는 공적인 인격(public persona)*을 갖고 있었으며, 벤턴빌 사람들과도 연줄이 있었던 겁니다."

그럼에도 2019년이 되자 로어는 자신의 부서에 가해지는 규제와 중요한 프로젝트들이 점점 더 심해지는 관료주의로 지체되는 걸 지켜보면서 서서히 지쳐갔다. 그는 짜증이 났다. 아마 무엇보다도 맥밀런을 비롯한 일부 이사회 임원이 그를 단지 혁신가일 뿐, 전자상거래 비즈니스를 예측 가능한 수익성 있는 사업으로 만들 수 있는 역량을 가진 운영자는 아니라는 생각을 넌지시 내비쳤기 때문일 것이다. 그래서 로어는 한편으로는 자신을 비판하는 사람을 인정하고 다른 한편으로는 그들을 비웃기 위하여 사무실에서 모자 두 개를 돌아가며 하나씩 쓰기로 했다. 그중 하나는 앞면에 '혁신가(Innovator)'라는 글자가 새겨져 있었고, 다른 하나에는 '운영자(Operator)'라는 단어가 새겨져 있었다.[104]

일부는 이 모자를 순수하게 월마트에서 성공하고 싶은 자신의 팀원들에게, 그리고 이런 새로운 아마존의 시대에 성공하고 싶은 월마

---

* 실제 개인과는 다르게 대외적으로 사용하는 인격.

트에 두 가지 역할을 진지하게 받아들여야 한다는 메시지를 보내기 위한 수단이라고 보았다. 진짜 의도가 무엇이든 간에, 전자상거래 부문의 대표인 그는 매장 부문의 직원이 참석하는 어느 회의 자리에 그중 하나를 착용하고 나타났는데, 누군가가 자신들은 그 모자를 모욕적이라고 생각한다고 상급자에게 문제제기를 했고, 이후 이 두 개의 모자는 영원히 사라졌다.

몇 년 뒤, 로어는 포란과의 갈등에 대해 에둘러 말하면서 책임을 다른 곳으로 돌렸다.

언젠가 로어는 내게 이렇게 말했다. "저는 우리가 좋은 관계였다고 생각합니다. 조직 안에서는 사람들에게서 수많은 이야기가 들어옵니다. 그레그에게 들어가는 이야기는 이런 겁니다. '마크가 무슨 일을 하는지 들었습니까?' 그러면 그레그의 반응은 이런 겁니다. '잠깐만, 뭐라고?' 그런데 그런 많은 이야기는 사실이 아니었습니다."

로어는 이렇게 덧붙였다. "하지만 그렇게 계속해야 한다면 지칠 수밖에 없습니다. 만약 우리가 나누는 모든 대화가 그렇게 방어적이라면 (중략) 피곤해질 수밖에 없습니다. 저는 그가 지쳐 있었다고 생각합니다. 저도 지쳐 있었습니다."

시간이 경과하자 포란의 전망도 부드러워지는 것처럼 보였다. 이는 몇 년 전에 월마트의 내부 관계자들이 관찰한 것과는 달라진 태도였다.

포란은 내게 이런 글을 보내 왔다. "급격한 변화를 겪고 있는 어느 조직에서든 예상할 수 있듯이, 자연스럽게 긴장이 발생하고 수많은 건전한 논쟁이 이루어집니다. 유의미한 진전이 이루어지는 방식은 거의 대부분 그렇습니다."

로어는 오프라인 부문의 전문가들도 월마트의 이상적인 미래가 최고의 매장 비즈니스와 최고의 온라인 도구가 어우러지는 것이라는 점을 이해한다고 말했다. 그는 그보다 더 큰 문제는 주로 벤턴빌에 있는 오프라인 매장 부문과 미국의 양쪽 해안 사무실에 있는 전자상거래 부문 내에 형성된 동족의식이라고 말했다.

구식 vs 신식. 수익 vs 성장. 막대한 보상 패키지 vs 나름 괜찮은 보상 패키지. 그것은 비즈니스 자체만큼이나 오래된 문화적 충돌이었다. 그러나 그것은 월마트가 아마존의 그늘에서 벗어나려 노력하면서 구축해온 추진력을 무너트리려 위협하고 있었다.

"그래서 제가 늘 더그 맥밀런에게 '이 조직들을 하나로 모아야 한다'라고 말한 겁니다." 로어의 말이다.

계획은 언제나 결국엔 한 명의 지도자 아래에서 월마트의 전자상거래 조직과 매장 부문 조직이 통합되는 것이었으며, 포란은 그 역할을 원했다. 그러나 맥밀런이 거부했다.

월마트의 미국 내 비즈니스의 운명에 대한 더욱 많은 권한과 더욱 많은 통제권을 가질 수 있는 길이 막히자, 포란은 결국 월마트를 떠나 비행기를 타고 고국으로 돌아가 자신이 힘을 보탤 수 있는 새로운 역할을 맡기로 했다. 바로 에어뉴질랜드(Air New Zealand)의 CEO다. 그는 마침내 기업 전체를 총괄하는 최고경영자 역할을 차지하게 되는데, 그건 단지 그를 고국으로 돌아오게 해준 것만이 아니라 그가 알던 유일한 산업과는 상당히 거리가 있는 분야이기도 했다.

3년 뒤, 그는 예전에 월마트의 매장 부문과 전자상거래 부문 모두를 이끌고 싶다는 의사를 내부에 표명한 것에 대하여 언급하기를 거부했다.

그는 내게 이렇게 말했다. "저는 월마트에서 보낸 시간이 정말 좋았습니다. 그리고 10여 년이 지나자, 저는 제가 그곳에 영입돼서 해야 했던 일들을 모두 끝냈다고 느꼈습니다. 중국 월마트와 미국 월마트 사업을 모두 다시 활성화하고, 가시적으로 상당한 결과를 만들어내며, 두 부문 모두가 지속적으로 성장할 수 있는 위치에 올려놓은 것 말입니다."

그가 떠나고 남은 자리를 채우기 위해 맥밀런과 월마트의 이사회는 맥밀런처럼 월마트에서만 근무하며 성장했고, 역시나 맥밀런이 한때 그랬듯이 샘스클럽 부문의 CEO로 재직하고 있던 존 퍼너(John Furner)라는 젊은 임원에게 의사를 타진했다. 참고로 샘스클럽은 월마트 내에서 새로운 기술과 조직 구조에 대한 실험 공간으로 사용되는 경우가 많았는데, 덕분에 이곳에서의 경력이 퍼너에게 상당한 신뢰성을 부여해주었다. 퍼너와 월마트의 인연 역시 매우 깊었는데, 그의 아버지도 월마트 매장의 관리자로 재직한 적이 있다. 이런 배경 덕분에 퍼너는 사실 맥밀런이 월마트의 CEO로 취임할 당시에 자신의 뒤를 이을 두세 명의 잠재적인 후보군 가운데 하나로 여겨졌다.

포란이 나가자 로어와 퍼너는 과거에 두 부문 사이에 갈등을 야기한 요인 가운데 하나를 빠르게 제거했다. 바로 보너스다. 그들 각각의 보너스에는 디지털 부문과 오프라인 매장의 성과가 모두 반영되었다. 그리고 1년이 지나지 않아서, 로어의 조직은 퍼너에게 보고를 하기 시작했다. 퍼너의 취임과 함께 로어가 과연 월마트에서 5년의 임기를 채울 수 있을지 여러 추측이 늘어났다. 그건 2016년 하반기에 로어와 맥밀런이 제트 인수를 체결하면서 합의한 조항이었다. 그러한 추정은 사실 제트 인수가 완료된 지 1년도 지나지 않아 시작되긴 했지만, 2018년 말을 지나 2019년으로 넘어가면서 그런 소문이 더욱 무성해졌다. 심지어 로어가 참석한 어느 비공개 사교 모임에서는 제트의 전직 임원들이 자신들의 친구이자 전직 상사인 그가 과연 얼마나 오래 버틸지를 두고 내기를 하기까지 했다.

그 시기는 우연이 아니었다. 2018년 말부터 2019년 초까지, 월마트와 계약한 로어의 5년 임기가 절반쯤 지났을 무렵, 로어의 밑에 있던 일부 임원에게는 그의 목소리가 예전만큼 무게감을 갖지 않는다는 사실이 명확해졌다. 예를 들면, 전자상거래 부문의 직원이 충격받은 일이 있다. 로어가 뉴욕시에 있는 제트닷컴의 오프라인 매장을 위해 적극적으로 아이디어를 제안했지만, 그것마저 묵살되었기 때문이다. 또 다른 이들은 그가 아마존의 임원 출신인 마이클 인드레사노에게서 지지받은 분류센터의 확대 방안에 대하여 승인을 받지 못하자 그 사실을 믿을 수 없었다. 그건 많은 사람이 오랫동안 당연히 승인받을 거라고 생각한 계획이었다.

2018년에 전자상거래 부문의 손실이 눈덩이처럼 불어나자, 맥밀런은 로어에게 가혹한 현실을 새삼 일깨워주었다. 출혈을 막아야 한다는 것이었다. 로어는 언젠가 기자들에게 "포란은 돈을 벌고 있지만, 나는 잃고 있다"며 농담하듯 말했다고 한다.[105] 그러나 월마트의 다른 리더들은 웃을 기분이 아니었다. 맥밀런과 이사회가 그의 목줄을 더욱 조여오자, 로어는 보노보스의 앤디 던이 운영하는 디지털 태생의 브랜드 인수 전략을 포함하여 자신이 추진하던 가장 공격적인 계획 중 상당수를 철회하기 시작했다. 일부 관계자는 이것은 로어가 취한 전략적 움직임의 일부였다고 말한다. 그가 값비싼 투자 방안에 대해 회사가 내린 일부 실망스런 결정에 도전하는 것을 중단하고 조금 물러남으로써, 매장 부문과 전자상거래 부문이 퍼너의 체제 아래로 빠르게 통합될 수 있도록 하려 했다는 것이다. 그는 또한 자신이 더이상 소란을 일으키지 않는다면 다시 스타트업의 길로 돌아갈 수 있도록 월마트가 5년 임기 계약에서 자신을 일찍 놓아줄 수도 있을 거라고 생각했다.

그러나 벤턴빌의 심기를 거슬리게 한 것은 그가 비즈니스를 하면서 돈을 마음대로 썼기 때문만은 아니었다. 그의 현란한 도시적인 라이프스타일 역시 도움이 되지 않았다. 월마트에서 오래 재직한 대부분의 임원이 본사 사무실에서 스스로에게 늘 겸손함을 상기시킨다는 점을 고려하면 말이다. 로어도 이런 사실을 알고는 있었다.

그러던 와중에 그가 4,400만 달러에 달하는 맨해튼의 펜트하우스 아파트를 구매했다는 뉴스가 나왔고[106], 그래서 그가 제니퍼 로런스(Jennifer Lawrence)* 같은 유명인과 이웃이 된다는 소식이 알려졌다. 당사자인 로어는 분노했다. 그는 자신이 구매자라는 사실을 숨기려 했지만 실패했다. 그리고 그는 벤턴빌이 그 사실을 어떻게 여길지 짐작했다. 샘 월튼이 이미 이런 문제에 대한 자신의 견해를 매우 명확

---

* 〈헝거 게임(The Hunger Games)〉 시리즈로 유명한 미국의 배우.

하게 정리해놓았기 때문이다.

월마트의 창업자인 월튼은 회고록에서 이렇게 썼다. "우리에게 돈이 많은 건 부끄럽지 않지만, 대단히 과시적인 라이프스타일은 서민이 돈을 벌기 위해 열심히 일하고 있으며 우리 모두가 똑같이 평범한 사람이라는 걸 알고 있는 이곳 벤턴빌은 물론이고 그 어느 곳에서도 적절하지 않다고 생각한다." 이러한 검소함의 기풍은 당시에도 이 회사의 내부에 깊이 흐르고 있었다.

또 한 번은 로어가 티터버러 공항(Teterboro Airport)에서 월마트의 전용기 가운데 하나를 타고 벤턴빌로 향한 적이 있다. 이때 그는 이 공항에 벤틀리(Bentley) 차량을 세워두었는데, 벤틀리는 아무리 최저 사양이라 해도 일반적으로 그 가격이 최소한 15만 달러(약 2억 원)다. 그는 또한 당시에 만나던 여자친구를 데리고 나타났는데, 참고로 로어와 그의 부인은 그 직전에 이혼한 상태였다. 두 사람은 고급 스포츠 선글라스를 착용하고 있었는데, 그 모습이 마치 할리우드의 유력 커플처럼 보였다.

그런데 로어와 함께 이 전용기에 탑승한 승객 중 한 명이 그들의 모습을 보고는 마음에 들지 않았던 모양이다. 그래서 그 이야기가 CEO인 맥밀런의 귀에까지 들어갔다. 이어진 회의에서 맥밀런은 로어에게 좀 더 자제해달라고 당부했다. 그 자리에서는 벤틀리에 대해서도 언급했다. 구체적으로 무엇이 문제인지 명확하지는 않았지만, 로어는 이후에 지인들에게 자신이 이혼했으며 여자친구와 함께 여행하는 게 월마트 같은 회사에서는 갱년기 남성으로서 환영받을 만한 이벤트는 아니라고 생각한다고 말했다. 참고로 월마트의 신입사원 가운데는 종교와 결혼의 신성함이 '상시 최저가' 원칙만큼이나 신성시되어야 하는 가치라고 믿는 직원도 있다.

또 다른 사례도 로어의 입지에는 도움이 되지 않았다. 월마트의 연례 주주총회 자리에서 그가 여자친구와 다소 지나친 애정표현을 하는 모습이 눈에 띈 것이다. 그가 가진 기업가로서의 탁월함이나 공감의 리더십 같은 여러 장점이 있지만, 로어는 가끔씩 순진하거나 아니면 현실감각이 없는 것처럼 보이는 행동이나 발언으로 오랜 친구는 물론이고 월마트의 임원까지도 당황하게 만들었다. 예를 들면, 그는 자신의 일에 직접적으로 필요한 것 이외에는 별로 읽지 않는다는 사실을 자랑스러워했다.

그는 언젠가 하버드대학교 경영대학원 학생들에게 이렇게 말했다. "글을 읽는 건 생각하는 시간을 빼앗습니다. (중략) 그리고 약간 세뇌당하는 겁니다. 저는 사람들과 직접 이야기하고, 세상을 직접 받아들이고, 무언가에 대해 스스로 생각하고, 더욱 나은 방법에 대해 스스로 생각합니다."

로어 안녕

그러다 2021년 초가 되었고, 월마트의 대변인이 나에게 문자 메시지로 연락을 해왔다. 로어가 회사를 떠난다는 내용이었다. 예정된 임기를 채우기까지 1년에서 약간 모자란 시점이었다. 그리고 로어는 관련 뉴스가 나가기 전에 나와 이야기를 나누고 싶다고 했다. 그래서 우리는 대화를 나눴는데, 그는 월마트에 대해 긍정적으로 이야기했다. 그리고 월마트의 리더들에게는 "계속해서 대담함을 유지하고, 뒤쫓는 사람이 되지 말라"고 격려했다.[107]

그는 "패스트 팔로워 전략(fast follower strategy)*은 성공하지 못할 것"이라고 말했다.

그는 자신이 예고했지만 실패한 인수 프로젝트가 가장 실망스러

---

* 새로운 기술이나 제품을 빠르게 쫓아가는 전략.

웠다는 점을 인정했다. 그러나 그는 이렇게 덧붙였다. "사람들이 월마트에 대해서 4년 반 전과는 조금은 다르게 생각하면 좋겠습니다."

몇 달 뒤, 나는 로어에게 전화를 걸어 미래의 월마트가 할 수 있는 것이나, 해야만 하는 것이나, 되어야 하는 것에 대한 그의 비전이 월마트에서 완전하게 받아들여진 적이 있는지 물었다. 대답은 간단했다. 완전히는 아니었다고 말이다.

"그 안에는 매우 많은 목소리가 있었고, 핵심적인 인물들도 다양한 의견을 가지고 있었습니다. (중략) 그리고 저는 사람들을 앉혀놓고 '좋아, 우리는 이 비전을 계속해서 밀어붙일 거야'라고 말할 수 있는 회사 전체의 CEO가 아니었습니다." 그의 말이다.

그러나 그는 대부분의 최고경영진은 전자상거래 부문이 미래에 상당한 수익을 낼 수 있는 길을 걸어가는 것으로 믿었다고 생각한다고 말했다. 그것은 그레그 포란이 월마트의 매장 부문을 이끌 당시에 결코 일어나지 않을 거라고 주저 없이 말한 일이었다.

"그게 고비였습니다." 로어의 말이다.

로어와 제트에 대한 맥밀런의 도박은 여러 면에서 성공이었다. 로어 체제하에서 월마트닷컴은 미국 내에서 아마존의 뒤를 이어 확실한 2위의 온라인 쇼핑 사이트로 성장했고, 로어의 재임 기간 동안 온라인 판매 시장 점유율은 두 배로 늘어났다. 월마트닷컴에서 판매하는 상품의 종류도 부분적으로는 로어가 인수한 덜 매력적인 일부 기업 덕분에 역시나 그가 물려받을 당시보다 제품 카탈로그 면에서 여덟 배 성장했다. 월마트의 배송 속도 역시 향상되었다.

심지어 매장 부문의 리더들도 월마트의 주가에 미친 영향에 대해서는 환호했다. 월마트의 주가는 로어가 합류할 당시보다 80퍼센트가 상승하면서 주식 가격을 회사의 주당 수익으로 나눈 지표인 주가수익률(PER)이 두 배가 되었는데, 이는 투자자들이 월마트의 향후 성장 전망을 여전히 밝다고 믿고 있음을 의미했다.

회사의 업계 평판 역시 좋아졌다. 월마트에 합류하는 걸 전혀 고려해본 적이 없는 기술계의 임원이 월마트를 더이상 디지털 시대의 느림보로 바라보지 않았다. 로어와 그의 팀은 많은 리더가 여전히 가장 중요하다고 생각하는 언론계와 월스트리트에서 모두 월마트에 대한 이야기를 바꾸는 데 성공했다.

그러나 로어의 월마트 재직 기간에 대한 다소 긍정적인 견해는 전체적인 그림의 일부에 불과하다. 월마트의 전자상거래 매출은 아마존에 이어 2위이긴 했지만, 로어가 떠난다고 발표했을 당시에도 여전히 아마존보다 6~7배 적었다. 게다가 디지털 브랜드 인수 전략과 스타트업 인큐베이터를 포함하여 로어가 가장 야심 차게 추진한 일부 프로젝트를 평가하더라도, 로어에게는 C나 D 정도의 학점을 줄 수밖에 없을 것이다. 관대한 평가자라면 불완전 이수(Incomplete, I)* 학점을 줄 수도 있을 것이다. 제트닷컴 역시 문을 닫았으며, 한때 예고된 스마트 카트 혁신은 월마트닷컴에서 유의미한 방식으로 표면화되지 않았다.

전반적으로 월마트의 리더들은 내게 로어와 포란의 문화적 충돌은 예상할 수는 없었지만, 그래도 이해할 수는 있다고 말했다. 그들

---

* 어떤 강좌의 모든 과정을 제대로 완료하지 못한 경우에 주어지는 학점.

은 만약 두 임원 가운데 어느 한 명이 다른 부문을 통솔했더라면 월마트는 지금보다 훨씬 더 최악이 되었을 것이라고 주장했다. 그런데 월마트는 제트를 인수하는 데 33억 달러를 지출했고 거기에 추가로 전자상거래 부문의 새로운 리더들과 그들이 이끌던 프로그램을 가져오기 위해 수십억 달러를 들였는데, 과연 그러한 금액에 합당한 가치를 얻었을까? 주가와 이야기의 관점에서는 그 답이 분명히 '그렇다'이다. 반면에 거대기업과 거대 자본주의의 세계에서는, '거기까지만'일 수도 있다.

그러나 고려해야 하는 다른 관점도 있는데, 바로 '만약 그랬다면'이라는 질문을 던질 수 있는 영역이다. 만약 더그 맥밀런이 로어와 포란 사이를 좀 더 자주 중재해서 의사결정의 속도를 늦추고 그로 인해 발전을 지체시키는 걸림돌을 제거했다면 어땠을까? 만약 로어가 월마트를 아마존과 가장 크게 차별화해주는 장점인 오프라인 매장을 활용하는 새로운 아이디어에 더욱 적극적으로 기댔다면 어땠을까? 그리고 만약 맥밀런이 조직 내의 간극을 해소하고 단일한 재창조 비전을 실행할 수 있는 단일한 리더 아래 두 개의 부문과 문화를 통합하기까지 3년 이상을 지체하지 않았다면 어땠을까?

2022년 초, 한때는 샘 월튼이 차지했던 월마트의 CEO 집무실 안에서 내 맞은편에 앉은 맥밀런은 이렇게 말했다. "저는 이런 질문을 받습니다. '그런 차이를 너무 오래 방치한 건가요, 아니면 적당히 내버려둔 건가요?'라고 말이죠. 여러분은 시간이 지나면 알게 될 겁니다. 지금의 저는 모릅니다. 하지만 저는 일정 기간 동안 독립적이며 별도의 부문으로 유지하는 건 필요했다고 확신합니다."

아마도 결국 월마트에 가장 중요한 것은 오프라인 매장과 웹사이트를 모두 통틀어 미국 전체의 비즈니스를 책임지는 단 한 명의 리더였을 것이다. 세계적인 팬데믹이 월마트의 비즈니스는 물론이고 우리 모두의 삶을 뒤집어놓은 2020년에는 더욱 그러했을 것이다.

Chapter 11

소매업의
의사들

Winner
Sells All

더그 맥밀런의 목소리는 단호했다. 2018년 6월 28일 목요일이었다. 그날의 가장 큰 비즈니스 뉴스 기사는 월마트와 그 CEO에게는 최악의 뉴스였다.

같은 날 아침, 아마존은 필팩(PillPack)이라는 젊은 기업을 인수하는 협약을 체결했다고 발표했는데, 이 회사는 벤처 투자자의 후원을 받는 5년 된 온라인 약국이다. 필팩은 매일 여러 개의 약을 섭취하는 미국인을 대상으로 처방약을 판매했으며, 미국 내 49개 주에서 그러한 약품을 하루 분량의 팩으로 포장하여 소비자의 집으로 판매해도 된다는 면허를 보유하고 있었다. 이러한 인수 덕분에 아마존은 규제가 심하기는 하지만 3,500억 달러 규모로 어마어마한 가능성을 가진 처방약 시장에 마침내 진입할 수 있는 약국 면허와 전문성을 확보했을 뿐만 아니라, 월마트에는 또 다른 타격을 입히게 되었다. 월마트 역시 필팩을 거의 인수하기 직전까지 갔었기 때문이다.

불과 몇 달 전만 해도 필팩과 월마트는 양측 직원이 전국에 방영되는 아침 프로그램을 통해 미국의 대중에게 그 뉴스를 발표하는 방안에 대해 이미 논의할 정도로 협약 체결에 가까이 다가가 있었다. 그러나 두 달에 이르는 실사 작업의 막판에 월마트가 갑자기 그 협상에 제동을 걸면서 필팩 측 관계자 모두를 깜짝 놀라게 했다. 월마트는 논의를 중단해야 하며 한 달 정도 후에 다시 연락하겠다는 말 이외에 별다른 설명도 하지 않았다.

그런데 몇 년 전, 미국 법무부가 월마트의 약국 부문을 오피오이드(opioid)* 확산에 연루된 혐의로 고소했는데[108], 법무부는 월마트가 필팩과 인수 논의를 하던 2018년 전반기에도 이 회사를 조사하고 있던 게 분명했다[109]. 그래서 당시 협상의 막판까지 참여한 사람들은 법무부의 조사가 협상을 중단한 이유가 되었을지도 모른다고 생각하게 되었다.

무엇이 되었든, 필팩이 아마존에 매각된다는 뉴스가 나왔을 때, 세계에서 가장 영향력 있는 비즈니스맨 가운데 한 명인 맥밀런은 필팩의 CEO인 32세의 티제이 파커(TJ Parker)에게 전화를 걸었다. 그리고 그에게 아마존과의 계약을 재고해달라고 요청했다.

해당 대화에 대해 잘 아는 누군가에 따르면 당시에 맥밀런은 그에게 이렇게 말했다고 한다. "저는 당신이 잘못된 결정을 내렸다고 생각합니다. 우리가 적정한 인수자입니다."

---

* 아편과 비슷한 작용을 하는 마약류로, 모르핀과 펜타닐 등이 여기에 해당한다.

맥밀런은 지난 인수 논의 과정에서 자신의 회사가 저지른 잘못에 대해 사과했으며, 만약 필팩이 아마존과의 계약을 철회하면 자신이 직접 파커와 일대일로 만나서 월마트로의 매각 논의를 완료하겠다고 약속했다. 물론 그때는 이미 너무 늦은 시점이었다. 몇 년 전 마크 로어의 다이퍼스닷컴을 두고 결투를 벌였을 때와 마찬가지로, 아마존은 월마트의 손아귀에 거의 들어온 전도유망한 기업을 또다시 빼내갔다. 그리고 이번에는 4조 달러 규모의 의료 산업에서 그런 일이 발생했다. 이 분야에서 두 회사는 모두 일대 파란을 일으키려는 부푼 꿈을 갖고 있었다. 그들이 지난 수십 년 동안 소매업 분야에서 각자 처음으로 그렇게 했듯이 말이다.

필로! 파이트(Pill-Oh! Fight)*

1978년, 맥밀런이 아직 아칸소 존즈버러(Jonesboro)에서 자라는 중학생에 불과하던 시기에 월마트는 자동차 부품 코너 및 보석을 파는 코너와 함께 처음으로 자체적인 약국의 문을 열었다. 당시 월마트는 올인원(all-in-one) 쇼핑 방식을 향해 조금씩 나아가고 있었는데, 이는 결국 10년 뒤에 슈퍼센터라는 형태로 마침내 그 모습을 드러내게 된다. 맥밀런이 CEO에 취임하던 시기에 그의 회사는 이미 수천 개의 약국 지점을 확보한 상태였으며, 규모 면에서는 월그린스(Walgreens)와 CVS에 이어 미국 내에서 세 번째로 커다란 약국 체인점으로 성장해 있었다. 이런 약국들은 고객이 월마트의 매장에 방문해야 하는 또 다른 이유를 제공했다. 고객은 매장 뒤쪽이나 구석에 있는 약국

---

* 베개싸움(pillow fight)을 빗댄 표현으로, 약품(pill)으로 겨루는 싸움을 의미함.

에 처방약을 받으러 갔다가 나오면서 어마어마한 상품들이 꽉 들어찬 슈퍼센터의 미로 같은 통로를 돌아다녀야 했다.

그와 동시에 이미 수십 년 동안 존재해온 우편 주문 의약품 시장도 재창조되고 있었다. 아마존은 한때 드럭스토어닷컴(Drugstore.com)이라는 온라인 약국의 지분을 많이 갖고 있었는데, 이 회사는 인터넷 초창기에 성장했다가 쓰러졌다. 그러나 간편한 온라인 처방약이라는 새롭게 불붙은 이 공간에 이제는 새로운 주자들이 진입하고 있었다. 이런 젊은 기업 가운데 하나가 바로 2013년에 창업하여 이듬해 공개적으로 서비스를 개시한 필팩이다. 뉴햄프셔 지역 약사의 아들인 티제이 파커는 MIT의 해커톤(hackathon)*에서 만난 엘리엇 코언(Elliot Cohen)이라는 기술 담당 공동창업자와 의기투합해 회사를 설립했다.

둘이 함께 만든 그 회사의 비전은 상당히 간단했다. 만성 질환으로 하루에 여러 개의 약을 복용하는 수천만 명의 미국인이 온라인에서 가능한 한 쉽게 처방약을 구입할 수 있게 한다는 것이었다. 그리고 그렇게 하면 사람들이 언제 어떤 약을 복용하는지 파악하는 데도 도움을 줄 수 있었다. 필팩은 처방약을 고객이 섭취해야 하는 날짜와 시간에 맞게 작은 팩으로 미리 분류함으로써, 사람들이 하루에 약을 여러 개 섭취하는 데 드는 스트레스의 한 부분을 없앴다. 2017년이 되자 필팩은 이전에 사용하던 기성품 소프트웨어와 하드웨어

---

* 여러 명이 팀을 이뤄 마라톤을 하듯이 긴 시간 동안 어떤 제품에 대한 아이디어나 솔루션을 만드는 이벤트.

를 모두 없앴다. 그리고 오프라인 현실에서 운영되는 전통적인 약국보다 온라인 약국을 덜 복잡하게 운영하기 위하여 자체적으로 개발한 시스템을 활용했다.

그리고 월마트가 이곳을 주목했다. 필팩의 핵심 비즈니스도 흥미로웠지만, 그들의 비즈니스 운영 방식이 훨씬 더 매력적이었다. 필팩의 소프트웨어를 비롯한 여러 기술력은 월마트 약국의 IT 시스템이 얼마나 열악한지 빤히 잘 아는 사람에게는 더욱 매력적이었다.

이와 관련하여 월마트 의료 부문의 전직 임원은 내게 이렇게 말했다. "그들이 가진 건 고도의 과학이 아니었습니다. 그들이 가진 걸 월마트가 해낼 수 없는 것도 아니었습니다. 다만 월마트가 그런 걸 하지 않았을 뿐입니다."

2017년이 되자 필팩의 경영진은 잠재적인 파트너를 만나 대형 비즈니스 협약을 논의하기 시작했다. 월마트도 그중 하나였다. 몇 달 동안 간헐적으로 대화가 오간 끝에, 월마트의 임원인 로리 플리스(Lori Flees)가 필팩의 창업자들에게 이런 질문을 던졌다. "우리가 그냥 당신들을 완전히 인수하는 건 어떨까요?" 필팩의 경영진은 자신들이 장기적이고 지속가능하며 독립적인 기업을 만들 수 있는 확실한 방도를 갖고 있다고 믿긴 했지만, 그것이 자본집약적인 과정이라는 사실을 알고 있었다. 하지만 당시 그들이 은행에 보유하고 있던 현금으로는 그런 길을 개척할 수 없었다. 그럼에도 회사를 매각하는 게 올바른 길인지 확신하지 못했다. 그들은 필요하다면 벤처 투자자에게서 자금을 더 조성할 수 있다는 자신이 있었다. 그렇지만 그들은 플리스와 그의 팀에 매각에 대한 방안이 확실히 열려 있다는 사실을 알렸다.

그해 늦여름, 파커가 뉴저지로 가서 월마트의 전자상거래 부문 대표이자 몇 달 동안 그 논의에 들락거린 마크 로어를 만났다. 낮은 제시액을 몇 차례 거절한 뒤에, 파커는 로어에게 5억 달러 미만의 제안은 필팩의 이사회에서 논의할 가치조차 없다고 말했다. 참고로 당시 필팩은 직전에 진행한 벤처 자금 조달 라운드에서 기업가치를 약 3억 달러로 평가받았다. 얼마 지나지 않아 플리스는 파커에게 적정한 인수 가격에 대하여 양측의 의견 차이가 너무 크지만, 그래도 긴밀한 관계를 유지하면서 만약 가능하다면 상업적으로 제휴하는 것도 고려해야 한다고 말했다. 그런데 그해가 끝나기 직전에 플리스가 다시 연락을 취했고, 양측이 결국엔 계약을 체결할 수 있을 것으로 생각한다고 말했다.

파커는 정말로 관심이 있었다. 그런데 그 전에, 필팩이 잠재적인 매각 절차를 맡기기 위해 고용한 은행권 관계자는 다른 회사의 입찰 제안을 받아보는 게 필요하다고 느꼈다. 그들의 머릿속에 가장 먼저 떠오른 곳은 온라인 의약품 시장에 진입하기 위한 준비가 완료된 것으로 보이는 시애틀 소재의 어떤 기술 대기업이었다.[110]

2017년 말, 파커는 공동창업자인 코언과 함께 시애틀로 날아가 아마존에 프레젠테이션을 했다. 아마존 측에서는 이 잠재적인 인수 논의 현장에 수많은 사람이 참석했다. 각 부문이 모인 이 대표단에는 한때 아마존의 소비재 및 식료품 비즈니스를 책임졌던 더그 헤링턴(Doug Herrington)도 포함되어 있었는데, 그는 이후 승진해서 당시에는 아마존의 북아메리카 리테일 비즈니스 전체를 맡아서 운영하고 있었다. 아마존은 또한 온라인 약국을 만드는 방안을 만지작거리고 있었는데, 그 일을 담당하는 신생 조직의 팀원들 역시 필팩 창업자들의 발표를 듣기 위해 회의실에 자리를 채우고 앉아 있었다.

파커와 코언에게는 불행하게도, 그들의 프레젠테이션은 먹히지 않았다. 그리고 헤링턴과 아마존 측은 자신들이 직접 자체적인 온라인 약국을 만들 수도 있다는 암시를 주었다. 처방약 시장에 진입하려고 시도하는 수많은 신규 도전자와 마찬가지로, 아마존 역시 현금을 주고 처방전을 구입하는 고객을 겨냥해야 한다고 생각했다. 왜냐하면 약제혜택관리자(Pharmacy Benefit Manager, PBM)*라는 의료보험 업계의 강력한 중개기관이 어떤 고객이 처방약을 구입할 때 보험을 사용할 수 있는지 아닌지에 대한 결정권을 쥐고 있었기 때문이다. 세금 공제액이 높은 보험 역시 이런 PBM에 우호적으로 작용했다.

아마존 프라임의 대표였던 그레그 그릴리(Greg Greeley)는 당시 아마존의 내부 논의를 이렇게 회상했다. "보험이라는 난제는 완전히 제쳐두고, 현금으로 지불해야만 하거나 지불할 수 있는 20퍼센트의 고객이 좋아할 만한 무언가를 만들자는 분위기였습니다. 그런 다음에는 우리가 이걸 언제 중요한 과제로 설정하느냐의 문제였습니다. 우리는 정말로 그런 걸 만들 생각이었습니다."

한 곳의 대형 후보가 테이블을 벗어난 것으로 보이는 가운데, 파커와 코언은 월마트의 벤턴빌 본사에 여러 차례 방문하여 더욱 심도 있는 대화를 지속했다. 월마트의 리더들 역시 뉴햄프셔에 있는 필팩

---

*   미국의 각종 의료 보장 제도에서 처방약과 관련한 프로그램을 담당하는 제3의 기관.

의 본사를 방문하여 그들의 사업을 가까이서 관찰했다. 모든 게 정상 궤도에 오른 것처럼 보였다.

그러던 중 마크 로어와 한 차례 대담한 뒤에 파커는 월마트가 필팩의 기업가치를 최소 6억 달러로 산정하여 최종안을 제시할 거라는 확신이 들었다. 여기에 더해 두 명의 창업자와 그들의 직원 모두에게 추가적인 보상을 줄 거라고 생각했다. 그들은 이제 대대로 부자가 되기 직전이었다.

2018년 겨울, 양측은 45일간의 독점 협상 기간에 돌입했다. 이 기간에 월마트는 실사를 완료하고 계약을 성사시킬 수 있었다. 그 기간이 결국 1~2주 늘어나긴 했지만, 아무튼 이 시간 동안 필팩은 다른 기업과 인수 방안을 논의하는 것이 금지되었다. 당시 필팩의 창업자들은 월마트닷컴의 고객이 장난감이나 세면도구, 또는 식료품과 함께 처방약을 구매하여 배송받을 수 있는 세상을 구상하며 아마도 무척이나 흥분했을 것이다.

이 협상에 대해 잘 아는 한 사람은 이렇게 말했다. "가장 중요한 핵심은 만약 우리가 소비자에게 일상에서 다른 상품을 구입할 때 사용하는 것과 동일한 쇼핑 도구를 의약품에도 적용할 수 있다면, 의약품의 연쇄적인 배송 네트워크나 가격과 관련된 일련의 문제를 모두 해결할 수 있다는 것이었습니다."

그러나 월마트의 일부 임원은 훨씬 덜 매력적인 아이디어를 하나 갖고 있었다. 그들은 필팩과 그들의 소프트웨어를 사용하여 월마트가 이미 갖고 있는 약국을 더욱 효율적이고 경제적으로 운영할 수 있기를 원했다.

"우리는 그들의 시스템이 탐났습니다." 월마트의 의료 부문 대표를 역임하다 2021년에 회사를 떠난 14년 경력의 베테랑인 마커스 오스본(Marcus Osborne)의 말이다.

당시에 월마트는 자사가 보유한 약국의 기술 시스템을 업그레이드하기 위해 수억 달러를 투자하는 방안을 검토하고 있었다. 그런데 월마트 내부의 어떤 이들은 1억 달러 정도를 필팩에 주면 그런 시스템을 얻을 수 있을 거라고 생각했다. 그리고 필팩은 그 돈으로 자신들의 핵심 비즈니스를 계속해서 성장시킬 수 있으리라고 여겼다.

월마트가 진정으로 원하는 것이 무엇인지에 대한 메시지를 필팩에 전달한 월마트 측의 임원은 로리 플리스였다. 더그 맥밀런의 기업전략책임자로 2014년에 처음 채용된 바로 그 리더다. 그리고 플리스는 자신이 마크 로어에게 월마트의 좀 더 전통적인 매장 부문 리더들에게 그가 추진하는 프로젝트를 설명하는 방법에 대해 조언했듯이, 이제 그녀는 이 거래에 대한 승인을 받아야 하는 월마트의 임원들을 설득할 수 있는 올바른 방법에 대하여 필팩의 창업자들에게 조언하고 있었다. 월마트라는 회사의 통역사가 다시 한번 그런 일을 한 것이다.

월마트의 약국들은 실제로 많은 도움이 절실히 필요했다. 설령 그것이 한때는 그 자체만으로도 혁신적이었다 하더라도 말이다. 예를 들면, 2006년에 월마트는 사람들이 가장 흔하게 처방받는 약 300종의 제네릭(generic)*을 단돈 4달러에 판매하는 계획을 발표했다.

---

*　성분이 알려진 유명한 약품을 복제한 의약품.

이와 관련하여 월마트의 의료 부문 책임자로 오래 재직한 오스본은 이렇게 말했다. "그렇게 팔아도 무일푼이 되지 않을 거라는 확신은 없었습니다."

그러나 보험이 없거나 세액 공제가 많이 되는 상품에 가입하지 않은 수천만 명의 미국인에게 이런 계획은 진정한 게임 체인저(game changer)였다.

"그건 엄청난 성공이었습니다." 그의 말이다.

그러나 그건 월마트가 의약품 분야에서 거둔 몇 안 되는 혁신 가운데 하나에 불과했다. 참고로 2021년 여름에 월마트는 자체 브랜드의 저렴한 인슐린 유사체(insulin analog)를 판매할 것이라고 발표했는데[111], 이 역시 또 하나의 게임 체인저가 될 가능성이 있었다. 맥밀런은 월마트에 의료 산업에서 훨씬 더 파괴적 혁신을 이뤄낼 수 있는 기회가 있으며, 이 분야에서 뚜렷한 족적을 남기기 위하여 계속 노력해야 한다고 생각했다. 2015년에 CVS헬스(CVS Health)가 타깃(Target)의 약국 부문을 인수했는데, 이 때문에 맥밀런은 플리스에게 월마트가 의료 분야에서 무엇을 할 수 있으며 무엇을 해야 하는지 조사해달라고 부탁했다. 필팩이라는 회사를 인수하면서 그들이 가진 기술력과 인재까지 확보할 수 있는 기회는 월마트가 추진하는 약국 부문의 혁신에서 잠재적으로 새로운 시대가 열리고 있음을 의미했다.

그러나 월마트가 돌연 논의를 중단했고, 필팩은 다시 아마존을 만나기 시작했다. 그리고 파커는 아마존의 오랜 임원이자 아마존 내부에서 의약 분야의 계획을 책임지고 있던 네이더 카바니(Nader Kabbani)와 처음 만나는 자리에서 프레젠테이션을 제대로 해냈다고 자신했다. 회의가 끝난 뒤, 파커는 시애틀의 올림픽 조각 공원(Olympic Sculpture Park)에 있는 잔디밭을 가로질러 걸었다. 그곳에서 그는 전화기를 꺼내어 회사의 임원진에게 문자 메시지를 한 통 보냈다. 그는 자신의 인생에서 최고의 프레젠테이션이었다고 말했다. 그리고 그 협상이 타결될 거라는 자신이 있었다. 이는 월마트의 기회가 거의 사멸했음을 의미했다. 심지어 세계 최대의 소매업체 CEO가 직접 전화를 걸어도 상황을 바꿀 수는 없었다.

한편, 아마존이 필팩을 인수하기 위해 선불로 지급한 액수는 7억 5,000만 달러가 넘었다. 참고로 두 명의 관계자에 따르면, 여기에 관련된 총 비용은 결국 10억 달러에 달했다고 한다. 아무튼 이로써 아마존은 자체적인 온라인 약국을 선보이기 위한 길을 닦았다. 그리고 거기에는 그런 길을 이끌어갈 이 업계의 혁신적인 기업가도 있었다. 그것은 오랫동안 기다려온 순간이었다. 비록 이 협상에 긴밀히 관여한 일부 사람은 인수 논의 과정에서 제프 베이조스가 필팩의 창업자들을 전혀 만나지 않았다는 사실이 이상하다고 생각하긴 했지만 말이다. 사실 베이조스는 이전에 한 번 심하게 데인 적이 있다.

때는 1999년 초로 거슬러 올라간다. 아마존은 드럭스토어닷컴이라는 신생 웹사이트의 지분을 45퍼센트 사들였고, 그 결과로 베이조스는 그 회사의 이사회에 합류했다. 회사의 이름에서 알 수 있듯이, 드럭스토어닷컴은 동네의 드럭스토어(drugstore, 약국)에서 흔히 찾을 수 있는 종류의 의약품을 파는 걸 목표로 했으며, 여기에는 처방약도 포함되었다. 그런데 드럭스토어닷컴은 한 가지 어려움에 직면해 있었는데, 처방약 산업의 강력한 중개인들에게서 냉대받고 있었던 것이다. 다름 아닌 약제혜택관리자(PBM)들이었다. 몇 년 뒤에, 필팩 역시 그들의 서비스가 점점 더 탄력을 받으면서 바로 그 PBM들과 다시 한번 드잡이를 하게 되었고, 이 때문에 어느 시점에는 필팩 고객의 3분의 1이 빠져나가기도 했다.[112] 드럭스토어닷컴의 전직 CEO 가운데 한 명인 던 레포어(Dawn Lepore)는 메드코(Medco)라는 PBM이 미국 내 수천만 명의 고객이 포함되어 있는 그들의 보험 네트워크에서 드럭스토어닷컴을 끊어냈을 때가 주요한 전환점이었다고 말했다.

2018년의 어느 인터뷰에서 레포어는 이렇게 말했다. "우리 사이트에 찾아오는 사람 중 5분의 1에게 저희는 그분들의 보험을 취급할 수 없다고 말해야 했습니다."[113]

비즈니스가 무너져내리면서 결국 아마존은 드럭스토어닷컴의 지분을 매각했다. 그러나 아마존 내부에 온라인 약국을 세운다는 생각은 몇 년 동안 서서히 퍼져나갔고, 여러 팀에서 아마존이 이 분야에 진입할 수 있는 방법에 대한 여러 아이디어를 제시했다. 결국 아마존의 경영진은 자신들의 목표를 성취하기 위한 최선의 경로는 필팩을 인수하는 것이라는 데 의견이 일치했다. 그래서 2020년 11월, 아마존은 필팩 사업부에서 별도로 분리하여 아마존 약국(Amazon Pharmacy)이라는 서비스를 선보였다. 당연히 아마존 프라임 회원에게는 무료 이틀 배송 혜택이 주어졌다. 당시에 아마존은 프라임 회원이라면 처방약에 적용되거나 공제 혜택이 높은 보험이 없다 하더라도 현금으로 결제할 경우 제네릭 약품은 최대 80퍼센트, 브랜드 약품은 40퍼센트 저렴한 가격에 구입할 수 있다고 발표했다. 아마존 약국은 또한 쇼핑객이 마지막으로 결제하기 전에 현금으로 계산할 경우와 보험을 적용했을 때의 의약품 가격을 비교할 수 있는 도구도 개발했다.

"우리의 목표는 다른 상품을 구매할 때와 마찬가지로 처방약을 간단하게 이용할 수 있게 만드는 것입니다. 저희는 고객의 시간을 절약해주고, 고객의 구매품에 대해 더욱 많은 통제권을 부여하고, 고객이 건강을 유지하도록 도와줄 것입니다." 아마존의 재키 밀러 (Jacqui Miller) 대변인이 당시에 내게 보낸 이메일에서 밝힌 내용이다.

그것은 마치, 비록 체결 직전에 무산되긴 했지만, 필팩의 창업자들이 월마트에서 구축하려고 들떠 있었던 비전과 거의 똑같이 들렸다. 아무튼 비록 아마존 약국을 선보이긴 했어도 아마존은 필팩의 고객에게 기존의 서비스를 계속해서 사용하라고 독려했다. 왜냐하면 필팩은 여러 개의 약품을 규칙적으로 복용하는 사람을 위해 만든 서비스기 때문이다. 반면에 아마존 약국은 약을 덜 정기적으로 복용하거나 또는 긴급 의약품이 필요한 사람을 겨냥한 서비스였다. 그러니까 혈압약 한 가지 또는 응급용 처방약만 필요한 사람들 말이다. 그러나 정작 아마존 약국의 물류 기능으로는 감염증 치료를 위한 항생제 같은 약품이 오늘 당장 필요한 고객에게는 서비스를 제공할 수 없었다.

아무튼 필팩의 창업자들은 아마존 약국이 동일한 질병을 치료하기 위해 제조된 다양한 약품의 가격을 고객이 직접 비교할 수 있는 공간으로 진화할 수 있기를 희망했다. 그러기 위해서는 아마존이 몇 년 전에 아마존 마켓플레이스(Amazon Marketplace)에서 시도한 것과 유사한 형태가 필요했다. 아마존 마켓플레이스에서는 크고 작은 판매자들이 서로 경쟁을 했으며, 때로는 아마존과 직접 경쟁하는 경우도 아주 많았다. 만약 그렇게 된다면 처방약 제조사와 제3의 약국 판매자는 그들끼리 서로 경쟁해야 할 뿐만 아니라 결국에는 필팩이나 아마존 약국과도 경쟁하게 될 가능성이 있었다. 어느 관계자는 '너무나도 복잡한 상황'이었다고 말했다.

그러나 아마존이 실험과 혁신에서 높은 명성을 갖고 있음에도, 파커는 시간이 흐를수록 그곳에서 거대한 계획을 개시하는 게 쉽지 않다는 사실을 깨달았다. 오래전 월마트에서 그랬듯이, 아마존에서도 결국엔 관료주의가 슬며시 들어와 있었고, 소매업 조직의 시스템 안에 의료 기술을 구축한다는 것도 쉽지 않았다. 월마트에 합류한 마크 로어가 그랬듯이, 파커도 점점 숨이 막히기 시작했다.

결국 이 기업가는 2022년에 아마존을 떠났다. 당시에는 그가 약국 업계에서 아마존을 위해 구상한 완전한 비전이 실현되지 않았다. 그러나 그는 언젠가는 그렇게 될 것이라는 희망을 여전히 품고 있었다. 한편 아마존의 다른 곳에서는 비록 아마존의 약국 프로젝트보다 훨씬 더 규모가 작은 비즈니스이기는 했지만, 또 다른 건강 관련 프로젝트가 아마존의 신임 CEO인 앤디 재시(Andy Jassy)에게서 강력하면서도 공개적인 지지를 받고 있었다.

아마존 케어(Amazon Care)

2020년 초에 코로나 팬데믹이 전 세계로 확산되고 몇 달마다 또 다른 변종이 나타나 코로나19 바이러스의 새로운 파문을 일으키고 있을 때, 크리스틴 헬튼(Kristen Helton)이라는 아마존의 임원은 놓쳐버린 기회에 얼굴을 찌푸릴 수밖에 없었다. 그것은 아마존은 물론이고 의료 상담을 간절히 원하는 미국 전역의 시민에게도 좋은 기회였을지도 모른다. 어느 날 갑자기 전화나 화상통화로 의료 제공자와 상담하는 진료 방식인 원격의료(telemedicine)가 반드시 필요한 것이 되었다. 그냥 있으면 좋은 것 정도가 아니었다. 그리고 아마존 내에서 헬튼의 팀은 스스로가 훨씬 더 좋다고 느끼는 서비스를 개발하고 있었다.

헬튼은 2022년의 인터뷰에서 내게 이렇게 말했다. "우리는 (중략) 수많은 요청을 받았습니다. 그리고 저는 그런 고객에게 서비스를 제공하고 싶었습니다. 하지만 우리는 그러기 위한 준비가 전혀 되어 있지 않았습니다."

그런 상황이 특히나 헬튼에게는 실망스러웠을 수도 있다. 전직 기업가이자 과학기술 전문가인 헬튼은 이런 중대한 순간을 위해 몇 년 동안 일해왔다. 2015년, 그녀를 비롯한 다른 두 명의 기업가는 쌀알보다 작은 이식형 신체 센서를 기반으로 인체의 화학 반응을 지속적으로 모니터링할 수 있는 스타트업을 만들고 있었다. 초기의 유스케이스(use case)* 하나는 상처 치료 전문가가 환자의 피부를 절개하지 않고도 다리 부위의 혈중 산소 농도를 추적하는 것이었다.[114] 그러던 중에 어떤 투자자가 그녀를 바박 파비즈(Babak Parviz)라는 기술연구자에게 소개해주었다.

파비즈는 구글 글래스(Google Glass)라는 '스마트 안경'을 만드는 팀을 이끌던 인물로 첨단기술 산업계에서는 잘 알려져 있었다. 그러나 헬튼이 그를 만나기 1년 전에, 파비즈는 구글을 떠나 아마존으로 이직했다. 그곳에서 파비즈는 그랜드 챌린지(Grand Challenge)라는 연구 실험실을 책임지고 있었다. 그리고 이곳에서는 아마존에서도 가장 귀중한 직원이 새로운 혁신적인 벤처를 만들기 위한 거대하면서도 초장기적인 생각을 하고 있었다.[115]

파비즈를 만나자마자 헬튼은 이런 질문을 던졌다. "의료 분야에서도 뭔가를 할 수 있을까요?"

헬튼은 파비즈가 이렇게 대답했다고 회상했다. "뭔가 좋은 생각

---

* 　어떤 시스템의 유용성을 설명하기 위해 설계된 일종의 시나리오.

이 떠오르면 그걸 종이에 적으세요. 그리고 그걸로 자금을 받게 된다면, 우리는 의료 분야에서 무언가를 하게 될 겁니다."

헬튼은 10년 후의 미래를 상상하는 기술을 창조한다는 발상에 매료되긴 했지만, 그녀는 의료 분야에 당장 혁신이 필요하다는 점도 알고 있었다. 특히 좀 더 짧은 주기로 발전하는 더욱 근본적인 문제를 해결해야 할 때는 그랬다. 그리고 거대한 고객 기반을 가진 아마존이 수많은 혁신을 이뤄내고 있었기 때문에, 헬튼은 만약 회사의 리더들이 의지만 있다면 이 기술 대기업이 의료 분야의 혁신을 이뤄내는 주인공이 될 수 있다고 믿었다. 그래서 그녀는 그 일을 맡았다.

2016년 말이 되자 헬튼은 새로운 의료 서비스에 대한 유망한 아이디어가 떠올랐다. 그리고 파비즈의 도움을 받아 그녀는 아마존에서 거의 모든 새로운 프로젝트가 생겨날 때 만들어지는 중요한 문서를 작성했다. 바로 '언론 보도용 FAQ'다. 이 문서를 작성하는 목적은 아마존이 새롭게 출시하는 서비스를 어떻게 마케팅할지, 그리고 일반 대중이 던질 수 있는 가장 흔한 질문에 어떻게 대답할지 상상해보는 것이었다.

발표 날짜가 2018년 6월 1일로 되어 있는 이 가상의 보도자료에는 '아마존 케어(Amazon Care)'가 출시된다고 적혀 있었다. 그것은 '언제 어디서나 몇 분 안에 이용할 수 있는 포괄적인 고품질 의료 서비스'라고 했다.

문서는 이렇게 이어진다. "아마존 케어는 인터넷이 가능한 거의 모든 기기에서 비디오 링크로 몇 분 안에 의료 전문가에게 직접 연결할 수 있습니다. 아마존 케어는 가정 내 기기에서 의료 데이터를 수집할 수 있으며, 채혈 및 백신 접종 같은 가정 내 조치를 위한 모바일 메딕스(Mobile Medics)로의 접속을 제공합니다."

아마존 케어의 환자는 의료 전문가와 화상 채팅을 하거나 메시지를 주고받을 수 있을 뿐만 아니라, 필요하다면 정식 면허가 있는 간호사에게 대면 진료를 요청할 수도 있었다. 소매업계에서는 이런 방식을 '옴니채널(omnichannel)'이라고 부른다. 전자상거래든 오프라인 매장이든 가능한 한 모든 채널에서 고객에게 다가간다는 의미다. 그리고 아마존 프라임부터 아마존 프레시에 이르기까지 아마존이 과거에 이룬 여러 혁신과 마찬가지로 고객에게 한 차원 더 편리한 서비스를 제공하는 것이 핵심이었다. 아마존 케어의 경우 한 차원 더 편리한 서비스란 고객이 아픈 와중에도 의사의 진료실까지 힘겹게 찾아가는 것이 아니라, 정식 면허가 있는 간호사가 필요한 경우에 환자를 직접 찾아가는 것이었다.

이 서비스의 첫 번째 고객은 아마존의 직원과 그들의 직계 가족이 될 예정이었다. 아마존은 미국의 민간 부문에서 2번째로 거대한 고용주이기 때문에, 이 자체만으로도 상당한 규모의 테스트가 가능했다. 하지만 그 야심은 언제나 더 거대했다. 향후에 언젠가는 혁신적인 아마존의 의료 서비스를 아마존과 직접적으로 관계가 없는 미국의 모든 사람에게 제공한다는 것이었다.

아마존의 임원들은 자신들이 기존의 과밀한 분야에 진입하는 건 아마존에 고도로 차별화된 제품이나 서비스가 있는 경우에만 그렇다고 말한다. 그래서 이미 오랫동안 자체적인 서비스와 고객 기반을 구축해온 다수의 원격의료 기업과 정면으로 경쟁한다는 건 아예 시도조차 못 할 것처럼 보였다. 그러나 헬튼과 그녀의 팀은 그 분야에서 부족한 것이 무엇인지에 대한 연구도 이미 수행해놓았다.

여러 의사의 도움을 받아 그들은 환자가 1차 의료진을 찾아가지 않는 이유에 대해 1년 동안 조사를 벌였고, 거의 5만 가지나 되는 다양한 이유를 확인했다. 그들의 연구 결과는 원격의료의 한계에 대한 엄중한 진실을 보여주었다. 의료진을 직접 찾아가는 경우 가운데 의료 제공자와 영상통화를 해서 완벽하게 처리할 수 있는 비율은 겨우 6퍼센트도 되지 않는다는 사실이었다.

그래서 헬튼은 아마존이 환자에게 카메라, 체온계, 청진기의 기능이 모두 한 곳에 들어 있는 자가 진단 기기를 보내는 방안을 구상했다. 이 기기에 화상통화 기능이 결합되면 아마존 케어는 순식간에 약 20퍼센트의 환자를 진료할 수 있을 것으로 보였다. 중이염이나 발진 등 1차 의료기관을 방문하는 가장 흔한 질환을 가진 5분의 1의 환자에게 조치할 수 있는 것이었다. 그리고 의료 전문가가 직접 가정으로 방문하는 서비스도 있었다. 이 서비스로 사람들이 1차 의료기관을 방문하는 가장 흔한 이유 가운데 3분의 2 이상의 질환을 처리할 수 있을 것으로 보였다.

2016년 9월, 제프 베이조스가 헬튼과 함께 이 문서를 검토했다. 그리고 이듬해 초, 아마존의 CEO인 베이조스가 그녀에게 일을 진행해도 된다는 허가를 내줬다. 2017년부터 2018년에 걸쳐서 헬튼과 그녀의 팀은 언론 보도용 FAQ 문서에서 처음으로 구상한 버전의 아마존 케어 서비스를 수정해나갔다. 가장 중요한 변화 가운데 하나는 환자의 가정으로 자가 진단 기기를 보낸다는 아이디어를 없애는 것과 관련이 있었다. 대신에 아마존은 환자의 가정으로 파견할 수 있는 간호사를 확보해야 할 것으로 보였다. 비록 시간이 걸리기는 할 테지만 말이다.

2018년, 아마존은 2019년 서비스 개시를 앞두고 응급실 근무 경험이 있는 간호사와 의사를 모집했다. 헬튼을 비롯한 관계자들이 그런 근무 경험을 중요시한 이유는, 그 서비스가 초기에는 응급 의료 방문을 대체하는 역할을 할 것으로 여겨졌기 때문이다. 장기적인 차원에서 아마존이 1차 의료기관 역할을 하기 위해서가 아니었다. 이렇게 새로 채용된 인력 중 일부에게는 그 기회가 너무 좋아서 거의 믿을 수 없을 정도였다. 많은 사람이 이전에 받은 것보다 더 많은 급여를 받았고, 채용 담당자가 '의료의 면면을 바꿀 것'이라고 약속한 그 프로젝트 한가운데에서 중요한 역할을 맡게 되었다.

예전에 응급실에서 근무했던 아마존 케어의 간호사는 내게 이렇게 말했다. "병원에서는 '환자가 느끼는 것에 집중해야 한다'는 식으로 말하지만, 저는 '이 사람이 죽지 않게 하려고 노력할 뿐입니다'라고 말했습니다. 제가 고객에게 집중하게 된 건 이번이 처음입니다."

이후에 그들은 법적으로는 오아시스(Oasis)라는 별도의 회사에서 일하게 되고, 나중에 이 회사는 케어메디컬(Care Medical)로 이름이 바뀐다. 그 회사의 유일한 고객사는 아마존이었다. 그해, 아마존은 시애틀에 사는 아마존의 직원과 그 가족들 가운데 일부를 대상으로 이 서비스의 파일럿 테스트를 시작했다. 테스트의 처음 기간 동안, 이전에 병원에서 일했던 노동자에게는 매력적인 스타트업 같은 분위기가 어떤 측면에서는 충격적이기도 했다. 예를 들면, 의료 산업계에서 많이 활용하는 전자의료기록(Electronic Medical Record, EMR) 시스템이라는 핵심적인 소프트웨어가 있다. 그런데 초기에 근무한 일부 의료진은 아마존 케어의 임원들이 의료 산업계에서 이미 좋은 평판을 받으면서 흔히 사용하는 기존의 시스템을 활용하기보다는, 회사의 엔지니어들이 아예 처음부터 그 소프트웨어를 직접 만들려고 한다는 사실을 알고는 깜짝 놀랐다. 그런데 아마존 케어의 전문가들은 그런 시도가 안전과 관련하여 몇몇 부분에서 빈틈을 만들어낸다는 사실을 발견했다. 예를 들면, 환자의 진료기록에는 페이지마다 알레르기 항목이 반드시 포함되어야 한다는 사실을 간호사들이 기술진에게 알려줘야만 했다. 그리고 아마존의 기술 플랫폼에서는 다른 의료 제공자와 기록을 공유하기가 어렵다는 당황스러운 문제도 있었다. 기록 공유는 다른 일반적인 EMR 시스템에서는 자주 사용하는 기능이다.

이와 관련하여 전직 간호사는 이렇게 말했다. "그들은 무언가를 보면서 의료 분야에서 옳은 것이 무엇인지 이야기하지 않습니다. 그들은 오직 무엇이 잘못되었는지에만 집중합니다."

일부 전직 직원은 의료진이 환자를 방문할 때 가지고 다니는 장비도 열악했다고 말했다. 혈압 측정 밴드와 맥박 산소측정기는 아마존이 아니라 월그린스 약국에서 구입해야 했고, 환자의 목구멍이나 귀의 이미지를 컴퓨터 반대편에 있는 의사에게 전송하는 데 사용하는 장비도 역시 엉망인 것으로 느껴졌다. 특히나 아이들의 목구멍이나 귀의 이미지를 확인하는 게 곤혹스러웠다.

케어메디컬의 전직 간호사는 내게 이렇게 말했다. "전혀 제대로 작동하지 않았습니다. 품질도 좋지 않았습니다."

저명한 외과의사이자 작가인 어툴 거완디(Atul Gawande) 박사는 아마존 케어 팀을 만나기 위해 방문한 자리에서 그들이 사용하는 장비의 품질이나 열악함에 당황한 것처럼 보였다.

당시 현장에 있던 누군가에 따르면 거완디는 "이건 좋지 않군요"라고 말했다고 한다.

참고로 거완디는 아마존과 제이피모건체이스(JPMorgan Chase), 그리고 버크셔해서웨이(Berkshire Hathaway)가 함께 설립한 합작 벤처인 헤이븐(Haven)이라는 회사에서 2018년부터 2020년까지 CEO를 지냈다. 이들의 목표는 이 회사들의 의료 관련 비용을 줄이면서 동시에 직원의 건강관리도 개선하는 것이었다. 그리고 나중에는 외부 세계에도 자신들이 이룩한 혁신을 공유할 계획이었다. 이 벤처는 이곳의 경영진이 매우 다양한 지리조건과 문화를 가진 세 회사에 건강 관련 혜택을 제공하는 중앙 사무국 역할을 하겠다는 주요한 목표를 이뤄내기가 지나치게 복잡하다는 사실을 확인한 뒤에 결국 해체되었다. 이에 대하여 거완디는 이렇게 설명했다. "그런 사실이 명확해지자, 이제 그것은 매우 값비싼 싱크탱크가 될 위험이 있었습니다."[116] 〈월스트리트 저널〉 역시 세 회사가 이 컨소시엄에 각 회사의 데이터를 공유해달라고 요청받은 것에 대한 우려와 함께 보험회사들의 반발에 대해 보도했다. 이 신문은 "각 회사가 의료에 들이는 비용이 얼마이며 그 명목이 무엇인지 알아내려는 헤이븐의 난처한 시도"라고 평가했다.[117]

아마존 스스로도 인정하는 고객에 대한 집념 역시 이 서비스를 적용받는 아마존 직원의 마음을 끌었을지는 모르지만, 초기의 어떤 결정은 일부 의료진을 불편하게 만들었다. 예를 들면, 지팩(Z-Pak)처럼 흔히 처방되는 항생제는 시애틀 중심가에 있는 아마존의 오피스 타워 가운데 한 곳의 굳게 잠긴 캐비닛에 보관되어 있었다. 그러면 간호사가 그걸 환자의 자택까지 직접 배송해야만 했다. 약사의 관리 감독 같은 건 없었다.

다만, 어느 전직 간호사는 내게 이렇게 말했다. "편리한 서비스였습니다. 그들은 정말 위생적이며 모든 것을 포함하는 의료 컨시어지 서비스가 되려고 노력했습니다."

그러나 이에 대한 반발이 만만치 않았고, 결국 아마존은 지역의 약국 체인 한 곳과 계약을 맺어 환자의 주문에서 공백이 있는 부분을 메워야 했다. 의료진 역시 터무니없다고 생각하는 아이디어는 무시해야 한다는 사실을 알게 되었다. 예를 들면, 환자가 의사의 감독이나 지시 없이도 원하는 혈액검사 도구를 주문할 수 있게 허용하자는 아이디어가 있었다.

이에 대하여 어느 간호사는 이렇게 말했다. "그들은 질병을 진단하는 훈련을 받은 의사와 임상 간호사를 채용했지만, 정작 그들을 우회해서 그냥 구글(Google) 박사와 어울리려고 했습니다."

시간이 흐르면서 케어메디컬의 간호사는 점점 더 많은 아이와 유아를 상대하게 되었다. 당연히 아마존 직원의 아이들이었다. 그러나 유아용 체중계 같은 소아과의 기본적인 일부 장비는 구비되지도 않거나, 유아 전용으로 설계된 맥박 산소측정기 같은 장비는 직접 조달하기 위해 고군분투해야만 했다. 초기에는 중증 환자를 추적 관찰하기 위한 규칙이나 절차도 마련되지 않았다. 그 대표적인 사례로, 간호사 한 명이 독감으로 심하게 아픈 남성 한 명을 직접 방문한 일이 있었다. 간호사가 응급실로 가라고 조언했지만 그는 거절했다. 그래서 그날 간호사는 나중에 다시 방문해서 후속 진료를 할 수 있게 해달라고 자신의 상사에게 요청했다. 그녀의 요청은 거부되었다. 대신에 그녀는 그날 저녁에 전화로 점검하는 것에 만족해야 했다.

"저를 지원해줄 수 있는 게 아무것도 없었습니다. 규칙이 없었습니다."

그런데 원격의료 분야에서 폭넓은 경험을 가진 크리스티 헨더슨(Kristi Henderson)이 2019년에 아마존 케어의 임원으로 합류하면서 의료진의 근무 환경이 개선되는 것처럼 보였다. 이 회사에서 1년여 근무하는 동안 그녀는 간호사에게 새로운 장비를 확보해주었다. 바로 의료진이 가정 방문을 할 때 의사가 원격으로 모니터링할 수 있도록 특별히 설계된 타이토케어(TytoCare)라는 기존의 장비다. 그녀는 또한 현장에 나가 있는 간호사의 위치를 상시 모니터링할 수 있는 '커맨드 센터(command center)' 창설을 총괄했다.

그러나 전직 동료의 말에 따르면, 헨더슨은 회사에 합류한 지 1년여 만에 이 사업부의 비즈니스적인 측면과 임상적인 측면에서 모두 마주한 회사 내부의 장애물에 좌절한 채로 결국 회사를 떠났다고 한다. 그럼에도 아마존 직원의 고객 만족도 점수는 항상 높게 유지되었다. 참고로 아마존 케어의 경영진은 환자를 고객이라고 부르라고 강조했는데, 아무튼 이 서비스의 환자는 연중무휴 24시간 내내 언제든 간호사 또는 의사와 메시지를 주고받거나 화상통화를 할 수 있었다. 그리고 필요한 의료품을 신속하게 배송받을 수 있었다.

이와 관련하여 아마존의 전 직원인 챈스 켈치(Chance Kelch)는 이렇게 말했다. "제 아들이 코로나 초기에 귀가 감염되었습니다. 당시 시애틀은 마치 영화 〈아웃브레이크(Outbreak)〉의 한 장면 같았습니다. 아들은 내내 비명을 지르며 울었습니다." 켈치는 아마존 케어의 화상통화 기능을 이용하여 진단을 받았다. 그리고 1시간 만에 자택으로 처방약이 배송되었다. "그건 마법이었습니다." 그의 말이다.

팬데믹은 이 서비스에 또 다른 기회와 함께 또 다른 도전과제도 제시했다. 경영진은 팬데믹 초기에 간호사의 대면 방문을 중단하기로 결정했지만, 아마존 직원을 위한 드라이브 스루 형태의 코로나19 진료소를 설치했다. 그런데 진료소 운영 첫날에 코로나19 검사 업무를 해달라고 요청받은 의료 보조원 한 명에게 상급자가 따라붙어서 환자 한 명을 상대할 때마다 소요되는 시간을 측정했다. 그리고 이 의료 보조원은 자신이 충분히 빠르게 움직이지 않는다는 이야기를 들었다. 그런데 이는 늘 할당량을 채워야 하고 업무 성과를 실시간으로 감시당하는 아마존 물류창고의 노동자에게는 그다지 놀라운 소식이 아닐 수도 있다.

전직 직원인 그 사람은 이렇게 말했다. "제가 가진 임상적인 관점에서 저는 시간을 충분히 들여 환자에게 검사 진행 과정을 제대로 설명했고 그들에게 격리와 검사 결과에 대한 적절한 안내사항도 전달했습니다."

아마존 케어가 자신들의 서비스에서 가장 차별화된 포인트로 여기는 가정 방문을 중단하고 아마존이 여전히 자사의 직원만을 상대로 테스트를 진행하는 사이에 그들과 경쟁하는 다른 원격의료 서비스에는 새로운 환자가 대거 유입되고 있었다. 팬데믹 이전에는 의료 서비스 제공기관에 방문하는 전체 외래환자 가운데 원격진료를 받은 비율은 1퍼센트도 되지 않았다. 그러나 코로나19 팬데믹 시기의 처음 여섯 달 동안 그 수치는 13퍼센트로 치솟았다.[118] 아마존에 이보다 더 좋은 시기는 없었을 것이다. 그러나 아마존 케어 서비스는 이런 황금 같은 시기에 대응할 수 있는 준비 비슷한 수준에도 이르지 못하고 있었다.

아마존 케어의 대표인 크리스틴 헬튼은 어느 인터뷰에서 그런 기회를 낭비한 것을 두고 자신이 '가장 크게 후회하는 부분'이라고 말했다. 가끔 헬튼은 그러한 시도가 가치 있는지 질문을 던졌다. 아마존이 정말로 이 분야에 있어야 하는가? 하지만 그러고 나서도 그녀는 자신이 맡은 일의 고객 만족도 점수가 높다는 게 보였고, 아마존에서 오래 근무한 직원에게서 격려의 말을 듣기도 했다. 그러면 그녀는 다시 고개를 숙이고는 묵묵히 하던 일을 계속했다.

이 서비스가 여전히 아마존 직원에게만 한정되어 있는 동안에 간호사가 업무에 짓눌리는 경우는 거의 없었지만, 그래도 교대근무를 늘리거나 근무일을 늘리는 것 중 하나를 선택하라고 요구받는 경우가 많았다. 그들은 고객 만족도에 집착하는 아마존이 환자에게, 특히나 자사의 직원에게 가상진료를 받기 위해 오래 기다리지 않아도 된다고 한 약속을 지킬 수 있음을 확실히 하고 싶어 했을 거라고 추정했다.

2021년 봄, 아마존은 중대한 계획을 발표했다. 아마존 케어 서비스를 위싱턴주에 있는 외부 기업의 직원에게도 개방한다는 내용이었다.* 운동 장비 제조업체이자 펠로톤(Peloton)의 자회사인 프리코어(Precor)가 첫 번째로 가입했다. 그해 여름까지 아마존은 이 서비스의 원격의료 파트를 미국 50개 주 전체의 직원에게 개방했으며, 대면 서비스는 그해에 보스턴, 오스틴, 워싱턴 D. C.를 포함한 몇몇 도시로 확대될 것이라고 말했다. 2022년 2월이 되자 아마존은 이 서비스에 몇 개 사업장을 더 추가했으며, 대면 서비스를 20개 이상의 대도시 권역으로 확대한다고 약속했다.[119] 같은 해, 아마존은 아마존 케어의 환자가 이 서비스를 긴급히 필요한 진료 이외의 다른 용도에도 사용할 수 있도록 허용했다. 이제 이 서비스는 1차 진료 서비스를 제공하기 시작했으며, 일반적으로 회사에서 연중 한 차례 실시하는 건강검진을 간호사가 가정으로 방문하는 편리한 방식으로 대체하게 되었다.

그러나 이 서비스가 여전히 아마존에서 전적으로 지원받지 못한다는 징후가 있었다. 아마존 케어 서비스의 확대를 발표한 바로 그 달에, 아마존의 알렉사(Alexa) 부문이 원격진료 업계의 라이벌인 텔라닥(Teladoc)과 제휴한다고 공표했다. 이에 깜짝 놀란 업계 관계자들은 이 제휴가 아마존 케어의 미래에 어떤 의미인지 의문을 제기했다. 그들이 아마존 케어에 대한 믿음이 있다면, 대체 아마존은 왜 아마존 케어의 잠재적 경쟁사를 돋보이게 해주었을까?

아마존 케어의 대표였던 헬튼은 내게 이렇게 말했다. "그건 우리

---

* 아마존의 본사가 있는 시애틀은 워싱턴주에 속해 있다.

가 아직까지는 매력적인 고객 경험을 만들지 못했기 때문일 것입니다. 우리가 그걸 해내면, 여러분은 이제 아마존 케어와 알렉사의 새로운 이야기를 보게 될 것입니다."

그러나 당시에도 언급되지 않은 부분이 있었다. 바로 아마존이 아직까지 대형 보험회사 다수와 계약을 체결하지 못했다는 사실이다. 보험회사들과 제휴만 된다면 그들의 네트워크에 아마존 케어가 이용 가능한 서비스 업체로 등록될 수도 있었다. 그래서 아마존 케어는 다른 일반 사업체를 개별적으로 만나 자신들의 서비스에 가입하라고 권유했다. 그런데 이는 결국엔 이 서비스를 파멸시킬 수도 있는 위험한 접근 방식이었다.

그럼에도 아마존에서 가장 막강한 권한을 가진 정규직원, 그러니까 앤디 재시 CEO가 이 서비스에 공공연하게 애정을 가진 것으로 보였다. 2021년 말에 그는 직원들과의 어느 공청회에서 발언하면서 아마존 케어를 아마존이 거둔 혁신 가운데 하나로 꼽았다.[120] "우리가 아마존 케어와 원격의료를 통해 하려는 일은 (중략) 그 게임을 급진적으로 변화시키고 있습니다." 그의 말이다.

그러나 그 게임에는 수많은 선수가 출전하고 있었다. 벤턴빌에 있는 소매업 분야의 또 다른 막강한 선수는 자체적인 의료 서비스를 구축하기 위해 상당한 자원과 시간을 투자하고 있었다. 그렇게 함으로써 그들은 자신들이 보유하고 있는 수천 개의 자산을 활용할 수 있기를 바랐다. 그리고 그 자산은 시애틀 소재의 경쟁사는 갖고 있지 못한 것이다. 바로 수천 개에 달하는 그들의 거대한 오프라인 매장이다.

닥터 월마트

맥밀런이 꿈에 그리던 직업을 2014년에 마침내 차지했을 때, 그의 회사는 몇 군데의 매장에 실제 진료실 형태의 서비스 공간을 만들면서 이미 자체적인 시도를 하고 있었다. 이전의 10년 동안, 월마트는 다수의 제휴 사업을 진행했는데, 이런 관계 덕분에 월마트의 슈퍼센터 내에 다른 기업이 응급실 같은 시설을 운영하게 되었다.

하지만 이런 전략은 대체로 실패하고 말았는데, 월마트 같은 거대 기업조차 잠재적인 도전자에게 적대적이며 온갖 장애물이 막아선 그 산업의 현실에 부딪힌 것이다. 어떤 경우에는 월마트가 모종의 의도를 가진 업체에 공간을 임대해주기도 했는데, 병원 체인점이 바로 그런 경우다. 예를 들어 어떤 병원 체인점 한 곳은 월마트에 차려놓은 출장 진료소에서 자신들의 병원까지 오가는 셔틀버스를 운행했는데, 이는 수익성이 낮은 진료소의 고객을 수익성이 높은 병원의 고객으로 전환하려는 시도로 보였다.

이와 관련하여 월마트의 의료 부문 대표였던 마커스 오스본은 이렇게 말했다. "저는 병원들이 그러는 이유를 이해합니다. 그 이유는 그들이 의료 분야의 타지마할 같은 명소를 만들려는 것이기 때문입니다. 하지만 그건 사람들에게 정말로 필요한 게 아닙니다."

그러나 그런 병원 체인점은 월마트도 이제 곧 알아차리게 되는 사실을 이미 파악하고 있었다. 응급실 형태의 시설은 비즈니스로서의 경제성이 참혹할 수도 있다는 점을 말이다.

오스본은 이렇게 덧붙였다. "돈이 되는 건 만성 질환입니다. 매달 처방약을 받으러 오는 당뇨병 환자가 1년에 한 번 인후염 때문에 오는 환자보다 더 많은 돈을 벌어줍니다."

그래서 이 세계 최대의 소매업체는 결국 자체적인 의료시설을 만들고 운영하는 일에 손을 대게 된다. 이 프로젝트의 한 가지 주요한 목표는 아마존 케어처럼 자사의 직원에게 서비스를 제공하는 것인데, 무엇보다도 뛰어난 서비스를 제공할 수 있기를 희망했다. 또 다른 목표는 그러한 과정에서 회사가 소요하는 의료 관련 비용을 절감하는 것이었다. 의료 관련 비용을 줄이는 건 창업주인 샘 월튼조차 격렬하게 반응할 만한 사안이었다. 참고로 샘 월튼은 1992년에 혈액암으로 사망했는데, 그가 한창 암 치료를 받던 1991년에 그는 월마트가 새로운 방식으로 자신들의 힘을 활용할 수 있는 대단히 흥미로운 사례를 만들었다. 그의 이런 바람은 자신이 받고 있는 MRI 검사에 병원 측이 얼마나 많은 요금을 매기는지 확인한 직후에 나왔다.

그는 매주 토요일 아침에 개최되는 회사의 정기 경영진 회의에서 방 안에 가득한 직원에게 이렇게 말했다. "우리는 병원과 의사가 (환자 앞에) 줄을 서게 만들어야 합니다. 우리는 그들이 부과하는 요금을 통제해야 합니다. 이 사람들은 우리를 산 채로 가죽을 벗기고 있습니다."[121]

몇 년 뒤, 월마트의 복리후생 부문은 미국 전역의 몇몇 최상급 병원과 제휴하여 엑셀런스 센터(Center of Excellence, COE)라는 혁신적인 프로그램을 도입했다. 이 프로그램으로 월마트는 회사의 직원이 특정한 큰 수술이나 장기이식 등이 필요한 경우에 이런 제휴 병원으로 이동하는 비용을 지원해주었으며, 암 치료 계획에서도 이곳 의사의 의견을 들어보고 원격으로 검토를 받아볼 수 있도록 했다. 회사는 다른 지역의 의사나 병원에서 자사의 직원에게 조치하는 불필요하거나 부적절한 치료 또는 수술이 행해지는 횟수를 줄이려 시도했다. 이 아이디어의 핵심은 이런 COE 네트워크가 직원의 건강과 관리를 개선하는 동시에 결국엔 월마트의 의료 관련 지출도 줄일 수 있다는 것이었다.

이런 COE 한 곳의 척추외과의사인 조너선 슬로트킨(Jonathan Slotkin) 박사는 내게 이렇게 말했다. "월마트가 부적절한 치료에 상당히 분개하는 목소리를 들었습니다. 그 동영상에는 더 샘(the Sam)*의 분노가 고스란히 담겨 있었습니다."

그런데 월마트의 소매업 부문에서는 리더들이 다른 접근방식을 택하게 된다. 월마트는 2014년부터 텍사스, 사우스캐롤라이나, 조

---

*   월마트의 별칭.

지아의 슈퍼센터 내부에 '케어 클리닉(Care Clinic)'이라는 시설을 만들기 시작하는데, 그 숫자는 나중에 19개까지 늘어난다. 이곳은 임상 간호사가 운영했으며, 작은 지역사회에서 의료시설에 더욱 편리하게 접근할 수 있도록 만든 것이었다. 그렇게 함으로써 월마트는 자사 직원이 간호사나 의사를 더욱 자주 찾아가도록 독려할 수 있었는데, 그러지 않으면 건강 문제가 곪아터져서 결국엔 값비싼 응급실 후송이 필요해질 수도 있었다. 만약 월마트가 몇 차례의 진료소 방문으로 그런 응급실 후송을 예방할 수 있다면, 결국 직원이 더 건강해지고 월마트의 의료 관련 비용도 절감될 거라는 희망이 있었다. 이런 비용을 줄일 수 있다면 월마트의 손익에도 상당한 영향을 미칠 수 있었다.

이 서비스 개시 당시에 회사의 직장의료보험에 가입된 월마트의 직원과 그 가족은 불과 4달러만 지불하면 이곳을 방문할 수 있었다. 이는 마치 10년 전에 월마트 약국에서 판매하여 커다란 충격을 일으킨 제네릭 의약품 가격이 4달러였다는 사실을 암시하는 것처럼 보였다. 그 외의 일반인은 한 번 방문할 때 40달러를 지불했다. 초기에는 대형 보험사가 여기에 참여하지 않았기 때문에, 이 파일럿 테스트는 사실 다른 고객에게 홍보하기 전에 먼저 자사 직원에게서 관심을 끄는 것이 목적이었다.

일부 비평가는 이 프로젝트를 동네의 소형 병원을 지도에서 없애려는 계획이라고 보았다. 하지만 이 프로그램의 리더들은 그것을 매우 다른 시각으로 바라봤다.

이와 관련하여 월마트 의료 부문의 전직 임원은 내게 이렇게 말했다. "전혀 그렇지 않았습니다. 사실은 직원들이 직장의료보험을 제대로 사용하지 않는 문제가 있었습니다. 그런데 이는 그들이 진짜 큰 문제가 있기 전까지는 의료보험을 사용하는 않는다는 뜻이었습니다. 그러다 결국 응급실로 실려 가고 병원에 입원하는 겁니다."

그의 말에 따르면, 실제로 월마트가 케어 클리닉을 연 지역에서 월마트 직원이 응급실로 실려 가는 횟수가 감소했다고 한다. 그 덕분에 월마트의 복리후생 부문은 비용 절감 효과를 봤다. 이 사실이 중요한 이유는, 케어 클리닉의 리더들은 이 프로젝트의 수익성을 계산할 때 이런 절감 효과가 반영될 거라고 생각했기 때문이다. 그리고 이런 절감액 덕분에 회사가 직원의 진료소 방문 비용을 지원하고 겨우 4달러의 진료비만 부과한 것이기도 하다.

그러나 소매업의 왕국인 월마트에서 비소매업 비즈니스를 운영하는 리더들에게는 문제가 절대로 그렇게 간단하지 않았다. 그들은 월마트 미국 사업부의 오랜 CEO인 그레그 포란이 이끄는 미국 매장 부문에 보고를 올리고 있었다. 직설적인 성격의 그레그 포란은 때로는 전자상거래 부문이 돈을 지출하고 손실을 보는 방식에 대하여 마크 로어와 다툼을 벌이기도 했다. 포란은 월마트가 의료 분야에서 더욱 커다란 역할을 한다는 아이디어를 지지하긴 했지만, 케어 클리닉의 리더들이 생각하는 방식은 아니었다. 그는 결국 직원의 응급실 방문 횟수 감소에 따른 비용 절감 효과는 무시했고, 그 시설이 자체적으로 수익을 내면서 운영하도록 지시했다.

앞서 소개한 의료 부문의 전직 임원은 내게 이렇게 말했다. "그는 가능한 한 모든 방법으로 의료 분야를 지원하고자 했지만, 그가 이렇게 하는 걸 막을 수 없었습니다. 그의 최우선 과제는 미국 매장 부문을 개선하는 것이었고, 돈이나 다른 관심사가 그것에서 주의력을 분산시키는 걸 허용하지 않았습니다."

월마트 의료 부문의 오랜 임원이었던 오스본은 이렇게 말했다. "그는 마치 '가장 먼저 시급하게 해결해야 하는 문제가 있다'고 생각하는 것 같았습니다. 동시에 열아홉 가지 일을 할 수는 없다는 식이었습니다."

비용 절감 효과를 반영하지 않고 케어 클리닉이 자체적으로 수익을 내려면 가야 할 길이 아주 멀었다. 그리고 슈퍼센터 매장의 더욱 짧은 투자수익률(ROI) 산정 기간을 고려하면 특히나 수익성이 더 나빠 보였다. 당연히 그들은 확연히 다른 비즈니스였지만, 그런 사실이 같은 회사의 오프라인 매장 부분의 리더들에게는 그다지 중요하지 않은 것처럼 보였다. 그 결과 케어 클리닉이 처음 수립한 사업 계획 역시 폐기될 수밖에 없었다. 직원이 4달러에 진료소를 방문하도록 하는 방안도 더이상 유효하지 않았다. 월마트가 그 전까지 그 비용을 지원해준 이유는, 직원이 자체적인 진료소를 더욱 많이 이용하고 다른 병원으로는 덜 가게 되기 때문이었다.

그러나 케어 클리닉 팀이 그러한 비용 절감 효과에 대한 재무적인 공로를 인정받지 못한다면, 애초의 비즈니스 모델에 있는 경제학은 전혀 작동하지 않게 된다. 대신에 월마트는 업계의 대형 보험사와 협상을 추진하여 그 서비스를 일반인에게도 개방해야 했다. 그것은 치명타였다.

앞서 소개한 전직 임원은 이렇게 말했다. "수익성을 위한 그런 조치는 기본적으로 일반인이 케어 클리닉을 이용하는 비용을 높였습니다. 그리고 기존의 의료 서비스와 더욱 비슷한 무언가를 모방하기 시작했습니다."

로리 플리스가 맥밀런의 전략 담당 수석 임원으로 합류한 뒤에, 맥밀런은 그녀에게 의료 분야에 잠재된 기회가 무엇이며 월마트가 그 부문에서 어떤 역할을 해야 하는지 심도 있게 조사하는 임무를 맡겼다. 그들은 케어 클리닉이 정답이라고 확신하지 않았다. 그리고 소매업계가 나아가는 방향을 고려할 때, 회사의 전자상거래 비즈니스를 바로잡는 것이 월마트에는 훨씬 더 중요한 문제였다. 공교롭게도 맥밀런이 마크 로어라는 흥미로운 기업가를 만난 2016년의 어느 봄날, 참고로 당시에 로어는 월마트에 인수되기 이전의 제트(Jet)를 운영하고 있었는데, 아무튼 바로 그날 플리스는 애트나(Aetna)의 대표단을 만나 의료 부문에서의 잠재적인 제휴 방안을 논의했다. 그녀가 다시 회사로 돌아왔을 때, 맥밀런 CEO는 자신의 전략 참모인 그녀에게 전해줄 메시지를 하나 갖고 있었다.

맥밀런은 플리스에게 이렇게 말했다. "당신이 지금 의료 분야에서 하는 일의 속도를 늦춰야겠습니다. 왜냐하면 나는 당신이 제트에 집중해서 실사 작업을 도와주길 바랍니다."

결국 케어 클리닉 프로젝트는 흐지부지되었고, 월마트의 리더들은 건강 및 복지를 담당하는 조직을 회사의 정식 부문으로 승격시켰는데, 이런 조치로 얻으려 한 것은 부분적으로는 더 나은 인재였을 것이다. 그리고 이 분야에서 영향을 발휘할 수 있는 가장 좋은 방법이 무엇인지 다시 생각해보기로 했다. 2019년에 월마트는 의료 분야의 우선순위가 무엇인지 좀 더 잘 파악하기 위하여 자사의 고객을 대상으로 모든 다양한 인구 층에 걸쳐 설문조사를 수행했다. 그 결과, 응답자 중 40퍼센트 이상은 의료 서비스를 받는 데 가장 커다란 걸림돌이 비용이라고 대답했다. 회사는 또한 미국 내 매장이 들어선 입지의 80퍼센트가 미국 정부에서도 의료 서비스가 열악하다고 지목한 지역이라는 사실에 초점을 맞추었다. 미국에서는 매주 약 1억 5,000만 명의 사람이 월마트 매장을 방문하기 때문에, 월마트의 리더들은 자신들의 회사가 할 수 있는 역할이 있다는 기존의 확신을 다시 한번 확인했다.

의료 분야에 대한 맥밀런의 관심은 내외부에서 이뤄진 대화에서 모두 영향받은 것으로 보인다.

월마트 의료 부문의 임원이었던 오스본은 이렇게 말했다. "저는 그가 창업주인 월튼 가문에서 부분적으로 영향을 받았다고 생각합니다. 월튼 가문은 의료 분야에 점점 더 많은 관심을 갖고 집중하고 있었으며, 잠재적인 기회가 있다고 믿었습니다. 그런데 저는 그가 주변 사람들에게도 영향을 받았다고 생각합니다. 그는 이렇게 말했습니다. '세계경제포럼이 개최되는 스위스의 다보스에 가면, 모든 대화가 의료 이야기로 끝이 납니다'라고 말이죠."

2019년 가을이 되자 월마트는 월마트 헬스(Walmart Health)라는 새로운 형태의 의료시설을 선보였다. 회사는 이 의료 서비스를 "1차 의료 및 긴급한 치료, 실험실, 엑스레이 및 진단, 상담, 치과, 시각과 청각 서비스를 모두 하나의 시설에 모아놓은 첫 번째 시도"라고 설명했다. 그것은 슈퍼센터 옆에 나란히 들어선 의료 분야의 미니 슈퍼센터였다. 월마트는 보험 가입 여부와 관계없이 그 비용이 저렴할 것이며, 내원 비용도 투명하게 공개하겠다고 약속했다.

임상 간호사가 운영하는 케어 클리닉이 1차 의료기관 역할을 하기 위한 월마트의 첫걸음이라면, 월마트 헬스는 두 발로 서서 약진한 것이라고 볼 수 있다. 이 시설은 케어 클리닉이 그랬듯이 매장 내부 깊숙이 파묻혀 있는 게 아니라, 월마트 주차장에서 들어가는 별도의 입구를 마련할 예정이었다. 월마트는 최초의 2개 매장이 들어설 위치를 모두 조지아주에서 선택했다. 왜냐하면 이곳은 만성 질환 발병률이 높으면서도 1차 의료 인력의 수가 평균에 못 미치는 지역이기 때문이었다.[122]

"그들이 이 분야에서 영향력을 발휘하고 끝없이 치솟는 의료비 문제에 대해 뭔가를 하려고 시도하는 것은 회사의 자체적인 손익에 대한 관심 때문이기도 하며 옳은 일을 한다는 명분 때문이기도 합니다." 의료기술 분야의 최고 저널리스트 출신으로 현재는 벤처 투자가로 이 분야에 투자하고 있는 크리스티나 파(Christina Farr)의 말이다.

그러나 월마트에서 건강 분야를 담당하는 조직의 최고위층은 안정적이지 못했다. 월마트 헬스라는 새로운 시설의 출범을 총괄한 사람은 션 슬로벤스키(Sean Slovenski)라는 고위 임원이었다. 그러나 월마트 헬스를 맡은 지 1년도 되지 않아 월마트에 재직한 지 이제 겨우 2년밖에 되지 않았던 그는 회사를 떠나 작은 의료기술 스타트업의 CEO 역할을 맡았다. 월마트 헬스의 첫 번째 진료소가 문을 연 직후, 샘스클럽의 CEO였던 존 퍼너(John Furner)가 그레그 포란을 대신하여 월마트 미국 부문의 CEO가 되었다. 그런데 내부 관계자들이 내게 들려주기를, 퍼너를 비롯한 최고경영진은 월마트 헬스에 대한 슬로벤스키의 비전이나 그 시설이 돈을 버는 방식에 별다른 감흥을 받지 않았다고 한다. 반면에 슬로벤스키는 포란의 체제 아래에서 이미 승인받은 월마트 헬스 진료소를 수천 개 규모로 대대적으로 확장하려는 자신의 계획이 위험해 보인다는 지적을 받아들이지 않았다.[123] 월마트의 거대함 역시 문제였다.

슬로벤스키는 월마트를 나온 뒤에 이렇게 말했다. "저는 대기업에 어울리는 사람이 아닙니다. 관료주의가 일상을 지배하는 지점에 이르면 (중략) 저는 그런 환경에서는 더이상 잘 해내지 못합니다. 그리고 월마트는 세계에서도 가장 거대한 회사이기 때문에, 당연히 그 안에는 관료주의가 있으며, 그게 저와는 맞지 않았습니다."[124]

월마트 헬스 진료소의 리더였던 오스본은 슬로벤스키 같은 인물이 핵심적인 소매업 비즈니스에만 주로 초점을 맞추는 CEO에게 보고해야 하는 그 조직의 관료주의와 회사의 체계가 어떻게 환멸을 느끼게 할 수 있는지 이해했다.

오스본은 이렇게 말했다. "월마트 미국 부문은 (중략) 지금은 지주회사가 되었지만, 지주회사처럼 그룹을 관리하지는 않습니다. 그 조직은 소매업에 주력하면서 어쩌다 가끔 한쪽에서 이렇게 소소한 의료 사업 같은 걸 한다고 볼 수 있습니다. 그래서 저는 션 슬로벤스키가 그런 문화에 염증을 느낀 게 당연하다고 생각합니다. 예를 들면 이런 겁니다. '나는 이 사업을 운영하려 노력하는데, 당신들은 내가 하는 일과는 전혀 관계가 없는 이런 회의를 위해 매주 28시간을 소모하게 만듭니다. 나는 파스타 요리의 재고가 떨어졌는지는 관심이 없단 말입니다.'"

그리고 오스본은 이렇게 덧붙였다. "무례하게 말하려는 건 아니지만, 이런 회의들이 의료 부문 비즈니스의 관리나 통솔이라는 실질적인 문제에 대해서는 시간 낭비일 확률이 98퍼센트입니다."

슬로벤스키가 떠나고 몇 달 뒤에 월마트는 슬로벤스키를 대신하여 월마트의 의료 및 복지 부문을 이끌어갈 인물로 화이자(Pfizer)에 근무한 적이 있으며 월그린스의 초대 최고의료책임자(CMO)를 지낸 심장병 전문의 셰릴 페거스(Cheryl Pegus) 박사를 영입했다. 그녀는 월마트로 오기 전에 건강보험회사인 캄비아헬스솔루션스(Cambia Health Solutions)의 최고의료책임자로 근무하고 있었다. 월마트 미국 사업부의 CEO인 존 퍼너는 그 역할을 맡을 사람으로 의료기술 임원을 채용한다는 아이디어에 흥미를 느꼈는데, 특히 페이스북(Facebook)의 모기업인 메타(Meta)에서 건강 분야를 담당하는 최고위직을 데려오고 싶어 했지만, 맥밀런은 월마트에 건강보험 산업에서 경력을 쌓은 의사가 필요하다고 느꼈다. 바로 페거스 같은 사람 말이다.

페거스 체제하에서 월마트 헬스의 신규 센터 확장은 속도를 늦추었다. 첫 번째 센터가 문을 연 이후 3년 동안 4개 주에서 겨우 26개 지점만이 뒤를 이어 개소했다. 물론 몇 년 동안 이어진 팬데믹이 그러한 더딘 속도에 영향을 미쳤을 것이다. 2022년 10월, 페거스의 조직은 이듬해에 플로리다주 한 곳에서만 월마트 헬스의 신규 시설 16개가 문을 열 것이라고 발표했다. 일단은 긍정적인 신호처럼 보였지만, 월마트가 과연 의료 서비스 분야에서 강력한 성공 모델을 수립했는지는 여전히 불분명했다. 구글의 서비스 리뷰를 보면, 월마트 헬스 진료소는 대부분 5점 만점에서 4개 이하의 별점을 받았다. 내부 관계자는 또한 2021년 가을에 이런 내용으로 보고를 했다. "일부 숨겨진 비용 때문에 이용 가격이 겉으로 보이는 것처럼 저렴하거나 명확하지 않으며, 환자 및 보험회사에 청구서를 발행하는 것과 관련된 문제가 환자를 위해 의료 서비스를 개선하려는 월마트 헬스의 역량을 가로막고 있다."

같은 해, 월마트는 10년 된 회사인 미엠디(MeMD)라는 곳을 인수하여 월마트 헬스 부문에 원격의료 서비스를 추가하려는 움직임을 보였다. 미엠디는 나중에 월마트 헬스 버추얼 케어(Walmart Health Virtual Care)로 이름이 바뀌었으며, 환자가 플로리다에 있는 월마트 헬스 지점 가운데 한 곳을 방문하면 선택할 수 있는 옵션이 되었다. 이러한 확장은 월마트가 소매업계에서의 경험으로 이미 아주 잘 알고 있는 접근 방식을 의료 분야에도 적용하기 위한 첫걸음이었다. 바로 옴니채널이라는 방식이다.

이와 관련하여 로리 플리스는 2022년에 내게 이렇게 말했다. "식료품점에서 하는 것과 똑같습니다. 사람들은 어떤 때는 그냥 온라인에 접속해 배송받기를 원하고, 오프라인 매장에는 가려고 하지 않습니다. 그리고 또 다른 때는 사람들이 직접 가서 자신이 먹을 아보카도를 고르고 싶어 합니다. 왜냐하면 그걸 언제 먹을지 정확히 알기 때문입니다. 의료 분야도 그리 다르지 않습니다. 어떤 때는 사람들이 실제로 누군가를 만나고 싶어 합니다. 그리고 또 어떤 때는 그냥 최대한 빨리 조언만 얻으려 할 때도 있습니다. 우리의 전략도 마찬가지입니다."

확실히 월마트는 소매 산업 분야에서 심도 깊은 전문성을 가진 상태에서 전자상거래 분야로 영역을 넓혔다. 현실의 의료시설과 가상의 의료시설에 대해서도 똑같다고 말할 수는 없다. 그러나 이 회사의 가장 높은 곳에서, 월마트에서 가장 중요한 목소리가 인내심을 설파하고 있었다. 적어도 겉으로 보기에는 말이다. 2022년, 월마트의 벤턴빌 캠퍼스에 있는 더그 맥밀런의 사무실에서, 나는 이 회사의 최고 의사결정권자에게 지금까지 그가 직면한 몇 가지 도전과제 가운데 의료 부문에 대한 헌신이 얼마나 진지한지 물었다.

맥밀런은 내게 이렇게 말했다. "만약 이게 9이닝을 진행하는 야구 시합이라면, 저희는 지금 2회 초 부근에 와 있습니다. 저희는 아직도 경기를 시작하는 단계에 있는 겁니다."

맥밀런은 셰릴 페거스를 영입함으로써 월마트가 마침내 제대로 된 인재를 손에 넣었다고 말했다. "그녀는 우리가 더욱 이해하기 쉽고 완벽하게 느껴지는 방식으로 어떤 계획을 설명할 수 있습니다." 맥밀런 CEO의 말이다.

그러나 월마트 헬스에서 오래 재직한 사람은 그 당시에 영화 〈사랑의 블랙홀(Groundhog Day)〉*을 떠올릴 수밖에 없었다. 월마트의 건강 및 복지 부문에는 불과 10년 동안 무려 9명의 리더가 회전문처럼 거쳐가면서 기회를 제대로 붙잡지 못하고 있었다. "누군가 새로 들어올 때마다 우리는 뒤로 한 발짝 물러났습니다. 왜냐하면 그 사람

---

* 성촉절(Groundhog Day)인 2월 2일이 무한히 반복되는 설정의 영화로, 주인공이 자고 일어나면 매일 똑같은 날 똑같은 장소에 놓인다.

이 전략을 다시 세워야 한다고 생각했기 때문입니다." 오스본의 말이다.

앞서 소개한 2022년 초의 인터뷰에서, 맥밀런 CEO는 그 조직이 앞으로 2년 동안 더욱 진전을 보여줄 것으로 확신한다고 말했다. 그는 또한 의료 부문이 어느 시점에 이르면 회사에 약간의 수익성을 더해줄 것으로 믿지만, '슈퍼센터 강화'라는 역할이 아마도 더욱 중요할 것이라고 털어놓았다.

오스본에 따르면, 맥밀런 CEO는 또한 아마존의 침공을 방어하는 데 대규모 의료 비즈니스가 담당할 수 있는 재정적 역할에 대하여 내부에서는 솔직한 입장이었다고 한다. 다시 말해 다양한 측면을 가진 대규모 의료 부문이 월마트에 연간 100억 달러의 새로운 현금 흐름을 창출해줄 수 있다는 것이었다. 그러한 추가적인 현금을 가진다면 월마트는 아마존과의 현금 흐름 차이를 줄일 수 있으며, 자사의 핵심 부문인 식료품 비즈니스에 대한 공격을 방어할 수 있는 재정적 여력을 가질 수도 있을 것이다. 그런 식으로 생각이 이어졌다.

오스본은 월마트가 장기적으로 노력하고 막대하게 투자한다면 100억 달러라는 수치를 확실히 달성할 수 있을 거라고 생각했다. 그러나 동기를 유발하는 게 문제였다.

오스본은 이렇게 말했다. "월마트는 경제성에 거의 초점을 맞추지 않을 때 이상하게도 최상의 상태가 됩니다." 이는 월마트가 2000년대 중반에 4달러의 제네릭 의약품 사업을 한 걸 가리킨다. "그러니까 '사람들의 삶을 극적으로 향상시키는 일을 할 거야'라고 말할 때가 그렇습니다."

어느 쪽이든, 회사의 초기 의료 프로젝트에서 잠깐이라도 일한 사람이 보기에는 월마트에서 장기적인 성공이란 오랫동안 기다려야 하는 일이었을 것이다.

월마트 의료 부문의 전직 임원은 내게 이렇게 말했다. "저는 월마트가 미국에서 가장 유의미한 의료기업 가운데 하나가 될 거라고 믿으며, 또 그러기를 바랍니다. 그렇지만 회사가 움직이는 속도를 보면 실망감을 느낍니다." 그는 잠시 뒤에 자신의 입장을 다음과 같이 약간 수정했다. "하지만 그 회사의 역사를 보면, 그게 아주 이상한 건 아닙니다."

그는 계속해서 월마트가 결국엔 슈퍼센터 모델을 만들어내며 완벽해지기까지는 20년이 걸렸다고 말했다. 식료품 판매에 뛰어든 움직임에 대해서도 똑같이 말할 수 있을 것이다. 따라서 자체적인 의료시설을 운영하는 일에 착수한 지 이제 불과 10년 정도밖에 안 된 시점이다 보니, 월마트가 결국엔 성공적인 모델을 찾아내리라는 희망이 있을지도 모른다.

그는 계속해서 내게 이렇게 말했다. "저는 그들이 여전히 20년 주기 계획에 매달려 있으며, 언젠가는 그것을 바로잡고 확실히 못을 박고 규모를 키울 거라고 희망합니다. 문제는 그때가 언제가 될 것이냐입니다. 그들이 너무 늦은 거 아니냐고요? 그건 아마존이 20년 보다 훨씬 더 짧은 주기로 일하기 때문에 그렇게 보이는 겁니다."

아니나 다를까, 2022년 7월에 아마존은 필팩 인수보다 훨씬 더 과감한 강수를 둔다고 발표했다. 아마존이 진료소 네트워크를 운영하는 원 메디컬(One Medical)이라는 회사를 39억 달러에 인수하기로 합의했으며, 연간 200달러의 요금으로 당일 또는 익일 진료 예약을 보장하겠다는 계획을 밝힌 것이다. 이 회사는 또한 연중무휴 24시간 가상진료 서비스를 제공하기로 했다. 필팩과 아마존 약국, 아마존 케어, 그리고 이제는 원 메디컬까지 가진 이 기술 대기업은 처음에는 인터넷으로 종이책을 파는 회사였다. 그런데 이제는 의료 분야의 게임 체인저가 되기 위한 여러 다양한 조각을 모으고 있었다.

아마존 의료 서비스 부문의 수석 부사장 닐 린제이(Neil Lindsay)는 당시에 발표한 성명에서 이렇게 말했다. "저희는 의료 부문이 재창조가 필요한 여러 서비스 가운데에서도 높은 순위에 있다고 생각합니다. 진료를 예약하고, 진료를 받기 위해 몇 주 또는 심지어 몇 달을 기다리고, 직장에 휴가를 내고, 운전해서 진료소까지 가고, 주차할 자리를 찾고, 대기실에서 기다리다가 검사실에서 또 기다리고, 그러다가 정작 의사와는 잠시 허겁지겁 만나고, 그 후에는 약국을 찾아서 또다시 이동합니다. 저희는 그런 서비스의 품질을 개선하고 사람들의 일상에 귀중한 시간을 돌려주기 위한 부분에서 엄청난 기회가 있다고 봅니다."

그런데 원 메디컬 인수를 발표한 이후에, 이 회사는 덜 환영받을 만한 발표를 하게 된다. 아마존이 원격의료와 재택 방문 서비스를 2022년 말에 종료할 거라고 밝히면서 아마존 케어의 직원과 의료진을 모두 곤혹스럽게 만든 것이다. 앤디 재시 CEO는 그런 발표가 나온 후에, 아마존 케어의 폐업 결정이 원 메디컬과의 협상 이전에 이미 결정되었고 말했다.[125] 그리고 아마존 의료 부문의 전직 리더도 원

메디컬과 인수 논의가 개시되기 오래전에 이미 아마존 케어의 사업성이 문제시되었다고 내게 확인해주었다. 돌이켜보면, 이 비즈니스 계열에서 출혈이 지속된다는 사실에 대한 약간의 힌트가 있었다. 폐업 선언을 하기 몇 달 전, 아마존 케어의 간호사는 각자의 생산성을 높이기 위하여 하루에 더욱 많은 가정을 방문해야 한다는 이야기를 들었다. 재시 CEO는 나중에 가정 방문 서비스를 가리켜 '독특하고 차별화된' 서비스 구성요소라고 말했지만, 회사가 그것을 지원할 수 있는 적절한 경제 모델을 찾아낼 수 없었다고 시인했다.

그럼에도 그 소식은 팬데믹 시기의 절망스러운 응급실 근무를 떠나 더 나은 삶과 일의 균형을 찾아왔으며, 고결한 선의의 사명에 대한 약속을 믿고 이곳에 합류한 간호사에게 특히나 곤혹스러웠다.

아마존 케어의 간호사는 그런 나쁜 소식을 접하고 나서 며칠 뒤에 내게 이렇게 말했다. "제가 커다란 무언가의 부품이 된 듯한 느낌이었어요. 변해가는 의료 분야에 속해 있는 부품 말입니다. 저는 황망했습니다. 그다음부터 저는 말 그대로 매일 울기만 했습니다. 왜냐하면 저는 병원으로 돌아가고 싶지 않거든요. 저는 이것이 천직이라고 생각하고, 병원으로 돌아가고 싶지는 않습니다."

그녀 같은 간호사가 아마존을 떠난 이후의 현실에 대해 고심하는 동안에도, 의료 분야에서 아마존이 가진 다른 계획은 조금씩 앞으로 나아가고 있었다. 2022년 9월 초, 원 메디컬은 연방거래위원회(FTC)에서 아마존으로의 인수에 대한 추가적인 정보를 제출하라는 요구를 받았다고 밝혔다. 이는 해당 협상이 승인받기까지 정부의 오랜 검토가 있음을 시사했다. 그러나 업계의 여러 관계자는 그 인수 계획이 결국엔 승인받을 것이며, 아마존은 의료 산업에 깊숙이 들어가려고 더욱 박차를 가할 것으로 예상했다. 그러는 동안 월마트는 좀 더 유기적인 접근 방식으로 입지를 구축하려 노력했다.[126]

월마트 의료 부문의 전직 리더였던 오스본은 아마존의 원 메디컬 인수가 장기적인 차원에서 월마트의 의료적 야망에 '절대적으로' 문제를 야기할 수 있다고 생각한다. 그러나 전자상거래부터 의료 영역에 이르기까지 여러 분야를 재창조하려 노력해온 수십 년 동안 이 거대기업이 자주 그랬듯이, 그들에게 가장 커다란 장벽은 거울로 뒤를 돌아보는 것인지도 모른다. 오스본은 월마트 의료 부문 경영진의 잦은 교체와 회사의 최고경영진에게서 내려오는 '전혀 일관되지 않은 약속'에 이르기까지 극복해야 하는 것이 많을 거라고 말했다.

아니나 다를까, 2022년 11월, 불과 7개월 전에 필자와 한 인터뷰에서 맥밀런 CEO가 자신감을 표출한 월마트 의료 부문의 리더인 셰릴 페거스가 이 회사를 떠나 제이피모건체이스의 의료 사업부에 합류한다는 소식이 전해졌다.

이에 대해 오스본은 이렇게 말했다. "월마트 의료 부문의 가장 커다란 위험은 바로 월마트입니다."

Chapter 12

팬데믹
주도권 투쟁

2020년 2월 23일 일요일, 나는 뉴저지주 뉴어크 리버티 국제공항 (Newark Liberty International Airport)에서 유나이티드 항공(United Airlines)의 비행기를 타고 워싱턴주 시애틀로 향했다. 그보다 한 달 전에 워싱턴주에서 코로나19 첫 확진 사례가 나왔다. 그러나 나를 비롯해 세상 다른 곳에서 정상적인 생활을 지속하던 대부분의 사람에게 이 신종 코로나바이러스가 아직까지는 별다른 걱정거리가 아니었다. 그리고 그건 다섯 시간 동안 비행기를 타고 가는 와중에도 나의 마음속에서 여전히 머나먼 세상의 이야기였다. 그런데 같은 비행기에 탄 탑승객 한 명이 갑자기 자신의 맨손에 재채기를 했다. 그것도 계속해서 여러 번을 말이다. 그는 이런 행위가 심지어 정상적인 시기에도 용납되지 않는다는 사실은 무시하는 것 같았다.

그럼에도 나의 주된 관심사는 불과 며칠 전에 아마존의 담당자들이 내게 정보를 알려준 무언가를 준비하는 데에 쏠려 있었다. 나는 아마존이 개발하여 그 주의 후반에 대중에게 공개할 예정이었던 새로운 콘셉트의 소매점을 슬쩍 엿볼 수 있도록 엄선하여 초대된 저널리스트 가운데 한 명이었다. 바로 식료품점이다.

물론 그건 그냥 평범한 식료품점이 아니었다. 아마존의 복음서에 따르면, 그것은 미래의 식료품점이었다. 카메라와 센서, 컴퓨터 비전 시스템이 설치된 아마존의 이 식료품점은 쇼핑객이 현금이나 결제용 카드를 꺼내지 않고 가게 밖으로 그냥 걸어 나갈 수 있었다. 아마존은 그걸 저스트 워크 아웃 기술(Just Walk Out Technology)이라고 불렀는데, 업계의 긱(geek)들은 그냥 JWOT라고 줄여서 말했다. 아무튼 이곳에는 계산원이 필요 없었다. 편리함이라는 미덕이 제프 베이조스의 제단에서 다시 태어났다.

월마트가 오래전부터 고객에 대해서 가장 중요하게 생각하는 것은 사람들의 돈을 아껴주는 것이지만, 아마존은 오래전부터 편리함을 가장 중요하게 생각했다. 이 새로운 가게는 만약 컴퓨터 앞에만 앉아 있던 어떤 사람이 직접 식료품을 사러 가야만 한다고 가정했을 때 아마존이 생각하는 편리함이 어떤 모습인지 실체화된 것이었다.

2년 전, 아마존은 필자가 "세븐일레븐(7-Eleven) 편의점과 프레타 망제(Pret A Manger) 샌드위치 가게를 합쳐놓은 것"이라고 설명한 어떤 가게를 통해 최첨단 무인 쇼핑이라는 아이디어를 처음 소개했다.[127] 이제 이 새로운 개념의 식료품 가게를 통해 아마존은 크로거(Kroger)나 월마트나 심지어 홀푸드보다도 오히려 트레이더 조스(Trader Joe's)를 연상시키는 1만 제곱피트(약 281평) 면적의 슈퍼마켓에 바로 그 콘셉트를 도입하고 있었다. 이곳에는 조리식품이나 정육점, 베이커리 코너 같은 게 없었다. 컴퓨터 비전 시스템이 아직까지는 이런 상품을 정확하게 추적할 수 없기 때문이었다. 농산품은 무게가 아니라 세트나 묶음 단위로 판매했는데, 그래야만 카메라와 컴퓨터가 가격을 계산할 수 있기 때문이었다.

그럼에도 이 새로운 개념의 가게는 9,000억 달러에 달하는 미국 식료품 산업에서 시장 점유율을 먹어치우려는 아마존의 만족할 줄 모르는 식탐을 부각시켰다. 아마존은 2017년에 약 140억 달러를 들여 홀푸드를 인수했고[128], 2019년에는 프라임 회원에게 식료품 당일 무료 배송이라는 혜택을 만들어냈는데도[129] 여전히 만족스럽지 않은 것 같았다. 자신들이 홀푸드를 인수했지만, 그리고 타깃(Target)이 인수한 인스타카트(Instacart)나 쉬프트(Shipt) 같은 배송 스타트업의 인기가 높았지만, 아마존의 임원들은 겨우 몇 퍼센트의 미국인만이 정기적으로 온라인으로 식료품을 주문한다는 사실을 잘 알고 있었다. 아마존은 스스로가 오랫동안 멀리해왔으며 월마트가 오랫동안 장악해온 오프라인 소매업의 세계로 침투하기 위해 또 하나의 거대한 발걸음을 내딛고 있었다. 그러기 위한 테스트와 학습이 이제 막 시작된 것이다. 그럼에도 그날 내가 만난 아마존 관계자들은 앞으로 닥칠 내부와 외부의 장애물이 얼마나 험난한 것인지 알지 못했다.

월마트 플러스

거의 비슷한 시기에, 아칸소 북서부에 있는 월마트 본사의 회의실, 그리고 뉴저지 호보켄과 샌프란시스코만(San Francisco Bay) 지역에서 월마트 전자상거래 부문이 입주해 있는 사무실에서는 회사의 임원들이 비밀스런 비즈니스 개시를 계획하고 있었다. 내가 그 낌새를 알아채기 전까지만 해도 그건 완전히 비밀이었다. 시애틀 출장에서 돌아온 지 불과 며칠 뒤에, 나는 월마트가 아마존 프라임에 맞서기 위한 자신들만의 혁신적인 서비스를 발표할 예정이라는 뉴스를 내보냈다.

월마트가 기존의 무제한 배송(Delivery Unlimited) 서비스를 재단장하여 월마트＋(Walmart＋)라고 멋스럽게 표기하는 월마트 플러스(Walmart Plus)를 개시할 예정이었다.[130] 참고로 무제한 배송 서비스는 미국의 1,600개가 넘는 월마트의 매장에서 이미 고객에게 연간 98

달러의 요금으로 신선 식품을 무제한 당일 배송해주고 있었다. 하지만 무제한 배송 서비스는 회사 내부에서 그것을 강력하게 지지하는 세력이 없었으며, 그래서 제대로 된 마케팅을 하지도 못했다. 아마존이 홀푸드를 인수하면서 비상등이 켜졌는데도, 월마트의 미국 부문 CEO인 그레그 포란은 여전히 배송보다는 훨씬 더 수익성이 좋은 식료품 픽업 비즈니스에 월마트가 집중하는 걸 선호했다. 게다가 무제한 배송은 더그 맥밀런을 비롯한 다수의 임원이 그것으로 월마트가 이득을 볼 수 있는 어떤 멤버십 프로그램처럼 느껴진 적도 없었다.

그 서비스가 멤버십으로 바뀌어야 한다거나 어떤 방식으로 그렇게 되어야 하는지 내부 논의가 이어지는 가운데, 월마트 전자상거래 부문의 대표인 마크 로어는 오프라인 매장 부문의 고위급 임원들에게 월마트가 그 새로운 멤버십의 가격을 원가 이하로 책정하는 걸 고려해야 한다고 힘주어 말했다. 그의 논리는 이러했다. 만약 그 가격을 연간 98달러로 유지하면 당시에 그보다 약간 더 비쌌던 연간 119달러의 아마존 프라임과 비교될 수밖에 없다는 것이다. 로어는 얼마나 많은 미국인이 두 가지 서비스에 모두 돈을 내고 가입할지 의문을 던졌다. 특히나 당일 배송과 동영상 스트리밍 서비스까지 갖춘 아마존의 멤버십이 더욱 많은 가치를 제공하는 그런 영역에서 말이다. 그는 대부분의 미국인은 둘 중 하나만 선택할 거라고 생각했는데, 월마트 플러스가 충분한 고객을 확보해서 승리할 수 있다고 확신하지 못했다.

그런데 만약 월마트가 멤버십 가격을 훨씬 낮게 책정한다면, 아마존 프라임의 고객 가운데 다수가 프라임 서비스에 더해 월마트 플러스의 멤버십에도 가뿐히 가입할 수 있다고 그는 추론했다. 월마트 플러스는 주로 식료품 배송에 사용하고, 일반 잡화를 빠르게 배송받고 엔터테인먼트를 즐기는 혜택은 단기적으로는 아마존을 계속해서 의존할 거라고 생각했다. 그런 다음에는 월마트가 조금씩 월마트 플러스 프로그램에 더욱 많은 혜택을 더한다면, 아마존 프라임 고객이 월마트보다 더 비싼 회원제 프로그램을 아예 버릴 수 있게끔 유도할 수 있다고 여겼다.

이러한 움직임을 위해서는 무제한 식료품 배송 서비스에 연간 49달러 정도의 요금만 부과함으로써 발생하는 단기적인 손실을 감수해야 했다. 그러나 대신에 장기적으로는 아마존이 소매업 분야에서 갖고 있는 가장 커다란 강점을 조금씩 약화시킬 수 있었다. 그리고 사실 월마트가 멤버십 요금 하나만으로는 절대로 그다지 큰 수익을 거두기는 힘들었다. 어느 쪽이 되었든 결국엔 월마트 플러스의 쇼핑객이 가정용 실내 장식품이나 의류처럼 식료품보다 수익성이 더 높은 상품을 더 많이 주문하도록 설득해야 했다.

로어는 그렇게 만드는 과정이 상당히 힘겨운 싸움이 되리라는 것을 알고 있었다. 그리고 자신의 전략 부서가 회사의 이사회를 위해 작성한 2018년 전략 백서에서 98달러의 멤버십 프로그램을 추진한 적이 있다는 사실도 도움이 되지는 않을 것 같았다. 게다가 월마트 플러스에 대한 논의가 활기를 띠고 있을 때, 로어의 목소리는 예전만큼 묵직한 무게감을 갖지 못했다. 그럼에도 로어는 낮은 멤버십 가격과 그로 인해 멤버십 프로그램 관련 매출액이 줄어들더라도, 월마트가 새로운 회원을 모으기 위한 마케팅 활동에 들이는 비용을 줄임으로써 그러한 손해가 상쇄될 수 있다고 설득하려 노력했다. 로어는 낮은 가격이라는 더 나은 조건이 더욱 많은 무료 입소문 마케팅으로 이어질 것이며, 이는 결국 회원 가입을 늘리기 위해 회사가 염두에 두고 있는 유료 광고를 상당히 많이 줄일 수 있다는 점을 알고 있었다.

로어는 자신의 상사인 맥밀런은 그런 논리를 이해할 거라고 믿었지만, 회사의 최고재무책임자인 브렛 빅스 같은 임원에게는 잘 먹히지 않을 거라고 생각했다. 심지어 로어의 밑에서 일하는 전자상거래 부문의 일부 임원도 월마트에서 판매하는 개별 식료품의 가격이 타깃이나 크로거, 그리고 특히 아마존 같은 경쟁사보다 얼마나 낮은지 고려한다면, 98달러의 가격대는 상당히 적정한 수준이라고 믿었다. 그들은 만약 월마트 플러스의 어떤 고객이 1주일마다 다량의 식료품을 주문한다면, 배송 서비스를 제공하는 다른 경쟁업체를 이용하는 경우와 비교할 때, 해당 고객이 실제 식료품 가격으로만 주당 최소 10달러를 아낄 수 있다고 예상했다. 그렇게 아낀 금액을 1년 단위로 합산하면 그 고객은 식료품 구매에서만 모두 500달러 이상을 아끼는 것이었다. 불과 98달러의 멤버십 비용에 대한 대가로 그러한 절약 효과가 자신의 집 앞까지 배송되는 것이다.

그런 관점에서 심지어 일부는 98달러의 가격대가 사실은 공짜나 다름없다는 사실을 공개하고 싶어 했다. 그러나 2020년 9월에 그 서비스가 결국 개시되었을 때, 회사가 발표한 메시지는 거기에 초점이 맞춰져 있지 않았다. 대신에 월마트의 어느 최고위급 임원은 그것을

가리켜 '궁극적으로 편리한 생활'이라고 말했다.[131]

이런 사람 가운데 한 명은 불만을 표현하며 이렇게 말했다. "편리함은 누구나 늘 추구해온 것입니다. 그런 상황에서 갑자기 편리함이라뇨? 아마존은 편리합니다. 인스타카트도 편리합니다. 그런 상황에서 우리도 편리하다고 말하는 건 뭔가 새로운 이야기가 아닙니다."

그 멤버십에는 또한 월마트 주유소에서 쓸 수 있는 갤런(약 3.8리터)당 5센트의 할인 혜택이 포함되어 있었다. 그리고 고객이 월마트 매장에서 줄을 서지 않고 계산할 수 있는 스캔 앤 고(Scan & Go)라는 서비스도 이용할 수 있었다. 참고로 이 방식은 월마트가 몇 년 전에 잠시 테스트했다가 중단한 시스템이다. 어쨌든 월마트 플러스의 장기적인 비전은 월마트 약국에서 처방약을 할인해주는 것과 같은 더욱 많은 혜택을 이 프로그램에 추가하는 것이었다. 참고로, 처방약 할인 혜택은 결국 실현되었다. 그리고 2022년에 월마트는 이 멤버십에 엔터테인먼트 혜택을 추가했는데, CBS나 니켈로디언(Nickelodeon) 같은 채널에서 방송되는 TV 프로그램을 비롯하여 파라마운트(Paramount)와 미라맥스(Miramax)의 영화를 볼 수 있는 파라마운트+(Paramount+)에 무료로 가입할 수 있었다.

다시 2020년 2월로 돌아가서 내가 월마트 플러스에 대한 뉴스를 보도했을 때, 이 프로그램은 예정된 공개적인 서비스 개시를 아직 한두 달 앞두고 있었다. 그런데 본격적으로 문턱을 넘기도 전에 전 세계가 팬데믹으로 발칵 뒤집혔다. 그것은 우리 세계가 백 년 넘게 경험해보지 못한 엄청난 규모였다. 월마트의 임원들은 온라인 주문에 대한 수요를 따라잡는 걸 포함하여 수많은 전선에서 고군분투하게 되었다. 당시에 온라인으로 밀려드는 주문량은 그들이 예전에는 차마 꿈도 꾸지 못했을 정도로 어마어마한 수준이었다. 아마존 역시 엄청나게 혼란스러운 위기에 직면했다. 일부는 그들의 통제 범위를 벗어난 것이었고, 또 일부는 스스로 초래한 것이었다.

프라임 팬데믹

아마존이 2002년에 온라인 마켓을 열어 외부 판매자가 아마존 웹사이트에서 상품을 판매할 수 있게 한 이후, 그 덕분에 형성된 방대한 상품 카탈로그는 아마존의 플라이휠(flywheel)이 추진되는 데 매우 중요한 것으로 밝혀졌다. 그러나 팬데믹 기간에 온라인 쇼핑이 폭증하면서, 그러한 강점이 오히려 커다란 문제로 바뀌었다. 아마존닷컴에서는 비누, 화장지, 손 세정제, 마스크 같은 긴급 필수품의 수요가 높은 반면, 아마존 물류창고에는 드레스 의상부터 비디오 게임 콘솔에 이르기까지 온갖 종류의 덜 중요해 보이는 상품도 쌓여 있었다. 그리고 공간적 여유도 점점 더 바닥이 나고 있었다.

2020년 3월 중순, 아마존은 물류창고에 상품을 보관하고 배송하는 방식에서 대대적인 변화를 도입했는데, 그들은 이것이 필수 품목의 재고를 유지하고 주문처리 속도를 높이기 위한 조치라고 말했다.

당시에 아마존은 이렇게 말했다. "가정용 필수품과 의약용품을 비롯하여 우리의 주문처리 센터로 들어오는 고수요 상품의 우선순위를 일시적으로 높여 이런 상품을 고객에게 더욱 빠르게 배송할 것입니다."

아마존이 '우선순위를 높인다'는 것은 아마존 온라인 마켓의 판매자나 대형 공급업체의 자유소비재(discretionary goods)가 자사의 물류창고에 새로 입고되는 것을 더이상 허용하지 않겠다는 의미다. 그들은 이것이 2020년 4월 초까지 이어지는 임시 조치라고 말했다. 그 기간 동안 아마존은 자사 웹사이트에서 비필수 품목을 포함하여 모든 유형의 상품을 여전히 판매하긴 하겠지만, 자유소비재를 제공하는 외부 판매자는 이제 이런 상품을 그들 스스로 보관하고 배송해야 함을 의미했다. 그러니까 인기가 아주 많은 아마존의 주문처리(Fulfillment by Amazon, FBA) 서비스를 이용해 더이상 아마존에 상품의 취급과 처리를 맡길 수 없게 된 것이다.

이러한 변화에도 아마존의 웹사이트와 배송 서비스는 사실상 멈춰 서게 되었다. 수요가 높은 상품의 공급이 부족한 것만이 아니다. 물류창고 노동자가 자기 자신 또는 가족이 병에 걸리거나, 또는 각각 수천 명의 노동자를 고용하고 있는 아마존의 시설 내에서 바이러스에 감염될까 봐 우려한 나머지 자리를 비우고 있었던 것이다. 직원의 근무율은 30퍼센트까지 떨어졌다.[132] 아마존이 사회적 거리두기, 마스크 착용 의무화, 체온 점검 같은 안전 조치를 실시하며 다른 경쟁자에 비하여 여러 부분에서 앞서 나가고 있었지만, 일부 노동자는 당시에도 그들은 각자의 할당량을 채워야만 하는 경우가 많았기 때문에 사회적 거리두기를 준수하기가 힘들거나 아예 불가능했다고 말했다. 팬데믹 초기에 흔하게 제기된 또 다른 불만사항은 아마존 경영진이 자사의 시설 내에서 바이러스가 확산되는 것을 충분히 투명하게 공개하지 않았다는 것이다.

뉴욕의 스태튼 아일랜드(Staten Island)에 있는 아마존의 시설에서 근무한 노동자는 당시에 이렇게 말했다. "그것은 우리의 신경, 우리의 정신, 우리의 사고방식에 영향을 미칩니다. 왜냐하면 우리가 지금 하는 모든 것에서 조심해야 하기 때문입니다. 그건 마치 단돈 1달러에 제 목숨을 걸고 있는 것 같습니다."[133]

아마존의 노동자만 그런 건 아니었다. 월마트에서도 노동자가 더욱 나은 건강 예방조치를 요구했다. 2020년 4월 초, 월마트는 코로나19 확진 사례가 급증하자 펜실베이니아에 있는 물류창고 한 곳을 일시적으로 폐쇄해야만 했다. 그리고 다수의 월마트 슈퍼센터 매장에서도 코로나19 확진 사례가 나왔는데, 그중에 매사추세츠 지점에서는 검사 결과 십여 명의 직원이 양성 반응이 나온 직후에 일시적으로 폐쇄되었다. 그해 6월 초에는 미국 내 십여 개 주의 법무장관이 월마트에 서한을 보내 직원과 고객을 보호하기 위한 월마트 측의 조치가 불만족스럽다고 성토했다.

아마존이 필수 상품의 우선순위를 높이겠다고 발표하고 나서 며칠이 지나자, 일부 상품은 아마존의 물류창고에 재고가 있었는데도 배송 기간이 한 달 이상으로 느려졌다. 심지어 프라임 회원에게도 마찬가지였다.[134] 그러한 배송 지연 사태는 몇 주 동안 지속되었는데, 그러면서 코로나바이러스는 아마존의 여러 서비스를 무릎 꿇

게 할 수 있는 유일한 외부세력으로 보였다. 소셜 미디어에서 프라임 회원들은 아마존이 과연 자신들의 회비 일부를 환불해줄지 궁금해했다. 왜냐하면 프라임의 핵심 혜택인 신속한 배송이라는 게 사실상 존재하지 않았기 때문이다. 물론 그것은 한 세대에 한 번 있을까 말까 한 정상참작의 사유가 있긴 했지만, 그 상황이 애초에 약속한 것과 다르다고 해서 아마존이 과연 고객에게 프라임 이용료를 내려줬을까? 그럴 리 없다. 어쨌든 프라임 서비스에 대한 환불은 없었다. 회사의 역사에서 가장 중요한 시기에 프라임의 주요 혜택이 사실상 무용지물이었지만, 아마존의 임원들은 기본적으로 다른 방안을 찾아보기로 했다.

나는 아마존 프라임 부문의 대표인 자밀 가니(Jamil Ghani)에게 때로는 지겨울 정도로 '고객 만족'에 대해 자랑하는 이 회사에 올바른 조치가 무엇일지 내부에서 논의했는지 물었다.

그는 이렇게 말했다. "내부의 대화나 회의는 언급하지 않겠습니다. 하지만 제가 말할 수 있는 건, 프라임 회원의 참여 수준과 고객 확보 및 유지 성과, 그리고 전 세계 회원의 일화 등을 보면 모두에게 영향을 미친 세계적인 공급망 붕괴 상태에도 프라임이 회원을 위한 필수적인 서비스를 제공한다는 점을 잘 입증해줍니다."

이 말을 해석해보면 이렇다. 사람들은 여전히 프라임의 혜택을 사용하거나, 이 서비스에 의지하거나, 아직 회원이 아닌 사람은 이 서비스에 가입하려 하는데, 대체 왜 우리가 환불해주겠어요? 그들은 고객이 자신의 지갑과 행동으로 투표한 거라고 추론하고 있었다. 그럼에도 '지구에서 가장 고객 중심적인 회사'가 되겠다고 스스로 천명한 기업에는 어울리지 않는 것처럼 보였다.

이러한 움직임은, 혹은 미진한 조치는, 프라임 서비스가 아마존의 지배력에서 얼마나 중요한지, 그리고 별다른 반격을 할 수 없는 월마트가 얼마나 고통받았는지 잘 보여주는 또 다른 대목이다. 시간이 지나며 코로나19 변종이 발생하여 미국 전역에 봉쇄 조치가 내려지고, 소매업과 접객업, 그리고 식당 노동자를 대거 실업 상태로 내몰면서 수백만 명의 미국인이 불과 몇 달 전보다 재정적으로 더욱 열악한 상태에 놓이게 되었다. 그런데 전자상거래의 인기가 치솟으면서, 아무리 필요에 의해서라고는 하지만, 뭔가 직관에 반하는 일이 벌어졌다. 생계에 어려움을 겪고 있는 저소득층 가구에서도 이 위기 기간에 프라임 회원 수가 급증한 것이다.

이와 관련하여 자밀 가니는 내게 이렇게 말했다. "안타깝게도 그 부분에서 코로나 팬데믹이 정말로 촉매제가 된 건 사실입니다. 어떤 형태로든 정부의 지원을 받는 전체 가구의 인구가 크게 늘어났기 때문입니다."

코로나 팬데믹이 야기한 혼란 때문에 원래 2020년 2월이나 3월에 시작할 수 있었던 월마트의 반격은 7월로 그 개시일이 연기되었다. 그러나 7월이 되자, 그 개시일은 다시 한번 뒤로 밀려났다. 이번에는 9월이었다.

그러는 동안에도 두 회사에는 단지 새로운 프로젝트나 고객의 수요, 그리고 팬데믹의 초기 몇 달 동안 그것을 처리할 수 있느냐와 같은 것 이상으로 걱정해야 할 일이 많이 있었다. 오프라인 매장과 물류창고 직원이 목소리를 내기 시작하면서, 직원이 신종 코로나바이러스에 감염되지 않도록 충분한 조치를 취하지 않는 것과 얼마나 많은 동료가 감염되었는지 투명하게 공개하지 않는 것에 대하여 회사의 경영진을 비난한 것이다. 특히 아마존에서는 그로 인한 내부 대결이 앞으로 몇 년 동안 수많은 방식으로 이 회사를 바꾸어놓을 수도 있는 잠재력을 갖고 있었다.

노조 기피

아마존의 물류 부문 내부의 노동 여건은 이 회사의 초창기 15년 동안에는 미디어나 정부의 면밀한 감시를 받는 뜨거운 주제가 아니었다. 아마존은 아직 대단히 인기가 많지도 않았고, 미국에서 10년 넘게 열 개 미만의 물류창고를 보유하고 있었다. 노동 활동가들과 노조 지지자들 역시 공공의 적 1호를 공격하느라 여념이 없었다. 그곳은 아마존보다 훨씬 더 크고, 훨씬 더 강력하며, 소규모 사업체를 죽이는 곳, 바로 월마트다. 게다가 초기에 아마존은 할당량이나 성과 측정지표에 그다지 심하게 집착하지 않았는데, 그에 대해 물류창고의 담벼락 안팎에서 비판받은 것은 나중의 일이다.

물류창고 부문의 인사관리자로 오랫동안 일한 전직 직원은 2010년경에 아마존에서 그런 방향으로 선회하는 심상치 않은 변화를 목격했다고 내게 말했다. "제가 입사했을 때만 하더라도, 그 시설의 지도부가 거기 있는 사람을 진정으로 배려한다는 것이 제게는 분명히 느껴졌습니다. 제가 주문처리 센터에서 떠날 때의 아마존은 (중략) 그런 모습이 아니었습니다."[135]

이 전직 관리자는 그러한 변화의 원인이 부분적으로 성과 측정 데이터에 점점 더 의존하게 된 것과 소위 말하는 관리운용절차를 시행했기 때문이라고 말했다. 그녀는 내게 이렇게 말했다. "우리가 수행하는 절차에는 지나치게 많은 수치가 달라붙었습니다." 그러면서도 물류창고의 업무에 더욱 많은 체계를 더하는 것이 비즈니스에는 유리한 측면이 있다는 점도 인정했다. 그러나 또 다른 핵심 요소는 아마존이 폭증하는 고객의 수요를 충족하기 위해 확장하면서 채용한 물류창고 관리자의 유형이었다. "그것은 그저 혹사, 혹사, 혹사가 전부였습니다."

이 당시는 데이브 클라크(Dave Clark)라는 저돌적인 리더가 내부에서 부상하던 시기와도 일치한다. 앞에서 소개한 전직 인사관리자는 2010년경에 물류창고의 문화가 변화하기 시작했음을 감지했는데, 이는 데이브 클라크가 아마존의 북미 사업부를 책임지는 자리에 임명된 것과 동일한 해였고, 그가 책임지는 시설 가운데는 물류창고 네트워크도 있었다. 클라크의 지휘 아래 아마존의 물류 역량은 향상되었지만, 일부 사람은 노동 여건의 가혹함 역시 더욱 거세졌다고 말한다. 어느 물류창고의 총괄관리자로 일하는 커리어 초기에 클라크는 그늘에 웅크리고 숨어 있다가 업무를 태만히 하는 것으로 여겨지는 일선의 노동자를 붙잡아 해고한다고 알려져 있었다. 이런 전술 때문에 그는 스나이퍼(Sniper)라는 별명을 얻었다.

그 전직 인사관리자는 내게 이렇게 말했다. "그가 지나간 자리에는 시체가 남아 있을 정도로 무서운 감독관이었습니다." 그러면서 동시에 클라크의 뛰어난 지능도 인정했다.

아직 스타트업이던 초창기에는 아마존도 특히 검소했으며, 초기의 몇 안 되는 물류창고 작업에 대해서는 겨우 시세에 해당하는 임금만 지불하려 했다. 그러나 시간이 지나고 회사가 커지자 물류창고 운영 부문의 임원들은 물류창고 직원에게 경쟁업체보다 높은 임금을 지불할 때의 장점이 있음을 깨닫게 되었는데, 특히 새로운 주에서 처음으로 인력을 채용할 때는 더욱 그러했다.

아마존의 인사관리 부서에서 오랫동안 재직한 전직 고위 관리자에 따르면, 당시에 회사는 이 부분에 대해 이렇게 생각했다고 한다. "시세보다 높은 임금을 주지 않는 것은 실존적인 위협입니다. 우리는 가장 재능 있는 사람이 저쪽 길 건너편의 타깃이나 월마트로 가는 걸 정말로 원하지 않았습니다."

그런 수준의 급여, 그리고 평균 이상의 혜택과 함께 찾아오는 것은 힘겨운 노동이었다. 딱딱한 물류창고의 바닥을 하루 종일 20킬로미터 이상 걸어 다녀야 했다. 엄격한 할당량, 처벌 위주의 근로성과 규정, 그리고 문자 그대로 가혹한 환경이었다. 펜실베이니아의 지역신문 〈모닝콜(Morning Call)〉이 2011년에 취재한 내용에 따르면, 현지의 아마존 물류창고 한 곳에는 여름철이면 외부에 앰뷸런스 한 대가 주차되어 있었는데, 그 이유는 시설 내의 높은 기온 때문에 수많은 노동자가 병에 걸렸기 때문이다.[136]

이런 폭로가 나오자 제프 베이조스는 5,000만 달러 이상을 투입하여 자사의 대형 물류창고에 에어컨을 설치하겠다는 계획을 재빨리 발표했다. 그러나 그 보도는 아마존에 커다란 불명예였으며 노동 문제에서 주로 벤턴빌의 거대기업(월마트)을 비판하던 활동가와 노동단체를 자극하는 역할을 했다. 그리고 당시 그들의 곁에는 온라인 쇼핑객도 함께했다.

이와 관련하여 비영리단체인 지역자립연구소(Institute for Local Self-Reliance)의 공동대표이자 월마트와 아마존의 비즈니스 관행을 오랫동안 비판해온 스테이시 미첼(Stacy Mitchell)은 이렇게 말했다. "월마트는 아마존의 주요 고객층인 특히 도시에 사는 민주당 성향의 고객 사이에서 악명이 높았습니다. 그 점이 흥미로운 이유는 월마트가 대중적으로 훨씬 더 많은 역풍을 맞은 끔찍한 노동 관행을 비롯한 수많은 문제를 어떻게든 잘 견뎌내고 있었다는 겁니다. 그 이유는 월마트가 공화당 성향이 강하고 컨트리 음악을 좋아하는 문화적으로 다른 지역에 있기 때문입니다."

물류창고의 높은 기온이 폭로되고 2년 후인 2013년에 독일의 어느 노동조합이 보너스 등을 비롯한 문제를 두고 아마존과 힘겨루기를 했다. 다음 해 아마존은 미국에서 처음으로 노조 결성과 관련한 실질적인 위협을 마주했다. 일반직 상품 수집원이나 포장원이 아니라, 장비 기술자와 정비사로 구성된 소규모 그룹이 델라웨어의 물류창고에서 노조 결성을 위한 투표를 추진하기로 결정한 것이다. 결국 아마존의 맹렬한 노조 파괴 작전 앞에서 27명의 노동자 가운데 다수가 노조 결성에 반대표를 던졌다.

몇 년 뒤, 아마존은 버지니아의 물류창고 한 곳에서 비슷한 직종의 노동자들이 추진하던 또 다른 노조 결성 움직임을 물리쳤다. 2021년 〈뉴욕타임스〉 보도에 따르면, 그것은 찬반 투표에 돌입하기 이전의 일이었다고 한다.[137] 그러나 해당 노동자들이 회사가 노조 결성 움직임을 방해하는 과정에서 노동법을 위반했다고 아마존을 고소했고, 이후 아마존은 연방 규제당국과의 합의안에 동의했다. 아마존은 휴게실 벽면에 특정한 노조 분쇄 행위에 관여하지 않겠다는 내용의 안내문을 게시해야만 했다.

당시 〈뉴욕타임스〉는 이렇게 보도했다. "아마존은 이렇게 썼다. 당신이 노조를 지지한다 하더라도 '우리는 당신이 일자리를 잃을 것이라고 위협하지 않겠다'. 그리고 당신이 노조 활동에 참여하는 동안에도 '우리는 노조에 대해서 당신을 조사하거나' 또는 '당신을 감시하지 않겠다'. 당신이 노조 지지자라는 이유로 '우리는 당신을 불특정한 보복으로 위협하지 않을 것이다'. '우리는 노조 지지자에게 **해를 가하겠다고** 위협하지 않을 것이다.'"[138]

이것이 아마존에는 특별히 놀라운 행동이 아니었다. 노조 결성을 방해하기 위한 아마존의 노력은 오래전으로 거슬러 올라간다. 마치 월마트처럼 말이다. 샘 월튼의 회사는 오랫동안 노동 조직가를 맹렬히 반대했다. 그 어떤 자그마한 움직임도 방해하기 위해 온갖 노력을 쏟아부었다. 2000년에 고기 절단 업무를 담당하는 소규모 노동자들이 텍사스의 월마트에서 노조 결성에 찬성하는 투표를 했다. 그 직후, 월마트는 미리 포장된 육류만을 취급할 것이라고 하면서 육류 코너 노동자의 일자리를 없애버렸는데, 이는 아마도 노조 결성 투표 이전에 내린 결정일 것이다. 회사는 또한 대다수 노동자가 노조 결성에 투표한 캐나다의 슈퍼센터 한 곳을 폐쇄했다.

월마트의 대변인은 당시에 그 매장이 재정적인 어려움에 처해 있었다고 말했다. "처음부터 어려움을 겪었습니다. 노조가 출범한 이후에도 상황은 계속해서 악화되었습니다. 이 매장의 환경은 매우 분열되어 있었는데, 어떤 사람은 노조에 가입했고 어떤 사람은 그러지 않았기 때문입니다."[139]

노조 파괴 활동은 월마트의 역사에 걸쳐 매우 흔하게 이루어졌다. 심지어 월마트의 최고경영진으로 회사의 자금을 유용하다 적발된 톰 코플린(Tom Coughlin)은 부하직원에게 그 돈이 노조원에게 정보를 얻는 대가로 사용하는 것이라고 말하며 자신의 잘못을 은폐하려 시도했을 정도다.

"샘은 언제나 노조와 싸웠습니다. 그리고 우리 모두 그랬습니다. 왜냐하면 노조가 하는 일이 어떻게 월마트에 도움이 되는지 우리는 알 수 없었기 때문입니다." 은퇴한 전직 임원인 버트 스테이시(Burt Stacy)의 말이다. 그는 한때 샘 월튼에게 고용되어 벤턴빌은행의 운영을 맡았으며, 월마트의 2대 CEO인 데이비드 글래스의 절친한 친구이기도 하다.

아마존 경영진의 생각도 같았다. 인사 문제를 담당했던 전직 고위 관리자의 말에 따르면, 2000년대 들어 아마존은 모든 물류창고에서 노조 결성의 위험성을 추적하기 시작했다. 그들은 노조 결성의 '위험 지역'이 어디인지 파악하기 위해 엑셀 파일에 히트 맵(heat map)*을

---

* 어떤 이미지 위에 다양한 정보를 열화상 그래픽처럼 표시하는 것.

만들었다. 이러한 위험 구역은 수십 개의 측정 지표에 따라 계산되었는데, 거기에는 노동자의 임금 인상 빈도와 물류창고의 안전 관련 기록 등이 포함되어 있었다.

그러한 사고의 핵심은 만약 경영진이 어떤 물류창고의 불만사항을 충분히 일찍 포착할 수 있다면 노동자들이 노조 결성을 고려하기 전에 회사가 나서서 개입할 수 있다는 것이었다. 앞서 소개한 전직 인사 담당 고위관리자는 회사의 생각에 대해 이렇게 말했다. "만약 우리 인력이 서로 단결하여 단체 협상에 돌입한다면, 저는 관리자로서 실패한 것입니다."[140] 월마트의 임원들도 오랫동안 비슷한 말을 해왔다. 그럼에도 아마존은 결국엔 자신들의 노력이 대실패할 가능성에 직면하고 만다.

똑똑하지도 않고
논리정연하지도 않은

팬데믹 초기에 많은 고용주가 코로나바이러스에서 자사의 직원을 제대로 보호하지 못했다. 그리고 일부 아마존 직원은 자신의 회사도 그들 가운데 하나라고 느꼈다. 당시에 아마존 물류창고에서 오래 근무한 크리스 스몰스(Chris Smalls)는 점점 걱정이 커졌다. 자신의 동료들 다수가 아마도 코로나19에 감염되어 아팠지만, 시설은 여전히 열려 있었다. 그리고 그는 관리자들이 이 문제에 투명하지 않다고 생각했다. 그래서 2020년 3월 말, 스몰스는 자신이 일하는 뉴욕의 스태튼 아일랜드에 있는 시설에서 소규모 파업을 이끌면서 아마존의 조치에 항의하고 물류창고를 일시적으로 폐쇄하라고 요구했다. 그는 파업 계획에 대해 일부 언론에 미리 알렸고, 약 50명의 노동자가 참여한 이 파업을 CNBC 및 바이스(Vice) 같은 언론사가 취재했다.

당시에 스몰스는 바이스에 이렇게 말했다. "아마존은 코로나바이러스의 번식장입니다. 우리는 2차 파동을 맞을 것입니다. 저는 지금 그것을 방지하기 위해 노력하는 것입니다."[141]

그 직후 아마존은 중대한 실수를 저질렀다. 스몰스를 해고한 것이다. 회사의 공식 입장은 스몰스가 코로나19 확진을 받은 동료에게 노출되어 아마존이 그를 집으로 돌려보냈는데, 그가 파업하기 위해 근무시설에 나타나자 격리 규정을 위반했기 때문에 해고되었다는 것이다. 하지만 해당 물류창고의 인사관리자를 포함하여 많은 사람이 보기에 그의 해고는 정당하지 않았고 보복의 냄새가 났다. 아니나 다를까, 뉴욕주의 레티샤 제임스(Letitia James) 법무장관은 나중에 아마존의 스몰스 해고가 불법이라고 판결했다.

사태는 이제 눈덩이처럼 불어날 뿐이었다. 스몰스의 해고 직후에 제프 베이조스를 포함한 아마존 최고경영진이 참석한 회의를 요약한 문서에서, 아마존의 최고자문변호사이며 백인인 데이비드 자폴스키(David Zapolsky)가 흑인인 스몰스를 가리켜 '똑똑하지도 않고 논리정연하지도 않은 사람'이라고 언급한 것이다. 자폴스키는 또한 언론과 소통할 때 노조 활동에 대한 초점이 스몰스에게 맞춰지게 하라고 독려했다. 자폴스키는 당시의 회의 문서를 실수로 아마존의 법무팀 전원에게 이메일로 보냈고, 이 문서는 그 이후에 언론에 유출되었다.[142] 이에 격분한 아마존의 직원은 회사의 조치와 자폴스키의 인종차별적 발언에 이의를 제기했다. 기술직 노동자들은 수천 명의 직원이 포함되어 있는 내부의 리스트서브(Listserv)*를 통해 불같이 화를

---

* 특정 그룹에게 자동으로 이메일을 발송하는 시스템.

냈고, 나중에는 리스트서브의 관리자가 이메일 글타래(thread) 가운데 하나를 없애버리자 아마존의 원격 메시지 시스템인 차임(Chime)에서 그보다 적은 규모의 직원이 항의를 이어나갔다.[143]

스몰스는 어느 기자에게 이렇게 말했다. "유출된 문건은 제프 베이조스라는 사람이 누구인지, 그의 주변에 어떤 사람이 있는지, 그에게 자문해주는 사람이 어떤 사람인지 드러냈습니다. 그리고 그들이 자신의 직원에 대해서 어떤 유형의 대화를 하는지, 그리고 그들의 초점이 저를 비방하는 것에 맞춰져 있다는 사실도 드러났습니다."

스몰스는 계속해서 이렇게 말을 이었다. "그 문건은 그들이 우리 노동자를 배려하지 않는다는 걸 정확히 말해줍니다. 그것은 아마존과 크리스 스몰스의 싸움이 아닙니다. 그것은 아마존과 사람들의 대결입니다."[144]

문건이 유출된 이후에 아마존은 자폴스키를 대신하여 성명을 발표했지만, 거기에는 스몰스에 관해 언급한 발언에 대하여 미안하다거나, 죄송하다거나, 후회한다거나 하는 일반적으로 진심 어린 사과와 연관된 표현은 전혀 들어 있지 않았다.

그 성명은 이런 내용이었다. "저의 발언은 경솔했으며 감정적이었습니다. 저는 아마존의 직원 한 명이 코로나19 바이러스에 노출되어 스스로 격리하라는 경고를 받은 이후에 회사 부지에 반복적으로 되돌아와서 다른 아마존 직원의 건강과 안전을 위험에 빠트리는 행동을 한 것에 대해 당황스럽고 화가 났습니다. 그런 저의 감정이 걸러지지 않고 말로 새어 나왔고, 저는 그걸 주체하지 못했습니다."

아마존의 댄 펄렛(Dan Perlet) 대변인은 기자들에게 자폴스키가 그 회의 문건을 작성할 때 스몰스가 흑인이라는 사실을 몰랐다고 말했다. 그러나 그 물류창고 밖에서 시위를 벌이는 스몰스의 사진은 당시에 그 사건을 보도하던 언론의 취재 내용에 흔히 포함되어 있었다.

자폴스키의 발언이 회사 내부와 언론 매체에 거센 불길을 일으켰지만, 아마존 관계자는 스몰스를 계속해서 목표물로 삼았다. 스몰스를 해고한 이후 두 달도 되지 않았을 때 나는 데이브 클라크를 인터뷰했는데, 깜짝 놀랄 수밖에 없었다. 인터뷰 도중에 클라크는 두 번이나 자발적으로 스몰스 이야기를 꺼냈다. 이의를 제기하는 노동자의 잘못된 행동에 대한 사례로 들기 위해서였다. 클라크는 스몰스가 격리 규정을 위반했기 때문에 해고되었지 다른 이유는 없다고 주장했다.

그는 당시에 내게 이렇게 말했다. "저는 여기에 21년 있었지만, 목소리를 내거나 반대 의견을 내거나 뭔가 논쟁을 했다는 이유로 처벌받거나 해고되거나 하는 등의 일을 당하는 사람을 본 적이 전혀 없습니다. 그리고 그런 분위기는 지금도 이어지고 있습니다."

클라크가 이걸 믿을지는 모르겠지만, 여러 사실관계를 종합하면 진실은 좀 더 복잡하다는 걸 알 수 있다. 팬데믹이 발생한 처음 몇 달 동안에만 아마존은 노동자 시위에 연루되거나 물류창고의 노동 여건에 대해 발언한 직원 가운데 최소한 12명을 해고하거나 징계를 내렸다.

그럼에도 스몰스는 물러서지 않았다. 2021년 초, 스몰스는 친구이자 동료인 데릭 팔머(Derrick Palmer)와 함께 앨라배마 베세머(Bessemer)로 갔다. 그곳에서는 6,000명의 노동자를 고용하고 있는 아마존의 거대한 물류창고에서 도소매 및 백화점 노조(Retail, Wholesale Department Store Union, RWDSU)*가 노조 결성을 위한 투표를 준비하고 있었다. 스몰스는 반노조 성향이 강하기로 악명 높은 남부에서 보여준 노동자의 이런 노력에 고무되어 북동부로 되돌아왔다. 그리고 "그런 분위기를 여기 뉴욕에 가져와서 제가 전에 근무했던 시설에서도 노조를 조직하려 노력하겠다"고 맹세했다.[145]

몇 달도 지나지 않아 스몰스와 팔머는 그것을 감행하기로 결정했지만, RWDSU의 도움은 받지 않았다. 왜냐하면 〈뉴욕타임스〉의 보도에 따르면, "RWDSU는 그들에게 그다지 환영받지 못했고, 그 지역에 몰려온 외부 전문가들로 여겨졌기" 때문이다.[146] 대신에 그들은 아마존 노동조합(Amazon Labor Union)이라는 자체적인 노조를 설립했다. 그리고 이것이 결국엔 그 모든 역경에도 노동계의 역사를 만들어냈다.

2021년 초봄에 이런 모든 일이 진행되는 동안, 아마존의 임원진 내부에는 긴장감이 고조되고 있었다. 베세머에서 노조 결성을 위한 선거가 우편 투표로 진행되는 동안, 아마존의 경영진은 언론 매체에 불필요한 파장을 일으켰다. 그것은 어느새 아마존의 전 세계 컨슈머 비즈니스를 책임지는 CEO로 승진한 클라크의 트윗에서 시작되었다. 당시에 아마존을 오랫동안 비판해온 버니 샌더스(Bernie Sanders) 상원의원이 앨라배마를 방문하여 버밍엄에서 열리는 친노조 집회에 참석하고 인근의 물류창고에서 노조를 조직하려 시도하는 아마존의

---

*   1937년에 결성된 북미 지역의 노동조합.

노동자를 만날 것이라고 발표했다.

그러자 클라크는 자신의 트위터 계정에 이런 글을 올렸다. "저는 샌더스 상원의원(@SenSanders)이 버밍엄에 오시는 걸 환영하며, 진보적인 일터를 만들기 위한 그의 노력에 경의를 표합니다." 그런데 그 뒤에는 날선 한 방이 이어졌다. "저는 우리 아마존이 고용주들의 버니 샌더스라고 자주 말하지만, 그게 정확히 맞는 표현은 아닙니다. 왜냐하면 저희는 실제로 진보적인 일터를 제공하기 때문입니다."

클라크는 계속해서 당시에 15달러인 아마존의 최소 시급과 샌더스의 지역구인 버몬트주의 12달러도 되지 않는 시급을 비교했다. 그러나 공격은 거기에서 그치지 않았다. 그런데 사실 그때부터 상황이 꼬이기 시작했다. 클라크의 경솔한 게시글이 올라오고 나서 몇 시간 뒤에, 당시에 팔로워 수가 17만 명이 넘는 '아마존 뉴스(Amazon News)'라는 트위터 공식 계정이 마크 포캔(Mark Pocan) 하원의원을 팔로우했다. 참고로 포캔 의원은 아마존이 '진보적인 일터'라는 클라크의 발언에 이의를 제기했다.

당시에 포캔 의원은 이렇게 썼다. "시급 15달러를 지급한다 하더라도 노조를 파괴하며 노동자가 물병에 소변을 보게 만든다면 '진보적인 일터'라고 할 수 없다."

그러자 아마존 뉴스 공식 계정이 이렇게 답변했다. "물병에 오줌을 눈다는 이야기를 정말로 믿으시는 건 아니죠? 만약 그게 사실이라면 그 누구도 우리를 위해 일하지 않을 겁니다."

그런데 매우 드문 경우를 제외하면, 물병에 오줌을 누는 건 아마존 물류창고 직원들 사이에서는 흔히 있는 일은 아니라고 밝혀졌다.

그러나 아마존 배송 기사의 상황은 달랐다. 물론 이 운전기사가 법적으로 아마존에 직접 고용된 직원은 아니지만, 그들은 아마존 브랜드가 찍힌 승합차를 몰고, 아마존 브랜드가 찍힌 유니폼을 입고, 아마존의 기술과 할당량에 따라 관리되었다. 그들의 할당량은 뼈가 으스러질 정도였는데, 배송 기사가 견책을 받거나 일자리를 잃을까 봐 우려하여 화장실에 들르는 것도 지나치게 만들었다. 아마존은 평균적인 배송 경로가 10시간 동안 근무하면서 250개의 패키지를 전달하는 것이며, 90퍼센트의 운전자가 그러한 배송 업무를 제시간에 끝마친다고 말했다. 그러나 이는 일부 운전자의 발언과는 대조된다. 그들은 한 번의 배송에 많게는 모두 375개의 패키지가 포함될 수도 있는데, 이는 심지어 쇼핑 성수기 주간은 포함하지 않은 것이라고 했다. 외부 세계의 많은 사람에게 그들은 아마존이라는 기계의 핵심 부품이며 사실상 아마존의 노동자로 여겨질 수밖에 없었다.

그러다 어느 탐사 보도 뉴스 사이트가 아마존의 배송 기사가 사람의 오물로 가득 찬 물병과 봉투를 버려두고 가는 경우가 많다는 건 회사 물류 부문에서는 상식이라는 점을 보여주는 아마존 내부의 문서를 공개하자, 아마존은 결국 특정한 실수에 대해 사과했다.[147]

그 후에 아마존 뉴스 계정은 엘리자베스 워런(Elizabeth Warren) 상원의원이 아마존의 조세 회피 전략을 비판하는 트윗과 동영상을 게시하자, 이번에도 워런 의원을 겨냥했다. 워런의 반응이 나온 이후에 아마존의 트위터 계정은 워런의 대응을 비꼬면서, 워런 의원은 단지 어떤 미국 기업을 파괴해서 더이상 그녀를 비판할 수 없게 하려고 그런 발언을 한다고 주장했다.

아마존 내부에서는 커뮤니케이션 담당 부서는 물론이고 회사 전체에 경보음이 울리고 있었다. 그 전까지는 내 전화를 받을 생각도 하지 않던 아마존의 일부 관계자가 갑자기 나에게 무척이나 이야기를 하고 싶어 하는 것 같았다. 그들에게 이것은 선을 넘는 행동이었다. 기껏해야 역효과를 낳을 뿐이고, 최악의 경우에는 극도로 난처하게 만들며 피해를 유발할 수 있었다. 내가 이야기를 나눈 그 누구도 자신들이 목격한 것을 믿을 수 없었다. 세계에서 가장 영향력 있는 기업 가운데 하나가, 수많은 다른 기업에 모델이 된 그 회사가 한때 미국의 대통령 후보인 두 명의 상원의원*을 포함하여 정부 최고위 관계자와 온라인으로 쓸데없는 논쟁을 벌이고 있었던 것이다.

이 트윗들이 어찌나 어처구니가 없었는지, 아마존의 보안 담당 엔지니어는 회사 내부에서 지원 티켓(support ticket)**을 열었다. 이것은 다른 이들에게 경고하려는 시도일 수도 있고, 그저 당시 일어나는 일의 부조리함을 지적하는 것이었을 수도 있다.

그 경고문의 내용은 이렇다. "아마존 뉴스의 트위터 계정에서 의심스러운 활동이 보인다. 문제의 그 트윗들은 이 계정에서 일반적으로 게시하는 내용과 어울리지 않는다. (중략) 그리고 불필요하게 적대적이어서 아마존의 브랜드에 위험을 가하는데, 아무래도 승인되지 않은 접속의 결과로 보인다."

아마존 내외의 많은 관계자가 유일하게 납득할 수 있는 사실은,

---

* 버니 샌더스, 엘리자베스 워런.

* 버니 샌더스, 엘리자베스 워런.
** 서비스 이용 고객과 서비스 제공자 사이에 주고받는 문의 항목.

적어도 제프 베이조스는 그런 방식을 괜찮다고 여겼으리라는 것이다. 그런데 며칠 사이에 나는 사실은 그 이상이라는 것을 발견했다. 트위터에서의 도발은 베이조스 CEO가 자신의 부관들에게 표출한 불만의 직접적인 결과였다는 사실이다. 그는 자신을 비롯한 아마존의 리더들이 오해이거나 거짓임을 알고 있는 주장이나 비판에 대하여 아마존이 더욱 적극적으로 싸우지 않는다고 불만을 터트렸다고 한다.[148] 나중에 밝혀졌듯이, 당시에 베이조스와 그의 대변인은 실제로 이런 트윗의 일부를 직접 작성했다고 한다.[149] 참고로 그 당시 아마존의 대변인은 오바마 행정부에서 언론 담당 비서관을 지낸 제이 카니(Jay Carney)다.

회사의 최고 지도부가 이렇게 유치한 말싸움을 벌이는 동안, 아마존에서 회사와 국회의원의 관계를 책임지는 공공정책 부서의 일부 구성원은 제정신이 아니었다. 아마존은 이 회사의 권력과 비즈니스 관행에 대한 반독점 조사로 이미 민주당과 공화당의 막강한 정치인들에게서 표적이 되어 있었다. 워싱턴 D. C.에 근무하는 아마존 직원은 국회 내에서 최근 몇 년 동안 회사의 입지가 악화되었다는 사실을 이미 알고 있었다. 그런데 이제는 베이조스를 비롯한 경영진이 세간의 커다란 관심을 받는 또 다른 주제로 많은 추종자를 거느리고 있는 막강한 상원의원들을 불필요하게 적대시하는 것으로 보였다. 이것은 다른 사람에게는 너무나도 분명하게 몰지각한 행동이었다. 오히려 마땅히 그것을 더욱 잘 알아야 하는 회사의 지도부만 그런 사실을 모르고 있었다.

그런데 몇 주 만에 노동계의 분위기가 다시 아마존에 유리한 방향으로 움직이는 것처럼 보였다. 베세머의 노조 결성을 위한 투표에서 아마존이 커다란 차이로 승리를 거둔 것이다. 그러나 회사의 내부에서는 승리 분위기가 느껴지지 않았다. 베세머에서 노조 결성 움직임이 있을 당시에 아마존의 메인 대변인이 투표 직후에 회사를 떠났다. 그리고 베세머에서 승리했지만, 팬데믹 기간에 아마존의 평판이 악화되었다는 징후가 있었다. 언론사인 〈포천(Fortune)〉과 레코드(Recode)가 의뢰하여 서베이몽키(Survey Monkey)가 1,000명 이상의 사람을 대상으로 수행한 서로 다른 두 건의 설문조사에 따르면, 2020년 1월에는 아마존에 대한 인상이 긍정적이라고 대답한 사람의 비율이 74퍼센트였는데, 같은 해 5월에는 58퍼센트로 하락했다.[150] 제프 베이조스도 CEO로서 마지막으로 보내는 '주주들에게 보내는 편지'에서 이러한 사실을 상당 부분 인정한 것으로 보인다. 참고로 이 편지는 베세머에서 승리를 거둔 때와 같은 달에 공개되었다.

그는 회사의 노동 관행을 강력하게 방어하는 두 개의 문단 사이에 삽입된 단락에서 이렇게 썼다. "저는 우리가 직원을 더욱 잘 대우해줘야 한다고 생각합니다. 투표 결과가 일방적이었고, 직원과 우리의 직접적인 관계는 강력하지만, 우리가 직원을 위한 가치를 창출하는 데 더 나은 비전이 필요하다는 점이 제게는 확실합니다."

이 편지의 뒷부분에서, 그는 자신이 오랫동안 CEO로서 이끌어왔지만 이제는 앤디 재시(Andy Jassy)라는 오랜 피후견인에게 넘겨주어야 하는 이 회사를 위한 새로운 미션 하나를 추가했다.

그는 이렇게 썼다. "우리는 언제나 지구에서 가장 고객 중심적인 회사가 되고 싶어 했습니다. 우리는 그걸 바꾸지는 않을 것입니다.

그건 우리를 여기까지 데려와주었습니다. 그러나 저는 이제 우리가 헌신해야 할 또 하나를 추가합니다. 이제 우리는 지구에서 가장 좋은 고용주가 될 것이며, 지구에서 가장 안전한 일터가 될 것입니다."

그러나 나중에 밝혀졌듯이, 지구에서 가장 좋은 고용주가 되겠다는 약속은 이내 또 다른 걸림돌을 마주하게 된다. 다름이 아니라, 아마존이 베세머 물류창고의 주차장에 미국 연방우체국(USPS)의 우편함을 설치하고 노동자에게 우편 투표용지를 제출할 때 그 우편함을 이용하라고 독려한 것이 해당 투표에 부당하게 영향을 미쳤다는 판결이 나왔고, 그러자 전국노동관계위원회(National Labor Relations Board, NLRB)* 관계자가 노조 결성을 위한 투표를 재실시하라고 요구한 것이다. 아마존의 임원들 사이에서 그 우편함 설치를 추진한 사람은 바로 소매업 부문의 CEO인 데이브 클라크였다. 클라크는 그렇게 하면 회사에는 우호적이고 노조에는 관심 없는 노동자의 투표를 독려할 수 있을 거라고 생각했다. 그러나 그러한 조치는 오히려 베세머의 노조 관계자에게 또 한 번 투표 기회를 안겨주는 결과를 낳았다.[151]

다시 뉴욕의 스태튼 아일랜드로 돌아가보자. 크리스 스몰스와 아마존 노동조합은 2022년 상반기에 노조 결성 투표를 실시할 수 있는 요건을 충족할 만큼 노동자들 사이에서 충분한 지지를 확보했다. 그러는 동안에도 아마존의 자충수는 계속되었다. 스태튼 아일랜드의 노조 결성을 위한 투표가 있기 한 달 전, 스몰스가 물류창고의 노동

---

* 미국에서 단체협상 및 부당한 노동 관행과 관련한 노동 관련 법률을 시행하는 연방 정부 산하의 독립 기구.

자에게 점심을 배달하러 나타나자 아마존 관계자가 경찰을 불렀다. 뉴욕시 경찰국(NYPD)이 스몰스를 체포해 그를 무단침입 혐의로 기소했다. 그가 사유지를 떠나라는 여러 차례의 요구를 무시했다는 것이다.[152] 직후에 더욱 많은 언론 보도가 이어졌다. 스몰스는 자신을 비롯하여 아직 아마존에서 일하는 노조 관계자는 자신들의 예산이 허용하는 선에서 노동자가 먹을 음식을 자주 가져다주고 있으며, 아마존도 그 사실을 알고 있었다고 말했다.

그는 이렇게 말했다. "저는 음식을 내려주고, 음식을 가져오고, 문서를 나눠줍니다. 저는 그 주차장에 들르는 다른 방문객과 동일한 처우를 받아야 합니다. 아마존은 상황을 악화시키기로 결정했고, 안타깝게도 그 결정은 그들에게도 역효과를 가져왔습니다."[153]

마침내 2022년 3월, 베세머의 두 번째 투표와 스태튼 아일랜드의 첫 번째 투표의 개표가 같은 날 시작되었다. 기자들을 포함한 일반 대중은 개표 집계 과정을 실시간 스트리밍으로 시청할 수 있었다. 그동안 노조 결성 시도를 무력화해온 아마존의 역사를 보면, 노조가 승리한다는 건 가망이 없어 보였다.

그런데 나를 포함하여 그간 이 사건을 주시해오던 많은 사람에게는 베세머보다는 스태튼 아일랜드에서의 승리가 훨씬 더 가망이 없어 보였다. 물론 그건 남부보다 노조의 인기가 훨씬 더 많은 뉴욕시의 어느 자치구에서 벌어지는 일이었다. 그러나 그곳에서 아마존 노동조합을 결성한 직원은 그 전까지 노동자를 조직한 경험이 거의 없거나 전혀 없어 보였다. 그들은 관련 실적이 전혀 없었다. 그래서 아마존의 경영진과 노조 설립에 반대하는 컨설턴트는 노동자와 의무적으로 만나야 하는 자리에서 그런 메시지를 강력하게 전달했다.

아무튼 동시 선거가 열리던 바로 그날, 나는 두 개의 실시간 스트리밍 채널을 번갈아 살펴보고 있었다. 그런데 뭔가가 빠르게 나의 시선을 잡아끌었다. 스태튼 아일랜드에서의 아마존 노동조합 결성에 '찬성'하는 표가 '반대'하는 표를 앞지르고 있었다. 그리고 그런 추세는 다음 날 집계를 마칠 때까지 줄곧 유지되었다. 놀랍게도, 자금이 부족하고 경험도 없는 아마존 노동조합이 2,654대 2,131로 투표에서 승리한 것이다.

그러나 베세머 물류창고에서 열린 재투표 결과는 투표 이후 6개월이 지나도록 확정되지 않았다. 도소매 및 백화점 노조(RWDSU)가 100표 이상 뒤지고 있었는데, 양측은 승자를 결정하기 전에 면밀한 조사가 필요하며 어쩌면 재검표해야 할 수도 있는 400장 이상의 투표용지를 두고 서로 다퉜다.

다시 스태튼 아일랜드로 돌아가서, 아마존은 그곳에서의 결과에 이의를 제기한다고 재빨리 발표했다. 그러면서 아마존 노동조합과 미국의 노조 선거를 감독하는 전국노동관계위원회(NLRB)가 모두 합쳐 20건 이상의 위반 행위를 저질렀다며 비난했다.[154] 그러나 그해 여름, 아마존이 제기한 반대 심리를 주관한 전국노동관계위원회 관계자는 아마존 측에 모든 이의를 철회하고 아마존 노동조합의 승리를 인정하라고 권고했다. 아마존의 앤디 재시 CEO는 이후에 어느 기술 콘퍼런스에서 자신은 아직 패배를 수용할 준비가 되지 않았으며 그 결과에 계속해서 이의를 제기할 것이라고 말했다.

베이조스의 후임자인 그는 이렇게 말했다. "저는 모든 걸 끝마치

기까지는 오랜 시간이 걸릴 거라고 생각합니다. 왜냐하면 NLRB가 자신들에게 불리한 판결을 내릴 가능성이 없다고 생각하기 때문입니다."[155]

미국 내 아마존 물류창고에서 최초로 거둔 아마존 노동조합의 기념비적인 승리는 최종 판결이 내려지기를 기다려야만 했다. 그러나 투표 결과가 처음 발표된 그날, 크리스 스몰스는 트위터에서 승리를 자축했다. 아마존의 경영진을 포함한 모든 사람이 그를 엄청나게 과소평가한 것이다.

스몰스는 트위터에 이렇게 올렸다. "아마존(@amazon)은 나를 그곳에서 노조 결성을 시도하는 대표적인 얼굴로 만들고 싶어 했다. 그런데 이제 어쩌나! 제프 베이조스(@JeffBezos), 데이비드 자폴스키(@DavidZapolsky), 축하합니다."

Chapter 13

월마트 2040

스태튼 아일랜드에서 크리스 스몰스의 노조가 승리를 거두며 아마존을 전례 없는 위치에 놓이게 만들던 와중에도, 이 회사는 계속되는 팬데믹과 공급망의 고통에 휩싸인 세계의 일상적인 혼란 속에서 또 다른 중요한 변화를 마주하고 있었다. 2021년 2월, 스몰스의 노조가 승리를 거두기 1년 전, 아마존은 이제껏 이 회사의 유일한 CEO였던 제프 베이조스가 같은 해 6월에 자신의 역할을 앤디 재시라는 오랜 임원에게 건네줄 거라고 발표한 것이다.

앤디 재시는 아마존에서의 경력 초기에 제프 베이조스의 첫 번째 기술보좌역으로 재직했다. '그림자'라고도 알려진 이 역할은 수석보좌관 비슷한 것으로, 이후로는 원대한 야망을 가진 사람이 이 회사에서 가장 탐내는 자리가 된다. 그런 다음 재시는 아마존 웹 서비스(Amazon Web Services)를 출시하고 운영하면서 15년이라는 시간을 보냈다. 아마존 웹 서비스는 혁신적이며 수익성이 높은 클라우드 컴퓨팅(cloud computing) 비즈니스로, 크고 작은 수많은 웹사이트의 운영을 지원해주는 서비스다. 그리고 2021년 한 해에만 620억 달러의 수익을 창출했다.

아마존 프라임의 동영상 서비스 담당 책임자였던 빌 카(Bill Carr)는 아마존의 CEO직을 넘긴다는 발표가 나온 이후 내게 이렇게 말했다. "아마존에서 가장 위대한 리더들의 특징은 자신의 열정과 고객에 대한 집착을 세부사항, 분석지표, 손익계산에 깊이 파고드는 능력과 결합한다는 겁니다. 그러나 아마존의 위대한 리더라면 해발 5만 피트(약 1만 5,000미터) 상공에서도 내려다볼 수 있어야 합니다. 그리고 앤디 재시는 그런 사람 가운데 한 명입니다."[156]

재시는 여러 가지 측면에서 심각한 도전과제를 물려받았다. 하나는 코로나19의 파도가 몰아쳤다가 물러나면서 크게 요동친 고객의 구매 습관에서 균형을 맞추는 일이었다. 예를 들어 글로벌 팬데믹 위기의 첫 1년여 동안 온라인 주문이 폭증했다. 이는 정부의 명령으로 병에 걸리거나 또는 예방 조치 차원에서 고객의 활동 영역이 자택에 갇히게 되었기 때문이다. 전문가들은 온라인 쇼핑이 이전에 알고 있던 것보다 훨씬 더 빠르게 대세를 장악할 것으로 예측했다. 그 전까지는 적어도 5년에서 10년 정도로 내다보았는데, 이제는 12개월 만에 가능할 것을 보였다. 그런데 2021년과 2022년에 재밌는 상황이 발생했다. 오프라인 쇼핑이 다시 제자리로 돌아온 것이다.

아마존이 더욱 균형 잡힌 쇼핑 채널로 구성된 포트폴리오를 구축하려고 한 과거의 시도들이 이제는 선견지명으로 보였다. 예를 들면 홀푸드를 인수한 것에 더해서, 아마존은 아마존 프레시라는 새로운 식료품 체인을 만들었다. 참고로 아마존의 물류창고에서 고객의 자택까지 배송해주는 동반 서비스에도 동일한 이름이 붙어 있었다. 이 매장들은 같은 아마존의 고급 계열사인 홀푸드보다는 도리토스(Doritos)나 오레오(Oreo) 같은 좀 더 주류 브랜드 제품을 저렴한 가격에 판매하기 위해 고안되었다. 아마존 프레시의 첫 번째 지점은 2020년 9월, 로스앤젤레스에 있는 약 3,250제곱미터(약 984평) 면적의 매장에 문을 열었는데, 이곳에는 첨단기술이 장착된 '대시 카트(Dash Cart)'라는 쇼핑 카트가 갖춰져 있었다. 대시 카트는 카메라와 센서를 이용하여 고객이 카트 안에 넣은 상품의 가격을 자동으로 계산했다. 이 매장은 또한 아마존 프레시의 배송 주문을 처리하기 위한 미니 물류창고를 갖춘 이중 시스템이었다.

2022년 가을이 되자, 아마존 프레시의 지점은 모두 43개로 늘어났는데, 그중 절반 이상이 캘리포니아와 일리노이에 있었다. 그런데 그보다 1년 전, 아마존은 프라임 회원에게 온라인으로 홀푸드의 상품을 주문할 때 9.95달러의 배송료를 추가했는데, 회사 측은 이것이 운영비 상승분을 고려한 결정이라고 말했다. 그러나 이것은 매우 아마존스럽지 않았으며, 단언컨대 소비를 저해하는 조치였다. 게다가 그전까지 프라임 멤버십에 포함되어 있던 기존의 서비스에 요금을 부과하려는 시도였다. 그러자 수많은 소송이 이어졌다.[157]

당시에 아마존에서 식료품 배송 서비스를 책임지는 부사장이었던 스테퍼니 랜드리(Stephenie Landry)는 2021년 말에 내게 이렇게 말했다. "우리에겐 두 가지 선택지가 있었습니다. 하나는 제품의 가격을 전반적으로 올리는 것이었고, 다른 하나는 배송 서비스 자체에만 별도로 요금을 부과하는 것이었습니다. 그리고 우리는 후자를 선택했습니다. (중략) 왜냐하면 우리는 제품의 가격을 낮게 유지하고 싶었기 때문입니다."

이런 결정은 프라임 고객의 분노를 일으켰을 뿐만 아니라, 월마트에도 빈틈을 열어주었다. 월마트는 이것을 아마존 프라임 고객을 상대로 식료품 위주의 배송 서비스인 월마트 플러스(Walmart+)를 마케팅하는 기회로 활용했다. 한편, 아마존 프레시 배송 서비스는 프라임 회원이 35달러 이상을 주문할 때 무료라는 정책이 유지되었다. 그런데 이는 아마존 프레시에서는 배송료를 앞서 소개한 홀푸드의 사례처럼 인상하지 않거나, 또는 개별 식품의 가격을 은밀하게 인상해도 된다고 아마존이 묵인했음을 의미하는 것이었다.

아마존이 이런 의도를 밝힌 적은 없지만, 아마존 프레시의 가격이 2021년부터 2022년 사이에 오른 것은 사실이고, 게다가 그건 단지 물가상승의 영향이 아니었다. 예를 들어 2021년 초에 시카고 지역에서 개점한 지 한 달 된 아마존 프레시의 신규 매장에서 임의로 수집한 식료품의 가격은 월마트의 표본과 비교하여 약 4퍼센트 더 비쌌다. 그런 수준이라면 아마존 프레시가 월마트 슈퍼센터의 경쟁자라는 사실이 혼란스러울 수 있었다.

그런데 식료품 리서치 기업인 브릭밋츠클릭(Brick Meets Click)의 분석에 따르면, 1년이 지나자 두 업체의 가격 차이는 25퍼센트 이상 더 벌어졌다. 의도한 것이든 아니든, 아마존은 확실히 특정 분야에서는 월마트와 거의 대등한 수준의 놀라울 정도로 낮은 가격에 서비스를 개시하는 것처럼 보였다. 그러면서 쇼핑객에게 자신들이 저렴한 식료품 체인이라는 인상을 주는 것이다. 그러다가 시카고의 주얼오스코(Jewel Osco)나 텍사스의 H-E-B 같은 각 지역의 정가 식료품점과 더 직접적으로 경쟁하기 위해 조금씩 그 가격을 올렸다.

어쨌든 아마존의 임원들은 고객이 오프라인 매장으로 돌아온다는 사실이 반독점 문제를 다루는 강경파에 대항하기 위한 핵심적인 방어 논리를 더욱 강화해준다고 생각했다. 그러니까 오프라인 소매업계는 아직 죽지 않았으며, 그 업계의 미래는 디지털과 오프라인이 교차하는 지점에 놓여 있다고 말이다.

이와 관련하여 아마존의 전 세계 컨슈머 비즈니스 부문의 CEO 였으며, 오랫동안 베이조스의 뒤를 잇는 2인자였던 제프 월크(Jeff Wilke)는 2021년 초에 내게 이렇게 말했다. "소매업계에서 고객은 물리적인 위치와 온라인의 도구가 결합된 하이브리드 모델이 자신들에게 매우 가치가 크다고 말합니다. 저는 고객이 아침에 일어나자마자 '오늘은 온라인에서 뭘 살까?'라고 말하지는 않는다고 생각합니다. 오히려 사람들은 일어나서 '뭐가 필요하지?'라고 말합니다."

그러니까 아마존은 소매 영역의 전체에서 경쟁하는 것이지, 온라인 시장의 일부 상품 카테고리에서 판매량의 절반 이상을 장악하고 있는 걸 굳이 문제 삼아서는 안 된다는 이러한 주장은 2020년대 초에 아마존의 반독점 관련 조사에서 맹렬한 비판을 마주했을 때도 계속해서 되풀이되었다. 아마존의 논지는 미국 전자상거래 분야에서 자사의 시장 점유율이 어떻든 간에, 참고로 그들의 온라인 마켓 점유율은 일반적으로 40퍼센트 정도로 추정되지만, 온라인 소매업 분야의 여러 핵심 카테고리에서는 더 높은데, 아무튼 오프라인 쇼핑을 포함한 미국 소매 시장 전체에서 아마존은 겨우 한 자릿수 점유율을 차지할 뿐이라는 것이다.

그럼에도 아마존은 '세상의 모든 것을 파는 소매업체'를 구축하려는 의도를 가진 것으로 보였다. 그리고 아마존은 사람들이 쇼핑하는 분야를 완전히 뒤집어놓았기 때문에, 그것이 그들의 장기적인 야망에서 매우 중요한 것으로 여겨졌다. 당시에는 오프라인 매장의 판매량이 반등하고 있었다. 그리고 전자상거래 분야의 성장은 정체되어 있었다. 그래서 아마존이 2022년 3월에 오프라인 소매업 분야에서 대대적인 긴축 방안을 발표했을 때, 적어도 그 명목상 이유가 무엇인지 궁금증을 자아냈다. 당시에 아마존은 미국과 영국에서 서적 및 전자제품을 비롯하여 기타 잡화를 판매하고 있었으며 7년에 걸친 실험의 일부로 구축해놓은 68개의 오프라인 매장을 폐쇄한다고 발표했다.

그중에는 2015년에 처음 문을 연 아마존 북스(Amazon Books)라는 서점도 있다. 이 서점들은 아마존닷컴에서 책을 구입할 때 접할 수 있는 독자 평점 같은 일부 혜택을 현실 세계로 가져오기 위해 만들어졌다. 그리고 그런 서점에서 근무했던 일부 직원에 따르면 그곳은 전자책인 킨들(Kindle), 알렉사(Alexa)로 구동되는 스마트 스피커인 에코(Echo), 그리고 태블릿 등 아마존이 출시한 기기를 판매하기 위한 거점이기도 했다. 무엇보다도 그 서점들은 고객이 아마존 프라임을 비롯하여 오디오북 서비스인 오더블(Audible) 같은 구독 서비스를 시험해보고 가입을 유도하기 위한 수단으로도 활용되었다.

그러나 팬데믹이 닥치고 이 서점들도 몇 달 동안 문을 닫아야만 했다. 그러다 서점들이 다시 문을 열었을 때, 오프라인 매장 부분의 일부 리더는 서점 관리자들에게 이런 서비스의 무료 시험 사용에 가입하는 고객의 비율을 높이라고 촉구했다. 그러나 이런 들쑤심이 경우에 따라서는 어두운 방향으로 틀어지기도 했다. 팬데믹 이전에는 서점의 고객이 앞에 놓인 스크린을 통해 무료로 제공되는 서비스 가운데 하나를 들어가볼 수 있었다. 그러나 팬데믹이 닥치자, 고객이 병원균을 퍼트릴 수도 있는 가능성을 줄이기 위하여 서점의 계산대에서 직원이 고객에게 서비스에 관해 설명하고 동의를 구한 뒤 직원이 해당 고객을 무료 시험 사용 서비스에 가입시킬 수 있는 권한이 주어졌다. 그러나 동부 해안의 아마존 북스 서점에서 일했던 직원이 내게 말해주기를, 서점 관리자들이 고객에게 선택권을 주지도 않고 오디오북 서비스인 오더블 같은 서비스의 무료 시험 사용에 무작정 가입시키는 경우가 자주 있었다고 한다.

그런 서점에서 근무했던 직원은 내게 이렇게 말했다. "관리자들은 고객에게 '아뇨, 괜찮아요'라고 말할 수 있는 선택권을 주지도 않고 '이건 구독 서비스이며, 언제든 취소할 수 있습니다'라고 말했어요. 저는 고객이 그런 사실조차 몰랐을 거라고 생각합니다."

많은 사람이 몰랐다. 몇 달 뒤에 사람들이 혼란스러워하거나 불같이 화를 내며 왜 자신들이 등록하지도 않는 구독 서비스에 요금이 부과되었는지 문의하기 위해 다시 서점을 찾아가기 전까지는 말이다. 2020년 10월, 아마존 북스 서점 가운데 한 곳의 보조 관리자였던 크리스 갈록(Chris Garlock)은 지역 총괄 관리자에게 이메일을 보내 서점 직원이 사전 동의 없이 고객을 대신하여 무료 시험 사용을 수락하는 걸 전직 동료가 목격했다고 설명했다. 그리고 갈록은 내부 데이터를 찾아봤는데, 그에 따르면 일부 동료가 매장 방문 고객을 무료 시험 사용에 가입하게 만드는 비율이 이전의 실적과 비교하거나 다른 서점 직원과 비교해봐도 지나치게 높다는 사실을 보여주었다.

이와 관련하여 그는 이렇게 썼다. "이런 패턴이 일관되게 나타나면 브랜드의 평판과 비즈니스에 실질적인 피해를 줍니다. 그러나 더욱 중요한 것은 그것이 비윤리적이라는 사실입니다. 자신이 선택하지도 않은 무언가를 받아들이도록 속이거나 사기 치는 건 잘못이며, 아마존에서 우리가 허용하거나 묵인해서는 안 되는 행동입니다."

그럼에도 내부의 데이터에 따르면, 여러 매장의 관리자와 판매 직원이 고객을 무료 시험 사용에 가입하게 만드는 비율이 이후에도 몇 달 동안이나 여전히 비정상적으로 높게 나타났다. 그러다 2021년 초가 되어서야 서점 관리자들은 고객에게 무료 시험 사용을 제공하는 올바른 방법에 대하여 엄격한 지침을 받게 되었다.

이에 대하여 갈록은 내게 이렇게 말했다. "그렇게 한 건 그들에게 좋은 일입니다. 하지만 그건 이미 몇 달 전에 내려졌어야 할 조치였습니다."

아마존의 조던 디글(Jordan Deagle) 대변인은 아마존의 구독 서비스에 대한 무료 시험 사용 가입률을 높이라는 기업 차원의 지침은 없었다고 내게 말했다. 디글 대변인의 말에 따르면, 아마존 북스의 일부 고객이 무료 시험 사용에 가입된 것을 항의하고 나서 몇 달이 지난 2019년 초에 이 부문의 리더들이 직원 교육 과정을 점검했다고 한다. 그리고 구독 서비스를 무료로 시험 사용하기 위한 이용 약관을 고객에게 더욱 명확하게 설명하는 방법에 대하여 관계자들에게 설명했다고 한다. 그러나 디글 대변인은 그런 행위가 그다음 해에도 여전히 많이 이루어지던 이유나 원인에 대해서는 답변을 거부했다.

또한 관리자들이 내부적으로 설정된 판매량 목표를 달성하기 위해 서점에서 자체적으로 할인 혜택을 제공해 아마존의 기기를 처리하는 것으로 알려졌다. 몇몇 서점의 직원들 사이에서는 일부 관리자가 심지어 판매량을 부풀리기 위해 가끔 직접 매장의 상품을 구매했다가 나중에 반품한다는 소문이 파다하게 퍼졌다.

이와 관련하여 서점에서 근무했던 또 다른 관계자는 이렇게 말했다. "디지털 구독 서비스와 기기를 판매하는 게 책을 파는 것보다 훨씬 더 중요했습니다. 그건 우리의 관리자들이 우리에게 확실히 주지시킨 내용이었습니다."

전자상거래 부문의 거물인 아마존은 자신의 디지털 DNA를 뿌리칠 수 없었다. 심지어 오프라인 매장 환경에서도 마찬가지였다.

아마존이 서점 폐쇄를 공개적으로 알리기 전에, 서점의 리더들은 그 사실을 발표하는 당일에 각자 현지 시간으로 오후 1시에 매장의 문을 닫으라는 지시를 전달받았다. 그렇게 서점의 문이 닫히자마자 그들은 또 다른 후속 메시지를 받았는데, 이번에는 훨씬 더 나쁜 소식이었다. 아마존 북스의 모든 서점이 4월 말에 문을 닫는다는 내용이었다.

이 발표는 아마존이 영국의 슈퍼마켓 대기업인 테스코(Tesco) 출신으로 소매업 분야에서 오랫동안 임원으로 재직해온 토니 호겟(Tony

Hoggett)을 오프라인 매장의 운영을 책임지는 역할로 영입한 직후에 이루어졌다. 그런데 아마존 북스의 서점과 함께 포스타(4-star)라는 좀 더 작은 잡화 판매 체인점까지 문을 닫는다는 결정이 이 새로운 임원이 합류하기 이전에 내려졌는데도, 아마존 내부의 일부에서는 그런 일이 별로 놀랍게 받아들여지지 않았다.

아마존의 매장 부문에서 일했던 전직 직원은 내게 이렇게 말했다. "그런 매장들은 뚜렷한 방향의 목적도 없었고, 실질적인 차별화 요소도 없었습니다." 재무적인 관점에서 볼 때, 그런 오프라인 매장에서 발생하는 미미한 수익은 그보다 훨씬 더 중요한 전자상거래 비즈니스를 이끄는 사람에게는 골치 아픈 부분으로 작용했다. 어찌 보면 그들의 불만은 월마트의 전자상거래 부문과 오프라인 매장 부문 리더들의 싸움에 기름을 끼얹은 갈등과 전혀 다르지 않았다. 다만 입장이 서로 바뀌었을 뿐이다.

아무튼 '모든 것을 판매하는 소매업체'를 구축하려던 시도는 난관에 부딪혔다. 그것도 커다란 난관이었다.

오프라인 매장을 가졌다는 장점

아마존이 서점을 폐쇄한다는 뉴스가 나오고 나서 며칠 뒤, 나는 벤턴빌에 있는 월마트 본사에 앉아 있었다. 그리고 내 맞은편에는 다름 아닌 더그 맥밀런이 앉아 있었다. 나는 그에게 오프라인 소매업에서 인터넷의 최대 라이벌이 보인 갑작스런 태도 변화에 대한 그의 생각이 궁금하다고 말했다. 맥밀런은 과연 어떤 훈계 같은 걸 했을까, 아니면 그럴 줄 알았다는 반응이었을까? 그런데 나의 질문이 채 끝나기도 전에, 맥밀런이 슬그머니 미소를 지었다. 그래서 나는 그가 둘 중의 하나의 반응을 보일 거라고 생각했다.

그런데 맥밀런은 오히려 있는 그대로 말했다. "둘 다 어렵습니다. 전자상거래도 어렵고, 매장도 어렵습니다. 그래서 뭔가가 뜻대로 되지 않으면, 미끼를 잘라내고 자리를 옮겨야 합니다. 뭔가 다른 걸 시도해야죠."

어쩌면 맥밀런은 스스로에게 격려한 것인지도 모른다. 특히, 회사가 매장 부문과 전자상거래 부문을 존 퍼너(John Furner)라는 한 명의 리더 아래로 통합하기 위한 어려움을 겪고 있었기에 더욱 그랬을 것이다. 퍼너는 샘스클럽의 CEO 출신으로, 2019년 말에 그레그 포란의 후임으로 월마트 미국 사업부의 CEO로 취임했다. 그리고 그때는 코로나19 팬데믹이 발생하기 몇 달 전이었다.

퍼너 체제하에서, 회사는 대서양과 태평양 해안에 근무하던 전자상거래 부문의 인력을 대거 벤턴빌의 본사로 재배치했다. 만약 그 지시에 응하지 않으면 넉넉한 퇴직금을 받고 아예 직장을 그만두어야만 했다. 이런 조치는 머천다이징(merchandising)* 부서 같은 일부 부문이 이제부터 월마트의 웹사이트와 매장을 통합하여 소매업 전체를 하나로 운영해야 한다는 필요성에 따라 제기되었다. 또한 월마트의 경영진은 여기저기에 흩어진 많은 인력을 아칸소주의 본사로 데려와야 한다는 압박을 느끼고 있었는데, 그 이유는 창업주인 월튼 가문이 350에이커(약 43만 평) 면적의 부지에 거액을 들여 월마트 신사옥을 지어 2025년까지 단계적으로 문을 열 예정이었기 때문이다.

월마트는 전자상거래 부문과 오프라인 부문을 합쳐 모두 1,200명의 직원을 해고한다고 공식적으로 확인해주었다. 그러나 이러한 조치에 대해 잘 아는 어느 관계자에 따르면 그 숫자가 실제로는 3,000명을 넘는다고 했다. 이렇듯 퍼너를 중심으로 권력이 집중되는 동안, 하나로 통합된 조직이 월마트를 더욱 빨리 움직일 수 있게 도와

---

* 상품이나 서비스를 기획하여 판매하기까지의 모든 활동.

줄 것이라는 희망이 생겨났다. 그런데 아마존은 몇 년에 걸쳐 정반대의 접근법을 택하고 있었다. 그건 바로 비즈니스 업계에서 유명해진 '피자 2판 팀(two-pizza team)'이라는 조직이었다. 이는 피자 2판이면 팀 전체가 넉넉히 먹을 수 있을 정도로 작은 규모여서 이런 이름이 붙었는데, 이들에게는 어떤 상품이나 서비스에 대한 새로운 아이디어를 추진할 수 있는 자율권이 부여되었다. 그러나 샘스클럽에서 월마트로 자리를 옮긴 퍼너는 전혀 다른 접근법을 갖고 왔는데, 그건 바로 '한 칸에 4명(four in a box)'이라는 기법이었다.

아마존의 '피자 2판 팀'처럼, 이는 월마트가 새로운 아이디어와 상품과 서비스를 테스트하거나 또는 그것이 매장의 노동자에 대한 것이든 아니면 고객에 대한 것이든 골치 아픈 문제를 해결하는 속도를 높이기 위해 고안되었다. 이 조직은 관련된 비즈니스 부문에서 각자 한 명씩 차출하는 구조였다. 예를 들어 고객 경험 또는 사용자 경험을 대표하는 부문에서 직원 한 명, 기술 부문에서 한 명, 경영 부문에서 한 명, 그리고 상품 디자인 부문에서 마지막 한 명을 데려오는 방식이었다. 이에 비해 기존의 방식은 회사의 중앙에 있는 누군가가 어떤 멋진 아이디어를 떠올리고, 그다음에는 그걸 어떤 팀에 넘겨 구현하게 만드는 시스템이었다.

이와 관련하여 퍼너는 이렇게 말했다. "제 생각에는 군이 신경 쓰지 않아도 결국엔 사람들이 정말 멋진 해결책을 찾아내고, 그런 다음에는 그와 연관된 문제가 있는지 찾아내려 노력한다는 겁니다."

퍼너의 취임은 또 다른 다양한 변화를 일으켰다. 그건 바로 온라인 주문 시스템이 두 개의 쇼핑 앱으로 나뉘어 있던 오랜 문제가 마침내 종식된 것이다. 물론 그렇게 두 가지를 별개로 나누어 운영한 데에는 기술적, 철학적, 비즈니스적으로 나름의 이유가 있긴 하지만, 이제 그런 시절은 저 멀리 사라졌다. 전임자인 그레그 포란보다 디지털 세계에 더욱 적극적으로 다가가려는 성향이 있는 퍼너에게는 하나의 회사 안에서 서로 이해관계가 상충되는 구조로 발생하는 혼란이 너무 오랫동안 지속된 것으로 보였다.

이와 관련하여 퍼너는 이렇게 말했다. "만약 어떤 고객이 식료품 앱인 오렌지색 앱에 '레고'라고 입력하면 아무런 결과도 나오지 않습니다. 제가 그때 늘 걱정한 건 그런 고객이 그다음에 어떤 앱을 사용할까 하는 거였습니다. 고객이 월마트의 파란색 앱을 사용할까요, 아니면 그곳에는 분명히 레고가 있을 거라고 확신하는 경쟁사의 앱을 사용할까요?"

많은 경우에 그 답은 명확했고, 그 결과는 월마트에 우호적이지 않았다. 퍼너도 그런 사실을 알고 있었다. 그래서 2021년에 마침내 월마트의 오렌지색 앱과 파란색 앱이 하나로 합쳐졌다. 현실에서 두 가지 색상을 섞으면 갈색이 나오지만, 월마트에 전자상거래의 미래는 그것보다 더욱 밝은색이 되기를 희망했다.

팬데믹이 시작되기 직전에 취임한 퍼너는 월마트가 변화하는 소비자의 습관을 만족시키기 위해 추진하던 일련의 계획을 총괄했다. 월마트는 자사의 슈퍼센터가 그 지역의 온라인 고객에게 서비스를 제공할 수 있는 잠재적인 미니 물류창고로 기능할 수 있다는 장점을 너무나도 오랫동안 무시해왔다. 아마존의 임원들은 월마트가 자신들의 매장에서 배송 서비스를 개시하는 방법을 찾아내기만 한다면,

당일 배송 또는 신속 배송을 두고 벌이는 편의성 경쟁에서 아마존을 꺾을 수도 있다는 사실을 오래전부터 알고 있었다.

그러나 월마트 같은 거대한 소매업체가 온라인 고객이 주문할 때 '재고 없음'이라는 메시지를 보고 실망하지 않도록 매장 내 재고를 정확하게 파악한다는 것이 말처럼 쉽지 않았다. 월마트가 보사노바 로보틱스(Bossa Nova Robotics)라는 스타트업에 막대한 투자를 한 이유도 바로 그 때문이었다. 보사노바 로보틱스는 월마트 슈퍼센터의 내부를 돌아다니면서 재고 정보를 알려주는 로봇을 만드는 업체다. 그런데 2020년 말에 그 시스템을 전국적으로 확대하던 와중에 퍼너가 갑자기 제휴 계약을 종료하여 그 스타트업과 회사의 경영진을 당혹스럽게 했다.[158] 그러나 타깃(Target)을 포함한 다른 소매업체는 오프라인 매장의 재고를 활용하여 온라인 주문을 처리하는 것이 충분히 가능하다는 사실을 보여주었다.

그러다 팬데믹이 시작되었고, 월마트에는 더 이상 선택의 여지가 없었다. 소매업계 전반에서 소비자의 수요가 늘어났는데, 그 중심에서도 특히 온라인 식료품 주문량이 증가했다. 배송 서비스를 원하는 고객은 물론이고, 도로변에서 픽업하려는 고객에게서도 마찬가지였다. 필자가 살펴본 내부 문건에 따르면, 팬데믹 첫해에 미국 내 온라인 식료품 시장에서 실제로 월마트는 인스타카트(Instacart)에 시장 점유율이 10퍼센트 뒤지고 있었다.[159] 월마트는 이제 4,000개에 이르는 매장 네트워크와 그 안에 갖고 있는 재고를 활용하기로 했다. 남들과는 다른 방식으로 말이다.

2017년부터 2021년 초까지 월마트 공급망의 책임자였던 그레그 스미스(Greg Smith)는 이렇게 말했다. "말 그대로 불과 3, 4주의 기간 동안 우리는 2,500개 매장에서 배송을 시작할 수 있게 되었습니다. 왜냐하면 그래야만 했기 때문입니다. 그런데 막상 그러고 나자 갑자기 우리는 모든 매장을 연결하자는 좀 더 대담한 생각을 하게 되었습니다."

또한 월마트는 일반적으로 각 매장으로 상품을 배송하는 데 이용되는 분류센터 가운데 30여 곳을 주문처리 센터처럼 활용하여, 그곳에서부터 고객의 집까지 상품을 배송할 수 있게 하자는 논의를 나누었다. 그리고 과거에는 전자상거래 주문 물품을 별도의 주문처리 센터에 채워놓았지만, 이제 월마트 역시 해당 상품의 재고가 있는 현지의 매장으로 온라인 주문의 배송 루트를 재설계하는 일에 더욱 적극적으로 뛰어들었다. 그 결과, 고객 경험이 어느 정도는 마법처럼 느껴지는 수준으로 개선되었다. 예전에는 어떤 물품을 온라인으로 주문하면 2일에서 4일은 되어야 도착할 것으로 예상되었지만, 이제는 주문 당일에 그 물품이 현관 앞에 놓여 있는 광경을 볼 수 있게 된 것이다. 그것도 종이박스나 우편봉투가 아니라, 월마트의 쇼핑백에 담겨서 말이다.

이와 관련하여 퍼너는 내게 이렇게 말했다. "저는 고객이 원하는 것을, 원하는 때에, 원하는 방식으로 받을 수 있게 해야 한다고 생각합니다. 우리가 할 일은 그 방법을 찾아내는 겁니다. 그것도 고객이 저렴한 비용으로 원하는 가치를 얻을 수 있는 방식으로 말입니다. 왜냐하면 제가 많이 생각하는 것처럼 '소매업에서의 고객 충성도는 그것보다 더 나은 것이 없을 때 생긴다'라는 말이 있기 때문입니다."

그러한 두려움은 또한 월마트가 2000년에 '익스프레스 딜리버리 (Express Delivery)'라는 훨씬 더 빠른 배송 옵션을 도입한 핵심적인 이유이기도 하다. 익스프레스 딜리버리는 식료품이나 상품을 주문하면 2시간 이내에 문 앞에 가져다주는 서비스다. 매주 월요일에 퍼너가 직원들을 모아 주재하는 주간회의에서, 퍼너 CEO는 월마트 플러스 회원에게는 배달 1건당 10달러에, 그리고 비회원에게는 1건당 17.95달러의 비용으로 이 서비스를 테스트하기로 결정했다. 이 기간에 월마트는 드론(drone)을 활용한 새로운 신속 배송 방식도 테스트하기 시작했다. 그런데 드론 배송은 경쟁사인 아마존이 먼저 관심을 끌었던 또 다른 분야다.

2013년으로 거슬러 가보자. 그해의 사이버 먼데이(Cyber Monday)* 쇼핑 이벤트 전날, 제프 베이조스는 TV 방송용으로 만든 영상에 출연하여 아마존이 드론 배송 테스트를 시작한다고 발표했다. 그는 이 서비스를 고객이 4, 5년 이내에 이용할 수 있을 것으로 예상했다. 그러나 2021년까지도 아마존의 테스트는 여전히 몇 명의 직원과 그 외의 소수에게만 제한되어 있었다. 한 가지 이유는 아마존이 이 업무를 외부에 위탁하지 않고 자체적인 드론을 만들고 있었기 때문이다. 그러나 그 작업이 원활하지 않았다. 우선, 아마존은 드론을 테스트하면서 연방항공국(FAA)을 화나게 만들었다. 대표적으로 오리건주에서 드론이 추락하여 25에이커(약 3만 평) 면적의 들판에 화재를 일으키는 사고가 났다.[160] 아마존은 이 프로젝트에 처음 8년 동안 20억

---

* 추수감사절 직후의 첫 번째 월요일.

달러 이상을 쏟아부었다고 알려졌는데, 그럼에도 외부에 보여줄 수 있는 결과물은 거의 없었다.

반면에 월마트는 드론업(DroneUp)과 집라인(Zipline)이라는 두 업체와 테스트 제휴를 맺고 2021년 가을에 월마트의 고향인 아칸소주에서 테스트 비행을 개시했다. 필자는 2022년 초에 벤턴빌을 방문했는데, 그때 인구 6,559명의 피 리지(Pea Ridge) 마을을 찾아가 드론 배송 테스트를 가까이에서 관찰했다. 애초에 나는 고객에게 실시간으로 배송해주는 장면을 지켜볼 줄 알았는데, 결국 내가 보게 된 건 그냥 시험 비행이었다. 그리고 계획이 변경된 것에 대하여 어떠한 설명도 없었다.

테스트는 투석기 같은 장치에서 50파운드(약 23킬로그램)의 집라인 드론이 시속 100킬로미터의 순항 속도로 발사되는 것으로 시작되었다. 그런 다음에는 시속 40킬로미터의 돌풍 속에서 반원을 그리며 이동했고, 월마트가 소유한 들판 위에 파란색 월마트 상자를 떨어트렸다. 그 상자에는 흰 종이로 만든 소형 낙하산이 부착되어 있었다. 상자가 지면에 착륙하자, 드론은 풍속과 풍향을 자동으로 계산해 출발지로 되돌아가기 위한 최적의 경로를 결정했다. 그런 다음에는 시속 64킬로미터의 속도로 되돌아와서 월마트의 용어로 '회수용 팔(recovery arm)'이라고 부르는 두 개의 금속 기둥 사이에 걸쳐진 집라인(zipline)에 꼬리날개를 걸었다. 그걸로 시험 비행은 끝이었다.

2022년 봄이 되자 월마트는 또 다른 제휴사인 드론업이 드론 배송 서비스의 개시를 도와준다고 발표했다. 그들은 미국 내 여섯 개 주의 총 34군데 지점에서 400만 가구를 대상으로 서비스를 제공할 계획이라고 했다. 해당 지역에 사는 고객은 3.99달러를 내면 1만 개 이상의 물품 가운데 원하는 상품을 드론으로 배송받을 수 있게 될 예정이었다. 다만 합산 무게가 10파운드(약 4.5킬로그램)를 넘지 않아야 했다. 참고로 다른 제휴사인 집라인은 처음에 분쟁 지역에서 인도 물자를 지원하는 것으로 사업을 시작했다. 그러나 이곳 미국에서, 위대한 소비주의의 나라에서 드론이 맡을 임무는 오직 제1세계의 편리함에만 초점이 맞춰져 있었다.

이와 관련하여 아마존에서 근무하다 월마트로 이직한 데이비드 구지나(David Guggina)라는 임원은 이러한 시도를 발표하는 월마트의 보도자료에서 이렇게 말했다. "저희는 처음에 고객이 이 서비스를 긴급 물품을 얻기 위해 사용할 거라 생각했습니다. 그런데 실제로는 순전히 편리함을 위해 이 서비스를 사용한다는 걸 알게 되었습니다. 주중 저녁식사를 간단히 해결하는 용도처럼 말이죠. 현재 저희의 허브(hub)에서 가장 많이 팔리는 품목 가운데 하나가 햄버거 헬퍼(Hamburger Helper)*라는 걸 보면 쉽게 알 수 있습니다."

차세대 빠른 배송을 위한 테스트에서 적어도 표면적으로는 월마트가 아마존을 앞섰지만, 아마존은 자신들만의 초고속 배송 서비스를 다시 정상궤도에 올려놓기 위해 여전히 애쓰고 있었다. 코로나 팬데믹이 발행하기 전인 2019년 봄으로 되돌아가보자. 당시에 아마존은 프라임 멤버십의 핵심적인 혜택인 이틀 배송을 앞으로 1년 동안 하루로 줄이겠다고 선언하여 월마트를 깜짝 놀라게 했다. 같은

---

* 간편하게 한 끼 식사를 만들어 먹을 수 있는 인스턴트 식재료 브랜드.

시기에 월마트 역시 익일 배송 서비스와 관련된 자체적인 발표를 준비하고 있었다. 그러나 막상 팬데믹이 닥치자, 아마존은 고객에게 1주일 안에 배송해주는 것도 힘겨워하게 되었다. 하루 만에 배송해주는 프라임 서비스는 거의 허황된 꿈으로 보였다. 2년이 지난 2022년에도, 심지어 아마존이 프라임의 가격을 연간 119달러에서 139달러로 올렸는데도 하루 배송 서비스는 여전히 실현될 기미가 보이지 않았다. 2022년 하반기 기준으로 보면, 프라임의 많은 배송은 심지어 이틀 배송조차 보장하지 못했다. 오히려 그냥 '무료 배송'에 불과한 수준이었다.

실제로 2022년 여름에 아마존의 물류 분석가인 피터 프리즈(Peter Freese)는 아마존의 고향인 워싱턴주에서 한 가지 실험을 수행했다. 참고로 그는 시애틀에서 불과 몇 시간밖에 떨어지지 않은 자신의 고향에서 더이상 이틀 배송이 보장되지 않는 것처럼 보여서 깜짝 놀란 직후에 이런 실험을 결정하게 되었다. 그는 워싱턴주에 있는 모든 카운티(county)를 대상으로 조사를 실시했다. 그런데 그중 3분의 1에 해당하는 지역에서 프라임 혜택이 적용된다는 라벨이 붙어 있는 아마존의 제품 가운데 가장 많이 팔리는 품목이 목적지에 도착하기까지 영업일 기준으로 최소 4일에서 5일 정도 소요된다는 사실을 확인했다.

미국 전역의 다른 지역에 사는 프라임 회원도 아마존 프라임의 이틀 배송이 그 의미가 사라졌다고 이야기했다. 뭔가 문제가 있는 것으로 보였다.[161]

이런 문제는 존 펠튼(John Felton)이 오랫동안 집착해온 일이었다.

펠튼은 팬데믹의 처음 2년 동안 아마존의 전 세계 배송 서비스를 책임지는 사람이었다. 2022년 초의 어느 인터뷰에서, 그는 아마존 프라임의 서비스 수준이 팬데믹 이전보다 훨씬 뒤처진다는 점을 받아들이지 않았다. 그러나 그는 하루 배송이라는 약속을 지키려면 앞으로도 해야 할 일이 많이 남아 있다고 인정했다. 당시 그 약속은 벌써 3년째 신기루로만 머물러 있었다.

"제가 해야 할 일은 우리가 고객을 위해 충분한 편의를 제공하지 못한다는 것에 대한 경각심을 일깨우는 것입니다." 그의 말이다.

2022년 중반에 펠튼은 아마존의 컨슈머 비즈니스와 영업을 책임지는 대표였던 데이브 클라크(Dave Clark)의 뒤를 이어 아마존의 모든 영업 부문을 이끄는 수장으로 임명되었다. 클라크는 예전에 스나이퍼라는 별명으로 알려진 물류창고 리더 출신으로, 아마존을 그만두고 이제 막 떠오르는 공급망 부문의 스타트업에서 CEO를 맡으면서 비즈니스 세계를 깜짝 놀라게 했다. 클라크가 떠나자 펠튼은 승진을 했고, 기존에 담당하던 배송 서비스 외에도 물류창고 및 운송 네트워크까지 총괄하는 임무도 추가되었다.

이러한 과도기에 일반 직원에게는 상당히 애석하게도, 그의 동료이자 각각 물류창고와 운송 부문을 이끌던 두 명의 임원이 회사를 떠났다. 그들은 모두 이 회사에서 가장 직급이 높은 흑인 임원이며, 그 중에는 S팀(S team)이라고 알려진 CEO 직속의 최고위급 경영진으로 근무하는 유일한 흑인 임원도 포함되어 있었다. 그는 바로 제너럴모터스(GM)에서 오래 근무했던 앨리샤 볼러 데이비스(Alicia Boler Davis)다. 참고로 아마존 내부에서는 그녀의 이름을 ABD라는 이니

셜로 줄여서 불렀다.

참고로 앤디 재시 CEO는 아마존의 '흑인 직원 네트워크(Black Employee Network)'라는 일반 직원이 모인 단체를 임원 자격으로 오랫동안 후원해왔다. 그리고 그가 제프 베이조스의 뒤를 이어 CEO에 취임하자, 일부 직원은 회사가 최고의 흑인 인재들을 좀 더 잘 영입하고, 승진시키고, 존속시킬 것으로 희망했다. 특히 2020년에 조지 플로이드(George Floyd) 사건 이후에 회사가 그러기로 이미 약속했기 때문에 그들은 더욱 그런 희망을 가졌다. 필자가 2021년에 여러 차례에 걸쳐 보도했듯이[162], 내가 이야기를 나눠본 아마존의 흑인 직원은 이 회사에서 편견과 차별을 자주 경험한다고 말했다.

아마존에서 몇 년 동안 일하고 있던 박사 출신의 흑인 여성은 2021년에 레코드(Recode)와 한 인터뷰에서 내게 이렇게 말했다. "저는 아마존에서 사무직 일자리를 얻는 '성취'를 거두며 제 인생에서 가장 많은 급여를 받게 되었고, 제가 결코 상상할 수도 없는 규모로 무언가를 해볼 수 있는 기회를 얻었지만, 그것이 결국은 제가 예상하지 못한 고통과 트라우마로 귀결되었다고 생각합니다. 제 인생에서 제가 이용당하고 언제든 버려질 수 있다는 느낌이 이렇게 많이 든 적은 없었습니다."[163]

당시에 아마존에서 다양성과 포용성을 위한 프로젝트를 담당했던 직원은 아마존의 평가 및 승진 시스템이 불균등한 경쟁의 장을 만들었다는 사실을 보여준다고 내게 말했다. 아마존의 내부 데이터에 따르면, 흑인 직원이 다른 동료보다 '효율성 최저'라는 등급을 받는 경우가 더 많으며, 흑인이 아닌 동급의 직원보다 승진하는 비율도 낮았다고 한다. 레코드는 이와 관련하여 앤디 재시가 베이조스의 후임으로 아마존의 CEO로 올라가기 전까지 대표로 재직한 아마존 웹 서비스(AWS) 부문의 데이터 가운데 일부를 살펴봤다. 그러자 흑인 직원과 백인 직원의 업무 실적 평가 점수에서 커다란 불균형이 보였다. 당시에 아마존은 해당 데이터의 구체적인 항목에 이의를 제기했지만, 그걸 대신할 수 있는 다른 데이터 제공은 거부했다.

이후 몇 달에 걸쳐 아마존에서 사무직으로 근무하던 여성 여섯 명이 회사를 고소했는데, 그들 대부분은 인종 차별을 당했다고 주장했다. 백인 남성(존 펠튼)이 승진을 하고 두 명의 고위급 흑인 임원이 회사를 떠나는 모습은 분위기를 개선하는 데 전혀 도움이 되지 않았다. 거의 동시에 또 다른 흑인 임원 두 명 역시 아마존의 고위직에서 떠났다. 그렇게 회사를 떠난 4명의 임원이 아마존에서 재직한 평균 근속 기간은 3년도 되지 않았다.

당시에 아마존의 사무직에서 중간 관리자로 일하던 흑인은 내게 이렇게 말했다. "저는 속으로 이런 생각이 들었습니다. '그 사람들이 내가 모르는 무언가를 알고 있는 건가?'라고 말이죠."

아마존과 반독점

아마존이 팬데믹의 처음 2년 동안 물류창고 직원과 사무직 직원 모두의 처우에 대하여 계속해서 엄중한 감시의 시선을 받는 사이에, 회사는 또한 이미 몇 년 동안 문제를 겪고 있던 정치인과 규제당국의 원치 않는 주목을 받게 되었다.

2010년대 말에 아마존을 비롯한 기술 산업계의 거대기업들이 축적하고 있던 권력과 가치는 반독점 진영에서 새로운 흐름을 일으켰는데, 이러한 움직임은 리나 칸(Lina Khan)이라는 당시로서는 무명이던 법학도가 로스쿨에서 쓴 논문 한 편에서 촉발되었다. 《예일법학저널(Yale Law Journal)》에 실린 〈아마존의 반독점 역설(Amazon's Antitrust Paradox)〉이라는 이 의미심장한 논문에서, 칸은 미국의 반독점 법률이 디지털 경제라는 새로운 시대에 뒤처져 있으며, 단지 가격이 저렴하다거나 무료 서비스를 제공한다는 이유만으로는 반경쟁적인 행위에 대한 조사를 피할 수 없던 시절로 되돌아가야 한다고 주장했다. 그녀가 주장하는 핵심은, 그리고 그녀의 견해를 널리 알리던 거대 기술 기업에 대해 비평가들이 주장하는 것은, 아마존 같은 기술 대기업이 인터넷에 새로운 철도를 건설하고는 그것을 서로 연결하는 모든 중요한 지점에서 스스로 문지기 역할을 한다는 것이었다.

이와 관련하여 좌파 성향의 지역자립연구소(ILSR)를 운영하고 있으며 오랫동안 아마존과 월마트를 모두 비판해온 스테이시 미첼(Stacy Mitchell)은 이렇게 말했다. "아마존은 단지 시장을 장악하려는 게 아닙니다. 그들은 그런 시장을 뒷받침하는 인프라를 소유하고 싶어 합니다. 그리고 그것은 월마트의 야망과는 아예 다른 차원의 엄청난 욕구입니다."

미첼은 월마트의 슈퍼센터가 활발하게 성장하던 시기에 정부가 개입하여 그 기세를 늦춰야 한다고 오랫동안 주장했다. 그리고 그녀는 일부 부문에 대하여 월마트가 가진 권력의 문제는 지금도 여전히 분명하다고 생각한다. "그들은 식료품 유통 전체를 장악하고 있습니다." 그녀의 말이다. 그런데 그녀를 비롯하여 거대 기술 기업을 비판하는 같은 진영의 많은 동료가 보기에, 아마존은 비즈니스 경쟁에서 완전히 다른 위협을 가하고 있다.

이에 대하여 미첼은 이렇게 설명했다. "아마존은 단순한 소매업 플랫폼이 아닙니다. 아마존에는 아마존 웹 서비스(AWS)가 있고 물류 부문도 있습니다. 그리고 아마존은 알렉사(Alexa)를 비롯하여 그들이 출시한 모든 기기는 물론이고 스마트 홈에 연결되는 온갖 장치를 통해 우리가 인터넷과 상호작용하는 인터페이스(interface)가 되고 있습니다. 그런 것이 시장에서 아마존이 보유한 상품과 서비스를 우호적으로 만들고, 그런 인프라에 의존하는 모든 사업체에 아마존이 일종의 세금을 징수할 수 있게 해주며, 그 과정에서 이뤄지는 모든 행동을 감시할 수 있고, 또 그렇게 수집한 정보를 자신들에게 유리하도록 활용할 수 있게 해줍니다."

워싱턴 D. C.에서 압력이 거세지자, 아마존의 지도부에서는 분위기가 격해졌다. 2020년 초에 베이조스 직속의 고위급 지도부가 모이는 어느 중요한 연례회의에서, 당시 AWS의 CEO인 앤디 재시는 회의 테이블에 놓인 문건의 내용을 파악하고 있었다. 거기에는 아마존이 지나치게 거대하거나 지나치게 막강하며 반경쟁적인 행위에 관여한다는 비판에 대한 대응 메시지를 내놓기 위한 아마존의 계획이 제시되어 있었다. 베이조스가 전화기 너머에서 회의 내용을 듣고 있는 가운데, 재시는 회의에 참석한 사람들에게 왜 그 메시지에서 아마존의 경쟁사인 월마트와 AWS의 라이벌인 마이크로소프트 역시 조사를 받아야 한다고 주장하지 않는지 날카로운 어조로 물었다. 회사의 다른 고위 임원들이 그 회사들은 이미 몇 년 전에 엄중한 조사를 받았으며 그들의 시대는 지나갔다고 애써 설명했다. 그러나 그에 대해 재시가 보인 반응을 그 자리에 참석한 사람들은 오랫동안 잊지 못하고 있다.

나중에 참석자 가운데 한 명이 그 상황을 내게 이야기해주었다. "그의 주장은 매우 명확했습니다. 우리가 가속 페달에서 발을 떼어서는 안 된다는 것이었습니다."

이후 몇 년 동안, 특히 소위 말하는 경쟁 관련 이슈를 집중해서 담당하는 아마존의 부서에서는 "월마트에 대한 이야기가 나오지 않는 날이 없었다"고 한다. 아마존보다 연간 수익이 더 많은 월마트가 정책입안자의 조사를 받지 않다는 사실이 재시 같은 임원을 미치게 만들었다. 월마트가 '자유롭고 공정한 시장(Free and Fair Markets, FFM)'이라는 비영리 위장 단체에 간접적으로 자금을 후원한다는 사실을 아마존의 임원들이 발견했지만 도움이 되지 않았다. 참고로 그 단체는 아마존을 비방하는 메시지를 기자들과 소셜 미디어에 마구 퍼붓고 있었다. 아마존의 지도부는 어떤 경쟁사 한 곳 아니면 여러 경쟁사가 힘을 합쳐 그런 활동에 자금을 댄다고 한동안 의심했지만, 그것을 입증하지는 못했다. 아마존에서 오랫동안 대변인으로 재직해온 드류 허드너(Drew Herdener)는 그 단체가 신문의 의견란이나 소셜 미디어에 글을 올려 사람들의 주목을 끌 때마다 점점 더 불만이 쌓여갔다.

그는 나중에 이렇게 탄식했다. "어떻게 언론사가 이곳이 위장 단체라는 사실을 모르는 걸까요?"

그 결과 더그 스톤(Doug Stone)이라는 아마존의 커뮤니케이션 담당 직원은 기자들이 그 단체의 자금 후원자를 밝혀낼 수 있도록 도와주며 1년 이상을 보냈다. 그러다 2019년 가을에 마침내 〈월스트리트 저널〉이 "아마존을 무너트리려는 '풀뿌리' 운동 단체가 아마존의 최대 라이벌에서 자금을 지원받다"라는 제목의 폭로 기사를 통해 그 베일을 벗겨냈다.[164] 월마트의 대변인은 〈월스트리트 저널〉에 해당 단체에 자금을 지원했다는 사실을 부인했지만, 월마트 역시 이 단체가 공론화하는 "이슈들을 우려하고 있다"고 말했다. 참고로 〈월스트리트 저널〉의 기사에서는 월마트가 중개인을 통해 FFM에 자금을 건넸기 때문에, 월마트 측의 방어 논리는 그저 형식적인 대응일 뿐이라고 언급했다.

같은 해, 미국 하원의 법사위 반독점상법행정법 소위원회는 아마존과 구글, 페이스북, 애플의 반경쟁적 관행 혐의에 대하여 의회 차원에서 조사에 착수한다고 발표했다. 〈아마존의 반독점 역설〉이라는 논문을 작성한 법학도 출신의 리나 칸이 관련 조사와 보고서 작성을 돕기 위한 법률 자문위원으로 위촉되었다. 다만 그녀는 의회 보고서에서 아마존에 대한 부분은 작성하지 않았다. 이 조사는 2020년에 제프 베이조스를 포함하여 조사 대상 기업의 최고경영자들이 모두 의원들 앞에서 증언하는 CEO 청문회에 이르러 절정에 달했다. 그러나 이런 극적인 장면은 코로나19 팬데믹으로 회사의 대표들이 직접 현장에 출석하지 않고 화상회의 시스템을 통해 증언함으로써 다소 무색해졌다. 베이조스가 의회에서 증언하는 것은 그때가 처음이었다. 그런데 처음에는 정부와 일해본 경험이 없는 아마존의 일부 최고위급 관계자가 베이조스를 출석시키라는 의회의 요구를 정중하게 거절하며, 대신에 회사의 다른 임원이 출석하는 게 어떻겠냐고 제안을 했다.

그런 논의에 대해 잘 아는 한 사람은 내게 이렇게 말했다. "당시에는 뭔가 주술적 사고(magical thinking)*가 진행되고 있었습니다."

결국 그들은 체념했고, 베이조스가 증언하기로 했다.

몇 달 뒤, 의회 조사위원회의 직원이 각 회사의 범죄 혐의를 설명

---

*   주술 같은 행위에 의존하는 비이성적이며 비논리적인 사고.

하고 그들을 억제하기 위한 정책 권고안을 담은 400페이지 분량의 보고서를 완성했다. 이 보고서에서는 아마존이 외부 판매자들에게서 부당하게 데이터와 정보를 수집하여 다른 경쟁업체보다 자사의 상품 브랜드를 유리하게 만들고, 온라인 마켓의 진열 공간에 자체 브랜드의 상품을 위한 전용 구역을 부여하고, 검색 결과에서도 우선순위를 높이는 등 아마존의 소매업 비즈니스에 힘을 실어줬다고 주장했다. 그리고 아마존이 자신들의 지배적인 지위를 이용하여 광고부터 물류창고 이용에 이르기까지 모든 것에 점점 더 많은 수수료를 부과할 수 있으며, 대부분의 판매자와 브랜드에는 사실상 아무런 협상력이 없다는 비판도 있었다. 아마존은 또한 만약 판매자가 다른 사이트에서 더 낮은 가격으로 상품을 판매하면, 그에 대해 불이익을 주는 것으로 알려져 있었는데, 심지어 그곳이 판매자가 직접 운영하는 사이트라 하더라도 마찬가지였다. 참고로 일부 판매자의 주장에 따르면, 이러한 관행 때문에 인터넷 전반에 걸쳐 소비자 가격이 인위적으로 부풀려졌다고 한다.[165]

이 조사에 긴밀히 관여한 사람들 중 일부는 의회의 조사가 시작될 때만 하더라도 구글과 페이스북의 관행이 아마존보다 훨씬 더 문제가 많다고 생각했는데, 막상 조사가 진행되면서 아마존의 비즈니스 관행이 보여주는 여러 측면 때문에 그들은 충격을 받았다. 그중에서도 두드러지는 한 가지 사례는 포천 500(Fortune 500)*에 포함된 수많은 업체가 아마존에서 괴롭힘을 당했으며, 그러면서도 공정하게 협

---

* 경제전문지 〈포천(Fortune)〉이 매년 선정하는 미국의 상위 500대 기업.

상을 진행하지 못했다는 사실이다. 그와 반대편에 있는 소규모 업체의 직원은 아마존이 아마존닷컴의 검색 엔진 알고리즘을 살짝 변경하거나 아마존의 브랜드로 비슷한 상품을 복제하는 등 여러 수단을 동원해서 하룻밤 만에 소규모 업체를 쉽게 죽여버릴 수 있다는 사실에 경악을 금치 못했다. 아니면 제멋대로인 알고리즘 때문에 의도치 않게 판매자가 아마존 플랫폼에서 쫓겨날 수도 있었다. 이러한 힘의 불균형은 월마트가 아주 오랫동안 누려온 것과 그리 다르지 않았다.

엎친 데 덮친 격으로, 아마존을 조사하는 사람들은 아마존에서 상품을 파는 외부 판매자가 왜 자신들이 처벌받았는지 명확한 답변을 듣거나 또는 전화를 걸어서 도움을 받을 만한 사람과 연결되는 것이 불가능하다는 사실을 발견했다. 공청회에서 가장 뭉클한 순간 중 하나는 어떤 여성 의원이 아마존에서 남편과 함께 교재를 판매하는 사업체를 운영하는 어느 여성과 한 인터뷰 녹취를 재생했을 때다. 이 소규모 업체를 운영하는 여성은 자신들의 가족 사업체가 아무런 통보나 설명도 없이 갑자기 아마존에서 쫓겨났고, 그러면서 순식간에 자신들은 물론이고 직원 십여 명의 생계수단이 사라져버린 이야기를 들려주었다.

같은 해, 판매자들이 그러한 불만사항을 지속적으로 트위터에 올리면서 아마존과 최상위 판매자들의 애증 관계는 거의 폭발할 지경에 이르렀다. 트위터에서는 업계에서 강력한 추종 세력을 만들어 낸 판매자도 있었다. 그런 사람 가운데 한 명인 싱기 데틀프슨(Shinghi Detlefsen) 역시 아마존 고위층의 관심을 끌었던 또 다른 특징을 갖고 있었다. 그는 예전에 아마존 내부의 기술 관련 분야에서 6년 동안 일하다가 회사를 떠나 자신의 아내가 창업한 소매업체의 운영을 돕기 시작했다. 아마존에 대한 불만과 당시 아마존의 CEO인 데이브 클라크에게 보내는 제안 등을 지속적으로 트위터에 올린 끝에, 2021년 3월에 그는 마침내 답변을 받을 수 있었다. 곧이어 아마존에서 판매자 지원을 담당하는 다르메쉬 메흐타(Dharmesh Mehta) 부사장이 트위터에서 활발하게 움직이기 시작했다. 그리고 그는 데틀프슨이 올린 일부 트윗에 답변을 했으며, 판매자 커뮤니티에는 지속적인 피드백을 요청한다는 말을 전했다. 그렇다고 해서 아마존이 소규모 판매자 파트너를 처우하는 방식이 갑자기 바로잡히지는 않았지만, 그래도 일부는 마침내 이야기를 들을 수 있었다. 그리고 일부 최상위 판매자에게는 적어도 아마존에서 판매하는 것이 더욱 공정하고 좋게 여겨지는 시절이 시작되는 것처럼 느껴졌다.

그러나 그런 조치를 한다고 해서 의회 조사와 관련된 아마존의 문제가 끝나지는 않았다. 조사위원회의 보고서와 거기에 담긴 정책 제안이 동반 법안을 이끌어내어 2022년에 상원과 하원에 모두 상정된 것이다. 만약 이 법안이 통과된다면 아마존이 비즈니스를 수행하는 방식을 심각하게 뒤바꿔놓을 수도 있었다. 이 법안에서는 아마존이 자사의 제품과 서비스를 유리하게 만드는 행위를 금지했다. 그것이 아마존 베이직(Amazon Basics) 건전지 같은 자체 브랜드 상품이든, 아니면 외부 판매자에게 제공하는 아마존의 주문처리(Fulfillment by Amazon)라는 물류창고 서비스든 관계없었다. 아마존은 이 법안에 공개적으로 거세게 항의했다. 어떤 경우에는 구글과 제휴해 위장 단체에 자금을 지원하여 해당 법안이 잠재적으로 아마존 프라임을 죽일 수도 있다고 주장하는 TV 광고를 내보내기도 했다. 그러한 상황에서도 아마존의 임원들은 의원들이 속한 지역구에 물류창고를 만들어 일자리를 창출했다고 강조했다. 그들은 그것이 '좋은 일자리'라고 계속해서 반복했다.

그런데 그 이전에 조사의 강도가 점차 거세지던 당시에, 아마존의 임원들은 만약 상황이 더욱 악화된다면 규제당국과 의원들에게 보내는 일종의 올리브 나뭇가지*로서 자신들의 비즈니스에서 어떤 변화를 취할 수 있을지 내부적으로 논의한 적이 있다. 취재원의 말에 따르면, 일부 임원이 동의한 방안 한 가지는 소위 말하는 프라이빗 라벨(private label) 비즈니스를 포기한다는 것이었다고 한다. 이는 기본적으로 어떤 상품을 아마존이 소유한 브랜드의 이름으로 판매하는 관행이었다. 그러나 2023년 초까지도 아마존은 여전히 그런 비즈니스를 계속했다.

그럼에도 연방거래위원회(FTC)는 막후에서 아마존의 비즈니스 관행에 대하여 지속적으로 조사를 수행했다. 그런데 그보다 1년 전, 정원이 다섯 명인 FTC의 위원직 가운데 공석이 생기자 조 바이든 대통령이 32세의 리나 칸을 FTC의 위원으로 지명하고 거기에 더해 그녀에게 위원장까지 맡겼다. 그러자 반독점 관련 법률을 집행하는 이 기관이 아마존을 상대로 모종의 조치를 취할 가능성이 커지는 것으로 보였다. 불과 4년 전에 〈아마존의 반독점 역설〉이라는 논문을 발표하기 전만 하더라도 워싱턴 정가에는 전혀 알려지지 않았던 그녀

---

* 　서양의 전통에서 올리브 나뭇가지는 평화와 화해의 상징임.

가 기술 대기업을 조사하는 의회의 조사위원회에서 자문위원을 맡더니 이번에는 아예 FTC 위원장에까지 오른 것이다. 한편 유럽에서는 2022년 말에 아마존이 반경쟁적인 행위에 관여했다며 규제당국이 제기한 혐의를 해결하기 위해 아마존이 자사의 웹사이트와 비즈니스 관행에 일련의 변화를 주기로 동의했다.

이를 모두 종합해보면, 아마존 최고경영진의 중대한 교체*와 모든 측면에서 엄중하게 조사를 받는 상황까지 더해져 경쟁사에는 엄청난 기회가 주어졌다. 그중에서도 가장 위험한 경쟁사는 월마트였다. 그러나 문제는, 언제나 그렇듯이, 월마트가 스스로 새롭게 거듭나기 위해 얼마나 지속적으로 헌신하는지, 그리고 더그 맥밀런이 얼마나 빠르게 항로를 바꿀 수 있느냐 하는 것이었다.

---

*   여기에서는 제프 베이조스가 2021년에 CEO직에서 물러나고 앤디 재시에게 그 자리를 넘겨준 것, 그리고 데이브 클라크가 아마존을 떠난 것 등을 의미함.

월마트 2040

전자상거래 부문의 지휘자인 마크 로어(Marc Lore)가 2021년에 월마트를 영원히 떠나기 전에, 그는 슬로언 에들스턴(Sloan Eddleston)이라는 전략 담당 임원과 함께 '월마트 2040(Walmart 2040)'이라는 제목의 문건을 작성했다. 이는 만약 월마트가 앞으로 20년 후에도 계속해서 번창하기를 원한다면 추구해야 할 변화가 무엇인지 조언하는 내용이었다. 참고로 월마트에서 오래 근무한 여러 임원은 월마트가 낮은 가격으로 상품을 제공함으로써 결국엔 아마존을 꺾을 것이라고 여전히 믿었다. 그들은 월마트가 오프라인 매장은 물론이고 인터넷에서도 아마존을 이길 수 있다고 생각했다. 특히 새로운 법안이 시행되거나 독점금지법에 따른 명령으로 아마존이 회사를 두 부분으로 분리해야 한다면 더욱 그럴 것으로 여겼다. 로어는 이런 생각이 그저 희망에 불과하며 시대에 뒤처진 것이라고 일축했다.

그의 평가에 따르면, 시간의 경과에 따른 소매업 전쟁에는 세 가지 중요한 측면이 있는데, 바로 가격, 상품, 편의성이다. 로어는 월마트가 가격 면에서 아마존을 이기기 매우 힘든 이유가 아마존에는 수십 만 명의 외부 판매자가 제공하는 훨씬 더 방대한 종류의 상품이 있기 때문이라고 생각했다. 그런 판매자들은 아마존의 웹사이트에서 판매하려면 내야 하는 다양한 수수료를 통해 아마존의 수익을 더욱 키워주었다. 그는 또한 편의성 면에서도 아마존이 힘겨운 상대라고 여겼는데, 광범위하게 세력을 펼치는 아마존 프라임 때문이었다. 아마존 프라임의 방대한 물류창고 네트워크는 미국 전역을 뒤덮고 있었으며, 아마존은 이미 자체적인 거대한 배송 네트워크를 구축해 놓은 상태였다.

로어는 그에 대한 유일한 해답이 매우 활기차지만 아직 초기 단계인 대화형 상거래(conversational commerce)라고 불리는 소매업 분야에서 주도권을 차지하는 것이라고 생각했다. 대화형 상거래란 기본적으로 스마트 스피커를 활용한 음성 상호작용이나 문자 메시지 대화로 상품을 판매하는 것을 말한다. 그러니까 그건 로어가 월마트 내부에서 처음으로 만든 제트블랙(Jetblack)이라는 스타트업이 시도하려고 한 방식이다. 로어와 에들스턴은 거대한 규모에서 이뤄지는 일대일 개인 맞춤형 쇼핑 방식을 구상했다. 소비자가 원하는 상품이나 또는 상품의 유형을 문자로 보내거나, 구입해야 하는 선물을 접수처에 설명하면, 그다음부터는 월마트가 지금까지 잘 해온 일을 수행하면 될 뿐이었다. 그건 샘 월튼(Sam Walton)이 60년 전에 소매업에서 미친 듯한 혁신을 꿈꾸었던 이후로 그들이 쭉 해온 일이었다. 바로 머천다이징(merchandising)*과 큐레이션(curation)**이다.

그는 만약 사람들이 웹사이트에서 상품을 검색하는 것이 아니라 고객을 한 명씩 상대하면서 모든 고객에게 최고의 상품을 보여줄 수 있다면, 월마트가 상품 선택의 범위 면에서 아마존과 대등해지려는 시도를 멈출 수도 있다고 생각했다. 게다가 아마존과 월마트의 웹사이트는 갈수록 혼란스러워지면서 점점 더 전통시장 같은 곳이 되고 있었다. 그런데 로어는 아마존에 여러 약점이 있는데, 그중 하나가 바로 큐레이션이라고 생각했다. 개인 맞춤형 기능을 극대화한다면 무수히 많은 종류의 상품도 이길 수 있다고 여겼다. 월마트가 제트블랙이라는 값비싼 실험을 통해 입증한 것이 있다면, 그 서비스가 아마존에 대한 고객의 의존도를 약화시킬 수 있다는 점이었다.

월마트의 더그 맥밀런 CEO는 그런 아이디어와 그 가능성을 이해하는 것으로 보였다. 하지만 그것을 위해 충분한 투자가 이루어질까? 10억 달러, 아니면 수십억 달러? 로어는 그러지 않을 거라고 생각했다.

솔직히 말해서 맥밀런에게는 미국은 물론이고 외국에서도 단기적으로 우선순위가 높은 다른 대형 투자 방안이 놓여 있었다. 월마트는 2018년에 인도에서 회사 역사상 최대 규모의 인수 작업을 벌였다. 빠르게 성장하고 있던 플립카트(Flipkart)라는 전자상거래 기업의 지분 77퍼센트를 160억 달러에 확보한 것이다. 그런데 인도에서 플

---

* 상품이나 서비스를 기획하여 판매하기까지의 모든 활동.
** 어떤 분야에 대한 정보를 수집하고 분류하여 의미와 가치를 부여하는 작업.

립카트의 최대 경쟁사는 어디였을까? 아마존이었다. 그리고 월마트가 플립카트를 놓치지 않기 위해 안간힘을 써야 하는 이유도 바로 아마존 때문이었다.

월마트와 아마존이 세계 최대의 전자상거래 시장인 중국에서 각자가 원하는 진전을 전혀 이뤄내지 못했기 때문에, 온라인 쇼핑 분야에서 그다음 격전지는 인도가 될 것으로 여겨졌다. 그 이유는 인도의 거대한 인구와 증가하는 중산층 때문이었다. 그리고 모바일 데이터 이용료가 저렴하다는 이유도 있었는데, 이 때문에 많은 인도인이 휴대전화를 통해 생애 처음으로 인터넷에 접속하고 있었다. 그리고 월마트의 회장이자 샘 월튼의 손자사위인 그레그 페너(Greg Penner)가 플립카트 인수의 든든한 지지자였다.[166]

월마트의 이사회 임원들이 이 신생 기업에 약간의 투자를 할지 아니면 완전한 지배권을 인수할지 논의할 때, 페너는 동료 이사들에게 반복해서 이렇게 말했다고 한다. "아예 죽여버립시다."

월마트는 인도 이외에 또 다른 프로젝트에도 거액을 투자하고 있었다. 의료 분야도 그중의 하나였다. 그리고 월마트의 주문처리 센터와 구식 분류센터에 로봇 공학과 자동화 시스템을 추가하기 위해 수십억 달러를 투자하는 프로젝트도 있었다. 그런데 이러한 확장 시도는 여러 부분에서 아마존이 구축한 생태계와 매우 유사해 보였다. 마크 로어도 이런 프로젝트의 일부를 이끌었다. 그의 체제에서 고위직으로 일했던 리더가 내게 들려주기를, 로어는 월마트가 자사의 온라인 마켓을 다른 판매자에게도 최대한 빠르고 폭넓게 확대해야 한다는 단호한 입장이었지만, 회사에서는 그걸 그대로 제한해야 한다는 주장이 있었다고 한다. 그리고 회사의 전직 내부 관계자에 따르면, 더그 맥밀런 역시 "우리가 잠을 자는 동안에도 돈을 번다"는 아이디어에 점점 더 강하게 매료되었다고 한다.

2022년 초에 자신의 사무실에서 진행한 어느 인터뷰에서, 맥밀런은 이러한 새로운 비즈니스 노선의 중요성을 강조했다. 거기에는 회원제 프로그램인 월마트 플러스(Walmart+), 온라인 광고 비즈니스인 월마트 커넥트(Walmart Connect), 그리고 월마트닷컴의 거래 내역에서 얻어낸 판매 트렌드 데이터에 대한 접근 권한을 제공하는 새로운 비즈니스도 포함되어 있었다. 이 세 가지 비즈니스 노선은 모두 어떤 식으로든 아마존에서 영감을 받은 것이다. 월마트는 심지어 아마존의 광고 담당 책임자였던 사람을 영입하여 자사의 광고 비즈니스를 맡겼다. 그런데 월마트는 몇 년 전에 '아마존의 주문처리'의 월마트 버전인 '월마트 주문처리 서비스(Walmart Fulfillment Services)'를 운영할 사람으로 아마존에서 근무했던 또 다른 리더를 영입한 적이 있다. 참고로 이 사업 역시 아마존과 마찬가지로 온라인 판매자에게 수수료를 받아 고객이 주문한 물품을 대신하여 보관하고 배송해주는 서비스다.

이와 관련하여 제트(Jet)의 전직 임원은 내게 이렇게 말했다. "뭔가 아이러니였습니다. 우리가 결국 아마존 방식의 노선을 점점 더 많이 따라가고 있었으니까 말이죠."

2020년대 초에 이제 막 출범하기 시작한 이러한 새로운 비즈니스들의 목표에 대하여 맥밀런은 이렇게 말했다. "시간이 지남에 따라 더욱 다양하고 탄력적인 비즈니스를 만드는 것입니다. 왜냐하면 요즘에는 사람들이 다른 방식으로 돈을 벌기 때문입니다." 이러한 다양한 분야로 비즈니스를 확장하려는 시도를 했지만 언론의 관심은 그들이 아마존 프라임에 맞서 내놓은 경쟁 서비스인 월마트 플러스에만 주로 집중되었다. 그래서 맥밀런 CEO는 투자자와 기자의 관심을 다른 곳으로도 돌리기 위해 최선을 다한다고 말했다.

"저는 우리가 그걸 갖고 있다는 게 기쁩니다. 그리고 그것은 성장할 것입니다. 그러나 저는 세상이 그래야 하는 것 이상으로 너무 거기에만 집중하지 않게 하려고 노력할 것입니다. 우리도 지금 거의 한 시간 동안이나 이야기를 나눴지만, 그 주제에 대해서는 건들지 않았다는 걸 생각해보십시오. 그건 이 회사에서 가장 중요한 게 아닙니다. 그건 이 회사가 가진 것 중 하나일 뿐입니다."

이것이 이야기의 전부일 수도 있지만, 고객 기반을 구축하기 위한 초기의 노력에 대해서도 언급해야 한다. 앞의 인터뷰를 하기 1년 전, 나는 월마트 내부의 문건에 대해 보도했다. 거기에는 월마트 플러스 담당 부서가 기존 회원의 가입 연장율과 무료로 시험 사용을 하던 사람이 유료 회원으로 전환하는 비율을 높여야 한다는 내용이 들어 있었다.[167]

월마트는 또한 자사의 직원에게 이 멤버십에 가입하라며 적극적으로 압력을 가했는데, 직원에게는 이 서비스가 무료로 제공되었다.[168] 그러나 서비스 개시 이후 2년이 지난 2022년 가을이 되어도 월마트 플러스의 미국 내 회원은 겨우 1,100만 명 정도에 불과했다. 그에 비해 아마존 프라임의 회원은 1억 7,000만 명에 달했다. 그해 11월, 월마트는 이틀 동안 이 멤버십을 반값에 제공했다. 언젠가 마크 로어가 내게 말했듯이, 월마트가 그저 제자리걸음을 하는 것 이상으로 무언가를 하려 한다면, 결국 그들은 아마존 고객에게 프라임 멤버십을 취소하고 월마트 플러스로 망명하라고 설득해야만 한다.

아무튼 우리가 나눈 대화에서 맥밀런이 월마트의 멤버십 프로그램에 대해 보수적인 전망을 한다는 점은 분명했다. 아마존 프라임이라는 거대한 철퇴에 맞서서 경쟁 비슷한 걸 하기조차 힘겨운 싸움이 될 것 같았다. 결국 아마존이 태어난 다음부터 맥밀런이 월마트 CEO에 오르기까지의 20년 사이에, 한때는 소매업의 혁신가였던 이 회사의 내부에는 집단적 보수주의가 마치 잡초처럼 퍼지게 되었다. 그렇다면 과연 맥밀런은 자신의 조직에 맞서서 그러한 분위기를 완전히 깨부술 수 있을까?

그는 내게 이렇게 말했다. "저는 원래 리스크를 감수하는 사람이 아닙니다. 저는 도박을 하지 않습니다. 저는 다리 위에서 줄을 매고 번지점프를 하지도 않습니다."

그리고 그는 이렇게 덧붙였다. "하지만 이 회사가 다음 세대에도 지금의 위치에 있으려면 리스크를 감수해야 합니다."

Chapter 14

위너 셀즈 올

맥밀런과 월마트가 어렵게 깨달았듯이, 리스크를 기꺼이 감수하려는 것과 그러한 리스크가 있음에도 성공시키는 것은 별개의 문제다. 돌이켜보면 월마트는 2010년대부터 가끔 디지털에 초점을 맞춘 거대한 투자를 해오긴 했지만, 그런 시도조차 자주 있는 일이 아니었다. 그리고 단지 게임을 한다는 것만으로는 언제나 충분하지 않았다. 2011년에 월마트는 코스믹스(Kosmix)라는 실리콘밸리의 스타트업에 3억 달러를 투자했지만[169], 이것이 디지털 분야에서 월마트의 미래를 바꾸는 데는 별로 도움이 되지 않았다. 다이퍼스닷컴(Diapers.com)과 그 모기업인 쿼드시(Quidsi), 여기에 더해 필팩(PillPack) 인수도 추진했지만, 아무리 노력해도 소매업의 이 괴물은 두 발을 질질 끌면서 아마존이 그들에게 한 방을 먹일 수 있도록 내버려두었다.

그러나 월마트는 견뎌냈다. 내가 맥밀런과 마주 앉아 이야기를 나누기 18개월 전인 2020년 가을, 월마트는 또 다른 리스크를 감수하려 했다. 수천만 명이 매일 몇 시간씩 스마트폰으로 동영상을 시청하는 블록버스터 앱인 틱톡(TikTok)에 수십억 달러를 투자하기로 한 것이다. 당시 중국에 있는 틱톡의 모기업*은 도널드 트럼프 대통령의 행정명령으로 미국에 있는 사업부를 강제로 처분해야만 했다. 그래서 월마트와 데이터베이스 소프트웨어 기업인 오라클(Oracle)은 둘이 합해 그 회사의 지분을 20퍼센트 매입하려 준비하고 있었다. 월마트는 이 동영상 공유 서비스에 '전자상거래, 주문처리, 결제, 그리고 기타 옴니채널(omnichannel) 서비스'를 제공할 예정이었다.

어떤 이들에게는 당대의 가장 트렌디한 앱과 전혀 트렌디하지 않은 구식 소매업체의 만남이라는 아이디어가 터무니없는 소리로 들렸다. 그러나 내게는 그것이 주의력을 산만하게 하는 값비싼 투자가 될 가능성이 있음에도, 더욱 흥미로운 무언가를 암시하는 것으로 보였다. 그것은 바로 월마트가 더이상 아마존의 뒤를 쫓는 것이 아니라 마침내 그들이 앞서 나갈 수 있는 디지털 미래를 개척하려 노력한다는 사실이었다.

월마트가 2년 전에 160억 달러를 들여 인도에서 아마존의 최대 경쟁사인 플립카트(Flipkart)의 과반 지분을 사들였을 때만 하더라도, 벤턴빌의 이 거대기업은 뒤쪽에서 아마존을 추격하고 있었다. 그러나 틱톡과 제휴한 덕분에 맥밀런과 월마트는 단순히 제프 베이조스의

---

*   바이트댄스(ByteDance).

등만 바라보지 않는 입장이 되었다. 그들은 이제 앞으로 뛰어나가려 시도하고 있었다. 이러한 투자 덕분에 월마트는 소셜 미디어 플랫폼과 라이브 방송 쇼핑을 통해 상품을 판매하는 데 초점이 맞춰진 이 새로운 분야에서 선두가 될 수도 있었다. 그것은 아시아에서는 이미 호황을 누리고 있지만 미국에서는 여전히 초기 단계에 있는 비디오 커머스(video commerce)라는 분야였다.

그런데 월마트가 전자상거래 부문에서 한때 그들의 구세주였던 마크 로어에게서 어떠한 도움도 없이 그 협상을 추진했다는 사실도 주목해보아야 한다. 사실 로어는 회사 내부에서 이 투자에 우려를 표명했다가 즉시 해당 논의에서 배제되었다. 로어는 당시에 이미 회사를 나가려 했고, 훨씬 더 강력한 목소리가 이 투자를 지지했다. 바로 월마트의 회장인 그레그 페너였다. 참고로 예전에 페너가 제트 인수를 지지하긴 했지만, 그와 로어는 긴밀한 신뢰를 결코 형성하지 못했다. 이에 대해 로어는 내게 이렇게 말했다. "제가 페너와 충분한 시간을 갖지 못한 것도 저로서는 실망스러웠던 부분입니다." 아무튼 로어가 떠났지만, 디지털 분야에 대한 월마트의 추진력까지 죽지는 않았다.

그런데 맥밀런과 월마트가 과감히 도약하기도 전에, 이번에도 누군가가 그 기회를 낚아채가고 만다. 월마트가 틱톡에 대한 투자 의지를 선언하고 나서 몇 달 뒤에 도널드 트럼프가 2020년의 대통령 선거에서 재선에 실패한 것이다. 그리고 신임 바이든 행정부는 틱톡을 강제로 처분하려던 트럼프의 아이디어를 완전히 보류했다. 바이든 행정부가 2년 뒤인 2023년에는 입장을 선회하여 중국 소유주인

바이트댄스가 미국 사업부를 매각하지 않으면 미국 내에서 틱톡 사용을 금지할 것이라고 위협했지만, 그렇게 재개된 월마트와 틱톡의 협상은 그 결과를 전혀 장담할 수 없었다. 월마트는 이제 다른 곳에서 디지털 분야의 놀라운 혁신을 모색해야 할 것으로 보였다. 그런데 당시 회사 내부의 프로젝트들로는 그러한 수준에 도달할 수 있을지 여부가 명확하지 않았다. 비록 그 수가 많았는데도 말이다.

우선 월마트는 당시에 월마트 플러스(Walmart+)에 추가 요금을 내면 고객의 자택 안까지 배송해주는 서비스로 확장을 시도하고 있었다. 일부 임원은 이것이 편의성 면에서 결국엔 아마존을 꺾을 수 있는 잠재력이 있다고 믿었다. 이 서비스는 2017년에 시작된 초기 테스트에서 발전해온 것이다. 당시에 아마존에서 이와 비슷한 서비스를 테스트한다는 소식을 여러 번 들은 더그 맥밀런이 월마트의 전자 상거래 팀에 아마존을 한 방 먹이라고 지시한 것이다.

월마트의 인큐베이터 조직인 8호점(Store No. 8)에서 성장한 이 서비스는 월마트의 배송 기사가 실제로 식료품을 고객의 집 안으로 가져가서, 원한다면 고객의 냉장고 안에 그것들을 풀어 넣고, 지시가 있다면 반품을 가져오는 것으로 구성되어 있었다. 그리고 이 모든 과정은 보안 차원에서 배송 기사의 조끼에 달린 카메라에 녹화되었다. 2022년 기준으로 이 서비스를 기다리는 사람이 많기는 했지만, 과연 수백만 명의 고객이 그런 서비스를 원할지, 또는 월마트가 그것을 그 정도 규모에서 효과적으로 운영할 수 있을지는 여전히 불분명했다.

또한 월마트는 2022년 말에 로봇 공학 회사인 얼러트이노베이션

(Alert Innovation)을 인수했는데, 이곳은 월마트가 자사의 매장에 붙어 있는 미니 물류창고에서 온라인 식료품 주문 물품을 골라내고 분류하는 자동화 시스템 가운데 하나를 만드는 업체였다. 그리고 물류 부문에서 월마트는 지역의 크고 작은 사업체들이 월마트에 배송을 의뢰할 수 있는 고로컬(GoLocal)이라는 서비스를 선보였다. 월마트가 자신들의 상품을 고객의 집까지 완벽하게 배송해주려면 여전히 해야 할 일이 많다는 사실을 고려하면 이러한 움직임은 다소 공격적이기는 하지만 그래도 현명한 조치로 보였다. 그리고 아마존과 마찬가지로 월마트도 자사 웹사이트와 앱에서 광고할 수 있는 비즈니스 시스템을 구축하기 시작했지만, 이미 몇 년 동안 이 분야에 거액을 투자해온 라이벌에 비해 훨씬 뒤처져 있었다. 아마존은 2021년에 자사의 쇼핑 사이트와 앱에서 광고를 판매하여 310억 달러의 수익을 올렸는데, 그에 비해 월마트는 20억 달러에 불과했다.

물론 월마트도 전자상거래 분야에서 더욱 많은 판매자를 끌어 모으기 위해 자사의 온라인 마켓에 투자했고, 더욱 많은 판매자에게 배송 서비스를 제공하기 위하여 물류창고 서비스에도 투자했다. 그러나 온라인 판매자가 월마트닷컴에서 물건을 판매하거나 광고를 게시하기 위해 판매자로 등록하는 이유는 월마트가 자신들에게 훨씬 더 좋은 판매 도구와 광고 수단을 제공하며 더욱 거대한 고객 기반을 확보하기 때문은 아니었다. 많은 판매자가 그렇게 하는 이유는 아마존이 아닌 다른 곳에서 판매할 수 있기 때문이다. 사실 그들은 그 대상이 월마트가 아니라 그 누구라도 상관없었다. 물론 아마존의 공개 플랫폼 덕분에 미시건 시더 스프링스(Cedar Springs)든 중국 선전

(深圳)이든 수백만의 소규모 상인이 그야말로 하룻밤 만에 수백만 명의 고객에게 갑자기 상품을 판매할 수 있게 된 건 사실이었다.

그럼에도 아마존과 영세상인의 관계는 복잡한 경우가 많았다. 그리고 물론 수많은 판매자가 공급업체로 관계를 맺고, 아마존의 주문처리(FBA) 서비스로 물류창고를 이용하고, 수백 달러를 들여 아마존에 광고만 하면 그 전까지 개인적으로 단 한 건의 상품을 포장하거나 배송해본 경험이 없다 하더라도 아마존에서 비즈니스를 시작할 수 있는 것은 사실이었다. 그러나 이 판매자들은 때로는 갑작스럽고 알 수 없는 이유로 계정이 정지당하는 경우가 많았다. 게다가 수수료는 계속해서 올랐다. 그리고 자신들의 상품 목록이 악의적인 경쟁사에 도용되거나, 최악의 경우에는 아마존이 직접 그걸 복제할 수도 있다는 두려움이 있었다. 그러한 관계는, 조금도 과장하지 않고 말해서, 보잘것없었다. 그런 상황에서 월마트는 신경을 덜 거스르는 방식으로 돈을 벌 수 있는 기회를 제공했다. 아직까지는 가능성에 불과하기는 했지만 말이다.

그러나 이번에도 광고 비즈니스부터 소규모 판매자를 위한 온라인 마켓에 이르기까지 월마트가 추진하던 많은 새로운 전략과 전술은 단지 아마존의 질주를 따라잡기 위해 간을 보는 수준에 불과했다. 물론 맥밀런을 비롯한 경영진이 적어도 이론적으로는 월마트를 다각화하고 기반을 강화하고 있던 건 사실이다. 그러나 그건 단지 아마존의 거부할 수 없는 승리를 지연시키는 것에 불과하지 않았을까? 아마존을 상대로 벌이는 그런 경쟁이 월마트를 더이상 조롱거리가 아니라 위협적인 존재로 만들었을까?

돈 해리스(Don Harris)는 한때 더그 맥밀런의 상사였으며 그의 상당한 팬이기도 하다. 참고로 해리스의 아버지도 한때 창업주 샘 월튼의 부관으로 재직했다. 그런 해리스는 경쟁 때문에 월마트가 최고 수준으로 경영해야 했던 시절에 대한 애틋한 기억을 갖고 있다. 당시에 성적이 가장 뛰어난 매장들은 경쟁업체와 가장 가까이 붙어 있는 지점이었다.

그는 이렇게 말했다. "그때는 그렇게 해야만 했습니다. 왜냐하면 사람들이 길 건너편의 다른 가게로 들어갈 수도 있다는 사실을 알고 있었기 때문입니다."

그러나 그 역시 온라인으로 쇼핑을 하며 월마트 플러스의 회원이기도 하지만, 최근 몇 년 동안에는 좌절감을 느껴왔다. 특히나 평생 월마트를 응원해온 사람이라서 더 그렇다. 고객이 원하는 것을 원하는 때에 원하는 곳에서 줄 수 있는 능력에서 월마트가 아마존보다 더 우위에 있는 장점을 충분히 활용하기까지 그토록 오랜 시간이 걸렸기 때문이다. 사람들이 상품을 구매하고 반품하는 것에서 모두 그렇다. 해리스는 월마트가 무엇보다도 고객의 편의를 위해 웹사이트와 오프라인 매장과 물류창고를 매끄럽게 통합하여 모든 것을 제공하는 편리한 소매업체가 되기 위하여 더욱 빠르게 전진할 수 있는 자산과 영향력과 돈을 갖고 있다고 내게 말했다. 그리고 월튼 가문이 여전히 월마트 주식의 과반을 보유하고 있기 때문에 맥밀런은 회사가 더욱 빠르게 변신하는 데 필요한 재무적인 여유도 갖고 있다. 약탈적 투자자들이 소란을 일으킬 걱정이 없는 것이다.

이와 관련하여 해리스는 2022년 초에 아칸소의 북서쪽에 있는 자택에서 진행한 줌(Zoom) 인터뷰에서 내게 이렇게 말했다. "왜 그렇게 오래 걸렸는지 저는 잘 모르겠습니다. 저는 경쟁을 하면 우리가 더 나아져야 한다고 생각합니다. 그래서 저의 우려는, 관료주의 때문에 우리가 느려졌나 하는 겁니다. 우리보다 더 나은 CEO를 데리고 이런 일을 할 수 있는 위치에 있는 이들은 아무도 없습니다. 우리는 할 수 있습니다!"

이후 몇 달 뒤에 내가 맥밀런을 만났을 때, 그는 관료주의가 장기적인 장애물이라는 사실을 충분히 이해하고 있었다. 여전히 이 조직은 중앙집권화된 하향식 문화를 벗어나 더욱 민첩하고 빠르게 움직이는 체계로 전환하는 과정에 있었다. 또한 월마트는 그와 동시에 다른 수많은 중요한 일을 진행하려 노력한다고 그는 말했다. 다만 그런 아이디어를 빠르게 실행할 수 있는 인력이 언제나 충분하지는 않다고 했다. 그래서 맥밀런은 자신이 조직의 일부에서 보여주는 진전 속도에 고무되어 있다고 말했지만, 전반적으로는 "속도가 나지 않는 것에 대해서 여전히 불만스럽다"고 말했다.

이런 사실 때문에 그들의 경쟁사인 아마존이 아주 오랫동안 지속적으로 성장했다는 사실이 매우 놀랍게 여겨진다. 아마존은 시애틀을 근거지로 빠른 발전 속도를 유지하면서도, 100만 명 이상의 직원을 거느리며 미국에서 월마트에 이어 두 번째로 커다란 민간 고용주로 성장했다. 이것이 가능한 한 가지 핵심적인 특징은 바로 각각의 팀에 자율권을 부여하는 탈집중화된 구조다. 예를 들면, 아마존에는 중앙에서 모든 권한을 갖고 통제하는 기술팀이 존재하지 않는다. 대신에 엔지니어를 비롯한 기술 인재는 회사의 다양한 비즈니스 단위에 흩어져 있는데, 그렇다고 해서 중앙집권화된 조직에서 볼 수 있는 기술 자원을 확보하기 위한 내부 경쟁 같은 게 존재하지 않는다는 말은 아니다.

아마존에서 신제품 개발 과정은 이런 식으로 진행된다. 아이디어 도출, 아이디어를 문서로 작성, 소규모 투자, 소규모 팀 구성, 개발을 위한 스프린트(sprint)*, 제품 출시 또는 서비스 개시, 그 결과에 따라 프로젝트 폐기 또는 규모 확대. 이런 과정이 계속 반복된다. 월마트의 IT 부문 책임자였던 릭 달젤(Rick Dalzell)이 아마존의 첫 번째 최고정보책임자(CIO)로 이직하며 아칸소에 있는 이전의 고용주에게서 배운 것에서 일부 영감을 받아 아마존 내부에 만든 '피자 2판 팀'의 유산은 상당히 많다. 그런데 아마존이 가진 비법 소스는, 아마 다른 어떤 것 못지않게, 다름 아닌 속도였다.

매우 오랫동안 그랬던 건 사실이다. 그러나 2010년대 말에 제프 베이조스가 블루오리진(Blue Origin)이라는 우주 기업부터 새로운 연애 상대**에 이르기까지 다른 방향에 관심을 쏟는 동안, 회사의 임직원은 아마존에 조금씩 유입되는 새로운 현실에 대해 수군거리기 시작했다. 진정으로 혁신이라 할 수 있는 게 부족해 보였다. 의사결정은 느려졌다. 아마존이 여전히 다른 모두에게 위험한 경쟁자이며 월마트에는 실존적인 위협이지만, 이 조직은 유지보수 모드에서 삐걱

---

* 어떤 과제를 해결하거나 결과를 도출하기 위해 1~4주의 짧은 기간 동안 집중적으로 운영하는 프로젝트.
** 방송인 출신의 로런 산체스(Lauren Sanchez).

거리는 것처럼 보였다. 어떤 이들은 베이조스가 2017년의 전체 회의에서 '이틀째(Day 2)'라고 명명한 상태의 초기 단계에 접어들고 있다며 우려했다. '이틀째'는 베이조스가 아마존이 언제나 실험적이고 빠르게 움직이기를 바라는 '첫날(Day 1)'의 다음 단계를 말한다.

베이조스는 당시에 이렇게 말했다. "이틀째는 정체이며, 그다음에는 쓸모가 없어지고, 이어서 극심할 정도로 고통스러운 쇠퇴가, 그다음에는 죽음이 뒤따를 것입니다."

기업의 이러한 고난이 하루아침에 벌어지지는 않을 것이다. 어쩌면 수십 년에 걸쳐 서서히 진행될 수도 있다. 그러나 월마트를 포함한 대부분의 기업이 경험했듯이, 그것은 거의 불가피한 과정이다. 그래도 코로나19 팬데믹의 첫해 동안 아마존의 쇼핑과 엔터테인먼트와 클라우드 컴퓨팅 서비스에 대한 고객의 수요가 이에 대한 논의를 잠시 유예해주었다. 고객의 수요가 너무나도 거대했기에 자만하거나 우물쭈물할 시간이 없었다.

그런데 아마존과 월마트 모두에 새로운 리스크들이 나타났다. 팬데믹이 몰고 온 공급망 대란, 뒤바뀐 소비자의 쇼핑 습관이 초래한 재고 부족 사태, 그리고 1980년대 초 이후 미국에 닥친 최악의 인플레이션이 만든 그 어느 때보다도 예측할 수 없는 비즈니스 환경이 두 거대기업 모두에 닥친 것이다. 2022년 중반이 되자, 경제가 침체에 빠질 조짐을 보이는 가운데, 아마존은 20년 만에 가장 저조한 매출 성장률을 기록했다.[170] 거의 동시에 월마트는 월스트리트에 이익이 줄어들 거라고 경고했다. 그리고 그해 가을, 월마트 미국 부문의 존 퍼너(John Furner) CEO는 캘리포니아 롱비치(Long Beach)에 있는 거대한 컨테이너 항구를 방문하여 월마트가 2021년 연말 시즌을 앞두고 주문한 상품이 거의 1년이나 지나서 미국의 해안에 막 도착하는 광경을 지켜보았다. 상황은 확실히 정상으로 돌아오지 않았다. 아마존에서는 앤디 재시(Andy Jassy)가 제프 베이조스의 뒤를 이어 최고경영자에 오르면서 회사 역사상 처음으로 CEO 전환기를 헤쳐나가고 있었다. 재시는 2022년 말부터 2023년까지 회사 역사상 최대 규모의 해고 절차를 단행했는데, 이때 2만 7,000명 이상의 사무직원이 일자리를 잃었다.

노동 환경 측면에서도 두 대기업 모두에 심각한 도전과제가 남아 있었다. 2021년 중반에 팬데믹으로 온라인 쇼핑이 최고조에 이르렀을 때, 아마존 내부의 어느 연구팀이 중대한 우려사항을 전달했다. 현재와 같은 물류창고의 성장세와 노동자의 매우 높은 이직률을 고려할 때, 아마존은 2024년이 되면 미국에서 고용할 노동자가 바닥날 수도 있다는 것이었다. 그중에서도 애리조나 피닉스(Phoenix)나 캘리포니아 남부의 인랜드 엠파이어(Inland Empire)* 같은 일부 물류 중심지에서는 그 시기가 더 빨라질 수도 있었다. 참고로 이듬해에 이 연구 결과가 나에게 유출되었고, 나는 그 내용을 보도했다.[171] 아마존의 이직률은 2019년과 2020년에 각각 123퍼센트와 159퍼센트였는데, 이는 소매산업의 이직률 평균인 58퍼센트와 약 70퍼센트보다 훨씬 더 심각한 수치였다. 심지어 미국의 운송 및 물류 산업으로까지 그 범위를 확장해도 더욱 낮은 수준인데, 미국 노동통계국(BLS)의 자

---

* 샌 버너디노(San Bernardino)와 리버사이드(Riverside)를 중심으로 형성된 도시권.

료에 따르면 운송 및 물류 산업의 이직률은 같은 시기에 각각 46퍼센트와 59퍼센트였다.

이러한 혼란은 1년 뒤의 팬데믹 기간에 아마존이 물류창고 네트워크를 대대적으로 확장한다고 발표하던 시점까지 계속되었다. 이는 온라인 쇼핑의 증가세가 기록적인 수준으로 지속될 것으로 예상하며 이루어진 결정인데, 다만 쇼핑객이 다시 오프라인 매장을 자주 방문하고 인플레이션으로 소비자가 지출을 줄이면서 온라인 소매업도 주춤하는 광경을 볼 수 있었다. 그러다 2022년 말이 되자, 아마존은 신임 앤디 재시 CEO의 지휘하에 60개 이상의 물류창고를 폐쇄하거나 계획했던 건물은 취소하거나 연기했는데, 이는 면적으로 따지면 모두 5,000만 제곱피트(약 140만 평)가 넘었다.[172] 아마존은 또한 아마존 프레시 식료품 매장의 확장을 중단하고, 프라임 회원이 프레시에서 150달러 미만의 식료품을 주문할 경우에는 추가 배송료를 부과했다. 그러던 와중에 일부 지역에서는 회사에 노동자가 너무 많아 물류창고의 생산성 수치를 그들이 좋아하는 수준으로 되돌리려다 보니 최악의 이직률을 기록하게 된 측면도 있다.

노조를 조직하려는 노동자의 노력도 사라지지 않았다. 아마존에서는 스태튼 아일랜드의 주문처리 센터에서 아마존 노동조합(Amazon Labor Union)이 승리를 거둔 이후, 같은 뉴욕의 자치구에 있는 좀 더 작은 분류센터에서도 노조 결성 찬반투표를 했는데 성공하지는 못했다. 그러다 몇 달 뒤, 뉴욕 북부에 있는 아마존 물류창고의 노동자도 노조 결성을 위한 투표를 신청했다. 이 노력 역시 패배로 끝났지만, 아마존 노동조합의 크리스 스몰스(Chris Smalls)는 자신이 속한 노조가 "아마존의 모든 노동자에게 공정한 처우를 원하는 캠페인을 지속할 것이며 확대할 것"이라고 약속했다.[173]

노동자들의 죽음 역시 2022년에 내부에서 분노를 일으켰다. 심장에 문제가 있던 38세의 월마트 여성 직원이 매장의 화장실에서 쓰러졌다. 그녀의 가족은 그녀가 아파서 일을 쉬는 것 때문에 징계받거나 처벌받는 걸 두려워했다고 말했다.[174] 이후에 월마트 매장의 직원에게 유급 병가를 주도록 주주들이 제안했지만 월마트의 투자자들이 반대해 부결되었다.

아마존의 물류창고에서도 직원 한 명이 쓰러졌다. 아마존에서 1년 중에 가장 바쁜 쇼핑 행사 가운데 하나인 프라임 데이(Prime Day) 기간에 일하다 죽은 것이다. 몇몇 동료의 말에 따르면, 그를 비롯한 여러 직원은 야외 기온이 섭씨 30도 이상으로 올라가는 날에는 그 시설이 너무 덥다며 상급자에게 불만을 제기해왔다고 말했다.[175]

아마존은 그의 일터가 그의 죽음에 영향을 미치지 않았다는 입장을 고수했지만, 일터의 안전에 관한 연방정부의 조사는 아직까지 결론을 내리지 못한 상태였다. 아마존 물류창고의 근로 여건에 대한 독립적인 감사와 보고서 작성을 요구하는 주주의 제안에 대하여 아마존 주주의 44퍼센트가 찬성했다. 물론 그 제안이 통과되려면 과반을 넘겨야 하긴 하지만 말이다. 아마존의 이사회가 투자자들에게 권고한 대로 제프 베이조스가 그 제안에 반대표를 던졌다고 가정하면, 그의 투표와 소유권 지분이 감사를 요청한 그 제안의 통과 여부를 결정짓는 차이가 되었을 수도 있다.

또한 두 회사의 노동자는 모두 임금 인상을 지속적으로 요구했다.

2022년 가을, 아마존은 자사의 미국 내 평균 초임(初賃)을 시간당 19달러로 인상할 것이며, 역할과 장소에 따라 다르긴 하지만 노동자의 초임이 16달러부터 26달러 사이에서 시작된다고 밝혔다. 이에 비해 월마트에서는 평균 임금이 약 17.5달러였으며, 일부 고위직의 경우 물류창고에서는 시간당 34달러, 매장에서는 32달러를 받기도 했다. 그러한 과정에서 월마트는 시급 인상분에 대한 비용을 메우기 위해 수십 년 동안 이어져온 분기별 보너스를 삭감했다.

월마트 매장에서 22년 동안 재직한 베테랑이자 활동가인 신시아 머리(Cynthia Murray)는 마이셰어(MyShare)라는 이 보너스에 대하여 이렇게 말했다. "그건 단지 돈의 문제가 아니었습니다. 사람들은 그것이 회사가 상품을 팔아 이윤을 얻을 수 있도록 고된 일을 한다는 사실을 인정해주는 거라고 느꼈습니다. 더그 맥밀런이 매년 챙겨가는 많은 돈을 줄여 노동자들에게 꾸준히 보너스를 주십시오."

맥밀런은 향후에 어떤 식으로든 현금 보너스가 되살아날 수 있다고 내게 말했다. 그는 "인센티브가 중요하다"고 동의했다. 그러나 그는 많은 직원이 회사에 시급 인상이 더욱 중요하다고 말한다고 강조했다. 그리고 회사는 부분적으로 로봇의 도움으로 생산성을 향상시킴으로써 지속적으로 임금을 인상할 거라고 말했다.

그는 이렇게 말했다. "초임은 우리가 노력해온 것이긴 하지만, 때로는 사람들이 초임에만 너무 초점을 맞추는 게 걱정입니다. 그러나 평균 임금과 최고 임금도 중요합니다."

그는 월마트의 고용 시스템에 대해 "사람들이 위로 올라갈수록 더 많은 보상을 받을 수 있도록 설계되어 있다"고 주장했다.

두 회사의 외부에서는 신생 기업들이 그들의 뒤꿈치를 계속해서 물어뜯고 있었다. 오프라인 식료품점과 제휴하여 식료품을 배송해주는 기업이자 아마존의 엔지니어 출신*이 창업한 인스타카트(Instacart)는 팬데믹으로 크게 추진력을 얻어 2021년에 약 20억 달러의 매출액을 올리며 한 해를 마감했다. 두 거대기업에 비하면 그 수치가 미미한 수준이며 주로 한 가지 품목에만 집중되긴 하지만, 계획 중인 기업공개(IPO) 덕분에 회사가 식료품 분야를 넘어서 지속적으로 확장할 수 있는 더욱 많은 자금을 조성할 수 있을 것으로 보였다. 대학가에서 야식 배달 서비스로 시작한 9년차 회사인 고퍼프(Gopuff) 역시 팬데믹 덕분에 젊은 인구층 사이에서 주류로 진입했다. 고퍼프는 인스타카트의 핵심 서비스처럼 식료품 가게에서 배송하는 것이 아니라 뼈대만 앙상한 미니 물류창고에 자체적으로 패키지 소비재(CPG)를 보관해두고 고객의 집까지 30분 안에 배송을 해준다. 의류 산업에서는 2021년 4월에 사금융 시장의 투자자들이 패스트 패션(fast fashion)** 분야의 온라인 강자인 중국의 쉬인(Shein)의 가치를 1억 달러로 평가했다.

그리고 쇼피파이(Shopify)가 있다. 캐나다의 이 소프트웨어 기업은, 원래 설립자가 온라인에 스노보드 가게를 차리고 싶었지만 그걸 쉽

---

*   아푸르바 메흐타(Apoorva Mehta).

**   저렴한 가격의 의류를 짧은 주기로 소비하는 트렌드.

게 만들 수 있는 도구가 별로 없다는 사실에 불만을 느끼면서 시작되었다. 그래서 그는 자신이 직접 그걸 만들기로 결심했다. 그는 결국 스노보드가 아니라 다른 소규모 업체에 월간 구독 모델을 기반으로 소프트웨어를 판매하기 시작했다. 그리고 팬데믹 기간에 점점 더 많은 오프라인 가게가 온라인 판매에 몰두하면서 쇼피파이의 매출액이 폭증했다. 그러자 월스트리트는 이 회사의 가치를 약 1,800억 달러로 평가했는데, 이는 미국 소매업계의 거대기업인 타깃(Target)이 최고로 기록한 시가총액*의 약 1.5배에 해당한다. 심지어 쇼피파이는 아마존이 다른 업체에 제공하는 핵심적인 서비스 두 가지를 아직까지 제공하지 않는다는 점에서 더욱 놀랍다. 바로 물류창고와 배송 서비스다. 게다가 아마존의 온라인 쇼핑 마켓에는 이미 수천 만 명의 고객이 확보되어 있다.

그럼에도 아마존은 쇼피파이와 중소 규모 판매자 사이의 긴밀한 관계를 주목하고 있었다. 일반적인 회사들이 '반군을 모으자'고 외치는 데다. 쇼피파이가 판매자에게 배송 서비스와 새로운 고객을 끌어들일 수 있는 도구를 제공하려는 움직임을 보이기 때문이다. 2022년 4월, 아마존은 '프라임으로 구매하기(Buy with Prime)'라는 기능을 선보였는데, 이는 쇼피파이를 사용하는 판매자가 아마존의 프라임 회원에게 아마존에서 제공하는 배송과 결제 서비스를 판매자의 자체 웹사이트에서도 제공할 수 있게 해주는 기능이다. 이에 대해 쇼

---

* 타깃의 시가총액은 2022년 2분기에 약 1,289억 달러로 최고액을 기록했고, 2024년 3월 기준으로는 약 778억 달러다.

피파이는 자사의 판매자들에게 아마존의 이 새로운 기능이 쇼피파이의 서비스 약관을 위반한다고 경고했다.[176] 전자상거래의 새로운 전쟁의 서막이 열리는 것으로 보였다.

그러나 2022년의 마지막 분기가 되자 언젠가는 아마존과 월마트를 위협할 수도 있는 이런 신생 기업의 상당수가 불안정한 상황에 놓이게 되었다. 쇼피파이의 주가는 2021년 10월부터 2022년 10월 사이에 80퍼센트 떨어졌는데, 그에 비해 아마존의 하락폭은 30퍼센트, 월마트는 채 10퍼센트도 되지 않았다. 고퍼프는 직원의 10퍼센트 이상을 해고했으며, 상장 계획이 지체되면서 수십 개의 물류창고를 폐쇄했다. 인스타카트는 예정되어 있던 IPO를 앞두고 회사의 평가액이 40퍼센트가량 줄었다.[177] 이들의 미래가 어떻게 될지 그 누구도 정확히 알지 못했지만, 그들 중 한 곳이 미국의 오프라인 소매업과 온라인 소매업을 각각 대표하는 두 거대기업을 진정으로 위협하거나 뒤흔들 수도 있다는 생각이 몇 년 전보다는 좀 더 비현실적으로 보였다. 물론 예상치 못했던 누군가가 갑자기 나타나 수십 년 전에 아마존이 월마트에 한 것처럼 그런 상황을 완전히 뒤바꿔놓을 가능성은 있다. 때마침 2022년 말에 틱톡이 전자상거래 분야에 진출하기 위해 자체적인 물류창고 네트워크를 구축할 계획이라는 뉴스가 보도되었다.[178]

당시 틱톡의 채용 공고에는 이렇게 적혀 있었다. "전 세계에 수백만 명의 충성스런 사용자가 있는 우리는 틱톡이 우리의 사용자에게 완전히 새롭고 더 나은 전자상거래 경험을 제공할 수 있는 이상적인 플랫폼이라고 믿습니다."

그러나 이 회사의 말이 맞는다 하더라도, 거대한 주문처리 네트워크를 제대로 구축하려면, 설령 그 작업이 원활하게 진행되더라도 아주 오랜 세월이 필요하다. 아마존과 월마트의 전쟁은 여전히 두 회사만의 경쟁으로 느껴졌다.

• •

나는 그 청원이 정확히 언제 시작되었는지는 기억하지 못하지만, 그걸 받아봤을 때의 충격은 기억한다. 아마존의 소규모 판매자부터 아마존과 비즈니스를 할 때 그들이 보인 일방적인 태도에 염증을 느낀 대형 브랜드에 이르기까지, 그리고 점점 더 커지는 아마존의 권력에 두려워하면서도 규제당국이나 국회의원이 그것을 억제하려는 의지나 법적인 근거가 없다고 생각하는 정부 관계자에 이르기까지, 그들은 모두 이런 질문을 던지고 있었다. 월마트는 언제쯤 본격적으로 게임에 뛰어들어서 제프 베이조스의 제국에 대한 그럴듯한 대안을 제시할 건가요? 길거리 매장의 살인자인 월마트가, 노조를 파괴하는 악당인 월마트가, 전자상거래 분야의 웃음거리인 월마트가, 이제 그들의 구세주가 되어달라는 요청을 받고 있는 것이다.

물론 21세기의 첫 20년 동안, 아마존이 급부상하면서 샘 월튼이 CEO였던 초창기 이후 처음으로 월마트를 약자로 바꾸어놓은 건 사실이다. 그리고 이 회사의 전략을 비판하기는 했지만, 저렴한 가격을 추구하는 월마트의 전통 덕분에 소비자가 혜택을 받은 것도 사실이다. 그러나 건강한 경제와 건강한 사회에서라면, 월마트가 과연 응원해야 하는 집단인가? 그게 아니라면 아마존을 응원해야 하는가? 합리적인 사람이라면 이러한 논쟁에서 어느 편에서든 나름의 합리적인 주장을 펼칠 수 있다. 어쨌든 나는 단 하나의 유일한 정답이 있다고 생각하지 않는다.

그러나 만약 이상적인 세상이라면, 이러한 라이벌이 지속적으로 경쟁함으로써 두 집단이 사회에 해악을 끼치기보다는 더욱 많은 이익을 제공하는 방향으로 발전해야 한다고 압박할 것이다. 그것이 돈에 쪼들리는 소비자에게 저렴한 가격을 제공하는 형태이든, 삶이 바쁘거나 물리적인 제약이 있는 사람에게 편리함을 제공하는 형태이든, 일상을 사는 사람에게 더욱 인간적인 근로 여건을 조성하는 형태이든, 아니면 운이 좋게도 언젠가는 의료 부문에서 긍정적인 변화가 이루어지는 형태이든 말이다.

문제는 이상적인 세상과 현실의 세상은 다른 경우가 많다는 사실이다. 솔직히, 두 거대기업에 그러기를 바란다는 건 엄청난 기대이자 낙관적인 태도다. 그들의 행동이 언제나 그러한 느낌과는 거리가 멀었기 때문이다. 그래서 규제당국이든, 새로운 스타트업이든, 노동단체이든 외부의 세력이 그러한 경쟁만으로는 최고의 결과를 만들어내지 못하는 부분에서 여전히 압력을 가해야 한다. 그리고 그것은 소비자만이 아니라 노동자이자 지역사회 구성원으로도 살아가는 시민을 위한 것이다.

왜냐하면 하나의 승자가 모든 것을 판매하는(위너 셀즈 올) 세상은 모두가 패배하는 세상이기 때문이다.

감사의 말

내가 가진 그 모든 취재원의 신뢰가 없었다면《위너 셀즈 올》은 절대로 나올 수 없었을 것이다. 나는 그 점을 내가 누려야 할 당연한 것으로 여기지 않으며, 그 모든 분 각자에게 엄청난 빚을 지고 있다. 이 역사서 역시 그분들의 것이다. 다만 내가 그걸 제대로 해냈기를 바랄 뿐이다.

이 책은 2020년 4월 7일 저녁에 나의 이메일 계정으로 다음과 같은 내용으로 한 통의 편지가 도착하지 않았다면 역시나 존재하지 않았을 것이다. 미국이 코로나19의 나락에 빠져든 지 불과 몇 주가 지난 시점이었다.

저는 지금이 전례 없는 시기라는 걸 깨달았습니다. 그런데 저는 당신이 다루는 모든 것에 더해서 추가적인 부담을 주고 싶지는 않습니다. 하지만 세계는 지금 전자상거래가 얼마나 중요한지 깨닫고 있습니다. 그리고 당신은 바로 이 주제의 책에 대한 제안서를 만들고 있었습니다. 혹시 이에 관해 작업할 시간이 있으신가요?

이 메일을 보낸 사람은 저술 에이전트인 이던 바소프(Ethan Bassoff)다. 그는 원래 지난여름에 내가 발표한 아마존 프라임의 구술 사료를 읽은 뒤에 내게 연락을 했다. 그 직후부터 이던과 나는 아마존과 월마트의 경쟁에 대한 책의 제안서 작업을 하고 있었다. 심지어 그때는 내가 그를 에이전트로 채용하기도 전이었다. 그런데 팬데믹이 닥쳤고, 나의 직장생활과 가정생활이 완전히 뒤바뀌면서 나는 잠시 휴식을 가졌다. 미안해요, 이던. 하지만 그런 이메일이 당시에는 귀찮게 느껴졌어요. 그렇지만 사실 나에게는 그런 재촉이 필요했다. 이후 두 달 동안 우리는 제안서 작업을 마쳤고, 서둘러 출판사들에 그 제안서를 보내기 시작했다. 그때 이던의 편집 작업과 가이드, 그리고 이후 몇 년에 걸친 그의 조언이 매우 중요했다. 나는 운이 좋게도 이던이라는 사람과 그의 집요함을 나의 곁에 두고 있었다.

하퍼 비즈니스(Harper Business) 출판사에서 나를 담당하는 편집자인 홀리스 하임바우치(Hollis Heimbouch)는 책을 처음 쓰는 작가에게 기회를 주었다. 이 책의 아이디어가 너무 야심 차서 때로는 감당하기 힘들 정도로 컸는데도 말이다. 이 책이 결국 어떤 결과를 거두든 관계없이, 그녀의 편집 작업과 피드백, 그리고 인내심이 매우 결정적이었다. 부편집자인 레이첼 케임버리(Rachel Kambury)의 날카로운 안목과 이 업계의 두 대기업이 현실 세계에 미친 영향에 대한 그녀의 생각들이 이 책을 더 좋게 만들었다. 그리고 크리스티나 폴리조 토(Christina Polizoto), 재러드 오라이얼(Jared Oriel), 베스 실핀(Beth Silfin), 제임스 네이드하르트(James Neidhardt)를 비롯하여 이 프로젝트의 배 후에서 중요한 역할을 했으며 마지막까지 끝마쳐준 하퍼 비즈니스 의 직원들에게도 감사드린다.

월마트에서는 내가 책을 써본 경험이 없다는 사실을 알고 있는 데도 댄 바틀렛(Dan Bartlett)이 나를 반겨주었다. 라비 자리왈라(Ravi Jariwala)와 에린 헐리버거(Erin Hulliberger)는 길고 어려웠을 수도 있는 과정들을 훨씬 쉽게 만들어주었다. 특히 에린은 훌륭한 스파링 파트 너였지만, 언제나 정중한 사람이었다. 아마존에서는 크리스 오스터 (Chris Oster)와 조던 디글(Jordan Deagle)이 마치 그 회사 안에 들어가 있 는 것처럼 느껴질 만큼 도움이 되었다.

만약 레코드(Recode)의 전신인 올 띵스 디지털(All Things Digital)의 카 라 스위셔(Kara Swisher)와 월트 모스버그(Walt Mossberg)가 나를 채용 하여 아마존의 취재를 맡기지 않았더라면, 내가 소매업과 전자상거 래의 거친 세계를 마주치지는 못했을 것이다. 나는 두 사람 모두에 게서 정말 많은 것을 배웠다. 레코드에서 나의 상사인 서맨사 올트 먼(Samantha Oltman)에게도 감사한 마음인데, 그녀는 내가 이 책을 쓰 기 위해 직장을 쉬고 장기간의 휴가를 떠나려 할 때 나를 지지해주 었다. 서맨사는 또한 내가 일상적으로 작성하는 기사의 시각을 넓혀 서 아마존과 월마트가 취하는 행동과 그것이 사람들의 일상을 구성 하는 방법 사이의 여러 사실을 서로 연결할 수 있게 해주었다. 그리 고 피터 카프카(Peter Kafka), 켄 리(Ken Li), 에드먼드 리(Edmund Lee)를 포함하여 레코드에 있는 수많은 저명한 기자와 함께 일할 수 있어서 행운이었다. 여러분 모두가 나에게 귀중한 가르침을 주었으며, 그저 여러분 모두를 사랑할 뿐이다.

서로 잘 모르는 사이임에도 크리스티나 파(Christina Farr)는 자신이 알고 있는 의료 관련 지식과 연락처를 아낌없이 공유해주었다. 덕분에 이 책에서 내가 가장 좋아하는 장들 가운데 하나가 만들어질 수 있었다. 마크 버겐(Mark Bergen), 마이크 아이삭(Mike Isaac), 맥스 채프킨(Max Chafkin)은 처음 책을 쓰는 동료 작가들로서 유용한 의견들을 제공해주었다.

물론 나의 가족과 가까운 친구들의 사랑과 지지가 없었다면 이 책이 세상에 나올 가능성은 전혀 없었을 것이다. 조(Joe), 저스틴(Justin), 스티브(Steve)는 쉽게 찾을 수 없는 최고의 친구들이다. 나의 사촌 마이크(Mike)가 동기를 부여해주기 위해 보내준 문자 메시지들은 그가 생각한 것보다 나에게는 훨씬 더 큰 의미가 있었다.

나에게는 어머니와도 같은 마거리트(Marguerite)는 내가 휴가를 내고 책을 쓰던 중요한 시기에 일주일 동안 그녀의 집에 머물며 글을 쓸 수 있도록 반겨주었다. 그 외에도 그녀의 사랑과 나에 대한 믿음이 나의 영혼을 북돋아주었다. 나의 형제자매인 버나드(Bernard)와 크리스티(Christie), 그리고 처남인 제이슨(Jason)은 바로 옆집에 살고 있든 아니면 세상 반대편에 살고 있든 관계없이 언제나 끊임없는 격려와 유용한 피드백을 제공해주었다. 나에 대한 그들의 믿음은 어려운 시기에 나에게 힘을 주었다.

나의 부모님인 패트리샤(Patricia), 그리고 버나드(Bernard)와 단 하루만이라도 더 함께 지낼 수 있다면, 이 책을 쓰는 걸 기꺼이 포기할 수도 있었다. 당신들이 어디에 계시든, 나는 다만 당신들이 나를 자랑스럽게 여기기를 바랄 뿐이다. 당신들이 내게 남겨주신 건 일일이 헤아릴 수 없다.

나의 아이들인 서배스천(Sebastian)과 스칼렛(Scarlett)이 나의 다락방 '사무실'로 찾아올 때면 어둡게만 느껴지던 날에도 환한 빛이 쏟아져 들어왔다. 아이들이 보여준 인내심을 내가 받을 자격이 있는지는 모르겠지만, 아이들이 그렇게 해줬다는 사실을 영원히 감사할 것이다. 그리고 알겠어, 아빠가 다음에는 아이들을 위한 책을 쓰는 걸 진지하게 고려해볼게.

내 평생의 사랑인 타이렌(Tyrene)이 없었다면 이 책은 시작조차 하지 못했을 것이다. 그녀는 가장 믿을 만한 친구이고, 나의 가장 든든한 지지자이며, 나에게 영감을 주는 원천이며, 나의 처음이자 마지막 독자다. 내가 2020년 여름에 책 출간 계약을 할 때만 해도 우리 둘 다 지금 어디에 서명하는지조차 제대로 알지 못했다. 하지만 당신은 이 책을 쓰기 위해 내가 희생한 것에 대하여 절대로 죄책감이 들게 하지 않았다. 심지어 그런 의식을 느껴야 하는 상황에서도 그랬다. 나는 우리 인생의 남은 시간을 당신을 위해 살아가려 노력할 것이다. 당신을 영원히 사랑합니다.

2023년 10월 중순에 강릉의 집으로 퍼블리온 출판사에서 책을 보내주셨다. 출판사에서는 작가나 필자에게 책을 보내주는 경우가 많기 때문에 이번에도 새로운 신간을 보내주셨을 거라고 생각했다. 그런데 나의 예상은 반만 맞았고 반은 틀렸다. 택배 꾸러미에는 퍼블리온에서 펴낸 신간 한 권과 함께 하드커버 양장본 외서 한 권이 들어 있었다. 그 외서가 바로 이 책의 영어 원서인《Winner Sells All》이다.

그렇게 해서 처음 이 책을 접하게 되었고, 2024년 새해로 접어들면서 본격적으로 번역에 착수했다. 저자 덕분에 나는 2024년의 처음 몇 달을 상상 속에서나마 미국 전역을 종횡무진하면서 보낼 수 있었다. 저자인 제이슨 델 레이는 처음에는 나를 태평양 해안의 캘리포니아로 초대하더니, 그다음에는 훌쩍 날아서 내륙 한가운데의 벤턴빌로 데려갔다. 그리고 계속해서 저자는 대서양 연안의 뉴욕과 뉴저지로, 그리고 다시 대륙 맞은편의 태평양 연안에 있는 샌프란시스코와 시애틀로 데리고 다녔다.

사실 미국에 사는 저자가 쓴 원문에는 그런 느낌이 녹아 있지는 않았지만, 역자인 나는 그러한 지리적 감각을 독자들에게 최대한 현실감 있고 생생하게 전달하려고 노력했다. 미국의 거대한 국토 면적과 그 안에 존재하는 다양한 장소들의 지리적 거리가 이 책의 주인공인 두 라이벌 기업의 차이를 보여주는 중요한 메타포라고 생각했기 때문이다. 아무튼 독자들이 이 책을 읽으면서 자신도 모르게 조금은 여행을 하는 듯한 기분을 느낄 수 있기를 바라는 마음이다.

이 책의 한국어판 제목을 정할 때 출판사에서 고민이 컸던 것으로 알고 있다. 다른 번역자는 어떤지 잘 모르지만, 나는 번역을 진행하면서 한국어판 제목으로 어떤 게 좋을지를 꾸준히 생각하는 편이다. 그러다 번역이 완료되면 최종 원고를 전달할 때 출판사에 몇 가지 한국어 제목을 추천한다.

그런데 사실 이번에는 번역을 거의 완료할 때까지도 괜찮은 한국어 제목이 떠오르지 않았다. 그러다 원서의 본문 마지막 문장을 읽는 순간 깨달았다. 이 책의 한국어판 제목은 '위너 셀즈 올'이 되어야 한다고 말이다. 제목만 놓고 보면 이 책이 '승자독식(Winner takes all)'의 치열한 경쟁을 다룬 책이라고 여겨질 수 있다. 그러나 이 책은 승자독식의 세계를 분석하고 해설하는 차원에서 그치는 것이 아니라, 그런 세계가 과연 옳은지 철학적인 질문을 던지면서 마무리한다.

퍼블리온 덕분에 운이 좋게도 아마존과 관련된 서적을 두 권이나 번역하게 되었다. 2021년 말에 출간한 브래드 스톤의 《아마존 언바운드》가 아마존을 다룬 심층 다큐멘터리라면, 제이슨 델 레이가 쓴 이 책《위너 셀즈 올》은 아마존과 월마트가 벌이는 맞대결을 전달하는 흥미진진한 스포츠 중계라는 느낌이 들었다. 그런데 분위기가 조금은 다를지라도 두 권의 책을 함께 읽으면 훨씬 더 완전하면서도 입체적인 그림을 얻을 수 있다. 모쪼록 독자 여러분도 세계 최고 기업들의 전략과 행보를 자세히 들여다보면서 나름의 통찰력을 얻을 수 있기를 바란다.

2024년 봄
강릉 초당에서
전리오

《위너 셸즈 올》은 단지 비즈니스 관련 서적이 아니라 한 권의 역사서
이기도 하다. 그리고 사실에 근거한 책이기도 하다. 2020년 초부터
2023년 초까지 나는 150명 이상의 사람과 수백 시간에 달하는 인터
뷰를 진행했는데, 그들은 아마존과 월마트의 운영 방식은 물론이고
두 회사가 서로를 어떻게 바라보는지에 대하여 중요한 통찰력을 제
공해주었다. 그들 중 대다수는 지난 30년 동안 언젠가 한 번은 두 회
사 가운데 한 곳에서 일한 사람이고, 일부의 경우에는 두 회사에서
모두 근무한 사람도 있다. 회사의 중요한 회의부터 내부 임원들 사
이의 분쟁에 이르기까지 이 책에 수록된 수많은 진실은 이러한 취재
원들에게서 얻은 것이며, 이 책의 페이지에 기술된 이야기에 대하여
그들이 직접 알고 있는 지식에서 나온 것이다.

이런 임직원들 가운데 일부는 자신의 경험과 회상에 대하여 실명

으로 내게 이야기하길 원했다. 그들 가운데에는 아마존이나 월마트에서 최고위직을 맡고 있던 경영진도 십여 명 이상 포함되어 있는데, 그들은 회사에서 나와 이야기해도 된다는 허락을 받은 후에 인터뷰에 응했다. 그러나 다른 많은 사람은 오직 익명이 보장될 때에만 나와 이야기를 했다. 그 이유는 다양했는데, 그렇게 해도 된다는 회사 측의 허락을 받지 못했거나, 두 대기업에 대해 솔직히 이야기하는 것에 대한 보복의 두려움 등이 있었다. 두 회사는 철저하게 보안이 유지되는 전략이나 내부의 다툼에 대해 외부에 이야기하는 걸 곱게 보지 않는 경향이 있기 때문이다. 나는 익명의 취재원에게서 얻은 정보를 가볍게 취급하지 않는다. 그러나 익명의 취재원에게서 얻었지만 이 책에 포함하지 않은 정보가 상당히 많은데, 그것의 사실 여부를 내가 별도로 입증할 수 없거나 의심할 여지가 있는 내용이다.

나는 사람들을 직접 만나거나, 화상통화를 하거나, 전화로 통화하면서 거의 모든 인터뷰를 진행했다. 다만 한 명의 예외가 있는데, 월마트 미국 부문의 CEO 출신으로 현재는 에어뉴질랜드(Air New Zealand)의 CEO를 맡고 있는 그레그 포란(Greg Foran)이다. 포란은 오직 이메일을 통해서만 질문에 답을 하고 발언했다. 사실 나는 이런 원칙을 좀처럼 받아들이지 않는 편이지만, 이 책에 기록된 이야기들에서 그의 역할이 매우 중요하기 때문에 그렇게 진행하는 방안에 동의했다.

일부 사례에서는 문제의 논의에 참여했거나 그 자리에 있었던 사람들의 기억을 토대로 당시의 대화를 재구성하기도 했다. 이는 해당 발언을 한 사람들이 나에게 직접 이야기를 들려준 것은 아니라는 뜻이다. 그렇기는 하지만 그런 대화에서 언급된 사람들은 모두 그 내용이 책에 실린다는 사실은 알고 있었다. 예외가 있다면 월마트의 CEO였던 데이비드 글래스(David Glass)인데, 그는 내가 이 책에 대한 취재를 시작하기 직전인 2020년 초에 세상을 떠났다. 그래서 1장에서 소개한 그와 로버트 데이비스(Robert Davis)가 나눈 대화는 데이비스의 기억을 활용하여 재구성되었다.

나는 또한 내가 신뢰할 수 있다고 여기는 뉴스 보도, 회의석상에서의 공식 발언, 이들 두 거대기업에 대하여 내가 이전에 직접 취재한 내용, 그리고 유튜브에서 찾을 수 있는 발언과 인터뷰 등에서 정보를 얻었다. 브래드 스톤(Brad Stone)이 쓴 《모든 것을 파는 가게(The Everything Store)》*와 《아마존 언바운드(Amazon Unbound)》, 그리고 샘 월튼(Sam Walton)의 회고록 《메이드 인 아메리카(Made in America)》** 역시 유용한 자료였다.

---

* 　한국어판은 《아마존 세상의 모든 것을 팝니다》.
** 　한국어판은 《샘 월튼 : 불황 없는 소비를 창조하라》(2008), 《월마트, 두려움 없는 도전》(2022 개정판).

프롤로그

1 https://money.cnn.com/magazines/fortune/fortune_archive/2005/04/18/8257009/
   index.htm.

Chapter 01   만약에

2 https://www.nytimes.com/1999/04/06/business/the-media-business-wal-mart-
   agrees-to-settle-lawsuit-against-amazon.html.

3 https://money.cnn.com/magazines/fortune/fortune_archive/2001/06/11/304647/.

4 https://archive.fortune.com/magazines/business2/business2_archive/2003/02/01/3359
   81/index.htm.

5 브래드 스톤,《모든 것을 파는 가게: 제프 베이조스와 아마존의 시대》, (뉴욕: 리틀, 브
   라운, 2013).

6 https://progressivegrocer.com/walmartcom-president-step-down.

7 https://www.nytimes.com/2001/07/24/business/wal-mart-assumes-complete-
   control-of-its-online-store.html.

8 https://www.digitalcommerce360.com/2006/02/15/walmart-com-2005-sales-top-1-
   billion/.

9 브래드 스톤,《모든 것을 파는 가게: 제프 베이조스와 아마존의 시대》, (뉴욕: 리틀, 브
   라운, 2013).

10 https://www.computerworld.com/article/2597093/amazon-charging-different-
    prices-on-some-dvds.html.

11 브래드 스톤,《모든 것을 파는 가게: 제프 베이조스와 아마존의 시대》, (뉴욕: 리틀, 브
    라운, 2013).

12 브래드 스톤,《모든 것을 파는 가게: 제프 베이조스와 아마존의 시대》, (뉴욕: 리틀, 브
    라운, 2013).

13 https://www.wsj.com/articles/SB1037918101430594628.

14 https://www.cnet.com/tech/services-and-software/amazon-pricecheck-app-use-it-
    get-a-discount/.

15 https://www.boston.com/news/local-news/2011/12/09/amazon-price-app-is-
    attack-on-small-stores-snowe-says/.

16 http://latimesblogs.latimes.com/technology/2011/12/retail-group-lashes-out-after-
    amazon-announces-price-check-app-promotion.html.

17 https://www.wsj.com/articles/SB10001424052748704396504576204791377862836.

18 https://www.wsj.com/articles/SB10001424053111904772304576468753564916130.

19 https://www.wsj.com/articles/SB10001424052748704498804574557943780026958.

20 https://judiciary.house.gov/uploadedfiles/00151722.pdf.

Chapter 02   제트 연료

21 https://www.bloomberg.com/news/articles/2013-10-10/jeff-bezos-and-the-age-of-amazon-excerpt-from-the-everything-store-by-brad-stone?sref=qYiz2hd0.

22 https://www.vox.com/2015/1/9/11557622/five-ways-the-guy-behind-diapers-com-plans-to-challenge-amazon-again.

23 https://www.vox.com/2015/1/9/11557622/five-ways-the-guy-behind-diapers-com-plans-to-challenge-amazon-again.

24 https://www.bloomberg.com/news/features/2017-05-04/can-wal-mart-s-expensive-new-e-commerce-operation-compete-with-amazon?sref=qYiz2hd0.

25 https://www.youtube.com/watch?v=KXs0TYejsZc.

26 https://www.wsj.com/articles/wal-mart-in-talks-to-buy-web-retailer-jet-com-1470237311.

27 https://www.vox.com/2016/8/7/12395114/walmart-jet-acquisition-3-billion-price.

Chapter 03   동향 소년

28 https://www.reuters.com/article/us-walmart-fcpa/walmart-to-pay-282-million-to-settle-seven-year-global-corruption-probe-idUSKCN1TL27J.

29 https://www.harvardmagazine.com/2021/05/doug-mcmillon-s-business-school-address.

30 https://www.youtube.com/watch?v=041qYmA0d6Y.

31 https://www.harvardmagazine.com/2021/05/doug-mcmillon-s-business-school-address.

32 https://www.dignitymemorial.com/obituaries/bentonville-ar/morris-mcmillon-9918245

33 https://www.harvardmagazine.com/2021/05/doug-mcmillon-s-business-school-address.

34 https://www.harvardmagazine.com/2021/05/doug-mcmillon-s-business-school-address.

35 https://www.youtube.com/watch?v=WnC0BhV7XDw.

36 https://fortune.com/2015/06/04/walmart-ceo-doug-mcmillon/.

37 https://fortune.com/2015/06/04/walmart-ceo-doug-mcmillon/.

38 https://fortune.com/2015/06/04/walmart-ceo-doug-mcmillon/.

39 https://inequality.org/great-divide/2016-agendas-tout-ceo-pay-reform/.

40 https://www.youtube.com/watch?v=WnC0BhV7XDw.

41 https://www.nytimes.com/2004/01/18/us/workers-assail-night-lock-ins-by-wal-mart.html.

42 https://corporate.walmart.com/twenty-first-century-leadership.

43 https://ldh.la.gov/assets/oph/Center-PHCH/Center-CH/stepi/specialstudies/2014PopwellRatard_KatrinaDeath_PostedOnline.pdf.

44 https://www.youtube.com/watch?v=WnC0BhV7XDw.

45 https://www.nytimes.com/2013/03/09/business/man-who-helped-image-of-walmart-steps-down.html.

46 https://www.cnbc.com/2019/09/03/the-full-memo-from-walmarts-ceo-about-pulling-back-on-gun-sales.html.

47 https://www.nytimes.com/2009/09/20/business/20amazon.html.

48 https://hbr.org/2017/03/we-need-people-to-lean-into-the-future.

49 https://fortune.com/2015/06/04/walmart-ceo-doug-mcmillon/.

50 https://www.vox.com/2014/5/28/11627338/coming-up-new-walmart-ceo-doug-mcmillon-at-the-code-conference.

Chapter 04   인수

51 https://www.cnbc.com/2016/08/09/wal-mart-ceo-doug-mcmillon-on-what-he-saw-in-jetcom.html.

52 https://www.vox.com/2016/9/19/12980868/walmart-jet-marc-lore-stock-retention-incentive-bonus.

53 https://corporate.walmart.com/newsroom/2017/04/12/empowering-customers-with-more-ways-to-save-introducing-pickup-discount.

54 https://corporate.walmart.com/newsroom/innovation/20170725/how-easy-reorder-is-making-shopping-even-easier.

55 https://corporate.walmart.com/newsroom/innovation/20170922/why-the-future-could-mean-delivery-straight-into-your-fridge.

56 https://corporate.walmart.com/newsroom/business/20160919/five-big-reasons-walmart-bought-jet-com.

57 https://cdn.corporate.walmart.com/ea/31/4aa1027b4be6818f1a65ed5c293a/wmt-usq-transcript-2017-10-10.pdf.

58 https://www.cnbc.com/2018/02/20/walmart-q4-2017-earnings.html.

59 https://www.marketwatch.com/story/walmarts-jet-website-may-not-be-reaching-customers-beyond-city-limits-2018-02-21.

60 https://www.businessinsider.com/walmart-sells-out-of-black-friday-sales-on-thanksgiving-2017-11.

Chapter 05 프라임의 공격

61 https://www.vox.com/recode/2019/5/3/18511544/amazon-prime-oral-history-jeff-bezos-one-day-shipping.

62 https://www.businessinsider.com/meet-the-average-wal-mart-shopper-2014-9.

63 https://www.vox.com/2014/3/13/11624518/amazon-prime-price-rises-to-99-and-you-know-youll-still-pay-for-it.

64 https://www.vox.com/recode/2019/5/3/18511544/amazon-prime-oral-history-jeff-bezos-one-day-shipping.

65 https://www.vox.com/recode/2019/5/3/18511544/amazon-prime-oral-history-jeff-bezos-one-day-shipping.

66 https://s2.q4cdn.com/299287126/files/doc_financials/annual/2015-Letter-to-Shareholders.pdf.

67 https://www.vox.com/recode/2019/5/3/18511544/amazon-prime-oral-history-jeff-bezos-one-day-shipping.

68 https://www.vox.com/recode/2019/5/3/18511544/amazon-prime-oral-history-jeff-bezos-one-day-shipping.

69 https://www.cbsnews.com/miami/news/walmart-closing-more-than-150-smaller-stores-around-u-s/.

70 https://www.vox.com/2018/4/19/17256410/amazon-prime-100-million-members-us-penetration-low-income-households-jeff-bezos.

71 https://corporate.walmart.com/newsroom/innovation/20170131/two-day-free-shipping-just-the-beginning.

72 https://www.wsj.com/articles/wal-mart-to-scrap-its-amazon-prime-rival-1485838861.

Chapter 06   프라임 타임을 위한 준비는 되지 않았다

73 https://www.fmi.org/our-research/supermarket-facts/grocery-store-chains-net-profit.

74 https://www.vox.com/2017/3/30/14831602/amazon-walmart-cpg-grocery-price-war.

75 https://www.bloomberg.com/news/articles/2021-01-07/amazon-shutters-prime-pantry-an-early-online-grocery-initiative.

76 http://ebaysellingcoach.blogspot.com/2014/05/how-will-amazon-pantry-affect-grocery.html.

Chapter 07   아마존이 경고 신호를 보내다

77 https://www.bloomberg.com/news/articles/2017-04-11/amazon-said-to-mull-bid-for-whole-foods-before-jana-stepped-in?sref=Wg6QzS2e.

78 https://www.vox.com/2017/4/14/15304234/walmart-bonobos-acquisition-jet.

79 https://www.nytimes.com/2017/06/16/business/walmart-bonobos-merger.html.

80 https://www.vox.com/2017/6/18/15826314/amazons-whole-foods-acquisition-22-billion-market-value-supermarkets.

81 https://www.cnbc.com/2017/06/16/after-its-stock-pop-amazon-will-get-whole-foods-essentially-for-free.html.

82 https://corporate.walmart.com/newsroom/2017/09/06/walmart-to-open-1-000th-online-grocery-pickup-location.

83 https://corporate.walmart.com/newsroom/2018/03/14/walmart-to-expand-online-grocery-delivery-coast-to-coast.

84 https://archive.fortune.com/magazines/fortune/fortune_archive/2000/06/12/281941/index.htm.

85 https://techcrunch.com/2014/01/28/walmart-to-go-denver-grocery-test/.

86 https://www.vox.com/2018/2/20/17030702/amazon-prime-credit-card-whole-foods-5-percent-back-visa-rewards.

87 https://www.businessinsider.com/whole-foods-shoppers-say-produce-quality-plunged-after-amazon-takeover-2017-11.

Chapter 08   아마존화(Amazonification)

88 https://www.bloomberg.com/news/articles/2019-12-17/amazon-holiday-shopping-the-man-who-makes-it-happen.

89 https://www.vox.com/recode/2020/6/29/21303643/amazon-coronavirus-warehouse-workers-protest-jeff-bezos-chris-smalls-boycott-pandemic.

90 https://www.law.com/therecorder/2019/08/13/robotics-manager-sues-walmart-for-gender-discrimination-and-harassment/.

91 https://www.businessinsider.com/how-fedex-talent-made-amazon-a-logistics-juggernaut-2021-11.

92 https://www.columbian.com/news/2014/jul/24/amazon-opens-its-first-sortation-center/.

Chapter 09   지구에서 가장 위대한 소매업자

93 https://www.youtube.com/watch?v=4tg33gyESy4.

94 https://hbr.org/2017/12/the-right-thing-to-do.

95 https://corporate.walmart.com/media-library/document/2019-ubs-global-consumer-retail-conference-webcast-transcript/_proxyDocument?id=00000169-7873-d4ef-adeb-7b73b8e00000.

96 https://www.vox.com/2017/12/20/16693406/walmart-personal-styling-jet-black-amazon-go-prime-no-checkout-store.

97 https://www.wsj.com/articles/walmart-seeks-outside-investors-for-jetblack-11570212067.

98 https://www.wsj.com/articles/walmart-builds-a-secret-weapon-to-battle-amazon-for-retails-future-11553181810.

99 https://www.vox.com/2018/10/2/17924862/walmart-eloquii-acquisition-100-million-plus-sized-fashion.

100 https://www.businessinsider.com/walmart-has-looked-at-acquiring-luggage-company-away-2018-10.

101 https://www.vox.com/recode/2019/12/12/21012920/andy-dunn-walmart-bonobos-leaving-departure-digital-native-brands.

Chapter 10   구식 vs 신식

102 https://www.vox.com/recode/2019/7/3/18716431/walmart-jet-marc-lore-modcloth-amazon-ecommerce-losses-online-sales.

103 https://www.vox.com/2017/4/2/15153844/amazon-quidsi-shutdown-explanation-profits.

104 https://www.wsj.com/articles/walmarts-secret-weapon-to-fight-off-amazon-the-supercenter-11576904460.

105 https://twitter.com/CourtReagan/status/1002257682626240512.

106 https://www.wsj.com/articles/top-walmart-exec-pays-43-79-million-for-swanky-new-york-penthouse-1528814182.

107 https://www.vox.com/recode/2021/1/15/22232033/marc-lore-walmart-leaving-jet-city-future-capitalism.

Chapter 11   소매업의 의사들

108 https://www.propublica.org/article/the-justice-department-sues-walmart-accusing-it-of-illegally-dispensing-opioids.

109 https://www.propublica.org/article/walmart-was-almost-charged-criminally-over-opioids-trump-appointees-killed-the-indictment.

110 https://www.cnbc.com/2017/05/16/amazon-selling-drugs-pharamaceuticals.html.

111 https://corporate.walmart.com/newsroom/2021/06/29/walmart-revolutionizes-insulin-access-affordability-for-patients-with-diabetes-with-the-launch-of-the-first-and-only-private-brand-analog-insulin.

112 https://www.wsj.com/articles/BL-VCDB-18882.

113 https://news.yahoo.com/amazon-failed-disrupt-prescription-drug-084029260.html.

114 https://profusa.com/injectable-body-sensors-take-personal-chemistry-to-a-cell-phone-closer-to-reality/.

115 https://www.cnbc.com/2018/06/05/amazon-grand-challenge-moonshot-lab-

google-glass-creator-babak-parviz.html.

116 https://www.youtube.com/watch?v=b3qbX6LS3Ro.

117 https://www.wsj.com/articles/why-the-amazon-jpmorgan-berkshire-venture-
collapsed-health-care-was-too-big-a-problem-11610039485?mod=article_inline.

118 https://www.kff.org/coronavirus-covid-19/press-release/telehealth-accounted-for-
8-of-outpatient-visits-more-than-a-year-into-covid-19-pandemic-suggesting-a-
more-permanent-shift-in-how-patients-receive-care/.

119 https://www.aboutamazon.com/news/retail/amazon-care-now-available-
nationwide-as-demand-continues-to-grow.

120 https://www.businessinsider.com/amazon-ceo-andy-jassy-shares-bold-vision-for-
healthcare-business-2022-3.

121 https://www.youtube.com/watch?v=iNs6cDUKl7Y.

122 https://cbs12.com/news/nation-world/walmart-may-start-nationwide-initiative-
potentially-changing-how-millions-get-healthcare.

123 https://www.businessinsider.com/walmart-healthcare-strategy-health-
clinics-2021-2.

124 https://www.fiercehealthcare.com/hospitals/why-former-walmart-health-exec-left-
for-bioiq.

125 https://www.youtube.com/watch?v=I3Tc0T_adSU.

126 https://news.bloomberglaw.com/antitrust/amazon-one-medical-receive-ftc-
request-for-more-information?utm_source=rss&utm_medium=ATNW&utm_
campaign=00000183-0021-da0b-a1a3-b1bde37a0001.

Chapter 12 팬데믹 주도권 투쟁

127 https://www.vox.com/recode/2020/2/25/21151289/new-amazon-go-grocery-
store-supermarket-cashiers-whole-foods-seattle.

128 https://www.vox.com/2017/6/16/15816180/amazon-whole-foods-deal.

129 https://www.vox.com/2019/10/29/20936984/amazon-prime-grocery-delivery-
fresh-fee-whole-foods-instacart.

130 https://www.vox.com/recode/2020/2/27/21154357/walmart-plus-walmart-grocery-
delivery-unlimited-membership-amazon-prime.

131 https://www.vox.com/recode/2020/9/1/21409628/walmart-plus-benefits-free-

grocery-delivery-amazon-prime-comparison.

132 https://www.nytimes.com/2020/04/05/technology/coronavirus-amazon-workers.
html.

133 https://www.vox.com/recode/2020/6/29/21303643/amazon-coronavirus-
warehouse-workers-protest-jeff-bezos-chris-smalls-boycott-pandemic.

134 https://www.vox.com/recode/2020/3/22/21190372/amazon-prime-delivery-delays-
april-21-coronavirus-covid-19.

135 https://www.vox.com/recode/2020/6/29/21303643/amazon-coronavirus-
warehouse-workers-protest-jeff-bezos-chris-smalls-boycott-pandemic.

136 https://www.mcall.com/news/watchdog/mc-allentown-amazon-complaints-
20110917-story.html

137 https://www.nytimes.com/2021/03/16/technology/amazon-unions-virginia.html.

138 https://www.nytimes.com/2021/03/16/technology/amazon-unions-virginia.html.

139 https://www.nytimes.com/2005/02/10/business/worldbusiness/walmart-to-close-
store-in-canada-with-a-union.html.

140 https://www.vox.com/recode/2020/6/29/21303643/amazon-coronavirus-
warehouse-workers-protest-jeff-bezos-chris-smalls-boycott-pandemic.

141 https://www.vice.com/en/article/n7jy9w/amazon-workers-in-new-york-have-
started-walking-off-the-job-this-is-a-cry-for-help.

142 https://www.vice.com/en/article/5dm8bx/leaked-amazon-memo-details-plan-to-
smear-fired-warehouse-organizer-hes-not-smart-or-articulate.

143 https://www.vox.com/recode/2020/4/5/21206385/amazon-fired-warehouse-
worker-christian-smalls-employee-backlash-david-zapolsky-coronavirus.

144 https://www.vox.com/recode/2020/6/29/21303643/amazon-coronavirus-
warehouse-workers-protest-jeff-bezos-chris-smalls-boycott-pandemic.

145 https://www.cityandstateny.com/policy/2021/02/amid-building-boom-amazon-
faces-complaints-from-warehouse-workers/175177/.

146 https://www.nytimes.com/2022/04/02/business/amazon-union-christian-smalls.
html.

147 https://theintercept.com/2021/03/25/amazon-drivers-pee-bottles-union.

148 https://www.vox.com/recode/2021/3/28/22354604/amazon-twitter-bernie-sanders-
jeff-bezos-union-alabama-elizabeth-warren.

149 https://www.wsj.com/articles/amazon-washington-biden-carney-antitrust-

11646763777.

150 https://www.vox.com/recode/2020/6/29/21303643/amazon-coronavirus-warehouse-workers-protest-jeff-bezos-chris-smalls-boycott-pandemic.

151 https://www.cnbc.com/2021/05/17/amazon-exec-dave-clark-pushed-for-mailbox-in-alabama-union-election.html.

152 https://www.wsj.com/articles/former-amazon-worker-leading-staten-island-union-efforts-arrested-11645726397.

153 https://www.youtube.com/watch?v=ymGM9I_WWX8.

154 https://www.reuters.com/legal/government/amazon-calls-election-re-run-after-workers-voted-first-us-union-2022-04-08/.

155 https://www.vox.com/recode/2022/9/7/23340103/amazon-labor-union-ceo-andy-jassy-nlrb.

Chapter 13   월마트 2040

156 https://www.vox.com/recode/22264330/amazon-ceo-andy-jassy-jeff-bezos-aws.

157 https://www.geekwire.com/2022/amazon-sued-for-ending-free-whole-foods-delivery-as-prime-benefit/.

158 https://www.cnbc.com/2020/11/02/walmart-ends-contract-with-robotics-company-bossa-nova-report-says.html.

159 https://www.vox.com/recode/22423706/walmart-memo-retail-amazon-target-instacart.

160 https://www.businessinsider.com/amazon-prime-air-faa-regulators-investigation-drone-crashes-2022-5?r=US&IR=T.

161 https://www.vox.com/recode/2022/9/7/23333406/amazon-prime-2-day-shipping-delays-taking-long.

162 https://www.vox.com/recode/2021/2/26/22297554/amazon-race-black-diversity-inclusion.

163 https://www.vox.com/recode/2021/2/26/22297554/amazon-race-black-diversity-inclusion.

164 https://www.wsj.com/articles/a-grassroots-campaign-to-take-down-amazon-is-funded-by-amazons-biggest-rivals-11568989838.

165 https://medium.com/swlh/amazon-needs-a-competitor-and-walmart-aint-it-

5997977b77b2.

166 https://economictimes.indiatimes.com/industry/services/retail/how-greg-penner-went-all-guns-blazing-for-flipkart/articleshow/64104098.cms?from=mdr.

167 https://www.vox.com/recode/22423706/walmart-memo-retail-amazon-target-instacart.

168 https://www.businessinsider.com/walmart-pushes-employees-to-enroll-in-its-amazon-prime-rival-2022-8.

Chapter 14   위너 셀즈 올

169 https://allthingsd.com/20110418/exclusive-wal-mart-paid-300-million-plus-for-kosmix.

170 https://www.nytimes.com/2022/07/28/business/amazon-revenue-slow-growth-rate.html.

171 https://www.vox.com/recode/23170900/leaked-amazon-memo-warehouses-hiring-shortage.

172 https://www.bloomberg.com/news/articles/2022-09-02/amazon-closes-abandons-plans-for-dozens-of-us-warehouses.

173 https://www.vox.com/recode/2022/10/18/23410675/amazon-union-vote-results-upstate-albany-new-york-alb1.

174 https://medium.com/@forrespect/my-sister-would-have-done-anything-to-keep-her-job-at-walmart-a5465e67ab53.

175 https://www.thedailybeast.com/amazon-employee-who-died-on-prime-day-rafael-reynaldo-mota-frias-was-hardworking-dad.

176 https://www.marketplacepulse.com/articles/shopify-tries-to-fight-buy-with-prime.

177 https://www.wsj.com/articles/instacart-cuts-valuation-by-nearly-40-11648223029.

178 https://www.axios.com/2022/10/11/tiktok-chases-amazon-fulfillment-centers.

위너 셀즈 올

1판 1쇄 발행 2024년 6월 20일

지은이 | 제이슨 델 레이
옮긴이 | 전리오
펴낸이 | 박선영

편집 | 이효선
영업/관리 | 박혜진
마케팅 | 김서연
발행처 | 퍼블리온
출판등록 | 2020년 2월 26일 제2022-000096호
주소 | 서울시 금천구 가산디지털2로 101 한라원앤원타워 B동 1610호
전화 | 02-3144-1191
팩스 | 02-2101-2054
전자우편 | info@publion.co.kr

ISBN 979-11-91587-66-1 03320